主　编：陈　栩

编　委：史苏兰　谈允忆　沈　丹
　　　　李　征　刘　潇

编写者：（按姓氏笔划排序）

卢　琛　叶玉华　冯旦吟
史苏兰　刘　潇　朱沁芸
朱蕴玉　朱　倩　陈　栩
沈　丹　李　征　谈允忆
顾倩萍　顾慧澜

YIZHONG
ZHONGYAO DE
YOUER CHENGZHANG
FANGSHI
CHUANGYI XUEXI

陈栩——主编

一种重要的幼儿成长方式

创意学习

南京师范大学出版社

图书在版编目(CIP)数据

一种重要的幼儿成长方式:创意学习/陈栩主编.—南京:南京师范大学出版社,2021.12

ISBN 978-7-5651-4774-6

Ⅰ.①一… Ⅱ.①陈… Ⅲ.①学前教育—教学研究 Ⅳ.①G612

中国版本图书馆CIP数据核字(2020)第266392号

书　　名　一种重要的幼儿成长方式:创意学习
主　　编　陈　栩
策划编辑　张　莉
责任编辑　魏　丽
出版发行　南京师范大学出版社
地　　址　江苏省南京市玄武区后宰门西村9号(邮编:210016)
电　　话　(025)83598919(总编办)　83598412(营销部)　83598312(邮购部)
网　　址　http://press.njnu.edu.cn
电子信箱　nspzbb@njnu.edu.cn
照　　排　南京开卷文化传媒有限公司
印　　刷　江阴金马印刷有限公司
开　　本　787毫米×960毫米　1/16
印　　张　23
字　　数　413千
版　　次　2021年12月第1版　2021年12月第1次印刷
书　　号　ISBN 978-7-5651-4774-6
定　　价　78.00元

出 版 人　张志刚

序

创意学习：唤醒儿童生命成长的内生动力

我们身处于学习的时代。学习，对幼儿来说特别重要，这会为他们的整个人生奠定基础，没有学习的真正发生就没有儿童的真正进步。但是，儿童有他们的年龄特点和成长规律，正如格鲁吉亚教育家阿莫纳什维利所言，“没有儿童的顽皮，没有顽皮的儿童，就不能建立真正的教育学”，要努力“唆使孩子们顽皮”，面对顽皮可爱的儿童，必须寻找到属于他们的学习样态和方式。无锡市机关幼儿园的“创意学习”就是具有儿童特点的实践探索和学习样态。“创意学习”大大提升了儿童的学习品质和学习水平，获得了江苏省基础教育教学成果一等奖，其中的许多认识和做法可以引发我们的积极思考。

一、儿童是天生的创造者

无锡市机关幼儿园牢牢地记住了：儿童的另一个名字叫“创造”。他们永远充满疑问，永远会追着你问无数个“为什么”，甚至会对同一个问题问无数遍，这就是儿童——天生的创造者，世界在他们眼中永远都是新鲜如初的，每天都会有让他们激动的事情产生。因此，幼儿教育必须努力呵护儿童的天真烂漫，尤其要保护他们的好奇心和创造性，让他们愉快地度过每个人只能拥有一次的童年，这样才能避免卢梭所说的，“大自然希望儿童在成人以前就要像儿童的样子。如果我们打乱了这个次序，我们就会造成一些早熟的果实，它们长得既不丰满也不甜美，而且很快就会腐烂：我们将造成一些年纪轻轻的博士和老态龙钟的儿童”。儿童“像儿童的样子”，不是指停止生长、始终那么幼稚，而是要以儿童应有的节奏和方式成长，携带着不可或缺的童年精神，一步一步走向令人向往的美好世界。

二、建构幼儿创意学习观

创意学习就是对儿童天性的极大回应，只有这样才能找到促进儿童成长的途径和载体。无锡市机关幼儿园不仅研究出具体可操作的学习范式，更为重要的是，作为学习观的创意学习意义深刻，正如当代哲学家赵汀阳指出的，规则的程序问题只是一个游戏或者一种生活形式的表面问题，一个游戏或生活形式的设计理念才是深层问题。我们不仅要看到创意学习是无锡市机关幼儿园的学习方式和样态，更要关注创意学习背后的教育理念，这是一种重要的儿童学习哲学，是对儿童学习的深刻理解与认识。从某种意义上来说，创意学习是对儿童学习价值观的塑造，是富有儿童意蕴的学习，具有灵魂性的统摄意义，引领着整个幼儿园的教与学的变革，从而实现儿童学习生态的整体优化。

三、踏上快乐成长之旅

创意学习不仅是一种学习方式、学习样态，还撬动了孩子们的整个学习生活。儿童在创意中进行学习，在学习中不断生发创意，学习助推着儿童天性的成长，天性在学习中得以释放。创意学习是属于儿童的学习，儿童以充满想象力的方式获取知识，没有儿童的创意怎么会有长大后的创造呢？创意学习就是这样的学习方式，与儿童充满想象的状态高度契合，让学习与儿童真正相遇，打开儿童的学习之门，助推他们展开充满魅力的学习之旅，让学习的过程成为提升儿童想象力的过程；同时，儿童也在想象力的提升中不断成长，学习不再是外在的控制，而是儿童内在的生长需求。这是对儿童学习逻辑的重构，是对儿童学习感受的润泽。创意学习不仅丰厚了他们珍贵的童年记忆，也自然而然地渗透了儿童道德意蕴。

四、精彩绽放的生命美学

创意学习是具有儿童文化特点的学习方式，点燃了儿童的生命活力，发挥了儿童的学习主体性价值，让儿童以自己的状态行进，具有强烈的儿童立场，在不知不觉中提升了无锡市机关幼儿园的文化品位和境界。站在这一角度，创意学习又具有非常重要的美学价值，也就是美学家潘知常所说的："美学作为人类生命的诗化阐释，正是对于人类生命存在的不断发现新的事实、新的可能性的根本需要的满足，也正是人类生存'借以探路的拐杖'和'走向一个新世界的通道'。"创意学习就是对儿童生命的悉心看护，释放了儿童的美好天性，从而达成了对儿童学习的诗化阐释，满足了儿童的发展多样化需求，他们可以借助创意学习这根拐杖，走向一个新的充满生命和文化张力的教育世界。这个世界也是一个充满儿童生命之美的生活世界，更是无锡市机关幼儿园的深层文化世界和精神家园。

江苏省教育科学研究院博士、研究员、省督学　张晓东

前　言

追本溯源，幼儿是如何学习成长的？这是一个关于幼儿认知学习本质问题的探讨。皮亚杰提出幼儿"认知即发明"，幼儿认识新事物的过程等同于科学家发明的过程。我们在丰富的学习认知理论中得到依据，幼儿学习本质——是"认知创意"的过程；是"实践情境参与"的过程；是"知识顿悟"的过程。幼儿创意学习是"自由自觉"的实践，在外在行为表现上呈现出有创造的点子和创新的想法，是心智能力和身体机能整体发展中的核心。

多年来，无锡市机关幼儿园围绕儿童智慧教育不断探究与实践，以幼儿创意学习研究为切入点，经历了"十五"到"十三五"期间的四个阶段的探究：第一阶段是对幼儿智慧发展基本特征的思考；第二阶段是对幼儿创意学习本质的探究；第三阶段是对幼儿创意学习环境建构的研究；第四阶段是对幼儿创意学习活动的实践。在幼儿园全体教师坚持不懈的园本化实践中，我们加深了对幼儿创意学习内涵概念的理解，找到了支持幼儿创意学习发展的途径与策略，也收获了宝贵的经验与成果。"十五"期间园本教材《生活、快乐、创意》获无锡市直属学校校本教材一等奖；"十一五"期间《创意制作室的建设和活动设计的研究》获江苏省教学成果二等奖；"十二五"期间《幼儿创意实习场体系的设计》等多篇研究论文发表；"十三五"期间《幼儿创意学习活动开发的行动研究》获江苏省教学成果一等奖。

现在，《一种重要的幼儿成长方式：创意学习》结集成稿。本书呈现的内容是丰富的、全面的，包含了我们研究的理论依据、内涵阐述、框架结构、要素分析、目标主体、环境资源、活动内容等方面。从幼儿创意学习课程的顶层设计到实践案例的进一步梳理，形成幼儿创意学习研究的系列。其中，对大量幼儿创意学习理论的提炼和整理，丰富了幼儿园在相关研究领域中的理论内容；积累了教师们运用创意学习环境设计理念进行场域设计的智慧和经验；形成了教师和幼儿在丰富的环境互动中生发的精彩的案例内容；呈现了我们对支持幼儿自主建构认识过程的思考，对幼儿创意学习环境设计的思考，对幼儿整体性学习与发展的思考。

本书从幼儿创意学习实践和运用的角度出发，分为理论篇、场域篇和案例篇三个部分。理论篇，提出了幼儿创意学习发展的五大相关理论依据，阐述了创意学习产生的内部机制和创意学习认知的外部策略；依据五大理论基石形成创意学习内涵、实施维度和环境场域的框架体系。场域篇，从场域学习发展目标、环境设计、组织环节、教师策略、家庭协同的角度，逐一介绍了创意学习的五个场域，即别具匠心生活场、异想天开梦想馆、别出心裁戏舞台、奇思妙想奇趣园和巧夺天工加工厂，呈现幼儿创意学习活动日常开展的具体做法。案例篇，介绍了教师与幼儿在丰富的活动中展开的共建性活动案例，展现幼儿在学习中“积极主动、个性表达、协商交流、发现探究、解决问题”等突出的创意能力和创意品质。受篇幅所限，案例篇中的内容不能全面呈现生动和精彩的幼儿学习现场，仅为“抛砖引玉”，让读者充分感受到幼儿强大的学习能力，为实施多元的幼儿学习活动提供一定的实践参考。

“创意学习是一种重要的幼儿成长方式”是我园全体教职工共同的儿童观和教育观，也是在幼儿创意学习递进式研究中的又一次重整和提升，目的在于回顾—审视—梳理—总结—形成新发展。在此，我们也将研究的“星火之光”与广大的幼教同行、专家学者以及对“创意学习”有共同兴趣的读者一起交流分享，共同参与审视、讨论与提升，成为支持幼儿创意学习的共同体。在创意学习的研究之路上，我们会纳入更多的观点和做法，融合更多的文化与资源，让幼儿在这样的共同体环境氛围中感受创意精神，提升创意能力，形成创意意识。

编　者

2020 年 10 月

目　录

场域篇

理论篇

第一章
幼儿创意学习与发展

学前教育的任务是“为幼儿后续学习和终身发展奠定良好的早期素质基础”。① 学前教育不仅要追求幼儿当下的生活质量，也要着眼幼儿未来的发展基础。那么，未来世界将会是什么样的呢？未来学家和社会学家研究认为，人类将跨入一个以智力资源配置和知识生产分配为因素的知识经济时代。未来时代特征具有高变化性、高竞争性和高创新性。不久的将来，全民族创造能力的水平决定着国家的繁荣昌盛，时代发展急切呼唤培养更多创造性人才。②社会的期望促使学前教育做出积极的回应。创造教育能够从学前阶段开始吗？人脑的“超剩余性”研究证明了在幼儿早期实施创造力开发的可能性和迫切性。③时至今日，学前教育需要顺应时代的要求，建构与创造力相应的课程。创造性课程应该是什么样态，与普通课程之间存在什么样的关系和差异呢？我园在十多年的课程探究中，回归幼儿真实的生活和学习，深入思考幼儿学习的本质，形成了对幼儿创意学习园本化的解读和认识。

一、幼儿学习与发展的再认识

（一）强调正确的学习发展观

什么是学习和发展？心理学理论中的“学习”是主体通过与环境相互作用导致能力或倾向发生相对稳定变化的过程；“发展”是个体整体、有序的变化，即出现数量、质量和结构的变化。可见，“学习”和“发展”都是主体积极变化的过程。在现代认知理论中，发展被定义为认知结构的建构，是广义的学习。从

---

① 李季湄，冯晓霞.《3—6岁儿童学习与发展指南》解读[M].北京：人民教育出版社，2013.

②③ 袁爱玲.学前创造教育课程论[M].北京：北京师范大学出版社，2001.

这个视角看，幼儿学习与发展为同一过程。学习与发展的关系是紧密相连的，学习一方面受限于发展，同时也推动发展；发展既是学习的基础，又是学习过程和结果。[①] 可见，学习与发展是不可分离的整体。

在学习与发展辩证关系的阐述中，有这样几个层面的意义。其一，两个关键词："主体的"和"积极变化的"，确定了幼儿的主体性、能动性，承认了幼儿自身的发展能力。可见，离开主体的主动性，由成人直接给予的、被动接受的学习不是真正意义上的学习，不能带来主体的积极变化，也就不是真正意义上的发展。其二，学习与发展不能割裂开来，学习要时刻与发展同步，不能高于幼儿现有的经验和能力"揠苗助长"，也不能因为幼儿是学习主体，就不加引导、完全放任幼儿的学习。其三，学习与发展的关键在于积极性，因此，教师在教育引导的过程中始终要运用适宜的方法，真正地激发、维护、维持幼儿学习的积极性，在教育实践中不断丰富和积累经验，以促进幼儿"积极变化地发展"。

（二）强调幼儿学习发展的特点

现代早期教育研究中对幼儿学习特点的理解已逐步达成共识，即"幼儿通过自己特有的方式与周围环境互动的过程，是主动探索周围社会环境、自然环境和物质世界的过程"。[②]这与幼儿的年龄密切相关。幼儿的生理机能发育水平让幼儿处于直觉行为和具体形象思维为主的特殊阶段，决定了幼儿的学习方式有别于成人和传统意义上的学习方式，即直接感知、实际操作和亲身体验是幼儿特有的三种学习方式。

理解幼儿的学习发展特点，目的是强调成人要用正确的方法去支持幼儿的学习与发展，科学地帮助幼儿达到早期教育的最终期望。《3—6岁儿童学习与发展指南》（以下简称《指南》）中指出"创设丰富的教育环境，合理安排一日生活，最大限度地支持和满足幼儿通过直接感知、实际操作和亲身体验获取经验的需要"，[③]要求教师思考如何改变"静默端坐"的传统教学模式，将教师口述耳听的学习内容，转化成幼儿可以直接感知、实际操作和亲身体验的学习材料和环境。要珍视幼儿生活和游戏的独特价值，让幼儿"生活在当下并过有意义的生活"。[④]将"生活教育""游戏学习"作为幼儿学习发展的支撑，对于长期惯用传统教育方式开展教学活动的教师来说是重大的转型。

---

①②④ 李季湄，冯晓霞.《3—6岁儿童学习与发展指南》解读[M].北京：人民教育出版社，2013.

③ 中华人民共和国教育部.3—6岁儿童学习与发展指南[M].北京：首都师范大学出版社，2013.

（三）强调建构式学习的知识观

知识是什么？《辞海》中解释为“是人类认识的成果和结晶……人的一切知识是在社会实践中形成的，是对现实的反映”①。传统的知识观，认为知识是对世界的表征，是对世界的描述和解释，②需要学习者知道并掌握。当代认知建构理论提出了知识具有情境性和社会性，是不可预知的和不确定的，“知识是人们对客观世界的解释、假设或假说，不是问题的最终答案”。③ 皮亚杰在“发生认知论”中提出“知识不是一个现实的摹本。知道一个物体或事件，就要作用于该物体，了解就是更改、改变该物体，并理解这一转变的全过程，这个过程就是知识被建构了”。④ 人们对“知识”的描述开始从“是什么”转变为“做什么”。

幼儿学习是认知建构的过程。所谓建构，是指个体通过动作在环境中相互作用产生了认知冲突，个体对原有的认知结构进行同化或者顺化，获取新的认知平衡。从幼儿学习发展本身的规律性来看，幼儿学习的过程是“建构知识的过程，而不是传递知识”。⑤ 在传统意义上，我们说幼儿“学会”了知识，更多的是教师帮助幼儿获取了“知识信息”储存，并没有帮助幼儿进行“学习建构”。当幼儿进行知识建构时，表现出对事物现象的专注探究、讨论思考和反复追寻的状态。这并不是教师通过说教可以达成的，而是需要教师创设教育环境、读懂幼儿行为表现、把握幼儿学习敏感期，在适宜的时机搭建“脚手架”，才能做到“既适合幼儿的现有水平，又有一定的挑战性”的教育。

二、幼儿学习与发展意义的再理解

为了更深入地理解幼儿学习与发展的意义，要在有限的幼儿园一日生活中建立“幼儿为主体”的意识，全面了解幼儿学习发生、发展的过程，遵循规律，才能科学有效地促进幼儿的学习和发展。

（一）全面关注学习主体

1. 关注幼儿学习

“儿童享有学习权和发展权”这一观点尽管得到业界共识，但现实中由于幼儿年龄小，生存和生活能力低下，客观上需要成人的照顾，幼儿学习的“主体

---

① 辞海编辑委员会.辞海[M].上海：上海辞书出版社，2000.

②⑤ 教育部基础教育司.《幼儿园教育指导纲要（试行）》解读[M].南京：江苏教育出版社，2017.

③ 陈威.建构主义学习理论综述[J].学术交流，2007(3).

④ 朱家雄.建构主义视野下的学前教育[M].上海：华东师范大学出版社，2009.

权”并没有得到充分的体现。幼儿能否获得学习机会、何时进行学习、学习哪些内容、用哪些方法学习，在很大程度上依旧掌握在成人的手中。2002年，联合国儿童基金会启动“遍及全球”项目，旨在保护儿童权益①，再次引发了关注“幼儿学习”的问题：只有当幼儿是学习的主体时，才真正享有学习权利。但要接受幼儿是学习的主体，能够让幼儿自主地进行学习，并不是简单的一句话可以实现的，我们要充分了解幼儿需要进行哪些学习、喜欢哪些学习、会有哪些行为表现。不以成人的观点和经验强行干预，认可和接受幼儿学习的内容、选择和行为时，幼儿才能成为学习主体。因此，我们关注幼儿学习，不仅要关注幼儿学习的特点和倾向，同时还要认可所有幼儿都有自我学习的能力、愿意学习且无时无刻不在学习。

2. 关注幼儿学习的发生

幼儿最初的学习动机来自对外部世界的好奇心和探究欲，是在熟悉的事件和环境中尝试建构新经验开始的。许多情况下，幼儿面对挑战时能够自己找到通往理解的道路，在探究之路上，幼儿建构的知识与技能并不是孤立的经验，而是在社会生活中一个阶段的积累。当经验积累达到一定阶段时，幼儿学习发生的“机会之窗”②就出现了。当学习时机显现时，在成人的适当帮助下，幼儿一旦获得了成功，体验到探索的快乐，他们的动机及兴趣便得以激发，在积极期待、发现事物中不断追求惊喜。这样的观点给予我们启示：对未知充满强烈的好奇心是幼儿这个阶段的重要特征，③幼儿的学习并不是在教师教授后才发生的，而是由幼儿主动发现资源进行主动操作的结果。④教师要保护幼儿的好奇心，顺应幼儿探究的兴趣，随时把握幼儿学习发展的关键时机，支持引导幼儿展开真正的学习。

3. 关注幼儿学习真实地发生

幼儿的学习不是从上一个阶段到下一个阶段的达标，而是从发生到发展的过程。这两个阶段中间会经历从幼稚到逐步成熟，从不完善到逐步接近正确，从零星认识到部分认识的递进过程。⑤关注幼儿发展过程中会出现的各种行为水平和方式，分析幼儿“想去探究哪方面的原因？准备如何进行探究？如何验证假设？对验证结果的感受是什么”。通过观察、分析幼儿的行为，能够

---

① 李季湄，冯晓霞.《3—6岁儿童学习与发展指南》解读[M].北京：人民教育出版社，2013.

②⑤ 教育部基础教育司.《幼儿园教育指导纲要（试行）》解读[M].南京：江苏教育出版社，2017.

③④ [美]卡洛琳·爱德华兹，莱拉·甘第尼，乔治·福尔曼.儿童的一百种语言（第3版）：转型时期的瑞吉欧·艾米利亚经验[M].尹坚勤，等译.南京：南京师范大学出版社，2014.

看到幼儿每日如何真实地运用生活中的已有经验，不断地迎接新挑战、解决新挑战、又遇到另一个新挑战的循环往复的发展过程。如幼儿从有序排列物品发展到间隔排列物品，会用身边可取的各种材料（如积木、花片、树叶、画笔等）重复体验按顺序排列，直到出现间隔排列的契机。前期幼儿反复的行为并不是简单无意义的重复学习，而是幼儿从思维图式行为到形成概念之间的"努力练习"。①

（二）充分尊重成长规律

1. 遵循幼儿身心发展规律

作为自然人，幼儿在身心发展的过程中脱离不了人类基本的身心需求，呈现出由低级向高级发展的自然性。生理需求的满足是首要的，主要指幼儿对食物、健康、睡眠需要的满足，也是幼儿园保育工作的重要内容；当生理需求被充分满足后，幼儿才能具有稳定的和专注的学习指向；安全感和归属感能让幼儿在学习环境中感受到被保护、被关爱，在遇到困难和危险的时候，知道会有教师或同伴来帮助；在集体中感到舒适自在，有属于自己的空间；最高需求是自尊感，源于在每天的生活中能够不断发展自己的能力，能够受到大家的认可，当幼儿不断获得对自己学习能力成功的体验后，会形成积极正面的自我意识，增加对自我的认识②。幼儿身心需要的满足是教师的基本任务，教师应在每日生活中随时关注幼儿不同层次的需要，给予充分的体验，如安排营养丰富的餐点，保证充足的睡眠时间，在学习活动中给予幼儿决定权和选择权。

2. 遵循幼儿学习规律

幼儿的学习有客观的规律。当代学习与大脑的关系研究证明，学习既是先天的，也是后天的。一个人可以学习多少东西，遗传天赋和环境条件两者都很重要。大脑因为学习和经验而成长，学习会改变大脑的物理结构，每当人学会一项新的概念和技巧时，大脑上就会形成一条脑部的联结；如果要让大脑中的联结永久保存，学习内容就需要不断地重复和巩固。幼儿需要得到许多不同的机会去练习新技巧。但是，幼儿的学习受情绪情感的影响，简单枯燥的练习不能为幼儿提供持久的学习动力，且过大压力还会破坏大脑细胞。因此，建

---

① ［英］克莉丝·艾希．扩展幼儿的思维：父母与教师的合作（第2版）［M］．潘月娟，刘焱，译．北京：北京师范大学出版社，2010.

② ［美］黛安·翠斯特·道治，劳拉·柯克，凯特·海洛曼．幼儿园创造性课程［M］．吕素美，译．南京：南京师范大学出版社，2006.

立安全、愉悦、信任的师幼关系能够让幼儿健康成长。[①] 此外，幼儿的学习具有社会性，在与同伴、成人的共同学习中，幼儿通过观察、交流、分享等环节能够迅速地对新资讯加以组织，产生“顺应和同化”的现象，同时开启新的认知建构，为完成更高的学习任务储备经验。

3. 遵循教育科学规律

教师是幼儿学习发展的引导者，其组织和实施的教育教学策略要与幼儿发展的规律保持同一性。首先，教育目标与幼儿整体发展目标的同一性。幼儿发展不仅是身体的发育，还有心理、智力、情感态度、行为习惯的共同发展等。幼儿期某一项的发展不是孤立存在的，如幼儿身体发育的同时，运动能力、语言能力和思维能力也在同步发展；幼儿语言能力的提高，也是经验积累、思维水平和理解能力发展的结果，教育目标最终指向幼儿整体全面的发展。其次，教育过程的规律要与幼儿学习发展的规律相一致。遵循幼儿学习中“顺应和同化”的过程，大脑对信息存储的方式以及幼儿学习支架的需要，从外部的作用激发内部的加工。再次，教育方法与幼儿身心发展规律的同一性，教师在关注幼儿活动动机和自主性的同时，展开适时的指导。幼儿是具有个体差异的，教师的指导也必须因人而异、因时而动、因情而定。教育的目的在于保护幼儿的好奇心，要回归幼儿学习的源头，充分发展其自主学习的能力。

（三）探寻幼儿学习之本质

1. 三“好”：好奇、好问、好探究

好奇心和探究欲在幼儿学习发展中占有核心地位，用好奇、好问、好探究三个关键词来体现。[②] ① 好奇，是幼儿学习的内在动力，强烈的好奇心使幼儿保持了学习的热情和积极性。我们看到幼儿经常会被新鲜的事物所吸引，如陌生的面孔、突然的声音、鲜艳的色彩等，都会引发幼儿的好奇心，一段学习随时会被开启。② 好问，是幼儿对问题答案的追求。幼儿是天生的“提问者”和“探究者”，常常会对自己生活中接触和观察到的事物及现象提出问题，如“叶子上为什么会有洞洞”“吃的食物到哪里去了”。这些刨根问底的行为是幼儿“主体性、积极性、建构性”的学习表现。③ 好探究，是幼儿满足好奇心、探究答案、自主建构的途径。好奇、好问是好探究的前提，操作实践是幼儿展开学

---

① ［美］黛安·翠斯特·道治，劳拉·柯克，凯特·海洛曼.幼儿园创造性课程[M].吕素美，译.南京：南京师范大学出版社，2006.

② 李季湄，冯晓霞.《3—6岁儿童学习与发展指南》解读[M].北京：人民教育出版社，2013.

习的开始。幼儿在摆弄、观察、验证的过程中，带动了一系列的学习，如肢体动作的发展，视觉、听觉、嗅觉、触觉等多种感官的刺激，积极乐观迎接挑战的学习品质的养成，对不同材料和物体的认知，运用各种工具的能力以及自发产生与他人分享、交流的愿望和冲动等。幼儿学习的三“好”特质与成人的学习动机有本质上的差别。

2. 三“自”：自由、自发、自主

每个幼儿都有属于自己的经验，学习的过程和学习的结果都具有明显的个体差异，可以用三“自”(即自由、自发和自主)来概括。① 自由。幼儿是学习的主体，对学习对象、内容的理解具有自由建构的特性，即幼儿的“模糊理论”。如看到小鱼在水中游泳会忍不住伸手把小鱼捞到手上玩，认为绿叶蔬菜都是青菜等，这些概念的建构都是由幼儿自己独立的认知经验所决定的。② 自发。幼儿的学习并不完全受成人的干预而发生，在学习中即使没有教师的介入，幼儿也会自发地推进游戏情节和开展对材料的探究。比如，幼儿会将用来绘画的纸笔进行建构拼搭；将积塑玩具当作厨房的食物；自发设计故事的角色，反复表演某一情节等。③ 自主。幼儿的自主性呈现在个体发展的倾向上。在相同学习环境中，每一个幼儿的发展会呈现性别和性格上的不同倾向。

3. 三“性”：自然性、阶段性、整体性

① 自然性，是基于先天的生理基础上的学习。布鲁纳认为，人类可以获得知识、保持并将知识转化为自身可利用的工具，是人类生长的能力，不仅是生物性的生长、还包括思维(智慧)性生长，人能够不断认识和改造自然和社会都源自本能的智慧生长的力量，同样，儿童的认知发展也是建立在本能生长力量上的。[①] ② 阶段性，即智慧发展的反射、行动、表征、抽象四个阶段。每个孩子都有自我成长的时间表，幼儿的发展不是单一方向逐级向上的，而是众多条网状交织的“循环发展态势”，会有“回退”现象。幼儿学习新知识时，如果幼儿智慧发展已经到了行动阶段，会退回到反射层面，经过反复的练习，再达到较高层面的表征和抽象。[②] ③ 整体性，即任何一方面的发展都依赖于其他方面的相应发展。脑科学研究表明“智力是全脑功能状态的体现”，全脑功能是皮层各区域的联合工作。大脑在幼儿期发展迅速，完整和多元的刺激能够让大

① 刘柏轩.布鲁纳认知理论中的认识论及方法论[D].山西：山西大学，2012.

② 教育部基础教育司.《幼儿园教育指导纲要(试行)》解读[M].南京：江苏教育出版社，2018.

脑功能区不断形成复杂联系。① 幼儿期学习整体性的特点，需要我们给予更为全面的教育内容和教育方法。

三、幼儿创意学习与发展的再解读

（一）幼儿创意学习的界定

幼儿学习是广义上的学习，从学习内容到学习方式都体现了认知的本质特点，学习内容是幼儿生活和游戏中所包含的一切，学习方式是通过自身参与来建构自己独特的理解与认知的过程。幼儿学习发展具有强烈的能动性和自主性，如马克思所表述的那样：自由自觉的活动是人类的特性，其实质是一种有意识的、超越的、创造性的实践，这种创造性的实践使人类改造了自然环境，同时环境也创造了人类的认知②，即人类自由自主的实践本身就是创造性活动。我们认为，幼儿学习发展的过程本质上同样是一种幼儿创意学习活动的过程，幼儿学习发展是幼儿创意学习能力和相关品质整体的发展。何为幼儿创意学习，我们做如下理解。

1. 创意

汉语原意是指写文章有新意，有“心灵飞动”之说，“思风”之语，点明了创意新奇灵动的特质。作为动词使用的“创意”是指新奇意念的产生过程，作为名词使用的“创意”则指创造性的意念，新奇的构思本身。③

2. 幼儿创意

在幼儿教育中，创意的本质是幼儿将两个以前无关的事物创造性地建立起有意义关系的想法、念头和行为。创意在幼儿阶段比较隐秘，不容易被成人所发现。从外在行为表现上来定义，幼儿创意是指幼儿有创造、创新的点子和想法。这些创造、创新的点子，有时是幼儿语言表达，有时是幼儿肢体动作，有时是幼儿的艺术作品，有时又是幼儿对问题的理解和解决问题的方式等。因此，幼儿创意具有几个特征：和具体的创造性活动相联系；是自由想象和思维的统一结合；是连续思维中的突发灵感；是对已有知识经验的加工改造；是发现、分析当前问题，进而解决问题的思维活动。

3. 幼儿创意学习

幼儿创意学习是指幼儿在“自由自觉”的实践活动中，带着强烈的好奇心

---

① 教育部基础教育司.《幼儿园教育指导纲要（试行）》解读[M].南京：江苏教育出版社，2017.

② 田友谊.创造教育环境研究[D].武汉：华中师范大学，2007.

③ 陈向贵，杨永锋. 创意与创意能力[C].北京：国际创造学学术讨论会论文集，2006.

和探究欲，在解决问题时充分调动多元经验，不断地产生新颖的观念和想法的过程。幼儿在“创意学习”的过程中展现着自身独特的、个性化的想法和表达。幼儿园开展的创意活动，是在幼儿园一日生活中，幼儿自发地通过发现、体验、想象和表达的学习方式，调动创新意识、运用多元经验和创造性思维尝试解决问题的过程。参与活动的教师和家长扮演支持者、引导者和经验共建者的角色，为幼儿的创意学习活动提供支持，促进幼儿创意学习能力的发展。

幼儿创意学习是对《指南》中幼儿学习与发展概念的演绎和深化。我们认为创意学习是人类学习的本质属性，是大脑技能综合作用的结果，是在环境的影响和互动中发展的。

（二）幼儿创意学习的特征

1. 幼儿学习本质即创意学习

诸多思想家、教育家对此都有阐述，如马克思认为人的本性在于：人能够对自己的生活实践进行自觉调控；人通过改造和征服自然的过程证明自身……创造性是人的本质问题。[①] 恩格斯言：人能成为社会结合的主人、自然的主人、自己本身的主人时，就是一个完整的人，具有全面主体性，才能进行创造性活动。雅斯贝尔斯说：“在百年的时间里……精神创造的工作必须由那些从内心深处获取主要动力的人来承担。”“人不是一种代代重复自身完成了生命……人打破了恒久重复的、消极的同一循环，人依赖于他自身的主动性，由此，他的生命进程便走向了一个未知的目标。”[②]我国教育家陶行知认为“处处是创造之地，天天是创造之时，人人是创造之人”，[③]这句话说明了创造的潜能人人都有。人认知的本质论，回答了创意是人的特征而不是社会现象，是普遍具有的而不是稀有现象，是一般领域而不是特殊领域等方面的问题。幼儿期的学习体现了人认知初期最为本质的特点——创意学习。

2. 创意学习是一种思维活动

幼儿创意学习是如何发生的？杜威提出：在理解创造的意义的基础上，可以体会到创造力来自个体主动意识带来的自我行动。个体在探究并对自己的经验进行思考时，就朝着更广泛的、更系统的方向发展自己的经验，也就是创

---

① ［德］马克思.1844 年经济学哲学手稿［M］.中共中央马克思恩格斯列宁斯大林著作编译局，编译.北京：人民出版社，2000.

② 田友谊.创造教育环境研究［D］.武汉：华中师范大学，2007.

③ 徐明聪.陶行知创造教育思想［M］.合肥：合肥工业大学出版社，2009.

造力发展的过程。同时，“一切思维都是有探究性的”，一个想法之所以具有创造性，是因为它离开了已知世界而去未知世界冒险，这是“对新事物的侵入”。① 可见，幼儿的创意学习本身是一个思维的过程。更多的心理学家意识到，除了人的认知特点外，人的学习还受到个体其他心理活动的影响，是一种无意识的心理。心理学家威廉姆斯认为，“儿童创造行为不只是发散性认知能力，还包括情意特征：好奇心、冒险精神、挑战性、想象力，这些都是个体内部动机的表现”。② 以弗洛伊德为代表的精神分析学派对创造性的观点有了新的认识，认为具有高度创造性的人，容易对审美和理论问题产生强烈的兴趣，而且他们往往具有高度的直觉和内省力。

3. 创意学习是一种心理活动

当代脑科学研究表明，大脑的左右半球所擅长处理的工作不同，但真正智慧的人是那些左右半脑能均衡运作的人，会用左半部肢体开发右脑直观想象潜能，以配合左脑逻辑运算的人，就是拥有创意心灵的人。③ 日本东京大学研究所久恒辰博提出了“创意脑”的新概念，即在同一个人身上，大脑能够引发更多创造力的状态。创意关于心灵，也关于大脑和身体。“完成某件事的欲望和热情”与“自己判断有价值”这两项心理层面如何在脑部运作？大脑新生神经元与创意是怎样的关系？正如茂木健一郎指出的：创造力＝真实的、宛如初次体验＋欲望热情。画家保罗克利看到突尼西亚的风景说：“我被从没见过的颜色所感动……”感动就是脑促使记忆和感情系统活化，越能感动的人，脑中的情感系统越是活泼运作。④

（三）幼儿创意学习与环境

1. 幼儿创意源自环境互动

奇凯岑特米哈伊从生物进化和文化演化的高度指出，创造力并非在人的头脑中发生，而是在人的思想和与社会文化环境的互动中发生的。创意不是一种个体现象，而是融入了文化因素和社会因素这两个重要的环境因素。⑤ 在奇凯岑特米哈伊的研究基础上，加德纳进一步提出了创意的互动观，认为影

① 郭法奇.杜威的“探究与创新”教育思想及其现代检视[J].北京：中国人民大学教育学刊，2015(3).

② [美]马里奥·希森.热情投入的主动学习者——学前儿童的学习品质及其培养[M].霍力岩，等译.北京：教育科学出版社，2016.

③ 杨莉君.创造教育障碍研究[D].长沙：湖南师范大学，2004.

④ 李欣频.创意与创意脑研究[J].广告大观(理论版)，2011(3).

⑤ 田友谊.创造教育环境研究[D].武汉：华中师范大学，2007.

响创造个体有三大要素:儿童与大师之间的关系——主要探索超常儿童与大师的互动关系;个体与所从事工作之间的关系——探索个体所受各种训练及自创概念;个体与他人在世界中的关系——主要探索他人(家人、教师及相关支持者)在创造个体发展过程中扮演的角色。个体的创造性活动源于以上三个要素彼此间的互动。[①] 创造教育环境研究阐述了环境中蕴含的信息,个体在环境中探查信息、寻找"给养",即散落在物质环境和社会活动中的认知内容等。[②] 环境通过"给养"影响人的行动,但"给养"由环境属性与人的行动目标共同决定。[③]

2. 幼儿创意联结生态系统

关注创造力环境的心理学家有各自不同的研究内容。如哈林顿提出两个平行的生态系统:个体资源与生态资源。个体资源是个体的认知技能、人格特质等;生态资源是对创造性具有影响的环境性因素,包括审美的社会标准、权利和知识分配状况、合作与竞争、沟通渠道等。如果创造加工活动对个体资源和生态资源提出的要求得不到满足,创造性就不可能产生。[④] 布朗芬·布伦纳在人类发展生态学中提出,"发展的人不是环境在其上任意施加影响的白板,而是一个不断成长并时刻重构其所在环境的动态实体……"环境系统由小系统、中间系统、外部系统、大系统组成,每个个体都生活在生态环境中。[⑤] 台湾叶玉珠教授在环境生态理论基础上提出了"创造力发展生态系统说",认为个体的创造成果是在一个复杂的环境系统中产生的,包括遗传特质、教育环境、组织环境和社会文化。[⑥]

3. 幼儿创意需要环境设计

哈林顿提出的支持性环境的作用,对学校教育环境进行创意培养和开发有重要的意义。他认为适宜的学习环境有助于儿童创意能力的提高,教师最大的任务是播种"创意"的种子,为儿童提供最大化发挥潜能的机会。[⑦] 田友谊将创造教育环境划分为三类:可感知环境、可适性环境、可控制环境;其中可控制环境是指依据一定目标,有计划、有目的进行选择和改造的环境,使其支持创造发展的一切环境因素的总和。[⑧] 这三类环境在功能上对创造力表现影响程度各有不同。20 世纪 90 年代,围绕认知学习本质兴起了学习环境设计理

---

①③④⑦⑧ 田友谊.创造教育环境研究[D].武汉:华中师范大学,2007.

②⑤ 陈栩,沈丹,谈允忆.环境,幼儿的第三位教师[M].长春:东北师范大学出版社,2020.

⑥ 叶玉珠."创造力发展的生态模拟系统"及其运用与科技信息领域之内涵分析[J].教育心理学报,1990(6).

论,成为教学设计的新范式,学习环境设计作为教学的隐喻,以学习者为中心,充分关注学习者创造性学习的本质需要,如学习者的主观体验、认知建构方式和学习的真实境脉。设计具有知识的建构性、境脉性、复杂性和社会性的学习环境。①

综上,幼儿创意学习是人的本质内涵,是幼儿学习的核心。创意学习的产生是一种思维活动、心理情感活动,也是多元智能协同作用下的大脑运作过程,这里充分体现了创意学习的过程性而不是结果性。幼儿的发展是一个持续、渐进的过程,表现出一定的阶段性特征,幼儿在各自的进程中发展,其发展速度和水平都有个体性呈现。创意学习的发展与自然环境、社会系统密切相关,适宜的环境能够促进幼儿创意发展,幼儿创意受到环境激发,也能够创造和改变环境。这个特性为如何培养和发展幼儿创意学习提供了具体的方法,也为幼儿创意学习能力的呈现和考量提供了可操作的平台。

---

① [美]戴维·H.乔纳森.学习环境的理论基础[M].郑太年,任友群,译.上海:华东师范大学出版社,2002.

第二章
创意学习五大理论基础

幼儿创意学习的概念源自对幼儿学习定义的演绎。在寻找相应的理论支撑时，我们并没有找到直接的对“创意学习”的具体表述，创意学习理论主张与相关学习理论内涵相一致，学习理论的发展变革同样带来了对幼儿学习理论认识的变化。经过整理和筛选，我们选取了具有代表性的五大教育主张作为幼儿创意学习的理论基础。

一、韦特海默：创造性思维

（一）创造性思维的“顿悟说”

1. 创意学习的心理学视角

20 世纪 50 年代后，心理学家们对创造力的研究日益兴起。德国格式塔学派心理学创始人韦特海默（M. Wertheimer，1945）出版了《创造性思维》，他通过似动实验来解释，心理现象最根本的特征是意识经验中所显示的结构性（整体性）。整体不等于部分之和，意识经验不等于感情和感觉等元素的总和，思维也不是观念的简单联结，理解是已知事件旧结构的突然改组或进行新结构的“突然形式”①，这种“突然形式”是人在对任何事物和现象感知过程中的“顿悟式学习”。韦特海默运用“顿悟”来分析儿童在解决学习问题和爱因斯坦发现相对论时两者创造性思维的展开过程，“整个创造过程是激动人心的戏剧场面，在熟悉情景、了解结构的基础上，进而发现问题，转变情景中心，从不完整、不合适的结构转变为完整的、前后一致、可能是熟悉或简单的结构，最后实

① 阎平. 格式塔心理学派关于创造性思维的研究——方法论原则与认识论基础分析[J]. 自然辩证法研究，1992(10).

现问题的解决”。[1] 创造性思维在解决问题的过程中，包含了许多级数的重组，当儿童在遇到问题时，首先发现结构与任务之间的联系，而后进行重新组合、重新理解。这个过程使任务中的许多项目获得了新的意义。

2. 创意学习的生理学视角

“顿悟式学习”是创意学习过程中最为重要的现象，生理学家利用神经解剖知识进行相关的推论，解答“顿悟式学习”产生的生理基础的可能性。奥恩斯坦从《易经》阴阳之道中得到启发，人的左右脑意识根据日常情景交替使用，左脑运作时，右脑受到抑制。在创造性活动中，右脑获得想法，再借助左脑进行理性思考和实践，或者在左脑反复思考而不解的问题，最后借助右脑获得了灵感，也就是我们常说的“顿悟”。[2] “顿悟”也需要经过充分的探索和尝试。这与韦特海默主张的创造性思维有异曲同工之处，也是实现情景中结构重组的关键因素所在：首先是转变中心，从片面观点转变为情景的客观结构所要求的中心出发；其次，根据各个部分在新结构中的位置、作用、功能来改变各部分的含义；而结构中心的转变正是创造性思维伟大发生的时刻，根据情景性质来寻找一个真正的中心，是一种巨大的、夸张的、有意识的创造的过程。[3]

（二）创造性思维的三个原则

1. 逻辑与非逻辑互补原则

韦特海默分析了逻辑思维，同时充分肯定了非逻辑思维的地位和作用。非逻辑思维指违反逻辑常规的想象、直觉，特别是直觉这种思维形式。非逻辑思维不是可有可无的，与传统的逻辑思维二者相互补充，交互作用，揭示了顿悟、直觉等非逻辑思维形式的内部机制，非逻辑思维能力的突变性即顿悟，其实是一种格式塔转化。[4]

2. 结构与整体性原则

在创造性思维的过程中，主动熟悉情景、强调从整体上把握结构，进而发现结构与目标的矛盾，实现结构的转化，体现了创造性思维中主体的能动性和创造性。认识过程、创造过程同时是一种结构的重新构造、重新组合，其中还包括对结构各部分含义的重新解释，这个过程不是从简单的分析到综合的推进，而是一个充满主动性、创造性的生机勃勃的过程。[5]

---

①⑤ 阎平.格式塔心理学派关于创造性思维的研究——方法论原则与认识论基础分析[J].自然辩证法研究，1992(10).

②③④ 郭有通.创造心理学[M].北京：教育科学出版社，2002.

3. 和谐与简单性原则

创造目标的实现包含了情景中心的转变，进而实现向熟悉的、完整的、简单的结构变化，同时结构具有一致性，追求结构的完整性、简单性和谐一致，与创造性思维问题的解决有着内在和必然的联系。①

（三）捕捉幼儿的创意思维

1. 幼儿期是创意学习的关键时期

韦特海默的创造性思维给我们的幼儿创意学习提供了有力的理论依据。创意思维是一种高级理性思维，幼儿期尚不能进行理性思维，所以无法开展创意能力的培养，在此依据“情景中心转化”和结构转化、重组的观点，幼儿期是直觉行为思维向具体形象思维再到抽象逻辑思维三种思维递进发展的重要时期。在三种思维的发展过程中，蕴含巨大的旧事物的转化到新事物的产生，这是幼儿期独特的现象，使得幼儿期的创意潜能不可估量。同时，依据创意学习的生理学理论，幼儿期左右大脑分工尚未明晰，幼儿在运用左右脑过程中更多地出现混同使用的情况，更适宜产生创意性思维活动，呈现更丰富的自由想象。

2. 捕捉幼儿的创意学习过程

在日常的教育现场，幼儿是如何进行创意学习的呢？以中班制作活动“捕羊袋”案例来分析。（见案例一）活动背景是中班角色游戏，幼儿为灰太狼设计了蜘蛛网捕羊袋、管道捕羊袋、吸羊袋、弹簧捕羊袋、香味捕羊袋等图纸方案后，开始动手实践。其中，如何进行“蜘蛛网捕羊袋”的制作对幼儿来说是一次挑战性的创新学习。活动中，幼儿对信息进行了重新组合，从幼儿选择的材料上看，麦秆、橡皮泥、石头等都是幼儿在现有个体经验上与问题任务进行的联结。整个过程中，幼儿进行了如何连接麦秆、麦秆网与蜘蛛网的联想、纸棒与麦秆材料的认知、纸棒捆绑的技术探索、蜘蛛网捕羊袋的功能设计等多个活动，所有新的项目并不是随意和无根据的，而是在问题情景下，幼儿学习结构与目标之间进行的重组。

案例一：创意制作“捕羊袋”（中班）

问题任务：如何将设计图制作成各种实物，用什么材料做，怎么做？

新问题一：寻找什么样的材料？

---

① 阎平.格式塔心理学派关于创造性思维的研究——方法论原则与认识论基础分析[J].自然辩证法研究，1992(10).

幼儿Z：这个麦秆可以拿来织网。

幼儿C：（拿起彩色笔）在蜘蛛网上画上漂亮的图画，能把羊羊引来。

幼儿Y：它（橡皮泥）可以把麦秆粘起来。

幼儿Z：这是打羊石，可以粘在蜘蛛网上。

幼儿C：这个颜料和（保丽龙）球是用来做糖果的。

新问题二：麦秆从中间断开了。

幼儿C和Z拎住麦秆做的网并将它慢慢地竖起来，橡皮泥做的连接处开始往下掉，麦秆也随之掉下、折断。

幼儿C取来双面胶，连续粘了三次，麦秆还是脱开了。

幼儿Z找来纸棒开始在地面叠加摆放，拼成网状。

（案例提供：谈允忆）

二、皮亚杰：发生认识论

瑞士心理学家、日内瓦学派的创始人皮亚杰的发生认识论研究了儿童认知的产生和发展、结构和心理起源，内容上包含了结构理论、建构理论和智力理论，各部分互相联系，比较全面地阐释了发生认识论的主张。

（一）发生认识论的内容

1. 结构理论

所谓的结构是由许多不同种类的转换规律所组成的整体，这个整体作为一个系统而存在，具有整体性、转换性和自我调节性的特点。整体性的结构中，所有元素都受到整体性法则的约束，而不是元素自身特性的简单相加。结构的转换性证明其不是一个静止的整体，而是处于不断发展变化过程中的整体，结构的转换具有共时性和历时性的双重转换。自我调节是指结构转换发生在结构内部，它使结构具备了守恒性和封闭性。自我调节存在两种形式，即在原有结构中的自我调节和在新结构的建构过程中的自我调节。[①] 结构分为物资性结构和功能性结构，皮亚杰的结构指的是功能性结构，心理学功能的概念，一是机能的连续和守恒；二是表示了各器官间相互作用；三是机体的组成元素因建构作用而不断被更新。皮亚杰成功运用了结构与功能相统一的方法，形成了"图式、同化、顺应、平衡和自我调节"五种认知过程，认知结构和功能之间互为前提、互相依赖、互相促进。[②]

---

①② 郭佳伟.皮亚杰发生认识论研究[D].保定：河北大学，2011.

2. 建构理论

建构主义是皮亚杰发生认识论思想的重要组成部分。建构，是指结构不断改变和更新的进化过程，即结构（图式）建造，也是认知发展的过程。儿童智力发展就是一个主体自我建构（认知图式的进化）的过程。建构包含两层含义：认知建构是一种发现也是一种发明，包含创造的意味；认知建构即图式的建造，是一个发生与发展的过程，是主体和客体之间的相互作用（动作或行为），是发生的起点，也是发展的基础。对知识的理解过程就是主体建构的过程，以主体、客体相互作用的动作和活动为认知起点。① 动作是知识产生的物理经验，即由主体的个别动作所产生的有关客体位置、运动和性质的经验，是从主体的个别动作中获得，是关于客体本身的经验、固有特性的反映。② 动作也是逻辑数理经验形成的基础，引起逻辑数理经验的是一系列动作和有意识地协调反思动作的过程。

3. 智力理论

皮亚杰认为智力即适应，智慧是一种最高形式的适应，机体不仅要在生理上适应环境，更要在心理和认知水平上适应环境。认识是幼儿与环境间慢慢形成的一种联系，主体在认知的发展过程中不断重建和客体相适应的认知结构。生物的适应是为了生存，智力的适应是认识事物的必要前提。③ 皮亚杰认为影响儿童智力发展的因素有四个，分别是个体的生理成熟、个体的动作经验、生活社会经验和自我平衡因素。这四个因素缺一不可，其中平衡因素最为关键，平衡是认知的构造过程。④ 皮亚杰从智力因素阐述中得出“顺应可能适合儿童的活动才能促进智慧发展”。⑤

（二）认知是不断创新的主张

1. 认知的可能性是创新的

首先，从时间上来分析认知的可能性，过去不完全包含着现在，现在不完全包含着未来，从过去和现在不可能完全推断出将来，在时间发展的进程中，认知的信息量是不守恒的。人类认知不仅有继承，更有对原有经验和成果的利用和改造，因此人类认知的可能性不能够完全被预知。皮亚杰看到：认知是一个连续不断建构的过程，是认知的“历史与心理发生上的建构组成”，发展着的认知建构过程在性质上是组成性的，不是以完全达到预定结局的一种方法。

---

①②⑤　朱家雄.建构主义视野下的学前教育[M].上海：华东师范大学出版社，2009.

③④　郭佳伟.皮亚杰发生认识论研究[D].保定：河北大学，2011.

所以,认识总在不断创新,永远不会停留在一个水平上。①

2. 认知不仅是发现也是发明

皮亚杰从心理的发生、发展来解释认知的获得,认知不是预成而是构成,"从主体的角度看会把自己烙印在主体上的客体,因而同时既包含主体又包含客体",主客体相互作用,主体的自我调节比遗传特性更为基本,它将导致人类特有的高级认知结构的出现,人对环境适应能力、顺序、重叠、对应、替换等从本能中释放出来,通过组合形成无限多样的认知结构。对于认知的发生主张:知识从行动中来,从行动中协调,不是从对象本身抽绎出来的。② 同时,皮亚杰还看到了个体认知的创造性,"知识是继续不断构成的结果,因在理解中总是包含一定程度的发明,从一个阶段到另一个阶段发展中总有一些新的结构形成,这些新的结构存在于主体的心灵之中"。皮亚杰把发明和发现联系起来,指出认知既是发现也是发明,发明有赖于发现,而发现必然有发明的成分。③

3. 认知创造性的内在机制

皮亚杰把对动作协调的"反映性抽象"和主体活动的自我调节同视为创造性认知的内在机制,从而将两者相联系。④ 他主张把动作开始抽象化描述为"反映性"的,"反映"增长,意味着抽象化过程起到了"质"的变化,这一变化是动作、操作、概念化的过程。活动的内化就是概念化,幼儿有意识的觉察是通过选择和形成表象性格局来进行的,把连续的活动压缩成一个表象整体;把内在与活动中的格局看作概念,灵活运用到活动上;表象语言的使用,这些特征出现时就是实现内化。"反映性"抽象的过程始终离不开动作、操作、活动及协调,概念形成是无数次操作在心理结构上的理性积淀。⑤

(三) 关注幼儿认知中的创造性

1. 幼儿认知是创造性的

皮亚杰的发生认识论对我们幼儿教育实践有多种启示,卡卢夫德斯基说"孩子是我们星球上最勤奋的脑力劳动者,每个孩子天生就是创造性实验室,具有不受限制的想象力"。⑥ 幼儿期的学习不能以时间来衡量,每一个孩子都有自己的成熟与发展的固有周期表,随着时间推移,幼儿的各种能力和发展变化会逐渐显现,这种成长中的时间意识是尊重人类成长发展的需要的。在幼

---

①②③④⑤ 程伟礼.皮亚杰"认识不断创新"思想述评[J].学术月刊,1986(5).

⑥ 张丹.论陶行知的创造性教育思想[J].新教育时代(教师版),2014(24).

儿期，大自然赋予了幼儿充分感受、发现和建构新认知的时间，让幼儿可以更正错误、克服偏见、调整自己的节奏。在幼儿心理发展的每一个阶段都包含了新的认识图式的建构和认知功能的扩展，充分体现了幼儿的创造性学习能力。

2. 关注幼儿认知学习的创造性

幼儿认知是创造性的观点需要得到进一步的认识，教师要意识到幼儿认知具有创造性，就会满足幼儿在自己的兴趣基础上去学习，会有意识地观察幼儿认知的创造过程，会接受幼儿在创造性学习中的反复探究，会理解幼儿创造性认知对幼儿内化学习的重要意义。如观察小班幼儿利用纸杯和毛线、冰棍棒和蓝色亮片材料进行的创作过程，幼儿主动地引入了自己的生活经验——对冰激凌和冰刀的认知，也许外形并不十分逼真，但具有幼儿的独特理解（见案例二）。尽管3岁幼儿的语言表达能力、逻辑思维水平都还比较低，但已能通过直观的动作和简单的词汇来概括自己内心的思考，将眼前的材料和已有经验进行主动的联结和建构。可见，认知创意的能力在低龄段幼儿身上同样具备。

案例二：创意制作区活动（小班）

幼儿A剪下各色毛线段，零散地塞进一次性纸杯中，对同伴说："快来看！这是我刚做的香草味的冰激凌，尝尝好不好吃？"孩子们随时随地玩起了买卖冰激凌的游戏。

幼儿B将一根冰棍棒折断成弯曲状，粘贴上2个蓝色亮片，说："这是冰刀，划得很快的。"同时用双手做出来回滑行的动作。

（案例提供：陈栩）

三、莱夫：情境学习理论

情境学习理论对于"人类如何学习，学习如何发生"的质疑经历了一个多世纪的探讨，1991年，莱夫和温格融合了社会建构主义和人类学视角，出版了《情境学习：合法的边缘性参与》，提出了情境学习理论的三个核心概念：实践共同体、合法的边缘性参与、学徒制，对"人类如何学习"给予了新的认识。

（一）情境学习理论的核心概念

1. 实践共同体

实践共同体是诸多个体的集合，追求一项共同的事业。共同体并不意味着同时出现，这些个体长期共享共同的实践、信念和理解，如对于他们在干什么，对他们的生活意味着什么，对共同体意味着什么，参与者有着共同的理解。[①] 实践共同体具有四个特性：一，共同的文化历史传统，文化、历史、传统这些要素使得一个共同体聚集了其成员可以共享的经验，通过成员的互动而具有持续的生命力；二，有意义的协商是一个生产性的过程，意义的产生是动态性的、语境化的、独特的，学习者能以有意义协商的方式逐渐进入实践共同体、共享经验，以实现自己在共同体中的身份建构；三，共同体中成员相互依赖，个体对共同体、社会的合法参与并相互依赖；四，共同体自身进行再生产循环，历史文化经验不断地涌入、更新，共同体成员的身份从新手通过循环成为专家，共同体内进行着隐性和显性的两种形式的再生产。学习者从对共同体之历史文化脉络的边缘性参与开始，在得到文化认同后，才能逐渐真正进入到实践共同体，完成身份的转化，成为实践共同体的一分子。[②]

2. 合法的边缘性参与

莱夫和温格认为，情境学习是非中心化的，学习存在边缘性质，初学者能够处于学习情境的边缘进行合法的边缘性参与，而学习就是一种从边缘开始不断推进核心、深入参与的过程。[③] 莱夫发现了新手在学习过程中“默会性知识”的重要性，学习是整体的和不可分割的社会实践。“合法”意味着学习者对共同体所享有的资源拥有利用和掌控的权利，即学习者进入共同体伊始就可以利用共同体的资源；随着学习的不断深入，学习者对资源的利用程度也在加深，印证了参与的轨迹是从边缘到核心。“边缘性”参与是指由于学习者是新手，通过对专家的工作观察、与同伴及专家的讨论进行学习。“参与”意味着学习者在知识产生的真实情境中，通过与同伴的互动，学习他们为建构知识应该做的事情。“合法的边缘性参与”是一种分析学习的观点、一种理解学习的方式，就是指的“学习”。“合法的边缘性参与”还是一个复杂的观念，暗示包含权力关系的社会结构，只有得到授权学习者才有合法身份，才能逐步由边缘到核心来参与共同体。[④]

3. 学徒制

学徒制，是让学生通过类似于手艺学徒的方式，参加社会互动和实践，获得和使用认知工具，进行情境化的真实教学。学徒制的学习环境由内容、方

---

① ［美］戴维·H.乔纳森，苏珊·M.兰德.学习环境的理论基础（第二版）［M］.徐世猛，李洁，周小勇，译.上海：华东师范大学出版社，2015.

②④ 崔允漷，王中男.学习如何发生：情境学习理论的诠释［J］.教育科学研究，2012(7).

③ 陈秋怡.情境学习理论文献综述［J］.基础教育研究，2016(19).

法、序列和社会四个构建，运用传统手艺学徒方法进行教学中的技能传授，创造一个真实的学习情境[①]。学习者必须被允许合法地进入共同体，向共同体内的专家（师父）进行学习，同时担负起共同体内相应的职责。专家扮演师父角色向学生展示解决问题和完成任务中需要的概念知识和事实知识，传授如何进行推理和思考，学生在这个过程中学习使用认知工具，提高认知技能和思考能力。学徒制强调在专家呵护下的学习，由专家在现场进行认知活动指导和示范，是运用了实习场概念进行设计的方法。[②]

（二）情境学习理论的知识观

1. 知识是有情境性的

传统的知识观认为知识是“符号”，学习活动就是通过“计算”来获得“符号”。20 世纪 80 年代末，学习理论者提出：“知与行是交互的——知识是情境化的，是通过活动向前发展的。”[③]情境学习理论的知识观，关注到了“默会性知识”的存在，就是将简单的“符号”概念之间进行贯通、联结、整合的“活性”知识结构。[④] 默会性知识又称内隐性知识，主要相对于显性知识而言，它是一种只可意会、不可言传的知识，是一种经常使用却又难以通过语言文字来清晰表达或直接传递的知识。

2. 学习发生在情境中

学习是一个参与的过程，在日常生活实践中，没有一种特殊的学习，只有根据文化背景的差异而不断变化的参与性实践活动。学习是“现实世界创造性社会实践活动中完整的一部分”，不是刻意认识社会世界的一种方式或途径，学习本身就是世界的一种存在方式。只有将学习与情境相联系，才能够克服传统学习中的“惰性”认知，产生“活性”知识结构，进行相关学习的迁移。[⑤]学习者对知识的理解、建构、迁移，与知识生成的复杂而特定的情境脉络相连。情境性是所有认知活动的根本，学习是建立“关于学习者使用工具时所处世界和工具本身的应用理解”，而理解是由学习理解和应用理解的情境促成的。[⑥]

3. 情境化的活动

情境可以分成观念的、想象的、情意的、问题的；又可以是物理的、虚拟的

---

① 陈秋怡.情境学习理论文献综述[J].基础教育研究，2016(19).

②③⑥ [美] 戴维·H.乔纳森，苏珊·M.兰德.学习环境的理论基础(第二版)[M].徐世猛，李洁，周小勇，译.上海：华东师范大学出版社，2015.

④⑤ 李妍.乔纳森建构主义学习环境设计研究[D].上海：华东师范大学，2007.

或真实的;可以基于学校和课堂的功能性,也可以基于自然社会和日常生活;有利于学习发生的情境应该是一种真实的社会情境、实践情境和文化情境。[①]情境化的活动与一般情境的活动有所区别,情境化活动具有目标指向性,研究情境互动中被建构出了哪些内容。因此,在情境化的活动中,首先要为学习者创设特定范围的活动或经验,明确需要学习什么以及行为发生的真实情境是什么。选择一个情境作为学习活动目标,这些活动需要是真实的,必须要涵盖学习者真实世界中遇到的大多数认知需求,学习活动在能够进行真实应用的情境中发展概念。[②]

(三)情境化的幼儿学习

1. 幼儿依赖学习情境

情境在《辞海》中的解释为"一个人在进行某种行动时所处的特定背景,包括机体本身和外界环境有关的因素",引用到教育学中,可以认为是教育者设置的或教育者与学习者共同建构的活动背景。针对特定学习目标的学习活动背景,心理学对情境的定义为"影响个体行为变化的各种刺激所构成的特殊情境"。从情境的定义表述,可以认为情境是一种更为具体和微观的环境;定位于影响个体心理和行为活动的环境条件,具有明显的客观性;情境具有激发和促进个体心理和行为的作用。[③] 幼儿创意属于初级创意阶段,是直觉行为思维到具体形象思维再到抽象逻辑思维递进发展的过程中认知本性的体现,在学习环境中必须依赖于能够满足幼儿好奇和兴趣的真实具体、形象生动、趣味和变化性的刺激物。这对幼儿来说就是"情境",创设真实的活动情境,在幼儿园的教育实施中是重要的手段之一。

2. 情境中的幼儿创意学习

情境设计离幼儿的生活经验和想象水平距离越接近,对幼儿发展的影响速度就越快、效果也越直接。幼儿学习环境中的角色游戏区域就是模拟了幼儿生活微观情境,将幼儿最感兴趣的内容作为活动情境目标。下面以中班活动"羊羊扮演秀"为例,分析幼儿的创意想象与教师设计情境之间的关联。首先,将幼儿熟悉的动画片《喜羊羊与灰太狼》作为支持幼儿创意学习可感知的大环境背景;其次,表演区游戏的自主、自由的心理环境是支持幼儿创意发展

---

① 崔允漷,王中男. 学习如何发生:情境学习理论的诠释[J]. 教育科学研究,2012(7).

② [美] 戴维·H.乔纳森,苏珊·M.兰德.学习环境的理论基础(第二版)[M].徐世猛,李洁,周小勇,译.上海:华东师范大学出版社,2015.

③ 陈晓红.实习场与幼儿园课程研究[D].南京:南京师范大学,2008.

的可适应环境。教师进行环境创设后，引发幼儿扮演灰太狼和红太狼、为灰太狼制作“捕羊袋”、进行“捕羊袋”图纸设计等一系列活动。活动过程中的生活经验、游戏材料、互动语言等所有的内容都被“情境化”了。情境在不同的环节，发挥的作用也随即变化，起到了“激发动机—问题探究—形成新认识—产生新动机—探寻新问题”循环渐进式的推进作用。情境满足了幼儿直观具体、生动形象的思维特点，情境包裹在活动环境的每一个元素中，保证了学习环境对幼儿的直接吸引。（表2-1）

表2-1　中班“羊羊扮演秀”活动情境分析表

<table>
<tr><th colspan="2" rowspan="2">活动环节</th><th colspan="2">情境化</th></tr>
<tr><th>对象类型</th><th>对应内容</th></tr>
<tr><td rowspan="2">1</td><td rowspan="2">表演准备</td><td>经验背景</td><td>动画片《喜羊羊与灰太狼》</td></tr>
<tr><td>物质材料</td><td>角色面具、白色绒毛、白色床单等</td></tr>
<tr><td rowspan="2">2</td><td rowspan="2">表演开始</td><td>物质材料</td><td>红太狼、灰太狼面具</td></tr>
<tr><td>互动语言</td><td>男孩：“灰太狼很厉害，会发明各种工具抓羊。”
女孩：“红太狼的打扮特别漂亮。”</td></tr>
<tr><td rowspan="2">3</td><td rowspan="2">新情节
“捕羊袋”产生</td><td>物质材料</td><td>白床单</td></tr>
<tr><td>互动语言</td><td>幼儿提出用白床单发明一个“捕羊袋”</td></tr>
<tr><td>4</td><td>孩子们的理由</td><td>互动语言</td><td>“灰太狼很聪明，爱发明。”“灰太狼总是失败，太可怜了。”“帮灰太狼，红太狼就不打它了。”</td></tr>
<tr><td>5</td><td>讨论计划</td><td>互动语言</td><td>“发明像蜘蛛网一样的捕羊工具，羊来了就会粘在网上。”“发明管道捕羊袋、吸羊袋、弹簧捕羊袋、香味捕羊袋等。”</td></tr>
</table>

四、奥苏贝尔：有意义学习

美国认知教育心理学家奥苏贝尔创建的有意义学习理论比较辩证地划分了学习类型。他认为有意义学习是与机械学习相对的学习类型，发现学习与接受学习均是有意义的。有意义的学习理论强调了知识的迁移，倡导教师在教学中要充分利用学习者已有的认知结构。

（一）有意义学习的类型

1. 有意义的学习

根据学习的内容把学习分为机械学习和有意义学习，有意义学习就是以符号为代表的新概念与学习者认知结构中原有适当概念建立实质性和非人为性的联系过程。[①] 学习者要进行有意义学习必须具备两个条件:一是学习者必须具备有意义学习的倾向,即学习者渴望认知、理解和掌握知识及解决问题的倾向性;二是学习材料必须对学习者具有潜在的意义,潜在意义的学习材料是以学习者原有认知结构为基础的。实现有意义的学习,教师可以通过“先行组织者教学策略”,即在传授新知识前进行新旧知识之间关系的概括引导,帮助学习者更好地进行知识的迁移。

2. 接受学习和发现学习

根据学习进行的方式将学习分为接受学习与发现学习,二者的区别在于外部条件、内部心理过程和认知活动作用三个方面。在外部条件上,接受学习中学习的主要内容是直接呈现给学习者的,而在发现学习中,学习的内容未直接呈现给学习者,只是呈现一些提示性线索;在内部心理过程上,接受学习中学习者只需要把定论的形式呈现的学习内容加以内化,而在发现学习中,学习者则需要进行独立的或“有指导的发现”,然后才能将发现的结论“内化”到知识结构中;从认知活动作用上看,大量的教材知识主要是通过接受学习获得的,而各种问题的解决则主要是通过发现学习完成的。[②]

3. 学习类型的关系

奥苏贝尔指出“接受—发现”“机械—有意义”这两个维度互不依赖、彼此独立,另外这两个维度中间还有许多过渡形式。有意义的接受学习和有意义的发现学习是课堂学习的主要形式,大量的教材知识主要是通过接受学习获得的,而各种问题的解决则主要是通过发现学习实现的。通过接受学习获得系统知识有利于问题的解决,通过发现即解决问题后得到的结论或方法又有助于深化原有的认知结构。简单的机械学习不是学生课堂学习的主要途径,有意义的接受学习与有意义的发现学习应合理搭配,尽最大可能发挥优点,克服缺点。[③]

(二)有意义学习的机制

1. 有意义学习的条件

有意义学习在加工、储存学习信息的过程中有明显的优势。原因在于,学习者在进行有意义学习中具备这样几个条件:学习者会把潜在的有意义的学习材料同他们原有认知结构中的概念建立非人为的和实质性的联系。这时学

---

①②③ 王本法.奥苏贝尔学习类型理论的意义[J].济南大学学报(社会科学版),1990(创刊号).

习者能够把原有的知识作为基础来理解、接受和固定新的知识，学习材料与原有的认知结构部分进行了结合，就获得了新的意义，成为认知结构中的一部分，而新旧材料的结合，减少了通过需要机械记忆进行加工储存的强度，使学习者能够很好地保持新知识。①

2. 接受式有意义学习的条件

传统教学中讲授式的教学曾经被认为是被动的“填鸭和灌输”。奥苏贝尔提出了“接受学习是机械的，但同时也是可以有意义的”重要观点，澄清了教育改革中的误区。事实上，由于时间和精力有限，不可能、也没有必要事事亲身探究实践。如何让接受式学习“有意义”，取决于学习进行中的条件。如果教师能够指导学生将潜在的学习材料与学生已有的认知结构相连接，进行融会贯通，学习者能够保持这样的学习心理进行学习，则接受式学习同样有意义。可见，接受式学习的意义在于对学习者的学习水平的把握、何时运用接受式学习的方式、快速进入有意义的学习状态中。②

3. 发现学习的作用

发现学习其实是一种基本的学习方式，它的基本前提是学习者在自然条件下的学习，倾向于发生在有内在动机激励并有指导的发现中。有指导的发现学习更具有优势，能够让学习者更多地参与个人的工作，更多关注所面临的学习材料并做出智力上的努力，在付出智力努力的过程中使学习更具有价值。同时，提高学习者对于自主解决问题的期望，产生“我能思考、我能解决问题”的自我价值感。在培养创造力和学习独立思考的目标上，发现学习具有独特作用。③

（三）有意义学习的运用

1. 有意义学习的作用

奥苏贝尔提出的四种学习类型划分，科学辩证地阐述了“接受学习—发现学习”“机械学习—有意义学习”的内在关系，让接受学习的实际意义得到重新认可，纠正了对发现学习的盲目追赶。正如幼儿园的集体教学、游戏活动、生活活动几种形式，各自发挥作用，共同促进幼儿学习。有意义学习理论适用于幼儿园学习、游戏和生活三大基本活动的组织实施，教师依据对幼儿的经验水平、兴趣倾向的了解，推进幼儿的游戏与学习，发挥生活活动的价值。因此，无论幼儿园开展何种形式的活动，正确把握好学习的意义问题，才能避免走入机械学习的困境中。

---

①②③　王本法.奥苏贝尔学习类型理论的意义[J].济南大学学报(社会科学版)，1990(创刊号).

2. 有意义学习的活动实施

幼儿园活动是教师有目的、有计划、有组织的教育,能够体现“教育引领幼儿发展”的目标。活动能否产生有意义的学习,要看教育教学的内容是否满足幼儿的愿望和兴趣,是否符合幼儿学习的现有水平和经验,在教育方法上能否帮助幼儿利用旧经验构建新经验……这些需要教师精心设计。如在大班辩论学习活动中,辩题关注了幼儿的已有生活经验。活动过程的设计具有系统性和逻辑关联,避免碎片式的知识“填鸭”,帮助幼儿在生活认知和辩论能力之间建立联系,将辩论活动目标“大胆表达自己的观点”指向大班幼儿关键能力的培养。整个答辩活动满足了幼儿认知驱动,呈现评价“有意义”学习的几个要素:主动的、建构的、有意图的、真实的、合作的。[①] (见案例三)

案例三:辩论活动“当小孩好还是当大人好”(大班)

活动目标:

1. 能大胆、清楚地表述“当小孩好还是当大人好”的观点,对辩论活动感兴趣。

2. 能遵守轮流发言、举手示意、有序抢答等基本辩论规则。

活动过程:

1. 引出辩题,了解辩论活动,分组辩论。

2. 辩论活动,掌握辩论的规则,大胆表达自己的观点。

第一场:轮流发言,阐述自己最想说的理由。

第二场:举手发言,说出更多不一样的理由。

第三场:自由辩论,根据对方观点进行反驳。

3. 交流小结,归纳辩论经验,提升辩论方法。

(案例提供:陈栩)

五、加涅:信息加工学习理论

20 世纪 70 年代,加涅运用现代信息论的观点和方法来解释人类的学习活动,提出学习过程是信息接收和使用的过程,学习者的内部认知结构与外部环境条件是相互依存、不可分割的整体,[②]建立了信息加工模式的学习理论体系。

---

① 李妍. 乔纳森建构主义学习环境设计研究[D]. 上海:华东师范大学,2007.

② 路海东.加涅的信息加工学习理论述评[C]. 北京:中国科协 2001 年学术年会论文(上册),2001.

（一）信息加工的过程

1. 信息加工结构模式

加涅将学习结构模式分为两个部分。一部分是右边结构，称为操作记忆，是一个信息流。外部环境刺激作用学习者的感受器，并被感觉登记器做极短的处理和停留，然后进入短时记忆，并做几秒停留后再进入长时记忆。当需要回忆时，信息从长时记忆中提取回返到反应发生器，信息加工转化为行为，即学习就发生了。另一部分是左边结构，包括预期事项和执行控制。预期事项起定向作用，使学习活动方向不变。执行控制起调整、控制作用，以实现学习目标。左边结构的两个部分功能，是引发学习、改变学习、加强学习和促进学习，也控制着信息流的激化、削弱或改变方向。①

2. 学习行为处理过程

任何一个学习动作都会经历时间过程，也许是短短的几秒。加涅认为"学习动作的发生到结束必定会经过不同的传递过程，每一个过程都有一种不同的加工方式"。学习的一般过程就是信息流过程，外界刺激作用于学习者的感受器，转化成各种形式的神经信息达到感觉登记器，这个过程就是学习者最初感知事物形成的一个结构。这个阶段的信息停留的时间很短，经过注意的选择和精细加工，部分信息进入到短时记忆，经过心理的复习，短时记忆信息作为知觉转化为概念和有意义的样式，通过语义编码储存起来，即长时记忆。当需要使用时，通过检索从长时记忆中提取出来。信息被提取后，有的直接通向反应发生器，有的依旧回到短时记忆在此被核实确认，合适的信息则通向反应器，反之，则返回长时记忆储存。②

（二）实现学习的条件

1. 内部条件与学习过程

内部条件是指学习者以前习得的知识技能、动机和学习能力等。发生在学习者头脑里的内部活动是学习过程，人类学习活动由四个要素构成：学习者、刺激情境、记忆内容、动作。学习者是学习的主体，能够不断接受刺激并将其组织成各种神经活动的图式，并表现出各种行为。刺激情境是指刺激学习者感觉的事物统称。记忆内容是指可以从学习者的记忆中重新恢复的内容，这种内容

---

① 路海东.加涅的信息加工学习理论述评[C]. 北京：中国科协 2001 年学术年会论文(上册)，2001.

② 徐碧波. 信息加工理论与加涅的学习观[J].外国教育动态，1988(1).

是以前学习活动的结果。动作是指学习者对刺激情境和记忆内容的反应。当刺激情境以及记忆内容影响学习者,以致他的动作从他进入这种情境之前到他进入这种情境之后发生变化时,便产生了学习活动。这种动作变化就导致学习发生。

2. 外部条件与学习层次

外部条件是指输入的刺激结构和形式,不同的学习技能和学习内容需要不同的外部条件。人类学习有五类学习结果(语言信息、智力技能、认知策略、运动技能和态度)和五个层次水平(连锁联结学习、辨别学习、概念学习、规则学习和高级规则学习)。教育是学习的外部条件,其成功与否在于是否有效地、合适地利用内部条件。每一阶段的学习中都蕴藏着前一阶段的学习,动机阶段、领会阶段、获得阶段、保持阶段、回忆阶段、概括阶段、操作阶段、反馈阶段。加涅强调每一个学习阶段都有各自内部心理过程和影响它的外部事件,教育就是遵循学习者学习过程的这些特点,安排适当的外部学习条件。

(三) 教与学的结合

1. 用环境激发幼儿创意学习

加涅信息加工理论在幼儿的学习过程中有重要意义。幼儿期尚处于感知和具体行动的发展阶段,学习的动机是好奇和兴趣,良好的外部环境能发展幼儿对周围事物探究的兴趣,适宜的环境刺激形成信息流。通过幼儿主体注意的选择形成相应的学习结果:语言信息、智力技能、运动技能、态度、认知策略,每一种学习结果的形成都是幼儿能力的提升和发展。幼儿的学习发展特别强调外部环境的设计和教师适宜的指导策略,如思考在幼儿的活动环境中赋予什么样的教育目标和内容,材料如何呈现和设计,才能激发幼儿的兴趣;观察幼儿在学习中所处的状态和阶段,及时介入引导,充分发挥教育的外部条件与幼儿学习内部活动相互结合的作用。

2. 幼儿创意学习的活动设计

幼儿自主建构经验的过程遵循了信息加工学习阶段的规律,但同时也呈现复杂性和不稳定性。幼儿学习活动中包含了大量的自我调节和选择的过程,如幼儿动机源自好奇心,一旦好奇心得到满足,动机就会迅速消退,动机阶段就无法到达领会阶段。依据加涅学习观,教师在幼儿学习的不同阶段要及时给予外部指导,以匹配幼儿的学习过程;在创意学习活动设计中,教师要充公了解幼儿学习处于哪一个阶段并作出判读。如大班以“圆柱体”材料为元素的学习活动,教师对幼儿学习阶段的认识是清晰明确的:活动的第一个环节是激发动机阶段，运用经验回顾、新材料引入和尝试新玩法等策略，满足了幼儿初步的好奇心，又很好地推进了幼儿学习动机的深入；在活动的第二个环节，教师通过提问讨论、比较观察、反思小结等帮助幼儿进一步理解搭建高度与数量组合之间的关系，帮助幼儿形成初步的经验认知；最后，在领会的基础上进一步推进游戏难度，帮助幼儿自主获得更为丰富全面的操作经验。（见案例四）

案例四：学习活动“好玩的圆柱体”（大班）

环节一：六块积木搭作品

1. 交流谈话：你在建构区搭过什么作品？
2. 引导观察：这里准备了什么？
3. 实践操作：你能用六块圆柱体积木搭出什么作品？
4. 分析反思：为什么会倒塌？积木数量一样，为什么搭出的作品不一样？

环节二：用六块积木搭连在一起的五层高楼

1. 实践操作：有两组“高楼”出现摇晃，幼儿用手防护，取下积木，未完成。
2. 交流谈话：中间用两块积木并排就能造出五层楼。
3. 再次操作：出现在中间两块积木并排的造型，全部成功。

环节三：用六块积木搭连在一起的三层高楼

1. 实践操作：出现四人合作。
2. 交流谈话：介绍你是怎么搭出一个三层高楼的，有什么秘诀？
3. 分析反思：金字塔的方法加错叠的方式。
4. 再次操作：一起合作能搭几层金字塔？

（案例提供：许峰）

在促进幼儿创意学习的探究中，五大理论成为教师在转变观念、落实行动中最坚实的基础，为研究提供科学依据并指引着实践方向。理论中所涉及的观点，覆盖了教育实践的多个方面，不仅是日常的一日活动组织，还有集体教学活动设计、区域活动的开展、游戏的实施引导、生活活动的利用以及家园合作的开发等。幼儿创意学习是广义上的学习，我们的教育目标在于发展具有创意学习能力、创意学习意识、创意学习精神的、完整发展的幼儿。

第三章
创意学习的内涵阐述

幼儿创意学习的实践来源于丰富的社会生活，如在教育学之外，涉及不同学科概念和理论，还与心理学、哲学、社会学、文学、科学、美学等相关，因此，幼儿的创意学习是与广泛的生活世界相联系的。在具体幼儿园教育现场，我们并不是将这些理论进行简单复制，而是在理解的过程中不断地反思和重建，形成对幼儿创意学习新的启示。在理解幼儿创意学习的本质内涵上，我们通过对幼儿在活动中行为的观察，看到了幼儿积极进行自主建构学习的状态，他们对环境中的人、事、物充满了探索欲望，涌现出许多新奇灵动的想法，这些想法令成人感到惊叹。

一、主动参与的有意识学习——培植兴趣

（一）天性的诱发

1. 幼儿天生的主体意识

如果说幼儿的好奇心和探究欲是与生俱来的，那么我们要重新认识幼儿的学习。幼儿学习的世界对成人是已知的，而对幼儿来说是未知的，我们不能因幼儿的"未知"就把他们看作是弱小的、能力不足的、简单的而轻视。幼儿自从出生起就投入到自己的发展和与生活世界的联系中去，在试图去体验世界的过程中，幼儿是具有强烈的主体意识的，比如婴幼儿期会被色彩艳丽的物体所吸引，会对其进行专注的观察，会伸出手去抓，放进嘴里……幼儿有一个能说会听的身体，这是一个拥有各种感官的身体，幼儿用身体来认识世界、探究未知。在这样的体验探究中，幼儿建构着对这个物体色、形、材质、用途等特性的认知，并且发展了一套比较复杂的能力体系、学习策略和处理各种关系的方法。

2. 幼儿与生俱来的探索

当幼儿在好奇地关注事物时即开始了学习，要让幼儿开启学习则需充分了解幼儿年龄阶段的思维特性和兴趣点，找到开启的最佳方式。比如，幼儿喜欢反复地拉开—关上抽屉、打开—盖上盒子、倒空—填满容器、打乱—摆好物体等，这些特别的行为都呈现了幼儿的想法和兴趣。当我们把幼儿兴趣作为学习的中心和起点时，我们就会重新审视和思考幼儿园的环境和活动室中的材料是否合适，跟幼儿交谈什么，哪些行为是幼儿的兴趣使然以及我们该如何与幼儿一起生活等。

（二）天性的保护

1. 看到幼儿的想法

教师如何看待幼儿正在进行的活动很重要，比如幼儿正在敲打积木，这种行为是在“破坏”，还是在“探究”？对幼儿行为的解读不同会产生不同的教育方式。如果教师读不懂幼儿的想法或者认为幼儿的想法是毫无意义的，就会自以为是地为幼儿安排学习的内容，或者进行成人观念上的能力锻炼，从而扼杀了幼儿学习的内在动力——好奇心和探究欲。要保护幼儿的天性，教师应相信幼儿是一个能自主学习并具有学习潜力的个体，能够从幼儿呈现出来的行为表现上来理解幼儿探究学习的需要，并从中发现幼儿正在逐步为自己的社会、认知、情感和符号表征等能力倾向的发展展开努力。教师可以运用观察、记录、拍照等方法捕捉和保留幼儿产生的创意点子与做法，与幼儿一起交流、分享。

2. 包容幼儿的想法

幼儿学习的起点是出于好奇心和对新鲜事物的探究欲，幼儿精力旺盛，不断地发现和提问，并创造无数意想不到的事件。“精力旺盛的、天生的学习者”，这就是在创意学习中的儿童形象。在幼儿表现出来的各种行为背后，蕴藏着幼儿创意学习的关键品质：热情主动、乐观积极、勇于尝试、灵活敏捷……这些是幼儿终身发展中极为宝贵的品质。当成人在为幼儿“不听指令”“不遵守规则”而烦恼时，就容易压制和抹杀其宝贵的学习品质的发展契机。因此，在日常生活中，包容幼儿千奇百怪的想法和行为是基本前提，没有包容就不可能有发展，只有在包容的基础上，才能进行适宜的引导和促进。

（三）天性的引导

1. 基于兴趣的引导

兴趣是引发幼儿学习内部动机的重要源泉，巴甫洛夫也把兴趣定义为“一种无条件反射”。爱因斯坦说:“我没有什么特殊才能,只不过喜欢寻根问底追究问题罢了。”[①]兴趣和好奇心是支持幼儿对环境进行持之以恒地探索、展开创意学习的基础,教师要在学习中发展幼儿的兴趣。对幼儿来说,身边熟悉的自然事物是最能引起幼儿兴趣和好奇的,如幼儿对过家家、汽车、动物、动画片、糖果等表现出普遍性的喜爱和关注,这是表面的兴趣。基于幼儿的兴趣,我们应更深入地探讨幼儿是以何种方式将这些事物与自己相关联的,引导幼儿从“无意识的兴趣”转变为“有意识地选择”,进而让幼儿产生深层次的学习兴趣。

2. 支持幼儿深层次的兴趣

我们在观察幼儿的自主式学习状态时会发现,幼儿在“兴趣盎然”的状态下进行的每一个自主学习行为都会包含幼儿“有意识的选择”。如幼儿选择一种材料的玩法,一定是与其当下经验相关联的。通过和同伴“玩”的互动过程,使原来的“玩法”逐渐丰富、变化、迁移。游戏中幼儿会收集和储存大量的事件信息,解读已有的符号和编码,建构自己的默会性知识。教师要关注幼儿“有意识的选择”,为幼儿提供科学适宜的发展目标,创设开放的空间和丰富的材料,适时地鼓励幼儿去操作、发现、反思、交流和修正,在实现自己的兴趣和想法中建构相关的核心经验。(见案例一)

案例一:益智游戏“五子棋怎么玩”(大班)

1. 贝贝的“Z”字形五子棋

贝贝摆出“Z”字形的五子棋并认为自己已经赢了。

阳阳:不对!

随即,尉为对照墙上的五子棋规则示意图解释:斜着五个,竖着五个,横着五个,都可以。

贝贝:再来!

2. 什么是“斜向连五”

尉为:不能像一个扭来扭去的毛毛虫。

阳阳回忆并摆放:必须是横着、竖着或者是斜着的,就是不可以这样歪着。

贝贝:我刚刚有两个下错了。再来!

3. 教师的策略

保证幼儿有充分的时间和机会摆玩五子棋;幼儿可以自由地对班级里任

---

① 王玲凤. 培养儿童创造性思维的方法初探[J].人大复印资料(心理学),1998(9).

何一个人(包括老师)发起挑战;增加"裁判记录"和"本日擂主"等环节,寻找初步的对弈感觉。

(案例提供:李征)

二、自我建构的有意义学习——丰富经历

(一)建构中的学习

1. 幼儿建构的学习内容

幼儿对生活世界的探究是艰巨的,在当下的日常生活中充斥着大量的信息碎片,有家庭生活、电视媒体、社会场所……面对大量的、零散的信息,幼儿需要努力理解并进行组合,这个过程会遇到很多的困扰,需要付出体力、不知疲倦、坚持探究。幼儿尚不完全了解自己生活的世界,但却拥有了解生活世界的工具和急切了解世界的愿望,在了解世界的关系中认识事物也认识自己。① 幼儿能够创造理论吗?作为教师应该给予肯定的答案,幼儿创造理论的意义在于试图回答和解决问题时形成的"解读现实的理论"②,比如"海浪是海的孩子""蛇不喜欢坏人"等,幼儿将自己所知道的信息创造性地整合在一起,形成了朴素的理论体系。③

2. 幼儿建构的学习方法

幼儿建构学习方法的基础是观察世界时形成的无数个"为什么",幼儿自己提出后再试图为自己解释,当幼儿做出解释时,就赋予了事物自己的意义,并和事物建立起经验关系。这种观念是幼儿的原创,当幼儿的这种原创得到认同和尊重时,幼儿会沉迷和热衷于自己追寻"建构意义"的活动。不管这样的原创是否正确和科学,但是能为幼儿解释当下的"问题",能够说服幼儿自身或者让集体也一致接受,这个过程就是幼儿自主建构概念的过程。幼儿能够运用已有经验对自己建构的内容进行实验和验证,形成更新的理论经验,且在探索学习中经历和创造意义,这就是幼儿建构学习的重要价值。

(二)变化中的学习

1. 变化的环境产生创意学习

"基因突变是一个比喻,比喻我们正在经历的深刻变化,一个改变了社会

①②③ [意]卡丽娜·里纳尔迪.对话瑞吉欧·艾米利亚:倾听、研究与学习[M].周菁,译.南京:南京师范大学出版社,2014.

和人的本质以及生存方式的变化,改变了我们介入各种关系和进行互动的方式,改变了对空间和时间的概念。”①知识的更新、技术的进步带来了生活方式和社会关系的多重变化。在这样的背景下,陈旧的教育观、学习观、一成不变的知识观日益格格不入。幼儿学习正是需要多元的“矛盾冲突”来引发,存在变化与冲突,才能引发幼儿更多的探究与创意。同时,培养幼儿“认识变化、喜欢变化、适应变化、促进变化”的态度能力,②是幼儿进行创意学习的社会发展目标之一。

2. 在自身变化中实现成长

贝特森说:“学习不是追求某种结果,而是去改变自己。”③ 改变自己的过程,也是一种创造性活动。幼儿在改变中具有敏锐的判断力,他们在探究中总是能够不断地调整、重新选择和修正自己的观点;乐于发现、改变自己的观点和想法;喜欢尝试各种形式来转变自己;幼儿之间开展的话题和游戏总是不断地变化。(见案例二)变化是一种价值观,在幼儿成长的过程中,就是从一种生活的状态转换到另一种可能生存状态的变化,是一种无法逃避的生态现象,幼儿的成长就是在变化中实现的。④幼儿需要变化并与其为伴,成人陪伴幼儿变化并对他们新身份进行探寻,在变化中发现成长的意义和自身的意义,并且探究变化本身。认识变化的意义并与变化为伴,要求能通过幼儿和成人的眼睛来看到、接受变化,从而解读变化,理解、评价并欣赏变化,⑤ 这样的认识在实践中更为急迫。

案例二:戏舞台活动“三打白骨精”(中、大班混龄)

1. 角色讨论

教师:这个新故事里有几个角色?

幼儿:第一次白骨精变成了公主妈妈,第二次变成了公主,最后变成了公主的小狗。

2. 角色选择

教师:你们为什么不愿意扮演猪八戒?

幼儿:猪八戒啊,那么丑!

教师:可是猪八戒是大家的开心果啊,他幽默诙谐,招人喜欢。

---

①③④⑤ [意]卡丽娜·里纳尔迪.对话瑞吉欧·艾米利亚:倾听、研究与学习[M].周菁,译.南京:南京师范大学出版社,2014.

② 袁爱玲.学前创造教育课程论[M]. 北京:北京师范大学出版社,2001.

幼儿：我是不喜欢的！他太贪吃了！

幼儿：他还老会说谎话骗人，打架又不太厉害。

3. 角色塑造

教师：你眼里的白骨精是什么样的？

幼儿：很凶狠！

幼儿：很狡猾！

幼儿：主要是眼神，要凶一点！

幼儿：白骨精身边还要有几个小妖怪，电视里都是这样的。在妖洞里，小妖怪要通风报信的。

（案例提供：李征）

（三）经历中的学习

1. 在丰富的生活活动中经历

"知识"是一种活动，不是一个物；"知识"是境脉化的，不是抽象的；"知识"是在个体和环境的互动中交互建构的；"知识"是互动中产生的观点，不是"真理"。① 可见，幼儿的学习需要从丰富的生活活动经历中获得。幼儿的生活活动包括家庭生活、班级生活、社会活动……丰富多样的活动形式给幼儿学习提供了基本条件。如家庭生活，不仅能满足幼儿对食物、身体和心理舒适度的需求，也是幼儿探究自己身体、认识自己、认识食物和服装等事物以及清洁、睡眠活动的过程，并探究、建立自己需要与相关事物的联系。这些看似最为简单的体验对幼儿成长有非同寻常的意义。教师在组织生活活动时，要给予幼儿充分体验和互动的机会，尊重幼儿在活动中的主体性，减少包办和限制，让每一个活动都成为幼儿丰富经历的过程。

2. 在丰富的物化环境中经历

物化环境中包含了丰富的信息，让幼儿能更多地认识和了解客观世界之间的关系，提高动作和思维发展。设计一个开放的物化环境，创设生动趣味的情境，提供各种材料和工具，纳入各类科学技术，将幼儿所需发展的能力目标隐藏在物化环境中，幼儿通过自由自主的探究和尝试，可以积累不同层次、不同内容、不同形式的直观体验并形成经验。如我园创设的屋顶种植园环境，不仅种植了各类自然常见的果蔬花卉植物群，还纳入了现代化的物联技术，设计了育苗和暖房、自动喷淋系统、温度和土壤检测系统，给幼儿提供了更为全面

① ［美］戴维·H.乔纳森，苏珊·M.兰德.学习环境的理论基础（第二版）［M］.徐世猛，李洁，周小勇，译.上海：华东师范大学出版社，2015.

和立体的物化环境。幼儿身在其中,对物化环境中蕴藏的许多新奇有趣的现象积极探究、主动发现问题并提出解决策略。

三、真实展开的有意向学习——养成习惯

(一)真实的环境

1. 环境的拟真性

杜威说:“要懂得经验或情境的意义,必须要联系到生活中使人感兴趣和从事活动的那些作业。给学习者一些事情去做,而不是给他们一些东西去学。”①这段话中提出个体的学习不能脱离与真实情境的交互。幼儿园环境具有拟真性的家庭环境因素,同时具有家庭中所缺少的、由同伴群体构成的社会性生活环境。这样的环境更适宜幼儿进行实践协商,让幼儿有更多的与环境进行交互的机会。无数的日常生活的情境都可以激发幼儿的学习与发展,如让幼儿在餐桌上通过看、闻、尝来认识和了解食物,让幼儿自己分发餐具等。幼儿园的生活环境并不完全等同于简单的一般生活环境,幼儿园生活环境中蕴藏了丰富的“问题”和“经验”。其中有些“问题”和“经验”是教师精心设计在环境中的,如环境中的收归标志、提供的图书、墙面用于赏鉴的作品等。这些“问题”是真实的,“经验”也是真实的,幼儿可以迁移组合已有的经验解决这些“问题”,从而达到产生“新经验”的建构。

2. 环境的物质性

狭义地说,幼儿园环境主要是指支撑幼儿认知学习和创意表达的、可感知的、拟真的物质空间环境。幼儿园物质环境包括生物环境、装饰环境及各种物质材料。生物环境是指涉及生命体的环境,如种植、饲养的动植物;装饰环境是在各个活动室、幼儿园公共廊道和广场等空间起艺术欣赏、美化、营造氛围作用的人工布置的环境;物质材料是指教师和幼儿在活动中所需要的各类设备、工具和消耗性材料。② 物质环境能够被幼儿看到、摸到、闻到、听到和感受到,可以激发幼儿借助物体材料的外形和材质展开思维和探究。幼儿园物质环境设计必然要体现幼儿学习的需要,物质环境的空间划分、材料呈现、材料种类都会对应幼儿的学习兴趣、情绪心理、认知经验、社会交往、文化背景等内容,让幼儿在与物质环境的直观体验中获得潜移默化的发展。

---

① 俞贞.情境学习和学校环境中实习场的建构[J].全球教育展望,2006(5).

② 虞永平.从物质环境中感知幼儿园课程文化[J].教育导刊(幼儿教育版),2008(7).

（二）真实的任务

1. 生活活动中产生的任务

杜威从实用主义的角度出发，主张教育即生活，教育即生长，教育即经验的改造。[①] 生活活动太丰富了，幼儿随时随地都能发现感兴趣的内容，如自然科学类的（如草地里的蚂蚁、四季的花草、好玩的石头等），生活类的（如有用的筷子、小小音乐会、写一封信、要上小学了等），玩具游戏类的（如小汽车、小魔方、跳跳棋、打扑克等），都是幼儿可以无限研究的内容。在生活中"做中学"是幼儿创意学习活动的主要样态，每一个点子都能够被幼儿转化成一项实际研究的任务，一旦这个想法产生，幼儿就能立即行动起来，通过独自或者结伴的方式进行观察讨论，最后得出自己的结论。看似一个小小的完成任务的过程，富含了许多学习的元素，幼儿体验了提问——计划——验证——结论的探究步骤。有明确的目标，并排除复杂无关的干扰，有条理地思考、解决问题。在真实的生活情境中完成真实任务的过程，能帮助幼儿建立一个复杂而完整的认知系统。

2. 文化环境下产生的任务

文化环境是生态系统中的宏观系统，"文化是一个特定群体的观念、价值、信仰以及典型思考方式和感知方式"。[②] 文化环境具有覆盖性，幼儿生活的地方必定会有文化的存在。文化环境具有渗透性，很多文化习俗因为家庭成员之间的自然传承成为一种习惯，如饮食口味、建筑风格、穿衣装扮、人情往来等。文化环境也具有差别性，会被有目的地增补筛选，即使在同一个地方也会呈现出不同的文化特征，如餐厅文化，幼儿能感受到中餐厅、西餐厅的不同饮食文化，餐具、食物加工方式、用餐礼仪等细节的不同，理解、感受和包容多元文化的交互并存。多元丰富的文化环境在现代生活中越来越明显，幼儿园本身也处于多元化文化之中，幼儿园的课程、教育方式、环境设计等都具有不同的文化交融特点。文化环境资源必然会引发幼儿的学习，创意的发展需要建立多元化认同，对多元文化的包容和接纳是幼儿创意学习的基础。

（三）真实的体验

1. 以真实的主体体验为目标

真实的主体感是指，幼儿体验到自身作为一个积极的自我引导的主体，可

---

① 朱家雄. 建构主义视野下的学前教育[M].上海：华东师范大学出版社，2009.

② 陈栩，沈丹，谈允忆. 环境，幼儿的第三位教师[M].长春：东北师范大学出版社，2020.

以独自或与同伴一起建构对个体有意义的学习目标，找到实现它们的策略，并能亲身实践来完成这些目标，建构自我认知，并向他人表达这些新发展出来的新认知。① 幼儿的主体感包括效能感，指幼儿带着自我目标和想法与他人相处，并且有能力去实现。这里的能力是指：提出想法并付诸实践的能力；持续而专注地进行学习的能力；表现表达的技能以及与他人进行合作和交流的能力。幼儿主体感的建立是一个不断体验、逐渐积累的过程，通过对日常学习任务的操作实践，幼儿发现自己在某一方面的自我效能感比较强，则会增加坚持和克服困难的信心，投入更多的精力去探究。同样，幼儿发现自己在某些方面会遭遇困难，也能积极乐观地及时转化并接受自己的不足。

2. 以真实的主体体验为过程

幼儿的主体体验是丰富的，愉快或沮丧、放松或压制、自豪或羞愧、胜利或失败、刺激或平淡、容易或困难……这些真实的体验在幼儿全面学习发展中必不可少，教师不能人为地排除不完美的、错误的和困难的内容，而给予直接的、正确的、完美的结果和答案。一次有质量的创意学习活动过程，应该给予幼儿充分体验的可能。教师要帮助幼儿发现他们的行动和所经历的事情的所在意义，在创意学习活动中，当幼儿能进行自我反思，将自己的行动、想法、感觉进行交流和分析时，则表明有更高水平的学习在发生。如电脑是生活中常见的学习工具，在没有成人帮助的时候，如何使用电脑呢？幼儿经历了一系列的操作体验：尝试启动电脑按钮——打开电脑文件——提出制作说明书任务——设计说明书，在每一个环节幼儿不断修正和调整行为，在努力完成目标的过程中前进。（见案例三）

案例三：阅读区活动“电脑使用说明书诞生记”（大班）

牛牛和圆圆来到图书室的视听区，小手在电脑上摸来摸去，可是电脑一点动静也没有。

圆圆：老师，这电脑怎么打开呀？

牛牛：老师，《弟子规》怎么开啊？

老师：在没有老师的情况下，怎样自己学会使用电脑呢？

幼儿：可以请会用的小朋友帮忙。

老师：要是没有小朋友会用怎么办呢？

---

① ［美］丹尼尔·沙因菲尔德，凯伦·黑格，桑德拉·沙因菲尔德．我们都是探索者［M］．屠筱青，戴俊毅，译．南京：南京师范大学出版社，2014．

幼儿：老师，可以像我们制作立体书一样，把每一步都画下来啊！

幼儿：老师，我看到我爸爸有时候拿着一本书，一边看书一边在电脑上按的。

幼儿：我们可以做一个说明书。

（案例提供：卢琛）

四、独特求变的有意境学习——思维可视

为什么说幼儿的学习是有创意的？当我们借助环境和材料让幼儿思维得以物化和外显时，会发现幼儿具有非比寻常的能力，能够将一种语言转化为另一种语言，能够从一种智能转化为另一种智能。幼儿往往看似不经意地将事物和想法之间建立起新的联系，从而带来新的变化和创意。让幼儿展现独特的思维，给予表现表达的载体，是幼儿创意学习活动的价值核心。

（一）个性的表达

1. 独特的思维

每一个幼儿都是独特的存在。从"创意的思维"视角看，幼儿呈现的"创意点子"不论大小，有时是一点思维的火花，有时是幼儿在个人经验上的理解和表达，有时是一种自由、开放的想象状态。每一个幼儿都是创造家，举手投足间处处呈现创意惊喜，没有对错和好坏评价标准。教师要欣赏和解读幼儿的独特性，看到幼儿进行的一番自我创造。比如，一个 3 岁的孩子将掉落的小树枝藏在口袋里当作"钥匙"，走进教室的时候用"钥匙"做开锁动作，这个简单的行为表明幼儿关注到了门和钥匙之间的关系，观察到了树枝和钥匙之间的相同之处，体现幼儿想打开门出去的愿望，模仿老师开锁的动作，体验自己"开锁"的成就。这个动作的产生完全来自幼儿个体独特的认知建构，不同的孩子对掉落树枝的感受和表现会千差万别。

2. 个性的表达

幼儿的思维与表达是连续发生的，思维进行发散和重组后会通过各种方式表达和传递出来。幼儿表达方式具有鲜明的个性倾向，也有智能运用的水平反映。有的幼儿擅长动作表达，有的会运用图形和符号表达，有的则会综合多种方式组合表达。在幼儿创意学习活动中，教师运用连续观察和分析发现幼儿有这样几种表达类型：个性化语言的表述、个性化态度和情感表达、个性化身体行为表达、个性化图形符号表达、个性化材料造型表达、个性化工具运用表达等。这些表达方式汇总在一起，形成了丰富的"认知创意博览会"。教师从幼儿创作内容和表现方式的细枝末节中感受到他们敏锐、强大的学习能力。

（二）创造性图式

1. 遵循图式递进的规律

幼儿认知图式由单一重复到多元变化发展。在创意制作活动过程中我们能够看到幼儿发展的不同阶段:第一,一般创意阶段,指幼儿对眼前的材料或者事物产生直接的联想,比如幼儿看见一个条状玩具会拿起来做梳头的动作,在这个思维过程中,幼儿会将自己最为敏感的情绪向熟悉的事物直接迁移;第二,涂鸦创意阶段,即幼儿的认知过程经历一个对环境材料的探索期,表现对同一事物的反复观察摆弄,语言的反复听说,动作的反复模仿,如同绘画中的涂鸦期;第三,情境创意阶段,幼儿对成品或半成品材料进行思维演绎,模拟生活或者故事中的情境进行表演和表现,幼儿思维呈现了一定的逻辑性,具有概念化;第四,综合创意阶段,幼儿在面对环境或事物时能够自如地进行前三个阶段图式的转化。

2. 关注图式发展的创造性

幼儿的学习不是复制的过程,是大脑千万个神经元连接时,外界的环境和已有的经验不断地发生碰撞、外部语言转化为自己的内部语言、外部智慧转化为内部智慧的过程。在这个转化过程中每一个幼儿都呈现出独特的思维图式,这就是我们为什么将幼儿的学习视为创造性学习的原因。幼儿认知图式发展的最高表现是能够创造性地解决问题,其范畴包括解决幼儿自身活动中一切感知和发现的问题。解决问题的方法千变万化,解决问题的过程是不断思考、操作、验证、再思考、再操作和再验证的往复提升。在过程中幼儿并不是一味地执着于他们自己的想法,而是通过探索不断地建构并修正自己的观念。喜欢以各种形式与意义来转变自己,对幼儿而言是在诠释和解读自己认识的世界与自身的关系,这使得幼儿的思维图式丰富而绝妙。

（三）时间的轨迹

1. 时间线索的连续

时间贯穿幼儿的过去、现在和将来,幼儿的思想和行动中哪些东西在连续,为什么需要连续,一切都与时间有关。时间对探究幼儿的学习过程十分重要,我们不能简单地评价幼儿在学习过程中的某一个时间点上的表现,而应该放在较为宽松的时间阶段中来连续了解幼儿,观察、记录幼儿在做什么,为什么这么做,不需要着急地评价幼儿做得怎么样,通过时间轨迹来感受幼儿学习发展的独特性以及成长中的变化和规律。在时间线索上,教师不需要刻意地计划，跟随自然的节奏即可。幼儿前一分钟还在为找不到答案往复徘徊，后一分钟就豁然开朗，这就是幼儿学习的奇特之处。时间创造了神奇，指向了幼儿学习发展的连续性和学习宽度。（见案例四）

案例四：一座湿软的房子（中班）

雨后，屋顶种植园地里一片泥泞。乐乐和超超不小心踩进了泥地。

乐乐：看！它好滑好黏。（他拿了一根树枝在泥地里比画起来）

乐乐：我们来堆个房子吧！

孩子们用湿泥巴造了一个小房子。

第二天，大家发现泥土被阳光晒干了，出现数条裂缝。乐乐和默默来回浇了好几次水，泥土低洼处有了积水，可还是硬硬的。

乐乐：我来用铲子试试吧。

超超：也可以用树枝搅拌一下。

回到教室后，默默：还有别的什么样的泥土房子呢？

幼儿：有啊，我在书里见过的，明天带给你看。

接下来的好几天，孩子们一起收集资料。

后续一周，孩子们都在进行自己的设计。

超超：我画的屋顶多漂亮，是圆圆的。

幼儿：我的屋顶是木头的，上面铺上草。

默默：我真想马上就把我画的房子造出来啊！

第三周，孩子们开始造房子了！

欣欣：我的房子老是倒，站都站不起来。

默默：我造的窑洞就很坚固！

大家一看，原来默默用一块鹅卵石撑在了窑洞里。

（案例提供：朱蕴玉　宋佳）

2. 经验线索的连续

幼儿的学习包含了已有经验和新经验之间的连续、家庭环境和幼儿园环境之间的连续以及过去和现在的连接。幼儿的学习具有跳跃性，有时过去很久的记忆或经验突然被激活继而形成了新的认知。幼儿通过充分的参与来保持学习的连续性，这种连续性不仅仅是教师为幼儿设计的连续，更多的是幼儿内部建构中的连续。幼儿学习的连续性特点使幼儿的学习活动必须在时间的线轴上保持一定的宽度，需要教师对幼儿前期学习的各种经历和环境有客观的了解，从幼儿原始经验连续性地看待幼儿的学习。这种能够连接和延续幼儿学习并保持一定的时间跨度且具有生长性的活动，一般都来自幼儿的内在需求，能够激活幼儿参与的主体性。

五、丰富生长的有意蕴学习——成长价值

关注幼儿的创意学习是为了实现幼儿全面的、完整的人的发展。幼儿创意学习活动研究，是融入幼儿园一日课程活动的行动，环境材料的设计、课程内容的建构、组织方式的运用，都为了能够最大限度地促进幼儿以“创意”为工具，积极参与创意活动、实施创意过程、收获创意成果，使幼儿真正成为具有创意精神、创意能力和创意意愿的学习者。

（一）多元智能的整合

1. 创意学习是多元智慧的整合

幼儿的智慧发展是整体的、联动的发展，是由幼儿的多元智能和其他智慧要素(情感、个性意识、知识经验等)共同参与的结果，不能割裂开来。幼儿在进行某一领域的学习活动时，并不是单一的某一智力因素在孤立地发挥作用，除了相关的核心能力，幼儿的社会性、动手能力、情感态度等都受到带动和促进。我们发现当幼儿处于身心愉悦、完全投入地参与活动的状态时，幼儿积极思考、自发探索、解决问题的行为最为突出，而这些行为正是幼儿各智慧因素被充分激发、协调运用的表现，这也是幼儿进行创造性学习的过程。幼儿创意学习能力发展是多元智能整合发展的高度表现，人的创意能力是可以通过思维和心智能力的训练得以提高的。教师应有意识地设计创意学习活动，激励幼儿的创意行为，通过内外相结合的方法，创造和优化创意的主观条件，学习和运用创新技法，来提高创意活动效率，帮助幼儿提升完成活动任务的自信，发展其创意能力。

2. 创意学习是“问题”模型

创意具有过程性和问题探究的特点。在知识建构过程中，幼儿在新旧经验之间逐步调整自己的经验结构。幼儿进行认知建构的动机是体验到了矛盾的冲突，感到用原有的知识无法解决当下的问题时，就进入了困惑和心理紧张状态，产生了不断反思和尝试解释的行为，一方面通过幼儿头脑中的内部协商，另一方面进行学习者的外部协商，最后回归到个体的内部协商中来，在这个过程中形成个体的心智模型。[①] 心智模型是人与环境相互作用过

---

① 李妍.乔纳森建构主义学习环境设计研究[D].上海：华东师范大学，2007.

程中形成的有关世界的心理映像，包含表征概念关系的结构性知识、表征因果关系的程序性知识、表征策略性监控能力和元认知知识、表征应用条件的静脉性知识等。[①] 幼儿个体经验不同，在运用现有经验时，记忆中存在的心智模型首先作用于问题解决，这种模型开始具有单一性，当丰富的环境和体验增加幼儿对未知现象的个体理论建立时，即“建模”[②]会形成丰富多元的心智模型。

（二）创意品质的形成

1. 对学习的热情

创意学习的品质是涵盖幼儿学习的态度、习惯和风格的总和。[③] 其中，情感是幼儿学习行为的主要驱动力。对学习的热情是创意学习中重要的情感和动机，包括三个要素：兴趣、快乐和动机。① 兴趣，是幼儿学习的第一基础情感，能够促进幼儿学习的注意力、坚持性、探究性行为的发展。[④]但是，幼儿的兴趣如同火柴划过的火焰，常常会转瞬即逝，需要教师的推进，才能让兴趣持续或者产生新的兴趣点。② 快乐，与兴趣一样驱动幼儿参与学习，幼儿对感到快乐的活动会非常主动、积极地投入。快乐的情绪能够让幼儿对某一类活动保持长期、积极的情感态度，会主动发起此类活动。③ 动机，是包含探究、控制和改造环境的愿望以及发现了对自己有意义、有价值的新的学习内容，幼儿能够在没有成人的要求下，自发地参与并完成项目。[⑤]

2. 对学习的投入

学习的投入表现在行为的层面上，可以用专注、坚持、灵活和自我调节四个要素来形容行动的状态。① 专注，是大脑“控制功能”在完成重要指令，能够屏蔽其他无关的信息完成目标。② 坚持，当幼儿在学习过程中遇到挑战，大脑能够要求忍受、克服各种心理和生理上的不适，完成行动并获得成效。③ 灵活，坚持是重要的，但是一味地坚持可能会将幼儿“禁锢”在一种单一思维下，能够尝试调整方法和视角，灵活、变通地处理困难，更是一种创意学习能力。④ 自我调节，是幼儿用自主自愿的态度、有目标的计划管理自己行为的能力，如调整自己的喜好、习惯、愿意以协调关系和解决问题。自我调节能力会随着年龄的增加而逐步增强。[⑥]无论是情感还是行动上的创意学习品质，都需要教师重视并在活动中加以培养才能获得提高和发展。

---

①② 李妍.乔纳森建构主义学习环境设计研究[D].上海：华东师范大学，2007.

③④⑤⑥ [美] 马里奥·希森.热情投入的主动学习者——学前儿童的学习品质及其培养[M].霍力岩，等译.北京：教育科学出版社，2016.

(见案例五)

案例五:生成活动“恐龙化石”(大班)

1. 兴趣:我捡到了恐龙化石

团团:我捡到了恐龙化石!这是恐龙尾巴上的骨头。它是食肉的恐龙,可能是霸王龙。

于是,大家在菜园泥地里开始寻宝。

幼儿:这里有陨石、红宝石、琥珀……

2. 经历:是谁的骨头

团团爸爸:这是一块小狗的骨头。

团团:这是刚出生的恐龙宝宝的骨头。

第二天,团团把“恐龙化石”带来教室。

浩轩:恐龙早就灭绝了。幼儿园怎么会有恐龙骨头呢?

3. 任务:寻找答案

孩子们从家里带来了有关恐龙的书。

恐龙派的团团:是霸王龙尾巴!它的这个骨头肯定是被掰断的,只找到一半。

反对派的小雨:不对,尾巴是有一点弯曲的,可这个骨头是直的。

4. 思维:恐龙的尾巴有多长

小雨:我在博物馆看到恐龙尾巴很长很长,比我们跳的长绳还要长。

孩子们找来了跳绳:一根太短了,要一根一根连起来。

5. 发展:侏罗纪游戏

班里的寻宝考古现场,孩子们七嘴八舌。

幼儿:快看,我发现了恐龙蛋。

幼儿:我找到了一颗恐龙的牙齿。

幼儿:这个是翼龙的翅膀!

(案例提供:沈丹)

(三)身心协同的生长

1. 生理和心理的协同

协同意味着互相增效。生理的协同,即创意学习活动能够增加左脑和右脑的协同性。左脑的运作方式以直线为主,循序渐进,合乎逻辑;右脑的运作方式以整体、潜意识、关联式为主。① 我们在日常生活中更多地按照计划、规则和逻辑行动，会使左脑的运作模式得到强化。创意学习活动则强调个体的感受和想象、锻炼发散和顿悟思维，使左右脑的功能得到平衡发展。生理协同也会带来心理上的协同，幼儿在创意活动中学习掌握最为简单的生活用具、玩具和学习材料、语言文字符号等各种工具体系，用于延长生物性（脑和肢体）的功能。在幼儿学习使用工具的过程中，个体必然是具有主观能动性的，能积极地选择活动，自主决定选择内容和方法等。这个过程不是简单地复制，幼儿会创造性地对工具的外形、功能和作用进行加工和改造。与此同时，幼儿情绪上一定是感到自由、自主和愉悦的，才能投入地、充分地展开活动。②

2. 个体与社会的协同

现代生活中幼儿对社会的依赖程度不断增加，社会共生关系包括合作关系、伦理关系、人际关系等，这些关系都是在人际交往活动中发展和实现的。③幼儿的创意能力源自与社会关系的交互，如幼儿在人际交往过程中遇到冲突要进行协商；在做决定时对不同想法与行动的反复比较和考量；教师、家庭和社会的期望影响到幼儿对自己能力的判断和评估等。④ 幼儿创意学习发展是在人际合作中实现的，主要有四类人际关系：保持与其他同伴的关系，在活动中倾听并理解同伴的观点；保持与教师的关系，彼此分享想法和建议，互相欣赏和鼓励；保持与小组成员的关系，能够协商达成一致目标，能共同行动完成任务；保持与班集体的关系，遵守班级公约，参与规则的制定，关心和帮助别人，包容班级成员的不同。⑤

---

① 郭有通.创造心理学[M].北京：教育科学出版社，2002.

②③ 袁爱玲.学前创造教育课程论[M].北京：北京师范大学出版社，2001.

④ ［美］卡洛琳・爱德华兹，莱拉・甘第尼，乔治・福尔曼.儿童的一百种语言（第3版）：转型时期的瑞吉欧・艾米利亚经验[M].尹坚勤，等译.南京：南京师范大学出版社，2014.

⑤ ［美］丹尼尔・沙因菲尔德，凯伦・黑格，桑德拉・沙因菲尔德.我们都是探索者[M].屠筱青，戴俊毅，译.南京：南京师范大学出版社，2014.

第四章
创意学习五个实施维度

在这个充满可能性的世界中，幼儿将创造力作为自我进步的工具。作为教师应该如何来理解幼儿的创意学习，如何去发展和培养幼儿的学习能力，这对教与学提出了更高的要求。依据理论指导，我们从适宜的发展目标、寻找关键学习要素、展开学习环境设计、共建教师角色和指导家庭协作五个维度展开架构，形成一个综合立体的课程系统。

一、形成创意学习目标

创意学习发展的目标定位首先是“适宜性”。幼儿喜爱天马行空、自由想象的特点决定了创意学习的发生，就像三原色自由流淌交汇产生出缤纷绚丽的世界。“创意”是幼儿的天性，幼儿思想的“自由”流淌是“创意”的破冰点。但自由不等于放任，适宜的松紧度可以保持个体自由的平衡。

（一）科学的发展目标

1. 发展目标制定的依据

创意学习的发展目标与《指南》目标具有一致性。3—6 岁阶段幼儿大脑和身体发展是整体性的，主要包含了四个方面：社会性、动作性、语言性和认知性。创意学习对幼儿这四个方面能力的促进有积极的作用，同时，幼儿创意学习能力的发展也体现出幼儿这四个方面的变化。幼儿在创意学习活动中具有典型动力特征，在情感态度上对学习研究的对象有浓厚的兴趣和强烈的发现愿望，对探究和发现过程中出现的新问题、新变化表现出满足和快乐；在认知思维方面，表现出不受约束、想象丰富、多元发散、敏捷迅速等特点，幼儿言行上会表现出种种创意特性，需要教师不失时机地加以关注、培养和强化。

2. 发展目标形成的内容

围绕创造性发展的规律，对应《指南》精神和表述，我们整理了创意学习的核心目标，一方面保持与《指南》中发展目标的协同性，另一方面也突出创意学习的典型表征。有以下五项核心目标：积极主动、个性表达、协商交流、发现探究、解决问题。（表 4－1）

表 4－1　创意学习发展核心目标

目标内容	表现特征
积极主动	情绪愉悦　兴趣多样　有进取心　愿意挑战
个性表达	感官表征　语言表征　图形色彩　数字符号
协商交流	会对话　会倾听　会接纳　会协助
发现探究	喜欢变化　乐于观察　大胆猜测　思维灵活
解决问题	会提问　会计划　会行动　会反思

（二）个性的发展目标

1. 幼儿个性差异表现

创意学习活动是将幼儿头脑中的个人认识的世界和经验充分地表现和表达出来。一个班级中几乎没有发展完全相同的幼儿，具体在性别、气质、生活经历、学习方式和特殊需要等几个方面存在明显差异。① 性别，男孩和女孩的身体机能和思维方式不同，男孩的身体能量和强度更加旺盛，女孩的感受力和关注力比较细致敏感。② 气质，幼儿期的行为反应模式具有一定的遗传性，有的幼儿急性子，说哭就哭、说笑就笑，有的幼儿谨慎观望、不轻易参与活动，有的幼儿一触即发、动作快于语言。③ 生活经历，家庭中父母对幼儿的关注方式，成人自身的性格、习惯、能力、特长，都会不经意地在幼儿身上显现。幼儿原生态家庭的印记会成为推动或者阻碍幼儿进行再次学习成长的因素。④ 学习方式大致分为三种，即听觉学习、视觉学习和动觉学习，这三种学习方式不能说哪一种更优，只能说哪一种方式更适合自己。⑤ 特殊需要，是指发展水平明显不同于一般的幼儿，包括过高和过低的情况。[①]

2. 幼儿个性发展回应指导

生物学上的原则并不是不可改变的，教师可以实现对幼儿行为发展的再

① ［美］黛安・翠斯特・道治，劳拉・柯克，凯特・海洛曼. 幼儿园创造性课程［M］. 吕素美，译. 南京：南京师范大学出版社，2006.

塑造。这个过程需要教师运用倾听、观察、反思和回应的策略来协助幼儿，关注到每个幼儿的个体差异，因材施教、扬长避短，支持每一位幼儿积极进行经验建构和表达，将不同幼儿的认知世界共同分享和呈现，帮助每位幼儿成为成功的学习者。对应幼儿的个体差异，教师可以逐一进行观察指导，加强幼儿主体感的建立。（表 4－2）

表 4－2　幼儿个性观察指导要求

表现特征	观察指导要求①
性别	1. 教师思考自己对男性、女性的看法 2. 教师思考学习环境中是否有性别角色设计 3. 引导幼儿想想男孩、女孩可以做什么
气质	1. 观察幼儿是否活跃 2. 观察幼儿的生活作息是否固定 3. 观察幼儿是否可以迅速融入集体 4. 观察什么样的事物会让幼儿感到不舒服 5. 观察幼儿表达情绪的方式 6. 观察幼儿遇到挫折会如何面对
生活经历	1. 了解家庭成员的组成 2. 了解父母生育孩子时的年龄 3. 了解家庭成员的受教育程度 4. 了解家庭成员照料孩子的方式 5. 了解家庭中的特殊情况
学习方式	1. 听觉学习：特别能接收声音或语言，喜欢用讨论的方式解决问题 2. 视觉学习：会被颜色、形状、动作吸引，习惯用影像或图像的方式来思考 3. 动觉学习：身体协调能力好，常常将想法或信息转换成身体动作
特殊需要	1. 发展超前：某项智力发展超前 2. 发展滞后：某个层面发展障碍

（三）连续的发展目标

1. 发展目标的连续递进性

幼儿创意学习能力的五项核心目标内容（积极主动、个性表达、协商交流、发现探究、解决问题），教师对照观察幼儿是否有相关能力的发展，每一项能力

---

① ［美］黛安・翠斯特・道治，劳拉・柯克，凯特・海洛曼.幼儿园创造性课程［M］.吕素美，译.南京：南京师范大学出版社，2006.

发展水平如何。个体每一次的进步都建立在前一个阶段的学习基础上，发展目标的递进有普遍规律，教师能够从不同年龄阶段的典型表现上来了解幼儿处于发展的哪一个层级，可以依据普遍水平设计相关的环境和活动以提供幼儿发展练习的机会。但是，幼儿个体发展递进的速度不是一致的，不同气质类型的幼儿身上的表现方式和程度也会不同，这就要求教师从幼儿个体纵向发展的连续性来评价，而不是横向的比较。每一个核心发展目标的设计都必须把握好个体的连续性原则。

2. 发展连续性的目标内容

“对于儿童，能得益于某种经验之前必须获得一定的准备，即儿童尚未获得适当的逻辑结构之前，个体不具有同化它的内部机制。”[①]我们从创意学习发展目标的五个方面节选出与之相关的幼儿典型行为，为教师关注和把握幼儿创意学习发展时机提供参考。幼儿在每一个递进阶段之间还会出现很多经验准备和过渡性行为，这些在下表（表 4－3）中并没有完全涵盖。我们借助连续性发展目标内容追踪幼儿的发展情况，教师能够发现影响幼儿发展的有意义的教育事件。

表 4－3　创意学习发展连续表[②]

目标内容	Ⅰ	Ⅱ	Ⅲ
积极主动	1. 能辨别自己的感受 2. 持续寻找感官体验等活动	1. 能说出自己的感受及原因 2. 要求看到、听到别人玩的新活动	1. 有越来越能掌控自己的感受 2. 尝试更多新活动，独自玩或与同伴一起玩
个性表达	用语言和实物创造性地游戏	能对如何做、怎样从一处到另一处提出不同寻常的观点	能对如何完成任务、如何做、怎样从一处到另一处提供更丰富的、创造性的观点
协商交流	1. 在提示下会与同伴分享、轮流 2. 在同伴或教师的提议下接受妥协	1. 在别人要求下同意轮流 2. 遇到问题会提出解决方案	1. 愿意与别人轮流，也会维护别人的权利 2. 愿意协商达成协议

① 朱家雄.建构主义视野下的学前教育[M].上海：华东师范大学出版社，2009.

② ［美］马里奥·希森.热情投入的主动学习者——学前儿童的学习品质及其培养[M].霍力岩，等译.北京：教育科学出版社，2016.

续　表

目标内容	Ⅰ	Ⅱ	Ⅲ
发现探究	1. 专注审视细节和物体属性 2. 从成人、同伴的对话中探索学习 3. 愿意尝试新挑战	1. 关注到物体相同和相异之处 2. 能思考被使用材料与身体的互动关系 3. 对数学、符号表现出热情	1. 专注观察并寻找相关信息 2. 喜欢抽象思维类的操作性游戏 3. 对学习性技能表现出热情
解决问题	1. 会考虑使用替代物 2. 能逐步寻求帮助	1. 灵活运用不同资源 2. 能从成人和同伴那里寻求帮助	1. 会思考问题的多种解决方式 2. 分析复杂问题，识别需要帮助的类别

二、建构创意学习要素

创意学习环境设计与一般学习环境设计的关系如同树木与森林，是诸多类型中的一种，是专门为幼儿发展创意能力进行的环境改造和建构，包含了教育支架和促进反思等一系列策略和方法：以问题为核心情境，以问题贯穿活动始末，以解决问题为目的，促进幼儿学习驱动、经验知识唤起和迁移、资源工具的设计、概念的形成的教育策略设计。①

（一）情境

1. 建构创意学习情境

创意学习情境是指为了更好地发展幼儿个性表达、解决问题能力及相关创意品质而特定设计的功能性环境。依据幼儿创意发展的生理和心理需要，创意学习情境中会创造更多让幼儿使用右脑的机会，呈现综合性、多元性和新颖性的特点。情境建构从空间规模上分为微观的区域情境设计、中型的班级活动室主题情境设计和较大空间的幼儿园公共空间的情境设计。从一日生活活动的组织形式来看，幼儿创意学习活动在以上三种情境中穿梭进行，因此，空间情境设计既要有一定的内在关联，又要具有独立的功能。在建构时，材料和工具资源的提供需保持内在的关联性，如将小型木片、石头等自然物提供在区域中，将大型的同类自然物材料提供在公共空间中，在公

① 陈晓红. 实习场与幼儿园课程研究[D]. 南京：南京师范大学，2008.

共自然空间设计开放式情境，通过综合性、社会性的主题情境创设来联结三种空间。

2. 建构学习情境的作用

幼儿在情境环境中会自然地将相关的生活经验、游戏材料、互动语言“情境化”。从“情境”的功能上看，有动机情境、给养情境和支架情境三类，并在幼儿学习过程中发挥不同的作用。首先，激发动机。动机的形成需要具备两个条件：一是创意需要的强度要积累到一定的程度，二是在有创意需要的基础上适时地出现创意诱因。“情境”离幼儿的生活经验和想象水平距离越接近，激发动机的速度越快、越直接。其次，补充给养。对于幼儿的认知来说，客体环境的情境镶嵌了更多“知识”，是已有经验和新经验之间的中介。再次，搭建支架。幼儿具备的日常经验通常是简单和零散的，支架情境依据学习境脉和幼儿个体情况相结合而形成，具有要求性和支持性。①

（二）问题

1. 设计富有“问题”的学习环境

知识和学习目标被设置在“问题”境脉中，更能激发幼儿进行一种有意义的学习，让幼儿以主动、真实、有意图和合作的方式展开。② 解决问题的能力是创意学习能力的核心，设计学习环境“问题”时，要思考“问题”能否激发幼儿的学习兴趣和经验，包含多少认知内容，能否运用幼儿可能发展的技能来解决问题，充分围绕“幼儿自我建构发展”的目标来进行设计。从幼儿学习内容来划分，一般有三类“问题”内容：满足内在好奇和需要的问题；资源不足引发的问题；经验不足引发的问题。这些都可以成为驱动幼儿学习的动力，具有丰富的活动系统的“问题”情境。

2. 设计“问题式”环境的方法

“问题”是学习活动中最基本的元素，有价值的问题设计，关键在“问题”境脉、表征方式和操作空间这三个维度上。一是“问题”的境脉设计。考虑“问题”存在的幼儿生活环境、发生时间、社会文化背景；同时考虑幼儿学习经验背景、爱好和兴趣、技能储备等，通过观察和捕捉可能成为“问题”动机的事件因素，形成“问题”的目标。二是“问题”的表征方式。“问题”包含生活认识元素、呈现方式的形象性与趣味性，决定幼儿能否保持对“问题”足够的兴趣。三是“问题”的操作空间，即设计“开放性的问题”。解决问题的途径和方法是多样的，

① 田友谊. 创造教育环境研究[D]. 武汉：华中师范大学教育学院，2007.

② 李妍. 乔纳森建构主义学习环境设计研究[D]. 上海：华东师范大学，2007.

这些问题要能让幼儿充分展示自己的思维想象，实践各种想要尝试的做法。①

（三）工具

1. 创设探索性工具材料

《辞海》中对“工具”一词的解释，原指工作时所需用的器具，后引申为达到、完成或促进某一事物的手段。幼儿创意学习环境中的“工具”，则是指最为简单的、进行生活学习活动的小工具以及发挥替代“工具”作用的其他各种物质性材料。工具材料是与幼儿直接发生互动、建构学习情境、设计“问题”环境的物质基础，教师要为幼儿创设能够具有可探究性的工具材料，如在数量上要满足幼儿探究过程的总体需要，在种类上要呈现不同结构和材质的工具材料，在功能上要提供能够变化组合的工具材料，支持幼儿进行感知发现、经验迁移、个性表达和解决问题等相关活动。幼儿运用工具探究没有对错之分，工具是个体的理解和建立新理解之间的介质，幼儿通过对工具材料的操作，呈现出在创造性地使用工具和创造新工具两个层面上的发展。

2. 创设工具材料的原则

工具材料创设有开放性、丰富性和开发性三个原则。开放性：① 幼儿取用开放，不需要向成人申请才能得到允许；② 使用工具材料方法的开放，没有墨守成规的固定用法；③ 工具材料使用结果开放。丰富性：① 包含常见的生活类、自然类、物理类工具材料；② 能够呈现同一种物品的创意性，如易组合造型的瓶子、盒子、绳子等材料；③ 满足使用和加工材料的工具，如剪、粘、捆、夹、压、涂等适宜的小型工具。开发性：① 建立资源意识，工具材料本身就是资源，要对日常生活中的材料有收集的意识；② 开发不同种类和功能的工具，粘连工具系列如双面胶、海绵胶、蓝丁胶、透明胶、胶棒、糨糊、胶水、白胶等，用于探究、应对不同材料物理特性的效果和关系。

三、共建创意学习时空

共建是“教与学”双方的行动，一方是幼儿对自身学习中好奇的、感兴趣的问题创造性地进行探究，另一方是教师以幼儿创意能力培养和发展为目标实施引导，两者互相联结成为共同主体与互为主体。在共建中教师是有意图的实施者，先行采纳幼儿想法，积极支持和推动幼儿自主探索实践，积极引导幼儿发现、解决问题，最终促进幼儿创意发展。

① 李妍. 乔纳森建构主义学习环境设计研究[D]. 上海：华东师范大学，2007.

（一）共建人际环境

1. 共建自由开放的心理氛围

“人不是先有创造再有自由，而是先有了自由才能进行创造。”[①]在学习活动中给予充分的自由，幼儿的创意本质就能够得到表现。教师作为共建的实施者给予幼儿选择的权利，在学习环境设计中强化自由开放的心理氛围。① 幼儿能找到自己喜爱和感兴趣的材料，材料能够满足个人的喜好，幼儿可以自由拿取；② 能和自己喜欢的朋友一起活动，没有被教师随意安排给所谓的好朋友；③ 能做自己想做的事情，能根据自己的学习方式进行制作；④ 能在活动中不被打断，不会因为赶场而草草终止活动；⑤ 能得到需要的支持和帮助，不仅是技术上的指导。自由开放的心理氛围是创意学习的前提。

2. 共建包容鼓励的情感氛围

创意是个体兴趣、观点、方法和行为等方面不同的呈现，意味着幼儿可能会展现出异于常理的表现，可能是破坏性的、混乱的、危险性的，这时最需要的是教师的包容。但是包容并不是对幼儿行为的漠不关心，而是一种理解和移情。[②]创意也是一种新的尝试，本身具有不可知性，常常带来失败和错误，这时最需要的是教师的鼓励，给予幼儿安慰和认同，给予新的环境和方法上的支持，为幼儿创意学习继续提供新的机会。教师要做到：① 尽量不评价幼儿的活动，教师的任务是观察幼儿的活动情况，并进行记录和分析；② 不以外部的成就动力来引导幼儿展开活动，不以追求活动成功为目的，不追求与教师答案一致；③ 为能力较弱或较强的幼儿提供单独操作的空间；④ 能让不同能力与经验的幼儿组合式交往；⑤ 能让性格相近、兴趣相同的幼儿组合式交往。包容、鼓励是创意学习的保障。

（二）共建材料空间

1. 共建空间布局

空间环境如何划分，是以不同阶段幼儿活动的需要来设计的，并不是一成不变或一次性完成的。师幼共建学习环境中的空间布局可以从三个方面来进行：① 空间布局的预设性。环境空间设计需要教师的预设，能够根据幼儿近期的课程内容、发展需要、能力水平，进行提前经验的导入。教师可以预设最近将要实施的主题环境背景，并给幼儿留有生成的空间环境。② 空间布局的动态性。陈鹤琴认为环境布置只有常常变化，才能更好地激发幼儿探究的兴

①② 田友谊. 创造教育环境研究[D]. 武汉：华中师范大学教育学院，2007.

趣，“环境中布置的东西如果长时间一成不变，就会失去教育意义”。[①] 教师可以结合幼儿兴趣焦点的变化及时地补充和删减内容。③ 空间布局的记录性。空间布局划分可以以幼儿的想法为主，展示布置幼儿学习轨迹的计划方案和作品呈现的位置，可以让幼儿自主选择是在墙面、地面、空中或展架上，让幼儿充分感受环境是属于自己的。

2. 共建材料内容

要让材料在幼儿的互动中发挥功能，教师要有意识地选择和设计材料。① 选择“趣味性”材料。可以从幼儿爱玩的心理出发，比如拆拆装装类（安装架子、制作小灯、使用螺母和螺栓），滚滚跑跑类（发条玩具类、滚珠类、小推车），敲敲打打类（打孔机、订书机、按铃），多种变化类（万花筒、光影材料、虹吸和水压材料等）。② 选择联结生活的情境材料。可以选取生活中的废弃材料（如纸盒、牛奶瓶、纸筒等），可以迁移生活情境材料（如送快递、玩扑克、看电影），可以将材料回归生活（如为班级设计屏风、班牌、自然角等）。③ 选择富有多种联结可能的情境材料。材料的丰富性取决于它做出联结的可能性，可以是单一的材料（比如树桩，可以当作踏脚石、荷叶、高塔的地基），也可以是一组环境材料（如创设真实的各类水果展与主题墙面相结合，引发小班幼儿对水果多种生活体验的联结）。[②]

（三）共建活动项目

1. 幼儿发起、教师跟进的活动

由幼儿主动向教师提出想要进行活动的内容和要求，或者是幼儿之间因为共同的兴趣和问题自发进行的学习与探究活动，教师回应幼儿，并一起参与活动的组织、讨论和实施。这类活动一般在中、大班阶段出现，能够发起活动的幼儿与同龄幼儿相比能力水平较强。幼儿发起活动的意识和能力与教师回应的程度有关，如果教师在日常生活中比较重视幼儿的想法，能够善于回应幼儿的要求和想法，那么班级幼儿发起活动的意愿和能力也会增强。但是，此类活动的开展需要一定的条件，如幼儿个体发起的活动是否得到大部分幼儿的关注，教师自身对幼儿学习内容是否具备相应的知识能力，所以在很多情况下，幼儿自发的活动呈现非正式性的特点。一般有三种情况：① 单个幼儿产生某一学习活动兴趣，邀请教师共同参与；② 多个幼儿产生共同的学习兴趣展开了自发活动，教师进行观察并在幼儿出现困难时以同伴的角色参与其中，

---

①② 陈栩，沈丹，谈允忆. 环境，幼儿的第三位教师[M]. 长春：东北师范大学出版社，2020.

适时地推进活动;③ 个别幼儿产生的活动兴趣,通过谈话、讨论引发了大部分幼儿的共鸣,同时教师也具有实施该活动的相关知识储备和经验,进而组织形成结构较完整的项目活动。

2. 教师发起、幼儿跟进的活动

教师发起的活动与教师按照教材进行组织的活动不同,前者是教师结合幼儿当下的发展需要、突出问题和兴趣焦点而提出的活动,一般这样的活动对幼儿有一定的挑战,需要教师从中建立支架来推动发展。主要有三类活动:① 捕捉幼儿兴趣点及时生成的活动。如三月,幼儿午餐菜谱中有"豆干拌马兰",幼儿觉得这道菜的味道很特别,教师及时提出了一起去户外找马兰、挑马兰、尝马兰的活动。② 围绕幼儿规则和习惯培养发起的活动。教师根据班级中的常规活动(如玩具收归、选择区域游戏的计划、行为安全等内容)引发幼儿自主制定相关活动公约。③ 教师依据幼儿各领域学习的核心能力发起的活动。如进行音乐欣赏、数学游戏、听说游戏、美术写生等,有针对性地根据幼儿年龄阶段的发展水平和要求发起活动,引导幼儿积极参与。

四、定位教师角色

教育意味着传播文化和价值观,并让这些文化和价值观变为外显的行为,能够让人感受到、认识到并分享到。教师在传播文化和价值观的过程中,首先要教育自己,接受多元的差异,而不是消灭差异。[①] 幼儿创意学习活动中的教师,从共同的价值观开始,认同幼儿是学习的主体、支持幼儿个性化的表现方式、相信幼儿是有能力的学习者。在此基础上,教师要学习成为三种角色:观察者、引导者和评估者。

(一) 观察者

1. 教师观察的内容

观察是教师必备的一种能力,是有目的地去看幼儿做了什么、说了什么。[②] 教师要观察幼儿的行为、幼儿的情绪态度和倾听幼儿的语言。① 观察幼儿行为。幼儿与材料之间的行为(如选择材料次数和种类,如何操作材料或改变材料);幼儿与人际互动的行为(如交流沟通的行为,关系冲突的行为)。② 观察

① ［意］卡丽娜·里纳尔迪.对话瑞吉欧·艾米利亚:倾听、研究与学习[M].周菁,译.南京:南京师范大学出版社,2014.

② ［美］黛安·翠斯特·道治,劳拉·柯克,凯特·海洛曼.幼儿园创造性课程[M].吕素美,译.南京:南京师范大学出版社,2006.

幼儿的情绪态度。观察情绪，喜爱或拒绝；观察态度，专注或随意。③ 倾听幼儿的语言（自言自语、发起提问、请求帮助、分享交流、讨论分析）。教师通过观察会发现幼儿的最近发展区、兴趣倾向、性格特征、优势智能等，进而客观全面地了解幼儿的发展状况和形成原因，有针对性地调整教育内容、方式和策略。

2. 教师观察的方法

观察要保证科学和客观，从观察现场到记录的每一个环节都需要尽量保持自然真实的状态，因此，教师观察需要专业方法。专业的方法包括科学的观察工具、观察技术和观察方式。① 观察工具，是指观察的物质设备。运用视频、音频、图像捕捉信息技术器材，能够快速、真实地捕捉幼儿持续和全面的活动现场，为教师提供目力所不能完成的内容。② 观察技术，是指教师通过设计专业的观察项目文本，有目的地记录幼儿活动的方式，有案例分析、项目表格、学习故事等。③ 观察方式，不同的操作方式会产生不同的观察结果，观察中要注意几点：明确观察目的、对应采用观察方式、正确的观察站位。幼儿的学习活动每天都在发生，教师要做好充分的观察准备，才能让观察不流于形式，成为实施教育的可靠依据。

（二）引导者

1. 从倾听与对话中开始

“倾听与对话”虽然是先后的两个行为，但往往是一个连贯的过程。“倾听与对话”代表了教师的一种态度，需要抛弃自己过去习以为常的做法和观念，接受自身也是广阔知识世界中的沧海一粟。① 充分倾听，倾听幼儿的想法、问题和答案，意味着教师用尊重和认真的态度去对待幼儿的思想，而不是用正确与否来评判。在倾听的过程中，能感受到幼儿的知识是如何建构而成的，能深入地了解幼儿想法从何而起，经历了多少次反复的修正。② 在倾听中对话，能帮助幼儿兴致盎然地推进学习，教师在充分了解幼儿的想法后，寻找到幼儿当下最感兴趣的话题，能够采用幼儿喜欢的方式，引发幼儿继续表达和交流。③ 在对话中倾听，对话的过程是问答互动式的，对话对象是开放的，不局限于单一的或指向性的对象，新的学习者随时可以加入对话。教师在对话中倾听来自不同视角的思想，适时地介入对话会使得幼儿的学习发生质的变化。

2. 在记录与反思中引导

通过记录和反思来引导幼儿提升学习的水平和享受学习的成功。① 记录的价值。记录是教师观察的工具，是对幼儿学习过程做阐述。记录的材料是丰富多样的，录像、录音、图片和文字都是幼儿发展的证据，能让教师对幼儿的学习加深理解和赋予意义，引导教师将幼儿融合到教育过程中来。② 基于记录的反思。记录是在幼儿学习之后才被使用，记录不能干预正在进行的活动，但能够为教师、幼儿和研究者共同观看和阐述。特别是组织幼儿阅读记录的资料，会使幼儿与已有经验产生连接，展开新的讨论和思考。③ 记录反思中的引导。记录材料是教师使用的工具，通过对记录材料的阅读，可以改变"固有的对教育活动结果的预测"，[①]从而使教师建立开放的、新的创造性的视角，真正成为幼儿学习的引导者。

（三）评估者

1. 幼儿学习发展评估

评估能够了解幼儿发展目标的达成度、能否满足幼儿发展的需要。实施的途径和策略能否激发幼儿的创意动机、支持创意行动，实施结果是否促进了幼儿的整体和谐发展。[②] 对幼儿学习发展的评估主要通过以下几种方式展开。① 幼儿档案式评估。档案式评估是通过观察和实物材料比较后进行的全面科学的评价方式，也是目前最为前沿的将日常观察和阶段评价相结合的评价方法，呈现的是幼儿的成长历程。② 幼儿活动记录式评估。主要是通过对幼儿每一次特定活动中的行为、语言、情绪等观察记录后展开评价。通常有观察记录、作品记录、轶事记录和学习故事等方式，目的在于关注某一项活动对幼儿发展的促进效果，及时调整实施的策略，保证活动与幼儿发展之间的紧密性。③ 核心能力的测查评估。核心能力检测是由教师或管理者针对幼儿发展特点，结合创意活动为载体的教育发展目标、活动内容和幼儿发展需要统一制定的、分阶段进行的检核标准，目的在于体现教育的全面性和均衡性。[③]

2. 教师自我发展评估

评估帮助教师了解工作的核心内涵、转变观念和教育行为，同时检查创意学习活动的教育效应[④]。评价的主要内容一方面是对教师创新观念发展的评价，另一方面是对教师创新教育技能方面的评价。① 自我教学反思评价：这是提升教师专业反思能力的一种途径，关注教师在活动中角色的定位，引导教师在幼儿发展和活动设计中有效地运用策略。② 教育工作的调查问卷：针对教师观念和教育行为匹配的自我反思，同时也为调查者提供教师培养和关注

① ［意］卡丽娜·里纳尔笛.对话瑞吉欧·艾米利亚：倾听、研究与学习[M].周菁，译.南京：南京师范大学出版社，2014.

②③④ 唐玉萍.经验课程——在探索中生发[M].南京：南京师范大学出版社，2011.

问题方面指明方向。了解教师日常教育工作的真实状态以及教育观和职业观与新的教育观还存在哪些不同。③ 教师间的互相评价:是在真实现场情境下进行的过程性评价,围绕创意学习活动的要素设置评量的项目和标准,通过教师间的互相观摩,进行集中研讨式的评价和分析,互相学习借鉴、分享经验。

五、协同家庭介入

早期幼儿的发展带有鲜明的原生态家庭的印记。要了解每一个幼儿,并能够很快地获得幼儿的认可和依赖,教师要学习如何去接受幼儿背后的每一个家庭,与每一个家庭建立平等的伙伴关系。跟幼儿的个性一样,每一个家庭的文化和习惯都是不同的,需要用不同的方法与家庭沟通,才能达到家园协作的效果。

(一) 认识家庭的作用

1. 家庭的多元化样态

当下家庭已经发生了很大变化,从以往的独生子女家庭到现在的二胎家庭,年轻的父母由于工作的原因养育孩子的时间在变少,将孩子交给祖辈和保姆看管的情况非常普遍,家庭中父母和祖辈们的教养观念存在很大的不同。随着社会家庭观的变化,更多样态的家庭出现,核心家庭、重组家庭、单亲家庭、领养家庭等,包含了各种复杂的家庭人际关系。家庭样态的多元化,给教师了解幼儿家庭教育的情况增加了难度,但也使得家园沟通更为关键和重要。有一点是毋庸置疑的:无论家庭状况如何,对于幼儿来说,家庭仍然是最重要的基本存在。

2. 家庭成员的作用

要认识到家庭对幼儿的存在意义,就需要真正走进并分析这个家庭。教师通过问卷调查可以了解到家庭的大致样貌,如家庭主要成员构成、家庭成员的职业、家长的养育方式和观念等。收集初步的信息可以帮助教师对家庭状态做一个简单的分类。现在家庭对孩子教育都比较重视,家长对孩子的沟通和培养上有自己的理解。作为教师,在幼儿教育方面被赋予专家的角色,对如何养育和教育幼儿具备相关的知识和经验,但是不能就此评价家长教养方式的优劣,家长始终是幼儿重要的共同生活者和教育者,因而具有重要的地位。教师要从传统的家园对话的模式中转变过来,把家长真正看作合作者,双方需要共同为幼儿的发展提供支持。双方的观念和想法都得到重视,这是家园合作的共同出发点。

（二）建立家园的关系

1. 走好家园关系的第一步

与家长沟通中，要避免通过粗浅的接触形成先入为主的印象。教师不能急于求成或在时间紧急的情况下，用简单的方法来处理家园关系。特别是幼儿入园初期，家长因为不放心常常会表现出对幼儿的过度担心，向教师提出许多个体的要求，如果教师不能站在家长的角度看问题，就会给家长贴上“包办”“宠爱”“找麻烦”等标签。这种心态和观点会影响家园关系的良性发展。家园关系的基础在于把握好入学准备的第一次交流和沟通，特别要做好第一次家访。第一次新生家访是家长最急切希望教师能够了解幼儿和关注幼儿的时刻，会非常热情和主动地沟通交流，这是建立家园关系的开始。教师要充分理解新生家长的心情，不用急于告知家长做这做那，而是从同伴式的谈话开始，关注家长的做法和想法，给予一定的认可和鼓励，让家长感受到教师对自己合作的需要和诚意。

2. 形成长久良好的合作关系

要走进一个家庭并建立信任关系，需要时间和循序渐进地推进。特别要引起重视的是不能用我们期待的家长和我们所理想的家长的样子来“衡量家长品质”。[①] 所谓理想中的家长是不存在的，作为家长对幼儿承担了高度的情感投入，也承担了社会、家庭的种种责任。家长最不需要的是被评判或者是被教导，从某种意义上说，没有绝对的好家长和坏家长，只是做父母的方式不同。家长也在成长中，对幼儿的教育是敏感且关注的，只是有时候没有表现出来，教师就需要尽量去发现家长显性和隐性的需要，并能够给予对应的回复。尊重和接纳是建立关系的基础，家长之间也是有差异的，有的家长善于交流，总会寻找跟教师沟通的机会，有的家长则不善表达，看到教师会不自在和紧张。教师要主动去了解不同家长的个性特点，不要对此加以评点，让家长感受到重视和尊重，并且欢迎他们去交流，才能在沟通中逐步找到合适的沟通方式。

（三）家园沟通的内容

1. 和家长讨论幼儿的发展

家长最为关注的是自己孩子的发展，这个话题最能够吸引家长的热情。

---

① ［意］卡丽娜·里纳尔迪.对话瑞吉欧·艾米利亚：倾听、研究与学习[M].周菁，译.南京师范大学出版社，2014.

如何来讨论幼儿的发展,不是简单的结果汇报,而是聊天和沟通。在沟通过程中,教师和家长的身份会随着话题转变,教师可以从提问者、讲述者转变为倾听者和请教者。如谈论幼儿的特别兴趣、幼儿学习中的情绪、幼儿表现出来不同的观点和想法,会引发家长对自己孩子在成长中的经历和自己经历的回忆,教师可以从家长讲述的内容中找到幼儿兴趣、情绪和行为背后的原因。跟家长讨论幼儿发展的方式有很多种,第一种是教师与家长面对面的形式,如随机交流、个别约谈、小型家长会、家长会等;第二种是家长与幼儿面对面的形式,让家长来园观摩、欣赏、参加亲子活动,如家庭开放日、节日庆典、幼儿剧场等活动;第三种是家长与专家面对面的形式,让家长与教育专家交流讨论,如通过家长学习讲座、家庭教育咨询活动、班级活动观察等来实现。

2. 和家长讨论怎样为幼儿服务

家园关系中,教师、家长、幼儿都是平等的参与者,个体的身份会随着活动发生变化,教师可能成为学习者、支持者,幼儿可能是教育者、探究者,家长更可能是合作者、学习者、探究者等。紧密结合家长资源是共赢的做法,跟家长讨论如何为幼儿服务,让家长转为教育者的身份参与幼儿的学习。家长本身就是一种人的资源,自身的知识结构、职业特长等都是幼儿的学习活动资源。如幼儿园组建“家长义工团”“家庭教育委员会”“祖辈护园队”“爸爸故事团”等,让家长参与课程审议、扮演教育者的角色。家长对参与幼儿园活动的主观需要是十分强烈的,参与幼儿园的活动过程,其实是给家长提供最直观和有效的观念沟通的机会,家长在幼儿的活动现场感受到幼儿的能力和发展,才能真正成为教育的助力。

第五章
创意学习五类场域建设

幼儿是真正的学习主体，教师应关注幼儿的需要和兴趣、关注有效和适宜的学习，对照原有的主题课程内容和活动设计，融合创意学习的认知观，将部分主题教学活动形式赋予新的模式；同时，充分利用园所特有的空间环境，生成和开放一系列幼儿创意学习项目，形成经典的活动案例，建构五类创意学习场域：别具匠心生活场、异想天开梦想馆、别出心裁戏舞台、奇思妙想奇趣园、巧夺天工加工厂。

一、场域建设的原则与标准

创意学习场域的建设是落实《指南》“尊重幼儿学习方式，关注幼儿个性发展需要”要求的行动。将幼儿创意学习的本质和特点，通过在五类学习场域的共建渗透到教师、家长的思想行动中，共同关注幼儿“自由自觉”的学习实践活动，采用正确的眼光、科学的方法去支持幼儿的学习发展。

（一）建设的原则

1. 发现幼儿潜能

创意人人皆有，但是幼儿创意作为一种潜在的可能，在现实中它会丧失、被掩盖、被歪曲，常常由于成人的忽视和不理解，幼儿的创意学习能力没有得到重视和认可。我们必须认识到“创意”特质对人终身发展的重要性，从幼儿视角和专业解读，去发现幼儿“创意”在外部行为上的表现，形成创意学习能力外化表征的认识，并在教育活动中对其进行合理的保护。

2. 回归幼儿天性

学习是幼儿的天性，有的教育忽略幼儿内在的动力，企图用外部的训练发展幼儿的学习能力，这与幼儿天性是背道而驰的。幼儿的创意学习能力是自发的，教师要坚信幼儿学习是进行积极的自我建构和发展的行为，教育和学习应回归幼儿天性，减少外部人为的干预，给予幼儿自由自主发展天性的可能。教师要为幼儿创意学习提供土壤和基础，帮助其唤醒潜能，实现幼儿的自由和自我价值。

3. 提升幼儿能力

幼儿创意具有“递减法则”，越早开发后期的创意能力则越强，反之则不然[①]，这就提出了创意能力培养的紧迫性。教师是把握幼儿学习发展规律的工作者，担负支持和促进幼儿学习发展的责任，应通过适时地引导和设计，使幼儿在关键的发展阶段突破瓶颈达成更高的发展。幼儿创意学习需要教师运用智慧的师幼互动策略来推动，需要教师利用各种条件和资源来保障，需要教师创设趣味和挑战的学习环境来实践。创意学习活动就是为幼儿的发展提供多样化的成长载体，是全方位支持幼儿成长的平台。

（二）建设的标准

1. 符合学习的核心与整体发展同步

幼儿期处于混沌学习阶段，身心发展不可割裂。因此，创意学习场域活动是具有启蒙性和生活性的，保证幼儿在丰富的生活情境下获得全面的身心体验，包括情感、动作、能力和品质的发展。同时，以创意能力为核心的发展，与身心全面的发展具有相辅相成的关系。围绕创意核心能力发展，在创意学习活动建构中满足幼儿对创意动机、创意思维和创意表现的需要是重点。教师通过环境中情境、问题、工具等要素的设计，鼓励幼儿发展发散思维和求异思维，支持幼儿个性表现表达，培养幼儿敢于表现、乐于创意、自我肯定的创意人格特质。

2. 符合幼儿学习的兴趣和经验共存

幼儿兴趣是最基础的创意动机，要充分满足幼儿触摸、品尝、摆弄、涂鸦、模仿等基本兴趣需要，在此基础上设计符合幼儿兴趣的经验联结，让幼儿产生兴趣的延伸和情绪的迁移，把兴趣的关注点拓展到更为丰富和广泛的探究活动中去。这里就涉及可学习的内容，即符合幼儿学习的兴趣和经验的活动内容。学习内容的焦点在幼儿能力范围或者是最近发展区的范围内，教师要根据幼儿学习速度和方式的不同，设计不同层次和形式的学习内容，可以

---

① 袁爱玲.学前创造教育课程论[M].北京：北京师范大学出版社，2001.

让幼儿通过自主的选择和练习来获得经验，也可以运用经验来进行不同形式和内容的练习。

3. 符合学习广泛性和深入性的平衡

幼儿学习的内容涉及生活、学习、运动和游戏的各个方面，覆盖的活动形式广泛而丰富，但这并不意味着创意学习就没有深入性，两者之间并不矛盾。幼儿各项能力的学习与发展是反复的和循序渐进的，并不是蜻蜓点水式的学习，比如幼儿表现、表达能力的发展，是在每天充分的聊天、讨论、欣赏等活动中培养起来的，幼儿解决问题的能力也是从生活和学习中的小事情、小问题的尝试中逐步积累起来的。创意学习场域活动给幼儿提供了丰富多样的学习与发展的机会，兼顾了学习内容的广泛性和深入性。

二、场域建设的途径与方法

创意学习活动作为一种更符合幼儿认知需要的活动，避免了简单的知识传授和单向接纳，场域建设使幼儿在体验和实践中充分认知，使学习走进生活，让幼儿有机会运用知识去解决实际问题。场域建设的主要特征是进行幼儿创意学习环境的整体建构，涉及环境的顶层设计、实践模型和内容设计等方面。

（一）建设的途径

1. 形成操作方案指引

创意学习关注幼儿“自由自主的探究、个性化的表现表达、多角度的解决方法”，但从理论到实践转化的过程中，教师仍然会感到操作缺乏经验和方法。要将幼儿创意学习观渗透到教师的日常工作行为中，需要为教师提供简单和明确的操作方案指引。因此，我们提炼出幼儿创意学习的二十个关键核心词，让教师心中牢记创意学习能力典型指标；整理了五类场域内容，让教师能够在一日活动的组织中对应核心能力开展活动；梳理了活动发起的两种方式，但无论是谁先发起的活动，都要鼓励教师在组织活动时始终以幼儿的回应为主；梳理了场域活动的基本环节设计和流程，采用了幼儿操作—反思—实践的循环模式；归纳了五类场域活动的典型案例，形成了既有对创意学习的整体思考，又有教师便于操作的基本规范和基本流程的操作指引。

2. 场域案例实践分析

创意学习活动的研究是通过鲜活的案例展开的。从传统案例的剖析到结合新元素发现展开的案例,都是经过教师反复推翻和重建的。教师从创意学习活动的每一个环节推进开始,研究发起的方式,探讨过程的发展,小结学习的经验。发起人是教师还是幼儿?谁发起更有价值,价值在哪里?在探讨幼儿活动的过程中,教师应关注幼儿什么样的行为?是解决幼儿研究问题的深度还是研究问题的广度?研究幼儿的发展成效还是研究幼儿的学习困难?在小结幼儿学习发展时,运用轶事记录法、观察分析法、学习故事法等分析幼儿在活动中发展了哪些能力?是否实现了自主建构的发展?案例研究始终面对教师的疑问、困难和挑战,一步一步地、反反复复地与教师和幼儿共同探讨,最终形成思考和经验。

3. 完成实施保障机制

在实践中教师从零散到整合、从摇摆到坚定、从模糊到清晰,逐步探索和形成创意学习的保障机制,如资源收集保障机制、作息时间保障机制、经费人员保障机制等。① 资源收集保障机制,定期发布材料收集召集令,号召幼儿、家庭和社会共同收集创意学习所需要的各类材料;建立材料定期清洗消毒制度,每日擦洗清洁、每周紫外线消毒、每月消毒液清洁等。② 作息时间保障机制,在一周活动形式的安排中突出小组和自由活动,采用模块设计的方法,给予幼儿更多自由自主的活动机会。③ 经费人员保障机制,加大了保教合一的力度,教师和保育员分工明确、相互配合,加入专用教室人员和行政人员,参与幼儿一日活动环节,降低师幼比,为教师充分地关注幼儿个性化学习提供可能。

(二) 建设的方法

1. 概念顶层设计

我们围绕培养幼儿创意精神、创意品质和创意能力的教育目标,回归幼儿学习本身,丰富完善幼儿创意学习理论和实践模式理论,形成幼儿创意学习项目研究的顶层设计。通过对创意学习、幼儿创意学习、幼儿创意学习活动相关概念的辨析,寻找到相关的学习理论依据,学习的内部机制理论有:韦特海默"创造性思维"、皮亚杰"发生认识论"、莱夫"情境学习论";学习的外部教学策略有:奥苏贝尔"有意义的学习论"、加涅"信息加工学习论",为研究奠定实践依据和参照准则。建构了学习环境设计的模型——幼儿创意实习场模型,明确了创意实习场环境中影响学习的关键要素(情境、问题、工具);初步尝试建构了幼儿行为取样的评价系统。研究中通过逐步添加和有机整合的方法,形成了创意学习的一个基本完整的体系。

2. 环境资源研究

环境资源主要是指物质性的、可感知的、拟真的空间环境和材料。开发两大特色空间：下沉式广场建设大型“创意活动坊”，以创意制作、创意舞台、创意生活、创意发现、创意游戏为内容，开展自由结伴式的活动。建构 1 000 平方米的“屋顶种植园”，植入现代化物联网技术，全方位向幼儿、教师、家长开放，形成与自然生态环境相呼应的“绿色教室”。开放两大资源平台：① 自然环保资源。开发了丰富多元、环保易取的物质材料，给予幼儿感受材料固有特性，认识事物的机会。② 共同体资源。从家庭成员开始，从班级幼儿的家长群，到社区邻里和各相关行业专业人士，越来越多地介入到幼儿园课程活动中。我园每学期每班开展亲子类的活动 6 次，家庭类的讲座和沙龙 10 余次，社区类的活动 4 次，实践类的活动 4 次，日常类家长助教、家庭种养的活动每周都在进行。

3. 活动项目开发

教师要对幼儿生活环境、内容、事件保持敏感，不断地发现幼儿感兴趣的、有价值的生活情境和事件，深入分析背后蕴藏的教育价值。如何开发有价值的活动项目？可以从学习资源的设计、学习兴趣的设计、问题焦点的设计预设和生成创意学习活动项目。① 学习资源设计：将日常生活中的现象通过材料呈现给幼儿。如纸盒，可以设计纸盒游戏场，让幼儿投入到与纸盒材料的感知互动中，幼儿经过充分的体验再进行纸盒的造型。② 学习兴趣设计：根据不同年龄段幼儿所表现出来的不同兴趣，创造机会给幼儿体验，让幼儿从中建构自己的经验。③ 问题焦点设计：教师根据幼儿当下学习的需要和能力发展在生活和环境中设计可能引发幼儿探究的问题，如来自幼儿突发事件中的问题、一个能引起大部分同伴共鸣的问题等。

三、场域建设的框架与模型

创意学习活动场域是实习场环境的一种类型，是满足幼儿自主学习探究所需要的情景环境和活动体系，幼儿通过学习活动场域中真实的任务，唤起自身经验、运用工具材料、展开人际互动、解决探究的问题。学习场域的框架由显性的人和物的元素以及隐性的设计策略元素共同组成。

（一）建设的框架

1. 主体成员的构成

教师、幼儿、家长和社会各界人士组成学习共同体。教师是主要的设计者、实施者,首先对创意学习环境进行适宜性设计,并通过对幼儿观察、分析和判断,采取介入、调整的策略共同推动。幼儿是核心的实践者,在自主参与环境的互动过程中,改变实习场的环境和参与的方式,得到个体认知、情感的发展,也促进成员的共同学习和发展。家长是基本的互动者,家庭生活环境是幼儿学习经验建立的另一个主要的场所,家长通过在家庭中的交流和参与幼儿园的活动,能够全面地了解、分析、促进幼儿的发展。此外,教职员工是及时的生发者,社区人员是多元的参与者,研究团队是专业的引领者。创意学习环境中的共同体是多元和广泛的组成,大家围绕幼儿学习发展,提供了不同角度和不同内容的支持。

2. 环境支架的构成

环境有显性的环境和隐性的环境两种。隐性的环境支架体现在物质材料的设计呈现上。一般由镶嵌"问题"的生活操作材料设置,教师捕捉生活中的实际问题和真实任务来设计探究的材料。有组成"活动"的探究材料设置,如围绕"电"的现象设计由易到难、由单一到丰富的系列材料。有认知学习内容转化为操作材料,如"数的分合"设计的游戏材料。隐性的环境支架是指向幼儿社会性交往的环境,一般有作品保留区、作品交流欣赏区等设置,支持个体的创意表达并能够为大家所分享,形成共同体的学习环境。

3. 活动模式的构成

对应幼儿学习过程复杂性的反思调节型活动模式,使学习共同体达成"有意义的学习"。首先,反思调节型的活动模式建立在幼儿对问题探究假设的基础上,幼儿以小组的形式与教师一起交流—实践—反思—再交流—再实践—再反思。其次,教师通过假设—观察—分析反思—再假设—再观察—再分析反思的模式,对幼儿在问题探究中的行为进行仔细观察和记录;然后讨论这些观察记录的意义,对幼儿的认知和发展水平提出新的问题和假设,形成"纪录"。在这个过程中,教师通过对话和反思来实现创意实习场问题境脉的教育价值。

(二)建设的模型

1. 核心要素构成的模型

创意学习场域模型是对以"幼儿发展为中心"的学习环境设计模式的演绎和实践。对比原有设计,诸多要素理解上发生了改变,在内容上进行了重组。(表 5-1)

表 5-1　传统学习环境设计与创意学习场域环境要素比较一览表

要素	学习环境设计	创意学习场域
问题	问题境脉、表征和问题操作空间	生活、自然、学习现场中的问题，具有创意表达和思维挑战的游戏、活动
案例	与学习者经验和问题经验相关的案例	已有经验和经历
信息	研究问题所需要的相关信息	图书、电视、手机、电脑、广播
工具	认识和帮助建构知识的工具	玩具、图书、操作材料、生活和自然环境
协助工具	支持团队学习的物质工具和对话共同体组织	观察记录、游戏计划、展示墙、绘画作品；集体和小组交流
社会情境	境脉的适应性	课程、家庭、社区、城市背景；自然资源、社区城市资源、人力资源、文化资源

通过上表分析，对照在幼儿园教育实践中的相关概念的内容和作用，我们将学习环境设计中的六要素重新整理为创意学习场域的五要素，即问题、情境、工具、资源和共同体。各要素之间的关系布局为：核心层是问题建构，第二层次设置相对应的情境、工具，第三层是建构的资源、共同体，组合成创意实习场主体框架。（图 5-1）

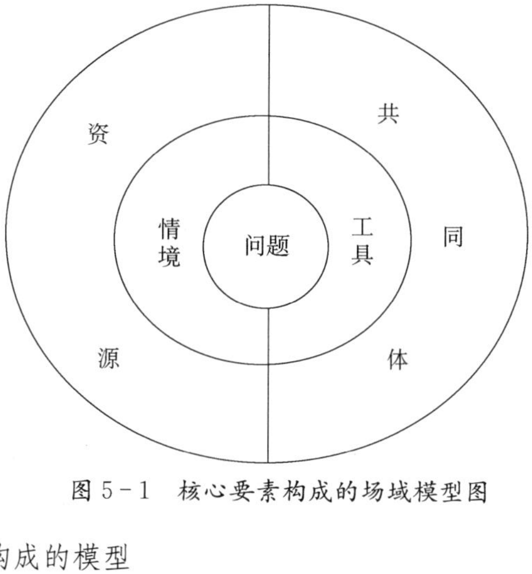

图 5-1　核心要素构成的场域模型图

2. 整体要素构成的模型

创意学习场域作为功能性的环境，与自然状态下环境的区别就是以“幼儿创意学习”为中心而专门设计的，问题、情境、工具、资源和共同体五大环境要素，为幼儿与学习内容和创意学习发展之间架起桥梁，形成幼儿能够有效参与的环境。创意学习场域环境在具体实施层面隐含了内在的要素,主要有设计要素、支架要素、评价要素,这些隐性的要素渗透在创意学习场域每一个显性要素之中。(表 5-2)

表 5-2　创意学习场域隐性要素关系图

设计——支架——评价													
问题													
结构性				复杂度					领域性				
情境			工具			资源				共同体			
动机情境	给养情境	支架情境	拟真环境	操作材料	信息媒介	物质资源	人力资源	社会资源	文化资源	幼幼互动	师幼互动	亲子互动	其他人员

隐性要素的作用各有不同(详见下页第四点)。设计,包含了分析和计划;支架,是被用来为学习者理解意义提供帮助和支持的机制;评价倾向于"幼儿创意学习"的视角。综合创意学习场域环境建构核心要素和对隐性要素的分析,形成了整体要素构成的模型图。(图 5-2)

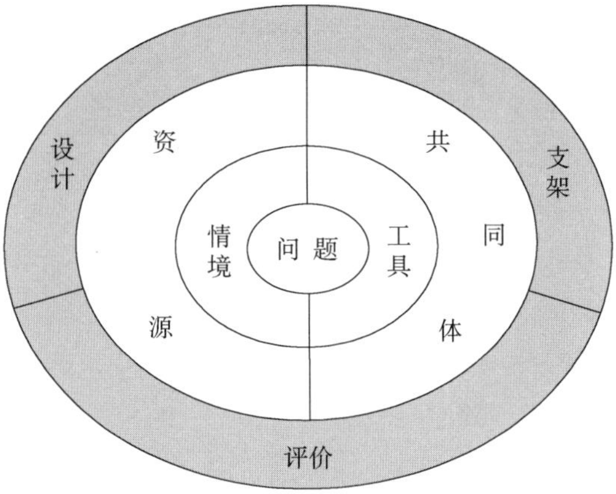

图 5-2　整体要素构成的创意学习场域模型图

3. 活动内容与整体要素构成的模型

创意学习活动设计充分呈现出基于幼儿为中心的"问题"实践情境的复杂性、混沌性、建构性和整体性,创意实习场各要素渗透和穿插在设计的各环节之中,递进式影响和推动幼儿的学习发展。

结合理论和实践的设计，我园基本形成幼儿创意学习活动场域与环境要素共同建构的模型体系。以幼儿创意学习为主体，问题设计为核心，情境、工具设计为显性要素，资源、共同体为隐性支持，形成了以生活场、梦想馆、戏舞台、奇趣园、加工厂场域为载体的创意学习活动框架。（图 5－3）

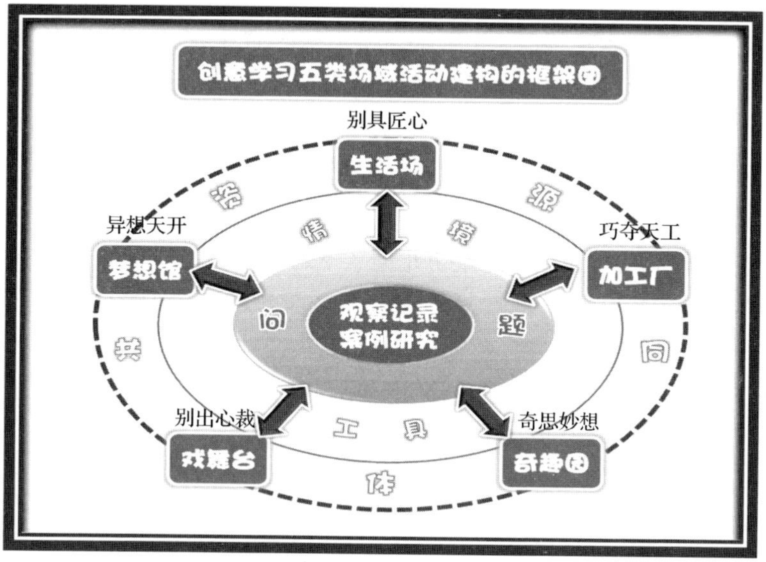

图 5－3　创意学习五类场域活动建构的框架图

四、场域建设的要素与策略

幼儿创意学习活动框架的建设有显性要素和隐性要素，其中显性要素在前面章节中已经进行了阐述，隐性要素即教师隐性的教育组织策略，在幼儿创意学习过程中直接影响学习活动的质量，属于“质性因素”，包含设计要素、支架要素、评价要素。

（一）设计要素

1. 分析

分析是设计的第一步，依据学习活动设计的基本环节，分析的内容包括境脉、问题、幼儿情况、环境资源等。分析境脉，是要关注幼儿当下的经验结构与新知识之间的衔接关系。问题，在分析初期是一个宽泛的大问题或者是一个点子，通过分析问题后会产生后续的相关联的问题。幼儿情况，是指幼儿兴趣、能力、性格等综合情况。环境资源，要分析目前有哪些环境资源，这些环境资源中是否具有幼儿学习的“认识内容”。分析能够决定设计呈现哪种形态，方向、内容、方法、途径都由分析的结果来决定。

2. 计划

计划是经过分析后形成的行动方案，准备选择什么内容，解决什么问题，发展幼儿哪些方面的能力，给予怎样的材料支持，利用哪些物质资源和人力资源等。如幼儿园积木建构区，教师在环境周围布置了江南古巷图片和当地热门历史街区的照片，摆放陈设了立体模拟的实物建筑模型，在建构区营造了江南古镇的环境。教师设计的情境计划方案，需要在幼儿学习的实践行动中来验证。

3. 调整

调整是分析、计划的行动，在幼儿创意学习活动中是十分重要的一步。幼儿的学习兴趣和探究问题是教师无法完全分析预测的，因此设计的方案只是可能性方案。教师展开调整，是基于对幼儿学习过程中的回应分析后又一次的计划。设计的三个方面渗透在幼儿学习的每一个环节，师幼双方通过设计产生学习交互。

（二）支架要素

1. 支架的种类

支架是借用建筑行业中“脚手架”的概念，[①]是按照学习者最近邻的水平，通过建立“脚手架”的支架作用，使学习者从一个发展阶段提升到另一个更高的发展阶段。学习环境设计中，支架是为学习者理解意义提供帮助和支持的机制。[②] 有三种支架的框架模式：① 意义建构。支持学习者能够进行生成、验证和假设、操作和表征、比对和解释、科学策略提供。② 过程管理。支持约束和引导学习者能够更好地管理环境的复杂性。③ 表达与反思。支持回顾、反思和表达。[③]

2. 支架的呈现

支架是幼儿创意学习过程中十分重要的隐性要素，在问题情境、资源、工具、共同体每一个要素中都含有支架的成分，是帮助幼儿有效地进入问题情境的复杂性、真实性和开放性的关键点。如教师依据幼儿生活选择一种情境背景，将幼儿进行建构的问题蕴藏于环境中，然后分析幼儿活动中可能发生的学

---

① 杨维东，贾楠.建构主义学习理论述评[J].理论导刊，2011(5).

②③ 戴维·H.乔纳森，苏珊·M.兰德.学习环境的理论基础(第二版)[M].徐世猛，李洁，周小勇，译.上海：华东师范大学出版社，2015.

习情况，据此形成计划，并提供相关的材料和工具。创意学习场域环境中的五个要素(问题、情境、工具、资源和共同体)都是学习的主要支架，它们本身又由多个子支架组合形成。

3. 支架的作用

支架关注的是任务、环境、学习者和指导者，面对具体的创意学习场域环境，支架通过以下三种操作策略来发挥作用：① 调节任务的难易度，让幼儿由浅入深、循序渐进直到可以胜任任务；② 重置任务适应幼儿的知识经验或弥补幼儿的知识缺陷；③ 提供明确的任务目的，清晰任务的步骤和要求以及多种评价方式。① 如教师在建构区提供表现江南建筑屋檐飞角造型的U型积木或者可替代生活材料以及能够表现细节以外适宜的辅助材料等。在实际学习场景中支架运用的策略是因不同境脉而灵活变化的。

(三) 评价要素

1. 评价的目标

评价的目标主要围绕幼儿创意学习发展的五个核心目标(积极主动、个性表达、协商交流、发现探究、解决问题)进行观察和评价。重点在于反馈信息、获得修正的机会，借以引领幼儿在活动中深化理解，形成过程性的评价。评价强调在适当的机会、利用适当的方法，突出"支援学习的形成性评价"。在观察评价幼儿核心目标的过程中，同时反馈教师的学习环境设计的质量水平，评价过程是对幼儿发展和教师学习环境设计的双向反馈。

2. 评价的内容

评价倾向于"创意学习"的视角，对应五个核心目标：① 积极主动。观察幼儿与参与者的交流、反思互动情况，与环境材料工具之间的互动程度，使用频率和范围。② 个性表达。观察幼儿互动使用的语言、动作和创作作品情况。③ 协商交流。观察幼儿与同伴和家庭人员之间的互动交流情况，幼儿之间的角色分配与责任承担情况。④ 发现探究。观察幼儿是否参与学习目标的制订，是否经常及时反馈实现目标的情况，或与同伴、教育者讨论学习的过程，是否使用技术和工具。⑤ 解决问题。观察幼儿能否发现问题，并对问题进行思考、假设，能否对问题积极探究并得出相关的结果。②

3. 评价的方法

行为采样评价法是通过选取幼儿一日学习活动中的关键活动，观察记

---

①② 李妍.乔纳森建构主义学习环境设计研究[D].上海：华东师范大学，2007.

录幼儿的典型行为，来了解和评价幼儿当下发展的状态。行为采样评价法通过特定时间、特定活动进行典型幼儿、典型行为的取样，尝试解决过程性评价的可操作性问题。行为采样，一般有目标取样、扫描取样、行为取样、随机取样几种方式。目标取样是指在某一预定时间段内持续观察一名或多名幼儿的几种行为或所有行为；扫描取样是指在一个预定的时段内，每隔一定时间间隔对一组幼儿的行为进行观察；①行为取样则是对幼儿某一种行为进行有目的的观察；随机取样更多的是在偶发性和生成性情境中观察到的幼儿行为。这几种取样方法各有优势，教师需要根据行为采样评价项目清单内容来决定采取哪一种采样方法，有时需要以上几种方式的组合运用。

五、场域建设的内容与形式

在内容建设方面，我们对照创意学习场域空间进行环境材料的设计。一方面根据原有主题课程创设学习环境，如季节、大中国、动物、社区等，形成让幼儿可以感受到的认知内容；另一方面，通过低结构主体材料创设相关“材料”情境，如纸盒区域、瓶子区域、绳子区域、自然物区域等，通过对材料的呈现设计，让幼儿能够充分地与材料互动，从而产生相关的创意学习项目。

（一）别具匠心——生活场

1. 生活场的目标

目标指向生活中经验智慧的学习、生活习惯养成和积极人际关系的建立。生活场活动使幼儿获得初步使用和创造“工具”的主体性与实践能力；使幼儿在交往、合作、关心的基本人性特征的基础上逐步内化优秀人性，形成幼儿与社会、自然、自身的和谐关系；使幼儿形成正确的态度、价值观和自我意识，提高自我判断、自我认识、自我控制、自我教育的能力。

2. 生活场的意义

以班级生活为场域，师幼共同享受美好的幼儿园时光。这里的别具匠心一方面是指教师用心为幼儿设置丰富和有意义的生活活动，更指幼儿的天真童心所创造的独特的生活惊喜和快乐。丰富的生活经验储备是幼儿获得创意能力的基石，生活场是在幼儿最为贴近的班级活动与班级成员互动中展开的，以建构良好的师幼互动关系和营造自由自主的心理环境，让幼儿体验自尊感，

① 兰天明，田银平，胡晓楠，等.目标取样法和扫描取样法在圈养黑熊行为研究中的比较[J].经济动物学报，2012(2).

表现出积极的生活态度和合作的亲社会的行为，为幼儿创意学习奠基，呵护幼儿的创意本性。

3. 生活场的活动

班级日常的生活情境中有丰富的学习探究的内容，幼儿会自发产生对事物、现象和生活活动方式的探究。幼儿经常会产生三种类型的活动：一是“满足日常生活中的好奇心”的活动，大多发生在幼儿日常生活环节，如洗手时喜欢玩肥皂泡，吃点心时对水果的种子感兴趣，从而展开自由、开放、持续的观察、探究活动；二是“满足认知建构的需要”的活动，幼儿会对自然现象或物理现象产生认知需要，提出相关的疑问和想法，从而展开相关的科学探究类的活动；三是“解决生活交往等问题冲突”的活动，幼儿在生活学习中产生的突发问题和人际纠纷（如遇到物品使用、空间共享、同伴交往冲突等），以解决相关问题为目的的活动。

（二）异想天开——梦想馆

1. 梦想馆的目标

目标指向幼儿创造性地使用工具材料，合作生发游戏情节和模拟解决问题。“梦想”天地，是完全以幼儿主体意愿为内容，进行开放、自由的角色游戏活动。幼儿在游戏中不断变化玩法满足自己的兴趣，打开思维的灵活性和发散性；幼儿创造性地使用材料丰富游戏情节和趣味，在不同的游戏情境中创造性地尝试解决问题；幼儿在游戏中会主动生成新的游戏内容和情节，学习和同伴互动、合作、妥协，创意品质得到发展。

2. 梦想馆的意义

游戏是幼儿的天性，可以说没有游戏就没有幼儿的学习与发展，游戏水平与幼儿的发展水平同步，游戏体验有利于幼儿加深对现实世界的概念和信息的理解。梦想馆以角色扮演为线索，满足幼儿对梦想世界中的角色体验。这里的“异想”是幼儿对成人世界和生活的种种好奇，是幼儿视角下“儿童意味”的生活反映。

3. 梦想馆的活动

游戏是幼儿最佳的学习实践活动，但并不是所有的游戏都对幼儿有益。游戏有三种水平：混乱失控的游戏；简单重复的游戏；有目的的、复杂的、能够让幼儿专注投入的游戏。游戏情境下的活动核心是呈现幼儿高水平的游戏行为。梦想馆活动以幼儿角色游戏为主，教师有目的地提供经验、材料和互动的机会，使幼儿建构丰富的情节，大胆发挥想象，促进幼儿在角色体验、认知情感、交往互动、语言沟通等多元能力的发展,同时也获得新的技能。

(三) 巧夺天工——加工厂

1. 加工厂的目标

目标指向培养幼儿运用艺术造型工具和技能进行个性表达表现、积极分享和协商交流的能力。让幼儿通过视觉、触觉来感受色彩和造型的美,通过运用美术工具和生活材料来创造和表现对事物的色形体验和情感满足。在制作过程中培养幼儿对造型美的感受和热爱,让幼儿学会表现美和创造美的方法,形成有利于艺术创造的人格特质。

2. 加工厂的意义

加工厂是为满足幼儿创意的表达所专门创设的活动空间,其中提供的各种生活的、自然低结构的材料和制作加工小工具,让幼儿结合自己的生活经验和需要,进行积极动手动脑的制作活动,表现出各种富有儿童意义和创造想象的作品。加工厂以生活自然素材为物质场,让幼儿与材料展开深刻体验和互动。这里"巧夺天工"是指超越成人常规思维,具有原生态创意并经过幼儿努力的作品设计。

3. 加工厂的活动

幼儿通过生活和自然中的材料,进行个性化的创作表现表达。① 幼儿艺术作品的创意表达:艺术作品可以是一幅画、一件手工作品、一件事情或者动作表演等;② 幼儿探究过程的创意表达:幼儿利用原始的可造型的低结构材料,进行加工组合、制作各种造型的作品,在过程中不断呈现出对材料的新发现,让活动变得更丰富、有趣和有意义;③ 幼儿语言观点的创意表达:幼儿内心的思考有时还不能用直观的动作和绘画等作品来表达,教师可以鼓励幼儿用个性化、生动的语言进行描述。

(四) 奇思妙想——奇趣园

1. 奇趣园的目标

目标指向幼儿学习兴趣的激发、观察能力的发展和进取挑战的态度。奇趣园培养幼儿认识变化、喜欢变化、促进变化的态度与能力,学会学习;让幼儿形成竞争意识以及不断超越自我的进取心;让幼儿认识创意的价值,关心创造、需要创造;让幼儿乐于交往、乐于合作;培养幼儿的冒险精神、探究精神和挑战精神。

2. 奇趣园的意义

幼儿在适应新环境的过程中运用了他们创造性思维的技巧，科学家的创造发明是创造，幼儿的新奇发现也是创造。奇趣园以大型主题活动区为场域，通过自由、自主混班、混龄的大主题区域活动，建构社会交往情境、问题探究情境、多元智能综合情境，在师幼互动中深化幼儿创意学习探究过程，促进幼儿的创意发展。这里的“奇思妙想”不仅是指环境材料本身具有吸引力，还是材料通过幼儿的操作互动后出现的更多奇妙的变化，满足不同幼儿的创意和各种探究兴趣。

3. 奇趣园的活动

奇趣园的活动是幼儿探究、发现周围事物特性和各种现象的活动。通过创设开放性环境，提供物理变化性材料、自然生物性材料及现代科技类材料，带给幼儿发现问题、探究现象、解决问题、创新材料的操作体验。奇趣园活动可能发生在班级区域、幼儿园创意工作坊、屋顶种植园地以及幼儿眼睛能够发现的任何一个空间中。除了教师预设的水、电、力、磁、光等相关的趣味材料以外，更多是在自然环境中发生的气温、植物、昆虫和幼儿生活之间的趣事。奇趣园活动指向幼儿亲近自然、喜欢探究的情感，重点发展幼儿感知、观察、发现、验证的科学意识。

（五）别出心裁——戏舞台

1. 戏舞台的目标

目标指向幼儿自我认同感发展，培养幼儿的责任意识和学习共同体合作参与的能力。让幼儿感受生活的丰富性和多元性，能创造性地链接已有经验产生创意的火花；让幼儿迁移已有经验和灵活解决问题的能力；让幼儿接纳不同的兴趣差异和个性气质，感受创意的独特性和求异性，形成独立自主的意识。

2. 戏舞台的意义

戏舞台是一个充分满足幼儿自我认知和感受成就的平台；是幼儿之间经验传播、思维碰撞和情感互动的社会性发展平台；是培养积极主动的创造者的平台。幼儿在戏舞台上发现自己的能力，形成积极正面的体验，增强对自我概念的意识，能更好地主导自己的学习。这里的“别出心裁”指“戏”的内容是幼儿自编自演展示各种想法的总和，“舞台”也不拘泥于唯一的形式，是幼儿共同的选择和设计。

3. 戏舞台的活动

戏舞台本质是一种儿童表演游戏，幼儿自发的角色扮演游戏是表演游戏前期的经验基础。戏舞台的内容是多元的,有幼儿随机产生的节目秀、自娱自乐的表演;有幼儿同伴间的模仿表演游戏,还有教师和幼儿共同参与的绘本故事表演、角色生成的即兴片段式表演、小型的展示型表演等。“舞台”是幼儿展示的空间,幼儿在哪里舞台就在哪里。幼儿是舞台表演的主体,在舞台上幼儿所表演的节目,都是幼儿自己策划、编排的,教师应允许和鼓励幼儿以自己的审美和兴趣进行表演。

场域篇

第六章
别具匠心生活场

幼儿的“生活场”

对于幼儿来说，生活既平常又充满了未知。说它平常，是因为幼儿为了自身发展进行的各种活动都是生活，如进餐、睡眠、盥洗、种植、生活游戏、日常社交等，包含幼儿在社会中与自己息息相关的日常活动和心理活动，涵盖到个人、家庭、社会的方方面面；说它未知，是由于幼儿生活中的随机事件频发，幼儿广泛、多变的兴趣会引发多种不同的生活活动，幼儿还会在生活中遇到多种不同的问题，需要他们运用不同的工具与策略去应对……这些既平常又未知的生活等待着幼儿去感受、去理解、去实践。而除了认知和能力的发展，基本的生活、学习所需要的习惯、品质，如卫生习惯、生活自理能力、交往能力等无法仅依靠集体的学习活动来完成，需要在长期的生活中培养。幼儿的生活场，就是幼儿在一日生活中与周围的人、事、物进行相互作用，从中获得生活的知识经验与能力以及丰富的情感体验的空间。

幼儿园的“生活场”

幼儿园的生活场，给了幼儿一个浓缩的、特别的小小社会。生活活动内容和组织形式都从幼儿的身心发展水平和实际需要出发，与幼儿的现实生活密切相关，一切在最为贴近幼儿的班级活动和班级成员中自然地开展，主要包含幼儿一日生活中的常规活动、幼儿生活事件引发的随机活动、幼儿生活焦点生成的项目活动等。幼儿在与同伴共同生活、游戏的创意环境中，通过多变的内容与组织形态，每天都能在生活场中与周围的人和环境进行创意性的互动，在有创意地运用工具材料、解决问题等过程中潜移默化地掌握很多基本的生活经验，锻炼独立生活的能力，提高认知、行为、情感等各方面的综合素质。

别具匠心的“生活场”

“别”是指幼儿园生活具有群体生活的独特性,幼儿能在与同伴、教师的互动交往中习得合作、关爱、协商等基本社交技能,并在此基础上逐步内化为优秀人性,形成自身与他人、社会、自然的和谐关系;“匠心”是教师赋予“生活场”的儿童立场和儿童视角,支持幼儿在日常生活活动中通过个性化的实践、反思、调适形成良好的生活常规和习惯;在丰富的生活游戏中通过真实、多变的材料操作,尝试初步使用和创造“工具”,锻炼生活实践能力,获得必要的生活经验与生活智慧。最终,别具匠心的生活场活动使幼儿形成正确的生活态度、价值观和自我意识,提高自我判断、自我认识、自我控制、自我教育的能力,真正惠及幼儿未来的生活。

一、生活场促进幼儿创意发展

(一)丰富创意认知经验

1. 积累真实的生活认知经验

幼儿从家庭踏入幼儿园,从一个家庭的“中心人物”变成幼儿园集体众多同伴中的普通一员,这对他们来说是一个重大的改变。幼儿园的生活场中包含了更多需要幼儿积极主动感受和汲取的认知信息,积极地感受、融入其中使幼儿有更多积累新生活经验的可能。幼儿是独立的个体,生活场能够支持他们尝试自己力所能及的事,逐步学会在生活中照料自己,并形成、保持有规律的生活,养成良好的作息习惯、饮食习惯、锻炼习惯等。

幼儿生活场的群体性特点还使幼儿在直接感受、体验、实践的过程中形成了更为成熟的社会认知,主要集中在对集体常规、社会公共规则、社会机构与职业角色的基本认识与了解。在别具匠心的生活场中,幼儿将这些认知经验进一步内化为自己的知识架构,从而实现由成人包办的生活向独立的集体生活的转变。

2. 探究多元的生活工具运用

从与自身生活密切相关的活动中,幼儿不断感受生动鲜活的自然世界、丰富多彩的人文世界,关注到周围的生活现象,对生活中的一些工具,如通信工具、交通工具等有了初步的了解。生活场中的工具能够引发幼儿好奇、探究的愿望,在操作中提升幼儿对生活工具的认识和运用能力。

教师在关注幼儿日常生活活动的基础上,精心选择和设计匹配幼儿生活活动需要和感兴趣的材料、工具,让幼儿能够更加积极地直接操作、体验。通过与这些优质材料、真实工具的互动，幼儿还感受到了他人的尊重，更加慎重地履行使用工具的职责，对工作更细心、注意力更集中，在基于现实生活的学习中进一步获得生活常识、生活技能等。

3. 形成丰富的人际交往智慧

生活场是真实的，交往智慧源于幼儿遇到的各种真实问题，在解决问题的过程中幼儿逐步理解他人、有效地与他人交往，形成建立和维护与他人关系的能力。幼儿在努力构建人际关系的过程中，既获得满足感，同时也会遇到许多挑战，而生活场活动为幼儿解决人际交往中的问题、为获得人际交往经验提供了实践的时间和空间。

在生活场活动中，幼儿在满足自身需求的同时，形成尊重他人、真诚共情、理解宽容、互利合作、诚信友善等丰富的人际交往智慧；在现实生活中与他人交流、协商合作，进而融入集体、融入社会，在与他人建立的关系中获得认可与发展，这也成为其社会根基所在。

（二）提升创意学习能力

1. 激发幼儿实践创意的生活行为

幼儿园阶段是培养幼儿良好的独立生活能力的关键时期，别具匠心的生活场给幼儿提供了反复实践的机会，在日常饮食、盥洗、睡眠、种植、社交等活动中，不断感受、学习、内化生活世界中的各类知识经验，发展自我服务能力。在幼儿园生活场中，实践创意的生活行为还能促使幼儿有创意地提升自身管理能力，如保护和协调自己的身体行为、照顾和控制自己的身体与情绪的能力等；有创意地管理周边事物，包括对自己学习和生活的管理，对游戏物品的分类、归放和整理等；有创意地形成良好的生活习惯，即在一定的反复实践训练中获得正确的“自觉自动、相对固定”的生活行为。

别具匠心的生活场激发幼儿通过他们更易接受的多种形式的游戏、丰富的材料操作、多元的同伴互动等方式充分地进行自己生活行为的实践。在此过程中，幼儿有创意地自主创设环境、操作材料，与周围的人、事、物产生互动，其发现问题、解决问题的能力得到逐步提升。

2. 鼓励幼儿进行多样的个性表达

幼儿的表达方式各不相同，有的幼儿擅用语言表达，有的幼儿愿意使用肢体动作来表现，有的幼儿喜欢用绘画表达……在幼儿园别具匠心的生活场中，需要教师对幼儿的个性化表达方式有更多的包容和理解，为幼儿提供充分的时间与空间，让他们在宽松的物质环境和心理环境中更好地表达自己。

在生活场内的一日活动中，幼儿使用多样化、个性化的方式来表达自己的需要和意愿，展示自己的经验与活动成果，与他人进行交流与互动。在幼儿园日常化的生活、学习中，幼儿对同伴、老师进行积极、主动的语言表达与肢体表达。在活动中幼儿可以借助丰富的材料，通过创意自己的图形、填充个性的色彩、展示特别的符号来进行个性化的表达。他们还可以通过在活动中的观察与实践，在与他人的交流、游戏中，选择与自身经验不同的个体作为模仿对象，学习、练习与自身已有经验不同的表达方式。

3. 推动幼儿尝试积极的人际交往

积极的人际交往是指幼儿能主动地感受他人的感情、需要、思想等内心活动，理解他人的感情与行为，勇敢地用适宜的方式表达自己的态度，有一定的合作与协调能力。

当幼儿产生满足交往兴趣与学习的需要时，生活场引导幼儿在创意活动中初步学习与他人的共情，即设身处地站在他人的立场上感受、理解他人的情绪情感，提升对他人情绪情感的觉察、辨识与表达能力，了解生活环境中他人情绪产生的原因，并尝试用积极的方式与他人进行交往。生活场促使幼儿在实践中对他人情绪、行为表示理解，对他人的长处表示赞赏并尝试模仿、学习；寻找与他人共同的话题，耐心倾听他人的表达，用丰富适当的语言与他人进行信息交换，在活动中能积极提出自己的建议又能尊重别人的意见，不强迫别人接受或服从自己的意见；能够和同伴共同分享自己的经验、感受或玩具等物品，能够平等地与他人交往，尝试解决交往中的冲突，愉快地与同伴合作等。

（三）发展创意情感态度

1. 培养面对生活的积极乐观的情绪

巴巴拉·弗里德里克森教授撰写的《积极情绪的力量》中指出：积极情绪带来开放性，提升我们的创造力，可以带来积极的人际互动体验；积极情绪还能产生正面循环，进一步加深这些正面效果。弗里德里克森教授和托马斯·乔纳教授发现，生活中体验更多积极情绪的人可以用更开明的方式应对问题，能用更广阔的视角看待困境并想出许多不同的解决方法，而这都会提高他们解决问题的可能，最终又进一步提升人们调动积极情绪的水平。

生活场更加注重幼儿在创意学习活动中的良好生活体验，使其获得生活智慧与能力；引导幼儿感受自然之美，获得与人交往的能力与积极体验，从而获得积极的情绪情感。从社会文化层面来说，生活场活动能够培养幼儿良好的社会情感和广泛的社会生活兴趣，包括与他人交往的兴趣、参与社会活动的兴趣；也让幼儿产生一定的社会安全感和归属感，包括幼儿对家庭、幼儿园、民族、国家的归属感与认同感。这些能力的习得与情感的建立能够进一步培养幼儿积极的人格特征：乐观、积极向上的心态。这样的积极态度进一步反哺、渗透至幼儿的其他认知活动和学习活动中，促使幼儿构建和增强个人资源，包括德智体各方面能力以及社会协调性，由此形成良性循环，促进幼儿可持续的身心健康发展。

2. 形成与人交往的合作协商态度

《幼儿园教育指导纲要》中指出："引导幼儿参加各种集体活动，体验与教师、同伴等共同生活的乐趣，帮助他们正确认识自己和他人，养成对他人、社会亲近、合作的态度，学习初步的人际交往技能"，幼儿应"乐意与人交往，学习互助、合作和分享"。这样与人合作交往的积极态度，需要幼儿通过在生活场中的活动习得。

生活场活动能够促进幼儿在生活中与自身、他人甚至社会文化、环境的互动，进行交往的实践。在这个过程中，幼儿逐步懂得要克服自我中心化的言行，陈述自己的观点，倾听同伴的意见，通过讨论共同解决问题，尝试使用多种方法与同伴达成一致。这样，一方面能满足幼儿自己的愿望，另一方面也能实现友好的人际互动，促进活动顺利进行，使幼儿获得良好的情绪体验。这就促使幼儿进一步形成与他人友好协商与合作的态度，其合作能力也会得到有效提高。

3. 激发对未知目标的勇敢挑战精神

生活场中的人、事、物都是在变化的，这些变化让一切都充满了未知，幼儿具备勇敢挑战的精神，能够更为自信、积极主动、有始有终地去进行各类生活、学习活动，向未知目标发起挑战。

在有序且适宜材料丰富的生活场中，幼儿有更多机会自由自主地对感兴趣的未知活动发起挑战，达成"我会吗？""我能做得更好吗？""我能解决问题吗？"这些未知目标。选择幼儿感兴趣的内容，幼儿更愿意从自身经验出发了解未知的事物，尝试并学会使用陌生的材料与工具，从中获得新的能力；由易到难分层投放材料，各个不同发展水平的幼儿都能够勇于进行富有挑战的尝试，实现能力的提升；幼儿在挑战的过程中，特别是发现问题、遇到挫折时，他们尝试调整和消化自己的负面情绪，通过自主探索、与同伴的共同努力，结合成人的正面引导和鼓励，自己找到答案、挑战困难。在一次次的活动中，幼儿逐步学会从容面对挑战，提升自身能力，多做正面思考，不逃避，不轻言放弃，这样的勇敢挑战精神对幼儿的成长而言是非常重要的。

二、生活场学习时空的共建

(一) 共建生活场创意环境

1. 因人而异的生活空间设计

因人设计心理环境。如小班幼儿刚刚离开家庭环境,让他们适应新的幼儿园环境的最有效方式之一即让幼儿园有家的感觉。在活动室中布置柔软温馨的环境:柔软的沙发、软垫、可爱的枕头,局部铺上地垫,放一些毛绒玩具;插上一些花、铺上漂亮的桌布、挂起温馨的窗帘、放一盏台灯等都能让小年龄幼儿感受到家的温馨,获得安全、舒适的心理感受。

因人设计探索环境。如中、大班幼儿需要在幼儿园生活环境中进行更多的学习探索,将生活区域划分成有隔断又有通道相连的各个空间,在其中放置幼儿需要的丰富材料与多种工具、提供示意图等,设计良好的个别活动空间,促使幼儿能够专心地工作,使他们的学习、游戏变得更复杂、精细。

因人设计交往环境。教师可以将大空间分割成多个区域或在大空间中设计一些独立的小空间,这些小空间一次可以容纳 3—5 名幼儿,符合学前幼儿比较喜欢处于小型团体的需求,只和几个同伴在一起,他们会觉得比较自在,比在大集体里更能和其他小朋友玩得积极融洽,更好地满足幼儿的交往需求。

2. 多元体验的生活材料设计

多样的生活材料能够帮助幼儿充分调动自身的主观能动性进行多种形式的互动,获得不同的感受。如在角色扮演区的小餐厅,仿真食物和生活中真实的锅碗瓢盆能让幼儿体验到游戏的真实性,充分调动其生活经验;提供树叶、木片等低结构自然材料,能引发幼儿替代游戏,如用树叶替代蔬菜、木片替代盛具等,让幼儿体验到游戏的多变性和丰富性。

真实的工具类材料能够支持幼儿进行直接操作体验,引导幼儿积极动脑、动手,提升其生活自理能力和解决问题的能力。如在生活游戏区角可以投放毛巾、收集的小衣裤、妈妈在家使用的晾衣夹等,锻炼幼儿折叠、晾晒衣物等生活技能;提供各种坚果及开壳工具请幼儿尝试去壳,并在此过程中与同伴进行经验分享;年龄较大的幼儿还可以使用生活中真实的工具进行烹饪活动;在种植区准备小型种植工具(真实的铲子、耙子等),供幼儿亲手进行种植活动,提升幼儿的多元操作体验。

艺术的欣赏性材料能够提升幼儿对美的直觉和理解能力,获得正向的情感体验。如在花园中种植供幼儿欣赏的四季花卉，引导幼儿感知植物在不同时节的变化，观察植物多变的色彩与形态，感受大自然的鲜活与美，感受生命的奇妙。又如在“我是中国娃”项目活动中，收集各民族的服装、工艺品、特色美食、风情建筑模型等请幼儿欣赏、穿戴、品尝、体验制作，幼儿在感受民族风格多样性的同时提高审美情趣。

3. 独特个性的学习环境设计

个性私密的空间布置使幼儿的活动更为放松且自主，教师可以为幼儿提供可独处或容纳 2—3 个幼儿的私密空间，如阁楼、帐篷、装满海洋球的大纸箱等。幼儿可以在这样的空间里安静地观察、倾听、与同伴交流或进行喜欢的游戏活动。这不仅是为幼儿设置的一个游戏空间，同时也为幼儿的创意学习提供了宽松的心理环境，满足其个性需求，促进幼儿更为自主的生活学习。

自由弹性的环境设计使幼儿的生活更为有序且灵活。如利用班级墙面环境等张贴符合本班幼儿需要的一日生活流程、班级公约、午间安排等展示图，提升幼儿在生活中的秩序感，增强幼儿在幼儿园活动中的自主性。一日活动安排可以有计划、有弹性，灵活适应幼儿的需求。而班级幼儿根据本班具体问题共同自主制定的班级公约则让幼儿更有执行的驱动力，起到帮助幼儿主动提升规则意识的作用。

独特意义的表征展示使幼儿的行为更为自然且主动。幼儿的具体形象思维决定他们需要从具体形象的情境、材料出发进行联想与行动，因此我们需要在确保幼儿人身安全的前提下，尽量将幼儿自主操作所需要的物品摆在显眼易取之处，[①]如在鼓励幼儿进行自我服务时将碗筷、收归箱、湿毛巾等根据幼儿的取放习惯放在班级里固定、显眼、易取放的位置，激发幼儿午餐时的自我服务意识。我们还可以在生活活动环境中运用直观的图示，特别是利用幼儿自主设计的图形符号，引导幼儿实现自我学习，抓住关键、理解要点，在自然、自主的状态下实践操作。比如用幼儿自制箭头等标记提醒幼儿排队，有秩序地进行取餐活动等。（见案例一）

案例一：自主午餐公约（大班）

进入大班，幼儿开始了根据自身需要自主取餐的进餐方式。午餐时，地面的图标提示孩子排队、盛餐、行走路线的位置，并给摆放桌椅值日生位置的提

① 冯姗姗.幼儿自我服务能力提升的路径[J].科教导刊(中旬刊)，2014(4).

示。当所有孩子都按照商量好的线路行动时,整个盛饭菜的过程井然有序,孩子们之间碰撞的现象也不再出现。具体形象的图标,将常规体现在地面标记上,使幼儿在不知不觉中理解常规、强化行为。(图 6-1,图 6-2)

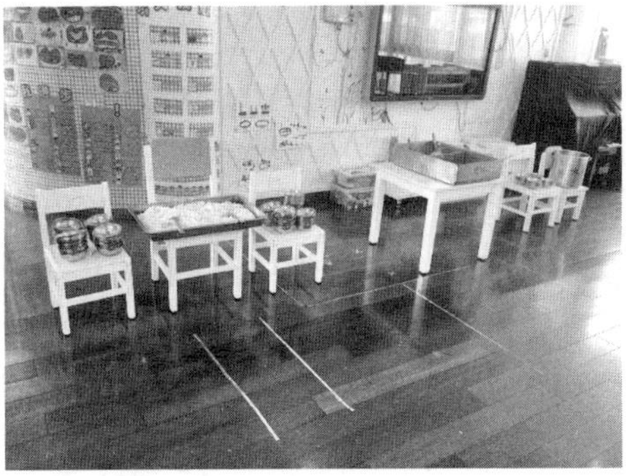

图 6-1　自助午餐整体空间设计

图 6-2　幼儿自主设计的路线标记

再看孩子们盛饭菜的情况:很多孩子刚开始不会拿饭勺盛取饭菜,有的一把抓,有的反着拿,有的又拿得太高,不正确的拿法导致他们盛不起饭菜。师幼共同讨论后,尝试在饭勺、菜勺上贴一个小小的红色点状标记,孩子们拿起勺子后只需要用自己的大拇指找到小红点,对准正确位置,盛饭菜就成了一件容易的事。

(案例提供:谈允忆)

(二) 共建生活场创意时机

1. 一日活动中的偶发事件

在一日活动中的生活环节、过渡环节、游戏活动中都可能出现各类偶发事件,如发现没见过的虫子、尿湿裤子、与同伴发生冲突等。这些偶发事件一般出现在个别幼儿的行为中,并且是“一闪即逝”的,教师往往容易错过对这类事件的观察,或只进行简单的随机指导,未将有创意活动价值的话题进行进一步推进。

在创意生活场中,教师可以围绕偶发事件,捕捉幼儿在日常生活中最关注的话题或最亟待解决的问题,迅速判断偶发事件中蕴含的创意活动价值,通过提问、追问等方式引导幼儿积极调动自身经验并与同伴进行交互实践,实现自身发展。

2. 生活活动中的焦点话题

在生活活动过程中,幼儿会因为共同关注的话题引发一段时间的讨论、行动和回顾。比如吃水果时，幼儿发现有些水果需要吐籽，而有些水果不需要，从而引发关于种子话题的讨论；比如有幼儿因迟到没玩到晨间活动产生“提前来园”的话题等，这都能在师幼的共同关注和推进下，成为持续讨论的“焦点”。围绕一个生活焦点话题的活动可以持续一周甚至更长时间，幼儿会根据话题用自身已有经验做出初步分析与表达，针对问题提出初步解决方案，在实践后进行回顾与反思，产生新经验的同时发现新的问题，并进行新一轮的讨论、行动与回顾。

在这个过程中，教师可以引导幼儿将自己的讨论、实践和回顾进行记录与表征，在话题展示区进行展示。幼儿将焦点话题的产生和问题的解决方式进行过程性的展示，从中关注同伴的观点，向同伴学习或给予同伴回应，这也让活动有更多机会不断向前推进。

3. 成长过程中的特殊阶段

在学前期，不同年龄甚至不同月龄的幼儿都会具备不同的生理和心理特征，比如小班幼儿的秩序敏感期，中班幼儿开始进入换牙期(见案例二)，大班幼儿步入幼小衔接阶段等。幼儿成长到某个特殊阶段，感受到自身以及周围生活发生了一定的变化，他们需要进一步认识这些变化，分辨自身与他人之间的异同，进一步认识自己、认识他人，克服对于自身未知变化及与他人差异带来的恐惧，获得积极的情绪体验和进一步的社会性发展。

因此，教师要遵循各年龄段幼儿的身心发展规律，及时关注幼儿特殊成长阶段开始的时间，与幼儿共同发起相关话题，及时做好相关知识储备，随时准备接住幼儿“抛来的球”，陪伴幼儿共同丰富相关经验、应对未知问题；同时教师还要为幼儿准备好充分探索、交流的时间和空间，引导幼儿对自己的特殊成长阶段做好表征与记录。

案例二:换牙啦(中班)

进入换牙期的幼儿开始对“换牙”提出了许多的疑问，如换牙的时间、为什么与同伴有不同、出现问题如何解决、如何保护新牙等。为此，师幼共同开展了一系列的生活场活动。

1. 我们的换牙记录

引导幼儿将自己的换牙经历用留影、画图等方式记录下来，展示在幼儿园的主题墙上。在这个过程中幼儿可以观察自己牙齿掉落的规律，比较自己与同伴换牙时间的先后，进行换牙话题的交流。这个展示可以持续一个学期甚至更长的时间。(图 6-3)

2. 分享活动

牙齿的秘密。通过前期查找资料进行科学调查以及同伴间的分享讨论、教师的总结提升，幼儿初步了解换牙的概念、知道牙齿的构造，初步掌握换牙时的卫生知识。

3. 牙医家长进课堂

在卫生健康方面，医生能够站在专业角度给予幼儿科学的引导。因此幼儿园联动家长资源，邀请牙医家长来园普及换牙期的牙齿保健知识。通过牙医家长的讲解，幼儿直观地理解了换牙的过程，掌握了更为科学的换牙期小知识。（图 6－4）

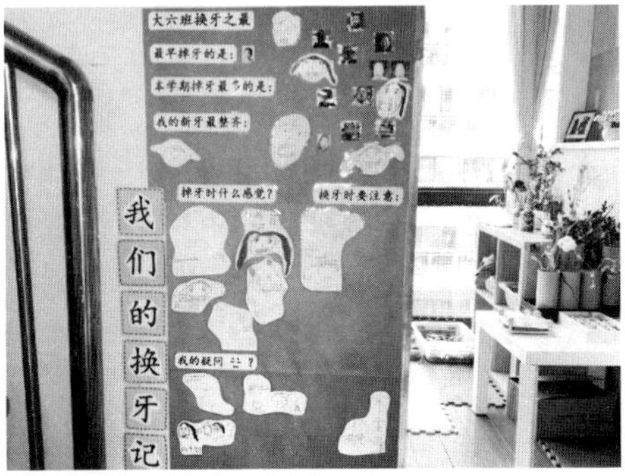

图 6－3　我们的换牙记录

图 6－4　牙医家长进课堂

（案例提供：万晨阳）

（三）共建生活场创意策略

1. 发现幼儿独特兴趣视角

教师应找准时机，在看似平常的生活化情境中，观察发现幼儿的兴趣点。3 岁以后的幼儿有着强烈的自己动手、亲身体验的需求，在幼儿与材料互动的过程中，教师要及时发现幼儿对材料的兴趣点、操作材料的创意方式。比如，幼儿喜欢种菜、做菜，让幼儿经历从种植、照料到采摘、清洗，再到加工、品尝等整个蔬菜生长、烹饪的过程后，幼儿开始愿意品尝自己本来不喜欢吃的蔬菜了。

教师还可以在幼儿活动进行时的人际互动中，发现幼儿共同的兴趣取向，多问一问幼儿的想法与感受，鼓励幼儿大胆地提问与表达，在倾听中探明他们对各类生活要素的理解与疑问。教师通过多看、多听，客观地捕捉并分析幼儿表现出的独特兴趣视角，将其巧妙融入生活场创意活动中，支持、鼓励幼儿进一步地探索与尝试。

2. 展示幼儿多元表达空间

每位幼儿的生活背景与经验存在一定的差异性，因此在活动过程中幼儿对问题的看法和理解也是千差万别的，教师要鼓励幼儿运用自己喜爱和擅长的方式表达自己的所想所为，让自己的思维和行动被看见。

教师可以将幼儿的表征留痕在环境中。比如，将幼儿对自己换牙的感受、经验或疑问用绘画、符号、照片等形式展现在主题墙上，其丰富的内容能够让幼儿在展现自己成长的同时了解他人的经验，并尝试共情、给予回应，引发幼儿之间的思维碰撞和信息交换，激发出幼儿更为丰富的生活话题和新的探索活动，如恒牙与乳牙的区别、保护恒牙的方法等。像这样的焦点区、主题墙设置不仅记录了幼儿创意学习的行为脉络，也展示了幼儿的学习成果。

3. 激发幼儿创意点子互动

幼儿的创意点子时常出现在幼儿日常生活中，无论幼儿的创意点子是否合理，教师都要抓住机会，利用形象的指导用语，对幼儿的一个或几个具体的创意点子给予正向鼓励，引导幼儿在生活场中进行创意学习的实践，努力实现自己的创意点子。（见案例三）

除了包容与鼓励，教师还可以提出开放式问题，组织幼儿聚焦于自己在活动中产生的疑惑进行讨论、交流，激发幼儿积极调动自身经验产生新的创意点子；还可以尝试平行介入幼儿的活动，不直接和幼儿发生交往，用行动给予幼儿创意点子的灵感，进而尝试实践，用积极的方式支持幼儿的创意；教师也可以交叉介入，即以角色的身份参与活动，与幼儿共同游戏，在此过程中运用儿童化的语言、趣味性的行为参与到幼儿的互动交流中，帮助幼儿丰富生活场创意学习的内容，提升幼儿游戏水平，引发幼儿新的创意点子。

案例三："进进出出"好办法(中班)

开学了，中班孩子们需要穿过小床隔开的通道到达盥洗室。刚开始，孩子们都随意进出，不时出现拥堵、冲撞的情况。

点子"分道进出"：一次，盥洗时间到了，小朋友们有出有进。Seven 和小治"极有默契"地往同一个方向相互让了好几次。Seven 说："你洗好了就往那条路走，别堵我们啦！"小治觉得这个方式挺不错，后面几个洗完手的小朋友听到了，也从环形的另一边离开了盥洗室。

点子"禁止鸣笛"：有几个小朋友在进出拥堵时模仿小汽车发出"嘀嘀"的鸣笛声，希希说："路上很多地方都禁止鸣笛的，要罚款的哦！"鸣笛声立刻停了下来。孩子们变身为小交警，并在美工区游戏时做了许多标记贴在过道，提醒

自己和小伙伴。（图 6－5）

在盥洗室分道进出的创意点子很快成了孩子们自觉遵守的常规，拥堵、碰撞、争吵都不见了踪影。去洗手上厕所的一小段路成了孩子们“开车”的单行线，或许没有那么安静，但是生活中的“交通规则”正是在这一段小路上让孩子们牢记于心。（图 6－6）

图 6－5　幼儿自主设计的交通标志

图 6－6　盥洗室分道进出成常规

（案例提供：刘潇）

三、生活场创意活动的设计

（一）生活场创意活动的内容选择

1. 基于兴趣与经验的话题

不同年龄、性别的幼儿有着不同的兴趣。比如，小班幼儿对仿真的食物、餐具感兴趣，而大班的幼儿则更愿意使用低结构材料来替代各种“食物”玩游戏；女孩子在游戏中喜欢扮演妈妈、医生照顾宝宝，而男孩子则对警察这个职业更感兴趣。

不同时机、不同事件也会引发幼儿的兴趣。比如，在“社区万花筒”主题背景下，幼儿通过参观社区对自己习以为常的生活环境开始了新的关注，他们对社区里的机构设施产生了新的兴趣，有意识地开始观察、了解它们的功能，还进一步去了解为社区服务的人，形成了一系列关于社区的生活场探究活动。又如，在种植活动开展初期，对种植内容的讨论引发他们对已知植物种养方式的经验调动和调查分享，幼儿交流自己的调查结果（即已有经验）并进行民主投票，最终选择好种养、花期长的向日葵展开系列种植活动。

2. 基于发展需求与矛盾的话题

幼儿的年龄决定了他们在独立生活、自我保护、情绪管理等方面有一定的经验限制，这让他们在各类活动中有提升认知经验、行为能力等发展的需求，并催生出相关生活场活动的话题。如小班幼儿要分清裤子前后、分清鞋子左右、对应收纳物品等。

在幼儿交往时出现的矛盾冲突中也会产生值得探讨的话题。幼儿每天生活、游戏在一起，在此过程中由于认知经验、行为习惯的不同，经常会发生一些矛盾冲突，这往往是展开生活场活动话题的良好契机。如，餐后，幼儿A想玩幼儿B的汽车玩具，但幼儿B不愿意，幼儿A认为小朋友之间应该要分享玩具，于是俩人争抢起来。针对幼儿对“分享”这个概念的经验差异引发的矛盾，教师与幼儿A进行了单独的交流，引导幼儿A了解基于“自愿的”才叫作分享，也请幼儿A尝试思考如何用更好的方式与同伴协商，达成交换玩具的意愿，习得与他人交往的关键能力。

3. 基于热点与时节的话题

幼儿不仅仅生活在家庭、幼儿园中，他们也是社会生活环境中的一分子。社会中发生的重大事件、热点话题等，如奥运会、卫星发射、新冠疫情等，幼儿也同样在了解、感知。他们会围绕这些话题去探究原因、参与评论。如，在2020年超长假期中，师幼在云端对“新冠疫情”这一话题展开交流，形成了一系列关于了解新冠病毒、做好自我防护、养成良好卫生习惯的探索与实践。（见案例四）

生活中的时节也能引发创意话题，如，与端午节、中秋节、春节、元宵节等中国传统节日的由来、传说、习俗、食俗等相关的调查活动等。

案例四：新冠疫情大讨论（大班）

在疫情背景下的超长假期中，师幼相约云端，用讲述视频（图6-7）、线上交流（图6-8）的方式在群内进行互动，实时分享自己对社会热点话题“新冠肺炎疫情”的调查和想法。

话题一：公共卫生

孩子们在这个话题中讨论了他们在自己居住的小区体验到的门禁措施、公共场所的防疫消毒措施，如出门须佩戴口罩，小区门口须出示锡康码且只开一扇门，餐厅中不能两个人在同一张桌子上进餐等。

话题二：个人卫生

本话题是话题一的延续。孩子们重点交流了如何从自身出发做好内在的增强体质和外在的自我防护。幼儿提到了不能挑食，身体才能健康、抵抗力强，还可以做一些运动增强体质，要养成打喷嚏用手肘遮挡等好习惯。

话题三：在家能进行的体育锻炼

孩子们在话题讨论中多次提及在家可以跳绳锻炼身体，这也是我们大班体育活动的延续。孩子们在家除了跳绳外，还可以和父母一起进行接拍球、打乒乓球等运动。有的孩子表示大家疏于运动可能都长胖了，教师提议在开学后可以制订体能恢复计划。

图 6-7　幼儿结合图片讲述

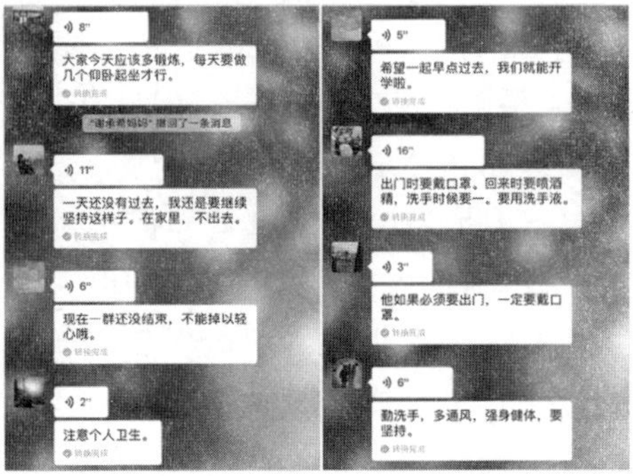

图 6-8　幼儿关于疫情的群内交流记录

（案例提供：万晨阳）

（二）生活场创意活动的组织形式

1. 幼儿一日生活中的常规活动

常规活动包括幼儿的生活活动（进餐、喝水、点心、午睡、如厕等），健康活动（晨检、盥洗、整理仪表等），体育活动（早午操、使用体育器械、体育游戏及相关的自我保护），操作活动（有序操作活动材料、正确使用工具、及时整理材料等），交往活动（耐心倾听、积极交流、协商合作、解决冲突等）。幼儿尝试有弹性地分配各类常规活动的时间，自主地制定有创意的活动规则并自觉遵守，自然、有趣地活化过渡环节，用多种方式解决活动中的困难。

这类活动发生在幼儿园的各个活动区中，是幼儿生活最为基础的部分，也是每个幼儿都要进行的、满足自身基本生活需求的活动。从这些活动中引发的话题可以尝试即时解决，也可在生活区角创意游戏中再现与练习。

2. 幼儿生活事件引发的随机活动

随机活动是发生在教师教育计划之外，由于幼儿个体之间发生认知冲突而引发的活动，一般由幼儿和同伴之间自发、自主地开展小范围的交流与实践。当这样的小范围活动引发集体的关注，成为更大范围幼儿的兴趣话题时，可以逐步延伸为生活焦点活动。

生活中的各类事件引发的随机活动，其话题往往具有情境性、直观性，容易被幼儿所理解和接受，也更容易引发幼儿即时性的行动。幼儿需要在有准备的环境中随时找到满足他们话题讨论、记录和行动需要的时空与材料，在活动中将小问题逐步延伸成为一个完整的探究活动，也可以根据其他幼儿的需要进行经验推广。

3. 幼儿生活焦点生成的项目

项目活动是指幼儿在教师的支持、鼓励与帮助下，将某个大家感兴趣的或适宜的问题或事件作为项目进行深入探究，通过小组合作等方式，发现相关知识，建构相关经验。① 生活场中的项目活动由幼儿生活中的焦点话题为内容，一般是师幼共同发起、全班幼儿围绕同一个话题进行的活动。

在教师有目标、有计划的引导下，幼儿在有准备的环境中对生活焦点进行筛选，对选择的焦点内容进行共同探究、讨论、实践。教师观察幼儿在活动中的状态与发展，通过设问、正向鼓励引导幼儿提高活动参与度，还可以鼓励幼儿展示他们阶段性、结论性的成果，合理利用活动中幼儿的认知差异促进活动的进一步生成。在活动过程中，教师分阶段对幼儿的活动做出评估并进行支持性方案的调整，引导活动向纵深发展。（见案例五）

案例五：生活中的防晒（大班）

进入六月以来，天气逐渐变热，气温多日维持在三十度以上，孩子们在户外活动开始后没多久就纷纷寻找阴凉处避暑。

“我们可以回去了吗？”

“虽然我还想玩会儿，但实在是太热了。”

如何防晒成为孩子们运动道路上最大的问题，关于防晒方式的探索由此展开了。

围绕这个生活中的焦点话题，幼儿在家园活动中调查“哪里最凉快”“生活中的防晒措施”（图 6－9），通过科学故事了解“为什么夏天这么热”，共同探索“太热了怎么办”并进行自制遮阳伞等实践活动（图 6－10），形成一系列户外活动中的防晒策略。

① 肖菊红，戴雪芳.幼儿园项目活动研究综述[J].江苏教育研究，2019(16).

图 6-9 生活中的防晒方式大调查

图 6-10 自制遮阳伞

（案例提供:王子豪）

（三）生活场创意活动环节设计

根据活动开展的时间线索与过程脉络，生活场创意活动的基本环节表现为:由问题情境引发幼儿关注，根据自身已有经验对问题进行讨论获得初步对策，并以此为据产生行动，实践后及时进行回顾与反思，提升自身经验并引发新的关注热点或问题情境，进而开始新一轮的讨论、行动及回顾。

1. 由兴趣、问题引发的话题

一天中，自由自主的活动环节是幼儿发现兴趣点、产生创意探究话题的好时机。如餐后散步环节，幼儿发现在花坛边上有一只黑色虫子，对“它是什么?”“它从哪里来?”“它是益虫吗?”等话题的好奇与兴趣就会引发一系列的猜测、寻找、调查活动。这是幼儿在活动中自主决定的话题，但有时这样的话题需要在教师的引导下进行进一步的明确。比如关于幼儿晨间迟到的问题，由教师和幼儿共同发起“提前十分钟”的话题讨论，这就要求教师通过观察和倾听及时捕捉到来源于幼儿现实生活的话题，引导幼儿共同探讨，满足幼儿的需要。

2. 基于自身经验的讨论与分析

幼儿自身经验来自家庭、幼儿园和社会，有来自自身实践的直接经验，也有来自观察、倾听他人或向书本学习等间接经验。在幼儿园的一日生活中，幼儿可以在自由活动时间自主发起与同伴间的讨论与交流，并做好一定的记录，向同伴传递已有认知的同时也从同伴身上吸收间接经验，为之后的调查与行动做好铺垫。教师可以引导幼儿在自身经验表达和与同伴进行对话后使用类比、统计等方式整理讨论结果，对原有经验进行重组和提升，并在此基础上开展实践行动。

3. 有依据地开展调查与实践行动

根据幼儿前期讨论确定的问题，幼儿在生活场活动时间与空间中进行有针对性的探究；根据前期分析得出的行动建议，幼儿进行有目的、有计划的策略实践。如幼儿根据同伴的建议，将晨间来园的出行方式由私家车转变为公交车、地铁等绿色出行工具，尝试“提前十分钟”到园（见案例六）。在此过程中，教师和家长为幼儿提供一定时间、空间、物质和情感支持，并在活动中与幼儿产生积极的互动。

4. 基于行动结果的回顾与反思

行动必然产生结果：我是否完成了自己预定的目标？有没有解决我的问题？在活动过程中幼儿对自身的行动进行的表征留痕使幼儿对自己的实践进行回顾，尝试分析和反思：成败的原因是什么？同伴是怎么做的？我该如何修正我的行动以达到预定目标？进而进一步积累关于活动的经验，完善自身认知结构，习得新的技能。同时，在此过程中产生的新的兴趣与问题又为新一轮的活动提供了话题，使幼儿的生活场活动可以进一步开展，促进幼儿认知经验的螺旋式上升。

案例六：提前十分钟（大班生活创意活动）

话题产生：“我们来晚了，怎么办？”

基于幼儿已有生活经验的策略讨论：早睡早起、调整行动顺序、加快行动速度、提前准备、绿色出行等。（图6-11，图6-12）

针对各类策略的行动：幼儿在家庭中开始执行自己讨论的策略，家长负责记录幼儿的行动。（图6-13）

对“提前十分钟”策略行动的回顾：幼儿在幼儿园晨间、餐前等过渡环节，结合家长记录下的照片、视频介绍自己“提前十分钟”的行动经验。幼儿还进行了“提前十分钟家庭行动”打卡活动。（图6-14）

通过这一次的家园联动，幼儿的行动和回顾渗透到了家庭和幼儿园两个场景，他们对影响时间规划和管理的要素有了更为清晰的认识，新的问题还会产生，新的讨论与行动还将继续……

图 6－11　幼儿小组讨论“提前”策略

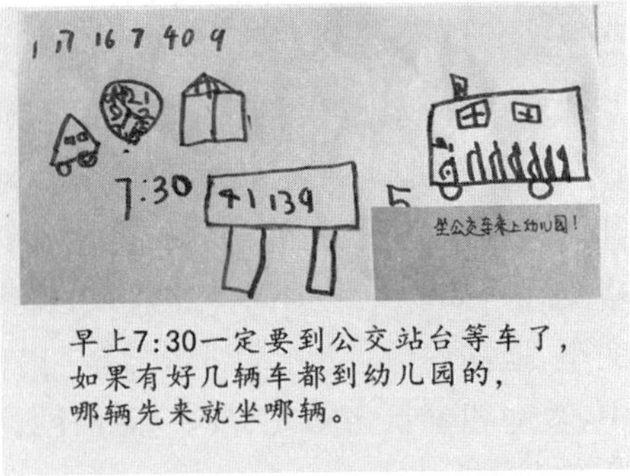

图 6－12　龙龙的“绿色出行”建议

图 6－13　家长记录的“提前准备”行动

图 6－14　“提前十分钟家庭行动”打卡活动

（案例提供：刘潇）

四、生活场创意活动的教师角色

（一）发现者

教师应在一日生活中做个有心人，担任生活场创意活动内容的发现者，捕捉一日生活中隐含的、一闪即逝的“活动资源”。教师的重要活动在于观察：除了随时随地、非正式的观察之外，还要试着安排定期、正式的观察时间。作为发现者，教师要做到客观、真实地观察，包括对动作的观察、对幼儿话语的关注、对姿势的观察、对面部表情的观察、对创作的观察等。

1. 发现幼儿生活中的新经验

幼儿对事物的认识在不断变化和完善，教师可以在与幼儿的日常交流互动过程中，通过幼儿的交谈内容和表征来发现幼儿新经验的获取。另外，幼儿在操作行为表现中也能展现出新经验，如，对旧材料用新玩法操作或者将新材料加入原有操作中以获得不同的结果等，这就需要教师观察幼儿的操作表现，从而较准确地把握幼儿活动的动态和发展水平，并在此基础上做出客观评估，有目的地灵活调整活动进程或者更换材料，进一步提高幼儿生活场活动的水平。

2. 发现幼儿生活中的新兴趣

幼儿在生活中不断接触新的事物、获得新的信息，兴趣点容易被转移。教师要站在幼儿的角度，细致地观察幼儿的行为、倾听幼儿的声音、读懂幼儿的需求，了解班内幼儿群体的、个性化的趣味取向。当幼儿对一件事物的认识到达一定程度时，他们的兴趣会到达更深层次或者转移到其他事物上，教师可以引导幼儿将这些新的兴趣使用照片、相关实物呈现等方式展示出来，或提出新的问题引发幼儿的讨论与分享，推动新一轮的生活创意活动的开展，使幼儿的认知水平向纵深发展。

3. 发现幼儿生活中的新问题

教师通过观察了解幼儿真实的认知经验水平和创意学习能力，及时捕捉到幼儿学习过程中出现的问题。幼儿认知经验建构过程是一系列问题解决的过程，原有问题获得解决，新问题也会随之出现，一个大问题的提出还会包含许多新的小问题。教师需要提供相对应的材料、环境支持，促进幼儿与其他拥有不同经验的同伴之间的思维碰撞，并适当介入为幼儿梳理、提升相关经验，从而引发幼儿积极主动的探究行为，促成问题的解决。

（二）陪伴者

教师在幼儿一日生活的各个环节担任陪伴者的角色，这首先要求教师要转变儿童观，坚信幼儿具有自主学习的能力，尊重幼儿，在陪伴幼儿的过程中发现幼儿的需要、给予幼儿必要的物质和心理支持，引导幼儿充分发挥其潜能。

1. 共同收集适宜经验的材料

共同收集，是为了使材料更好地符合幼儿需求。教师作为一个群体的陪伴者，通过陪伴了解幼儿的差异、个性化的经验和能力，与幼儿共同探讨、收集真正符合幼儿需求的材料，并在活动推进过程中根据幼儿新的兴趣与需求及时进行材料的调整与补充。

共同收集，还能增加师幼互动，不断引发新的课程活动。教师陪伴幼儿共同收集适宜的材料，能够与幼儿产生更多的交流与沟通，在积极互动中共同发起新的课程活动。教师还可根据材料设置问题情境，鼓励幼儿大胆操作，及时帮助他们总结、提升经验,并适时追加深层次的材料等,这些都是教师作为陪伴者角色的有效行动。

2. 共同设计独特趣味的环境

共同设计过程中,教师能够充分了解幼儿的个性,做到"因人而异"。教师在陪伴幼儿活动时,通过观察和互动,了解他们个性化的已有经验与活动进程,关注幼儿特殊的心理情感需求,并将这些展示在过程性的留痕环境中,形成满足幼儿个性表达的独特环境。

共同设计过程中,教师能够充分了解幼儿兴趣,做到"趣味相投"。与幼儿一起设计符合幼儿独特趣味的、能够呈现幼儿丰富的关注话题和活动轨迹的生活环境,能够引发幼儿更为直观的感受,推动他们进一步的实践,让幼儿的兴趣不断延续。

3. 共同协商情境问题的策略

共同协商主题。在活动开始时,教师要陪伴幼儿围绕感兴趣的话题、出现的矛盾和问题展开探索活动,并在活动进程中同幼儿一起不断发现新兴趣、新问题,引发新的主题。

共同解决问题。当幼儿的探索遇到问题时,更需要教师的陪伴,以获得行动上的引导、心理上的支持。教师可以用开放性的问题、趣味性的互动引发有效的合作活动,陪伴幼儿在协商、讨论、交流中进行信息交换和探索实践,引导幼儿突破认知瓶颈,促进解决问题情境策略的形成。

(三) 回应者

教师参与到幼儿的讨论、行动、反思过程中,积极做好相关的知识储备,认真倾听幼儿的声音,尝试与幼儿共情,积极回应幼儿抛出的问题,并适时追问将"球"抛还给幼儿,引发幼儿进一步的思考和探索。这能让幼儿感受到教师对自己心理、行为的关注与理解,对自己探索、实践行动的重视与支持,进而产生积极的、正向的情绪,提升对教师的信任,增强自信,进一步反哺实践行动。

1. 回应幼儿经验发展的需要

在生活创意活动进程中,幼儿需要不断建构自己的新经验。在需要通过各种渠道获取经验时,在获得的零碎经验需要整合时,在经验发展遇到瓶颈时,都需要教师及时地给予回应。回应幼儿经验发展需求时,教师可以根据幼儿需求提供相应信息与材料等,做出简单回应;也可以与幼儿共同参与到活动过程中,对幼儿经验发展过程做好记录;在幼儿需要时搭建鹰架,对有价值的信息进行整合和概括，将其中的关键经验加以提升，将有一定意义的、带有共性的问题纳入下一步的活动中；制订有针对性的活动目标、提供相应环境与材料，满足幼儿经验发展的需要。另外，教师还要关注到在活动中有特殊认知经验发展需求的幼儿，根据他们的认知经验发展水平给予有针对性的、个性化的回应，让他们在“特别订制”的心理与物质环境中积极前行。

2. 回应幼儿解决问题的需要

不论幼儿有什么样的想法，甚至在活动过程中错误地操作材料或与同伴产生冲突，在保证幼儿身心安全的前提下，教师也要尽量克制自己表达所谓正确做法的欲望，鼓励幼儿自己去尝试他们所设想的解决问题的方法。当问题或冲突影响到幼儿身心安全时，如操作材料时出现安全隐患、与同伴交往中出现严重问题向教师求助等时刻，教师应及时回应，防止事态进一步扩大，可以采用示范操作、组织交流、正面鼓励等方式引导幼儿尝试适宜的解决方式；如果问题没有解决，教师可以再和幼儿进一步讨论——换一种方法试一试，看看效果怎么样，给幼儿一些有益的建议，或者用自己的正向行为来影响幼儿。不剥夺幼儿想要自己解决问题的权力，让他们自己边学习边实践是教师给予的最好回应。

3. 回应幼儿情感共鸣的需要

教师与幼儿的情感共鸣能够进一步引发话题的产生和推进活动。不管是愉悦、自信的正向情绪，还是失望、难过等负面情绪的表达，只要幼儿带着情感与教师或者同伴进行交流与交往，他们都希望能够得到他人的情感共鸣。教师作为回应者，需要及时敏锐地以此类契机为切入点，首先理解幼儿的情感需求，产生共鸣，再引导幼儿将自己的经验与情感表达出来。这时教师能够给予幼儿更有针对性的情绪疏导或积极回应，更易于幼儿接受，有助于幼儿获得正向体验，并在此基础上产生创意发展。

五、生活场创意活动的家庭指导

家庭是幼儿人生的第一所学校，家长与幼儿接触的时间和机会最多，家长的言行无时无刻不在影响着幼儿。家庭给予幼儿生活能力和情感发展需要的宽松的心理环境，在家长的陪伴和引导下，幼儿进行着生活的实践、规则的习得、良好人际关系的建构、安全感与信任感的获得等，这更能促进幼儿生活创意的进一步生发。因此，应将家庭与幼儿园联结起来，让幼儿的生活场创意活动真正拓展到生活中去。

（一）我们的生活场活动：一封给家长的信

亲爱的家长：

您好！

孩子来到了幼儿园，带着一些紧张和好奇，迈进幼儿园生活的第一步。通过教师精心创设的生活场活动，孩子们积极地融入其中，爱上了幼儿园。

在班级中，孩子们一起进餐、午睡、盥洗……从这些看似平常的活动中他们学习到了食物营养的概念、练习使用进餐工具、能有秩序地上厕所、用“七步洗手法”除掉手上的细菌、知道充足的休息能让自己精神饱满、还学会了自己拉拉链和扣纽扣……在屋顶种植园，观赏区的四季花卉让孩子们在欣赏中感受大自然的鲜活与美；种植区让孩子们在亲手种植和亲历成长的过程中感受自然生命的奇妙；采摘区让孩子们在劳动中体验收获的喜悦……戴上小草帽，拿起小水壶、小锄头，孩子们能在真正的操作实践中体验播种与收获，感受生命的美好。

在家庭中，孩子有试着帮妈妈晾衣服，帮奶奶扫地、擦桌子、分发碗筷吗？在班级的生活区角游戏中，他们可以自己洗毛巾、自己用晾衣竿和晾衣夹晾晒；在自助午餐中，他们自己分发碗筷、盛饭盛菜，在用餐结束后整理餐桌……他们的自我服务能力正在变得越来越强。您发现孩子发脾气的时候越来越少，尝试与你们达成共识的时候越来越多了吗？这就是他们在集体生活中最大的收获，他们在与同伴、老师的交往实践中开始认识与理解他人的行为与情绪，学会协商、合作，形成了丰富的人际交往智慧。

幼儿园和家庭生活都富有积极的价值，让我们一起携手，陪伴孩子在生活中学习、成长，成为越来越好的自己！

×××幼儿园××班
×年×月×日

（二）我们的家庭生活场活动：做一做

生活活动是幼儿在家庭中的主要活动，家长们可以尝试让幼儿参与更多的提升独立生活能力、感受美好情感的生活活动。请您和孩子一起学一学、试一试、玩一玩。

1. 学一学

◆ 学做早餐：美味鸡蛋饼（大班）

[活动准备]

（1）材料准备：鸡蛋、面粉等食材，鸡蛋饼制作食谱，适合幼儿操作的厨房工具。

(2) 经验准备:幼儿对烹饪活动有兴趣,能尝试操作厨房工具,对计量数字有一定的认知。

[活动过程及指导要点]

(1) 取200克面粉放入碗中,加入350克清水搅拌成面糊。(指导幼儿如何使用量杯,观察量杯上的数字,培养幼儿的数学认知能力)

(2) 打鸡蛋,并将鸡蛋与面糊一起搅拌均匀。(引导幼儿尝试轻轻磕开鸡蛋,将鸡蛋打入碗中进行搅拌,锻炼幼儿手部肌肉的控制能力)

(3) 在小平底锅中刷一层植物油,将面糊倒进锅里均匀铺满锅底,用小火加热。(在倒油和使用火的过程中学会自我保护)

(4) 鸡蛋饼煎好了,可以在饼里夹些生菜和番茄。(培养幼儿荤素搭配的健康饮食习惯)

2. 试一试

◆ 生活管理:我的睡前小计划(大班)

陪伴幼儿尝试制订从幼儿园放学回家到睡前这段时间的行动计划。

4:00 幼儿园放学。

4:30—4:45 到家,进行一些休整(喝水、吃点心)。

4:45—5:30 学习活动:阅读、弹琴、思维训练。

5:30—6:00 帮忙餐前准备(为家人分好碗筷、盛好米饭)。

6:00—6:30 晚餐。

6:30—6:50 帮助家长做一些餐后整理工作。

7:00—7:35 出门散步(计划经过喜爱的面包店买好明天的早餐)。

7:40—8:20 兴趣时间:下棋、建构、绘画等。

8:20—9:00 自主进行洗漱活动(计划好明天上幼儿园要穿的服装,准备好小书包)。

9:00—9:20 睡前亲子阅读。

9:20 自主入睡(睡前计划好早上七点起床,开好小闹钟)。

有序而又富有弹性的行动计划能让幼儿的生活变得更有条理,更易养成良好的生活习惯。

3. 玩一玩

◆ 亲子游戏:送放玩具(小班、中班)

玩法:把家中的玩具柜(格子)或收纳箱进行编号(小班幼儿可用照片),让幼儿自己为玩具们分配“宿舍”,记得哪个“房间”住着谁。当幼儿忘了收归玩具或放错地方时,妈妈就可以带着玩具来投诉:“我要回自己的家,我的家里怎么住着小熊?”多次游戏后,幼儿就会知道将玩具放回原来的位置了,养成及时整理、收纳物品的好习惯。

◆ 亲子游戏:你藏我猜(中班)

玩法:打乱玩具“宿舍”的顺序,请幼儿观察1分钟,然后蒙住幼儿的眼睛,收起“宿舍”中的一个或几个小玩具,请幼儿通过记忆说出收起的玩具是什么,分别该住哪个宿舍。这个游戏能够锻炼幼儿生活中的观察能力和专注力。

(三) 我们的家庭生活场资源:生活中特别的人、事、物

1. 特别职业的人

不同职业的家长是幼儿生活场活动中重要的资源之一。您的职业是什么呢?警察、工程师、飞行员、舞者……成人各行各业的工作对孩子们来说既熟悉又陌生,这就成了他们渴望获得的生活认知之一。找机会带着您的孩子近距离接触您的工作,观察这个职业从业者的工作状态,与孩子交流自己的工作内容与方式是最为直接、有效的手段之一。您还可以带孩子通过参观、游戏体验各行各业的工作:如体验交警的工作、观察牙医为患者治疗的过程、自己做蛋糕成为甜点师等,引导幼儿更好地了解各种职业,知道各行各业的工作内容、了解成人工作的特点,帮助他们体验成人工作的意义,激发热爱劳动者的情感。

2. 特别重大的事

宝宝的出生是家里特别重大的事,还有其他重大的事值得幼儿关注吗?祖国妈妈也有生日,奥运会是全球运动员的竞赛与盛典……这些都能成为幼儿生活场活动的内容。比如,中华人民共和国成立70周年庆典就值得他们关注,从中幼儿关注到了感兴趣的各种兵器、装甲、花车等,整个庆典活动使幼儿感受到了国富民强,进而产生对祖国的归属感。

3. 特别奇特的物

幼儿在生活中发现过哪些奇特的东西吗?如家里出现的奇怪虫子、冬天手会“触电”、闻起来臭臭的食物……这些奇特的事物或者现象能够极大程度地吸引他们的注意,引发他们对生活的探究。以“雨”为例,幼儿可以通过“看”感受雨来临前太阳、云层的变化,观察雨飘落的状态;通过“听”感受雨水敲打在不同物体上的声音,感受其中的韵律美;通过触觉、嗅觉和味觉感受雨的质感、气味,在此过程中他们还尝试用语言描述自己的感受,丰富自己的词汇;尝试用画笔画出雨中小景,提升自己的艺术表达和审美情趣……幼儿各方面能力都可以围绕这个生活中特别的物得到提升。

第七章
异想天开梦想馆

幼儿的“梦想馆”

你的梦想是什么？对于成年人来说，梦想是儿时色彩斑斓的梦，是面对真实生活的不满足。但对于孩子来说，梦想就是对于一切未知的渴望。在梦想馆中，幼儿通过角色扮演的情境来体验生活，从而创造性地认知角色、感受自我，富有创意地理解生活、融入生活。在体验的过程中，幼儿通过扮演游戏，创造性地从不同的角色视角来尝试挖掘自己的兴趣、寻找满足自己兴趣的内容和方法；在探究的过程中，通过对不同角色的认知、不同伙伴经验之间的碰撞，找到创造性地理解问题、解决问题的方法；在创意的过程中，运用不同的表达手段，通过角色的“语言”，表达自己个性化的理解与想法。

幼儿园的“梦想馆”

幼儿园的梦想馆为幼儿开辟了一个可以自由实践角色梦想的空间，活动现场主要分布在角色游戏和各个有角色情境的区角游戏以及集体的分享交流、梳理活动中，幼儿可以根据不同的角色扮演主题选择在室内或室外进行。比如，可以是在区角游戏里当一条会吐泡泡的宠物鱼；也可以是在建构区的建筑工地里，戴上工程帽，合作建造一座动物园；还可以是在集体活动中，戴上项链、挎上皮包或系上领带，把自己装扮成妈妈或爸爸的样子，来一场“爸爸妈妈扮演秀”。综上，梦想馆的本质就是在区角游戏、主题活动中，幼儿进入角色情境，运用角色语言所开展的游戏活动。① 幼儿通过角色抒发情感、借用角色的语言表达想法，运用角色的身份和同伴展开互动。

① 李季湄，冯晓霞.《3—6岁儿童学习与发展指南》解读[M].北京：人民教育出版社，2013.

异想天开"梦想馆"

梦想馆的游戏内容基于幼儿的角色兴趣和角色经验。具体来说,角色选择基于生活且超越生活;角色体验基于梦想且情绪积极;角色交互基于认知又能激发想象。在梦想馆里可以玩什么?幼儿的真实生活是梦想馆里游戏"异想"的土壤,丰富的想象力和积极的情感需求是"异想"的翅膀,只有充分体验生活,带着积极的情绪来到梦想馆,才能激发出异想天开的角色选择、角色体验和角色交互。兴趣是最好的教师,兴趣激发下的角色选择、角色体验和角色交互,能够帮助幼儿在饱满情绪的指引下,参与并不断丰富梦想馆的游戏内容。

一、梦想馆促进幼儿创意发展

(一)丰富创意认知经验

1. 联结现实认知的材料假设

幼儿在梦想馆内展现的角色认知,既源于现实又异于现实,是在现实土壤上生发出的异想天开的角色想象,而角色梦想的实现需要幼儿创造性地使用材料创设角色情境。教师通过材料的选择和呈现,使幼儿在现实的认知经验之间创造神奇的联结,从而调动幼儿的想象。如"围裙"连接起了幼儿对于多个角色(厨师、妈妈、服务员等)的现实认知。幼儿运用就近摆放的材料开展烹饪的假装游戏,就是通过想象和创意,实践了联结现实认知的材料假设。

在游戏中,幼儿对材料的假设主要体现在以物代物上,替代的关键在于幼儿多维度发现物与物之间的相似元素,需要幼儿拥有一定的经验发散能力,如把铁丝衣架当作老太太的拐杖等,就是幼儿创意、智慧的直观表现。

2. 立足虚拟情境的角色遐想

当幼儿在梦想馆开展象征游戏的时候,他们的脑海中会呈现过去激发梦想产生的现实画面、想象的情境,这些关于角色遐想的影像就是模拟虚拟情境的基础。[①] 梦想馆中模拟现实的虚拟情境能够激发和调动幼儿关于角色梦想的经验。比如,通过桌椅、镜子的摆放,建立起"理发店"的虚拟情境,幼儿关于角色的想象由此生发,拿起剪刀或直接用手比作剪刀,开始模仿理发师给客人理发的角色行为。

---

① [美]黛安·翠斯特·道治,劳拉·柯克,凯特·海洛曼.幼儿园创造性课程[M].吕素美,译.南京:南京师范大学出版社,2006.

为了丰富幼儿的角色想象，在环境创设和主题生成的过程中，教师可以通过投放开放性替代材料①的方式，激发幼儿通过使用替代物来发展想象能力。比如提供各类大小、形状、颜色不同的布料，供幼儿通过抽象思考设置成符合角色想象的各种场景，可以是餐厅的桌布、理发店的围兜、照相馆的背景布等。

3. 协同伙伴经验的情节想象

通过参与梦想馆游戏活动，幼儿进入群体性的角色游戏空间，能够感受到不同的角色带来的愉悦、惊奇和童话色彩，在体验自己、观察同伴、合作游戏的过程中，更加了解自己的兴趣，建立新的兴趣和计划，生发新的游戏情节。

健康的自我认知既是向内的也是向外的，在基于角色梦想的社会交往中，有着共同梦想的幼儿之间通过分享认知经验获得情感共鸣，有着不同角色梦想的幼儿之间碰撞出经验和认知的火花。如大一班的很多孩子都想当科学家、医生等，他们觉得浩浩想当普通人的梦想好奇怪，于是大家开始讨论“为什么要当个普通人？怎么才能当个普通人呢”。伙伴的经验使得游戏的角色情节更为丰富、多元，也使得异想天开的角色实践有了一群同路人。

（二）提升创意学习能力

1. 积极主动的创造与想象

角色扮演区是幼儿最能够自由表达意愿和发挥想象力、创造力的活动区域②。角色扮演不像表演游戏那样有特定的“剧本”，幼儿再现角色，又对角色进行再创造，幼儿可以按照自己的意愿决定和改变扮演的情节，具有更大的想象空间。在娃娃家，幼儿既要把自己想象成“妈妈”，又要想象“妈妈”怎样照顾自己的孩子，一会儿喂孩子喝奶，一会儿自言自语哄孩子睡觉，一会儿又给孩子讲故事，幼儿的想象力就是在这样的一个过程中得到了发展。幼儿在梦想馆游戏活动中的想象主要表现为对人的假想（以人代人）、对材料的假想（以物代物）以及对游戏情景的假想（情景转换）。

角色扮演能够激发幼儿创造力和想象力的前提是教师为他们创设的环境足以使他们自由表现③，自主性与灵活性也是其特点之一。幼儿自主决定角色扮演的主题，参与游戏的材料准备与环境的创设，在动手动脑的过程中创造力逐渐得到发展。

---

① ［美］莉萨·戴利，米丽娅姆·别洛戈洛夫斯基.开放性材料1：幼儿创造性游戏［M］.［美］珍娜·戴利摄影.张瑞瑞，钟欣颖，译.南京：南京师范大学出版社，2018.

②③ 李季湄，冯晓霞主编.《3—6岁儿童学习与发展指南》解读［M］.北京：人民教育出版社，2013.

2. 异想天开的梦想表达

角色扮演的情境为幼儿创造了能够自由、快乐、轻松表达的氛围和条件。幼儿异想天开的表达表现,主要包括基于自己理解的角色行为、角色语言、角色情境再造。

角色扮演的情境为幼儿语言的发展营造了轻松愉悦的氛围与有利的发展条件①。幼儿在扮演角色的过程中是轻松快乐且充分自由的,幼儿愿意说、喜欢说。宽松的心理环境更有助于幼儿的语言发展,同时,角色扮演的仿真场景还增强了语言的趣味性和生动形象性。在角色扮演的过程中,幼儿既有“自言自语”,还有与同伴及教师之间的交流,幼儿的表达对象更加丰富,对于表达的情境和对象也有了更丰富的体验②。在不断的角色互动中,幼儿的口语表达能力和肢体表达能力都得到了提高。对于角色情境的再造体现着幼儿对于角色环境的认识和理解,为角色充满异想的体验创设合理和舒适的物理、心理环境。

3. 基于角色创意的交流与协商

通过实践角色理想,幼儿的创意协商能力和交流能力得到发展,个性也在与同伴、与不同角色的协商与交流中初具雏形。③首先,梦想馆游戏活动能够增进幼儿对社会角色的认知。幼儿会扮演不同的角色或职业,每个角色都有自身的特点,在语言、行为、形象、职责等方面都会有不同的表现。如服务员会热情地招呼顾客,为客人服务;医生耐心又温柔地替病人诊治……幼儿通过模仿自己所扮演的角色的语言与行为,丰富和加深了对社会角色的认知。

其次,梦想馆游戏活动能够促进幼儿角色协商能力的发展。角色扮演的游戏是多个幼儿参与的活动,在游戏的开始幼儿便需要彼此协商角色的分配,共同商定角色的扮演规则。在角色扮演的过程中,幼儿之间需要合理分工、相互合作、相互信任,才能保障游戏顺利地进行。同时,幼儿在游戏时还会面临同伴之间的矛盾与冲突,如有扮演顾客的幼儿不按顺序排队购物、买了东西不付钱等,这些拟真游戏情境有助于幼儿学习处理与他人之间的矛盾与冲突,学会与他人建立良好的关系,移情能力也在协商能力发展的基础上得到提升。

(三) 发展创意情感态度

1. 超脱现实的积极情感体验

梦想馆游戏活动能让幼儿获得成就感、满足、信心、勇敢、幸福等积极的情

---

①②③ 李季湄,冯晓霞.《3—6岁儿童学习与发展指南》解读[M].北京:人民教育出版社,2013.

感体验。幼儿通过实践角色理想获得自我效能感。如在餐厅的角色游戏中，厨师做的饭菜很受顾客欢迎，为餐厅挣了许多钱，扮演厨师的幼儿就会非常有成就感。通过角色扮演获得的愉悦情绪，能够满足马斯洛需要层次理论中提到的安全、社交、尊重和自我的需求[①]。幼儿在喜欢和熟悉的角色情境中感受安全，在超脱现实的情境中获得心理需求的满足。

幼儿的积极情感体验都是脱离现实生活又有真实的游戏情节的，这样的情感体验能够很好地代入幼儿现实生活中，为幼儿更积极、更投入地参与到现实生活角色提供积极的情感体验和情绪支持。

2. 虚拟、趣味的多元情感表达

角色扮演的游戏和情境是幼儿表达情感的重要途径[②]。如，有的幼儿觉得消防员特别能干又神气，就可以通过在游戏中扮演消防员灭火来表达自己对消防员这一职业的向往与热爱。这样虚拟情境的角色梦想游戏，好像游戏治疗中的沙盘[③]推演一样，引导幼儿在复原生活、表达自己的过程中，更好地认识自己、理解自己。

包裹着角色外衣的情绪表达，既能够为幼儿的负面情绪找到宣泄的出口，也能够为幼儿积极的情感增添趣味的、多元的体验。角色的外衣为情感的表达增加了不同于现实的趣味性，如在娃娃家中，幼儿模仿被照顾的宠物或者还不会走路的宝宝等，发出各种要求照顾的请求，引发有趣的情感表达和体验。

3. 有效回应的主动参与意愿

情感需求被看到并因为角色体验或交互得到回应，即有效的回应，不仅能促进幼儿以更积极的情绪参与游戏，还有利于建立幼儿的自信心，增加幼儿参与活动的积极性。

比如原本单纯的穿孔活动，加入了厨师制作菜品的角色扮演情境后，幼儿变得更投入、更积极。幼儿戴上厨师帽，穿着各种不同的串串，不断有客人来买，厨师不停地忙着回收竹签重新穿好串串。厨师角色游戏激发了幼儿参与角色扮演的意愿，幼儿的手眼协调能力、收归整理的行为习惯都在角色情境中得到了综合性的发展。

---

①② ［美］米丽娅姆·别洛戈洛夫斯基，莉萨·戴利.让早期学习理论看得见[M].赵红霞，译.南京：南京师范大学出版社，2018.

③ 王宏轩，李灵.沙盘游戏疗法对自闭症儿童的干预研究[J].中小学心理健康教育，2019(15).

二、梦想馆学习时空的共建

环境作为教室里的第三位教师,具有充分的教育价值,在环境创设中为幼儿创建有意境的学习情境,潜移默化地引导幼儿开展真实意向的自我建构式的学习。下文从如何创设富有创意体验、问题情境的多元空间入手,表述师幼共建、幼幼共享的创意学习空间途径。

(一) 共建梦想馆创意材料

1. 激发角色创意材料设计

选择幼儿熟悉的、符合生活经验的游戏情境性的材料能够调动幼儿关于角色的原始想象;投放低结构、丰富、具备情境性的材料,能够为幼儿开展角色想象提供创意的空间和基础[①];根据幼儿的游戏情况不断投放新颖材料,能够激发新的游戏情境,丰富角色经验;当幼儿在游戏中产生冲突、疑惑、兴趣衰退时,提供书籍或其他幼儿需要的工具,为幼儿创设经验获取的途径和谈判、协商的空间。

激发角色创意的材料呈现设计是能够激发幼儿扮演兴趣的互动材料设计,是与幼儿关于角色的已有经验相连接的设计,是能够增进幼儿之间基于角色的人际互动的设计。只有引发了幼儿的角色扮演的兴趣、勾起了幼儿的已有经验,才能在和材料的互动、和同伴的互动中创造性地调动、梳理、再造已有经验,开展创意学习。比如,熟悉的材料与新材料临近摆放,为新材料创造被发现的可能性(图 7 - 1);同一经验主题的物品归类放,创造丰富游戏行为的可能性(图 7 - 2)等。

图 7 - 1　熟悉的材料与新材料临近摆放

图 7 - 2　同一经验主题的物品归类放

① 李季湄,冯晓霞.《3—6 岁儿童学习与发展指南》解读[M].北京:人民教育出版社,2013.

2. 促进角色互动的空间布局

梦想馆的空间规划和布局需要根据教室光源、水源合理安排区角位置，设置通道和弹性边界，促进梦想馆内不同梦想主题的互动。充分开发区角的空间资源，充分利用区角的“窗口”空间(即面向走道区域的区角空间)，增加该区域的互动情境。如，小医院在走廊区域设置药房窗口，美食街的门面也设置在面向其他区域的走廊方向。

在空间布局中，可将梦想馆的角色主题扮演区域集中在一起，方便区角的互动。比如，可以利用班级外的一整块场地，为幼儿提供一个 U 型材料区，幼儿可以在中心相对集中和开放的空间里实践自己的角色理想。基于材料本身的特质将空间结构化。比如，按材料大小、主题和功能区分出大型物品区、小型货架区、计划区、机动区、服装区五个不同功能的空间。(图 7－3)

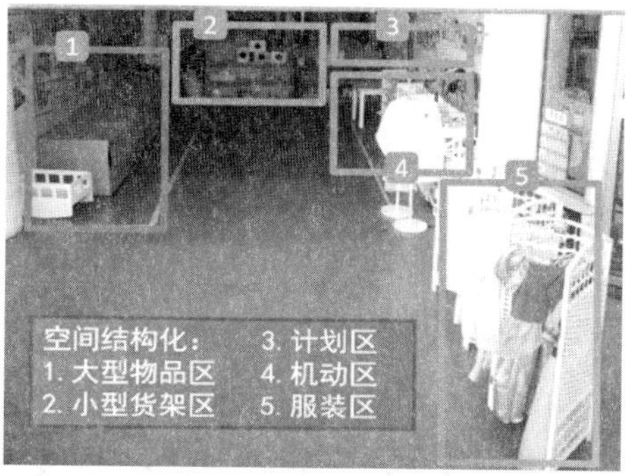

图 7－3　梦想馆空间布局

3. 支持角色分享的人际关系

梦想馆活动中的角色分享，预设了梦想制定人和参与者的角色，幼儿在选区时，可把自己的选区牌插在相应的卡槽中，根据自己的意愿选择当主人或自由人的角色。在选择后幼儿有一个心理预设，在分工中既尊重了幼儿的意愿也赋予其责任，有一定的规则性，同时也可以发挥幼儿的主动性。使用游戏计划书，通过设计、分享和张贴的过程引导游戏中的幼儿更好地把握和开展角色扮演的游戏，以及为后续游戏的同伴提供经验。(图 7－4)展示并保存幼儿产生的新的想法、创造性使用工具的瞬间以及幼儿作品，展现在梦想馆的活动空间内，促进幼儿之间间接的人际互动。

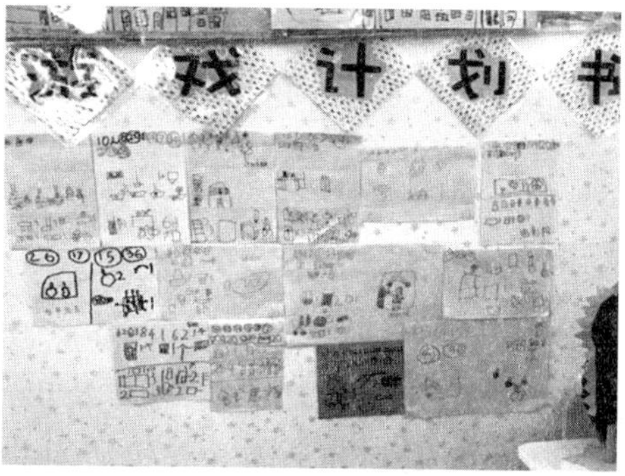

图 7－4　“美食店”游戏计划书

教师作为重要的环境资源可以帮助幼儿进行角色分享，包括进行角色分享的内容、时机、反馈等。在幼儿寻求帮助的当下及时回应幼儿的需求并给予关注，在当下或事后为幼儿搭建鹰架，提供包括经验、技能和情感上的支持，并持续关注,鼓励幼儿独立思考、解决问题,给予幼儿更多的鼓励和支持,最大限度地实现与发挥梦想馆在情感态度方面的目标与价值。

(二)共建梦想馆创意时机

1. 偶发事件中角色梦想的契机

居家生活和在园一日生活都是生发梦想馆活动的土壤,教师要注意观察和把握单次活动中偶发事件的梦想价值,观察偶发事件中蕴含的孩子最原始、最生活化的角色经验和梦想,引导和推动幼儿把偶发事件中的梦想在梦想馆内落地、生长。

除了日常生活中与角色梦想相关的偶发事件,在梦想馆场域内常态化活动中的偶发事件,也是教师需要敏感把握的内容,从中可以发现幼儿对某一角色特别的理解和认知。梦想馆中常态化的单次活动主要包括:角色体验主题下的集体教学活动和角色游戏活动。角色体验主题下的集体教学活动,如小班"我的家"主题中的"爸爸妈妈扮演秀"等活动,从服装中观察幼儿的角色认识和梦想。在角色游戏活动中,如自主游戏中的各类主题角色扮演和自己的角色梦想发生着高频率的交互,需要教师悉心观察,及时捕捉教育契机。

2. 热点话题中角色梦想的迸发

除了单次的常态活动和持续的主题活动,梦想馆内还有一条隐形的动态时间线,就是墙面环境,利用环境可以激发和支持幼儿关于角色的热点话题,即角色梦想迸发的时机。

在墙面环境中,幼儿呈现自己关于角色梦想的经验、问题和热点话题,使梦想从产生到分享、持续、转化形成一个动态的、变化的过程。在这个过程中,墙面环境中呈现的热点话题也会成为幼儿共建梦想的时机。梦想馆提供给幼儿用于记录的材料和空间,激发幼儿的自我反思,为同伴回应创造机会并展现在环境中。教师可以将梦想馆活动中的经验搜集、学习经历、幼儿作品等过程性记录呈现在环境中,营造空间内的时间维度。

3. 持续话题中角色梦想的生长

梦想馆中的单个主题的游戏可以持续二至四周的时间。角色游戏活动的话题产生与初步经验分享时间在一周左右,可以利用周末的时间开展经验调查,运用一周的时间分享、梳理和呈现幼儿调查到的经验;教师在第二周的时间同步准备游戏的材料;在第三周,幼儿根据已有的经验进入角色游戏的高潮阶段,不断地丰富游戏情节。幼儿游戏高潮的维持时间取决于能否不断丰富新的游戏经验、创新游戏情节,如果教师观察到幼儿在一周的角色游戏活动中出现的频率低于或等于两次，说明幼儿对于该主题的角色游戏的兴趣处于消退期。在整个过程中，幼儿游戏计划的制订和环境创设、游戏分享和反思贯穿于每一次的角色游戏活动中。游戏兴趣消退后，幼儿再次进入新主题的角色扮演游戏。（见案例一）

案例一：基于“发胶”兴趣的梦想游戏共建（大班）

(1) 偶发事件中的契机。

在大班走班式的活动中，珂珂看到一起游戏的小男孩把发蜡涂在头发上往后梳，就回家让妈妈帮他也梳了一样的发型。正好是夏天，很多小男孩都在近期理了发，班级里关于“理发”话题的讨论开始了。

(2) 热点话题的生成。

孩子们经过实地调查绘制了自己心中的理发店，有洗头区、美容区、理发区、等候区、收银台等，每个孩子还“画”下自己中意的名字，并开展投票活动，人人参与。调查分享的前期经验，激发和丰富了“理发店”的游戏情节，形成了关于“理发店”的热点话题。

(3) 持续生长的话题情境。

游戏中，随着人员的不断丰富、流动，孩子们展现出了较为明显的性别差异：女孩们摆弄着喜欢的美甲、美发材料，男孩们则明显对各种各样的理发工具更感兴趣，喜欢当理发师。不同性别和不同兴趣的幼儿之间不断互动，碰撞出了层出不穷的新话题。

（案例提供：沈丹）

（三）共建梦想馆创意策略

1. 基于兴趣，内容自由

在游戏活动的设计阶段，可以通过幼儿为主的师幼共建方式确定角色扮演的主题。兴趣导向的主题内容是活动开展的前提，如幼儿可根据自己对“美食”的兴趣自由决定开展餐饮主题的角色游戏，如开冰激凌店、饮料店、比萨店等。教师还可以根据不同的兴趣需求，为幼儿提供可选择的梦想馆材料，如女生喜欢的理发店、男生喜欢的警察局等。角色游戏的主题和各区角活动中的角色情境创设都是围绕幼儿主体所展开的，幼儿作为活动的主要实施者和参与者，对于角色的选择和主题的确定具有决定权；教师在主题选择的过程中更多担任观察者、支持者和引导者的角色，起到激发幼儿创造性地进行主题选择的作用。

2. 情节自定,过程自由

基于幼儿兴趣,确定主题内容,教师鼓励幼儿思考如何玩,引入实地走访参观、对象采访、绘画呈现总结等方式。在丰富角色经验的过程中,幼儿兴趣点会更为具体化,如理发店工作的角色分工,女孩子喜欢涂指甲,会想要当美甲师,男孩子喜欢各种理发的工具,会想要当理发师等,进而产生多种多样的关于游戏情节的规划。如何划分区域、选择什么材料、如何安排角色等都推动着情节往不同的方向发展,没有规定的剧本,也没有固定的范式,幼儿在创设情节的过程中,更多地调动自身经验、互相协商、追随兴趣,在活动的过程中充分体验“异想天开”的情节。

3. 材料自选,表征自由

角色扮演和角色情境的体验离不开实用的材料,具有表征意义的材料能够激发幼儿对于角色的共鸣和游戏情节的创设。在选择材料的过程中,根据幼儿的不同经验水平和兴趣态度,提供具体的角色物品和需要幼儿赋予表征意义的普通物品。如小班刚开设娃娃家时,提供爸爸的领带、妈妈的裙子和高跟鞋、厨房的真实炊具、食物等;随着游戏的推进,幼儿可以自己来命名、自己赋予其意义的替代性物品,如提供一个百宝箱,幼儿在角色游戏的推进中发现现有的物品中缺少的,就可以在百宝箱中找出替代品,丰富游戏情节和增加游戏的趣味性。

三、梦想馆创意活动的设计

(一) 梦想馆创意活动内容设计

角色话题的内容来源于家庭伙伴角色、社会环境场景和文学作品。

1. 家庭角色经验的模仿

幼儿在生活中和家庭成员每时每刻都发生着交互,家庭是幼儿参与的第一个社会关系和社会组织,关于自己、关于他人的角色认识,都是在家庭生活中逐渐萌发的。所以家庭成员的角色是幼儿最初的、也是最熟悉的角色经验,幼儿在角色扮演中既能再现真实的家庭生活经历,又能够在模仿熟悉的人物中获得安全感和满足感。(见案例二)

2. 社会环境场景的体验

幼儿在一日生活中自发的角色扮演游戏呈现了幼儿的兴趣点和已有的经验水平,幼儿在开展角色游戏的过程中会下意识地迁移日常生活中的已有经验。如,家里开火锅店的幼儿,在玩角色游戏时会想到大家从来没有玩过的火锅店角色游戏；喜欢看电影的幼儿会开展电影院的角色游戏；经常坐公交车的幼儿会开展模仿司机载客的游戏等。

3. 文学作品角色的联想

故事中的虚拟角色也是幼儿角色话题的来源之一。乐此不疲地听自己喜欢的绘本故事，并尝试模仿故事中人物的穿着打扮、对话、动作，甚至用故事中的名字给自己命名，寻找自己和角色的共同点，都是幼儿期泛灵论的表现。虚拟的角色也能给幼儿带来无限的角色联想空间。

案例二：基于家庭生活经验模仿与再现的梦想馆活动

（1）主题活动：爸爸妈妈扮演秀。（图 7－5）

活动目标：能借助服装、道具，将自己打扮成爸爸或妈妈；能积极地参与扮演活动，体验扮演爸爸妈妈的快乐。

（2）角色游戏：娃娃家。（图 7－6）

幼儿自选家庭成员角色开展游戏，模拟照料宝宝、买菜、烧饭等家庭生活。

图 7－5　小班幼儿爸爸妈妈扮演秀

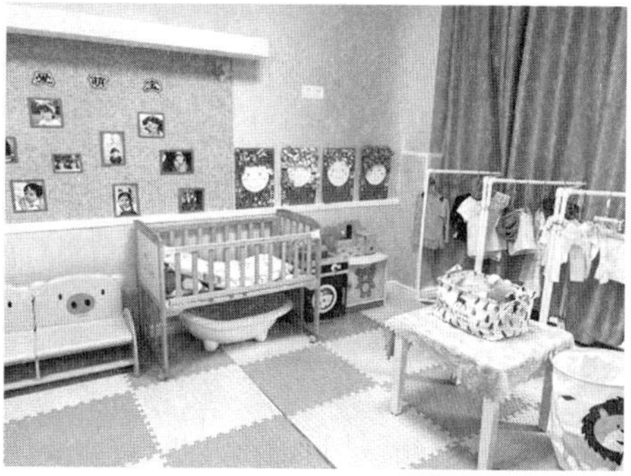

图 7－6　小班娃娃家

（案例提供：顾慧澜　朱沁芸）

（二）梦想馆创意活动组织形式

梦想馆的本质是在自由的游戏、生活和学习活动时空中进入角色情境，运用角色语言、动作、情节开展的想象表征活动。可以是独立的、三两结伴式的、小组式的等，主要包括角色兴趣产生的扮演游戏、社会系列的职业体验活动、即兴生发的情节表演游戏三种组织形式。

1. 角色兴趣产生的扮演游戏

扮演游戏是幼儿按照自己的兴趣，以模仿和想象借助真实或替代的材料，通过扮演角色（用语言、动作、表情等），创造性地再现周围社会生活的游戏，如娃娃家、美食街等。

2. 社会系列的职业体验活动

这是基于幼儿的社会生活经验及对各类职业的好奇心和探究欲，开展的对社会职业的系列体验活动，满足幼儿内心对于成人职业的憧憬，如扮演消防员、警察、建筑工人、医生等。（见案例三）

3. 即兴发生的情节表演游戏

这是在以上两类游戏和一日活动开展的过程中，幼儿为了增加游戏的情境性和趣味性、丰富游戏的意蕴和情节，即兴发生的情节表演游戏，如在娃娃家请客、警察抓坏人等。

案例三：班级区角中社会系列职业体验活动

(1) 建构区：建筑工人。（图 7－7）

为了引导幼儿注意积木建构时的安全，教师在建构区增加了安全帽，幼儿戴上后开始“建筑工人”的角色扮演游戏。

(2) 表演区：电影院观众。（图 7－8）

区角游戏开始后，幼儿把不需要的椅子都放到了表演区，成了表演区的观众席。表演开始后，会有幼儿自发地坐过来观看演出。

图 7－7　小班角色“建筑工人”

图 7－8　大班表演区“电影院观众席”

（案例提供：叶玉华）

（三）梦想馆创意活动环节设计

按照活动开展的时间线索与过程逻辑，梦想馆活动开展的基本环节主要呈现为：从问题情境、生活经验的观察与调研入手，生成新的角色游戏主题或丰富游戏活动中的角色体验情境，再生成班本化的主题活动，开展小组或集中的经验梳理和分享活动，活动内容呈螺旋式的上升和拓展。

1. 角色梦想的调查与分享

兴趣是最好的老师，兴趣激发下的经验先行能够帮助幼儿在饱满的兴趣指导下，更多地认识和了解新的角色，或者对角色产生新的认识、新的兴趣，为游戏活动的展开建立经验基础。

（1）调查话题讨论。

在调查开始前，先开展调查话题的分享与讨论活动，在幼儿之间产生经验的碰撞。没有经验的幼儿，对于即将调查的角色有了初步的了解，调查的时候就会有更多的情感与经验基础；已有经验的幼儿，可以在讨论中明确自己最感兴趣的点，调查时会更具有针对性。调查前的话题讨论和分享可以围绕“你平常去……吗？去过哪里的？它们都一样吗？哪里一样？哪里不一样？”“你最喜欢哪家？为什么？”等话题展开。

（2）实地体验式经验调查。

在前期的角色经验调查中，以实地观察、体验和访谈的方式为主。幼儿的学习方式就是亲身体验、实际操作和直接感知，通过实地走访的经验调查方式能够让幼儿更适宜地接收到自己感兴趣的经验。如，去火锅店，作为顾客体验真实的点菜、上菜、进餐、买单等环节。教师可以针对调查的对象，制订初步的调查表，也可以由幼儿自行决定。

（3）经验梳理与分享。

经验调查后，幼儿在集体中分享自己感受到的角色经验，采取小组分享和集体分享相结合的形式。先请幼儿和自己喜欢的同伴分享，再初步根据经验的异同，分成不同的小组，可以是收集同类型资料的幼儿进行分享，如去了同一品牌的火锅店的不同分店，幼儿可以在相同的经验中寻找共鸣，进行讨论和分享；也可以有意识地将具有不同类型经验的幼儿划分到同一组，进行差异化经验的交流。在经验分享过后，师幼共同梳理相关经验并呈现在环境中。幼儿通过环境布置，进一步建构更系统的角色经验体系。

2. 梦想计划的设计

游戏计划的制订可以先于游戏活动的开展，又可以是游戏过程中的动态调整，有预设的、书面的、口头的等各种形式，贯穿于梦想馆游戏的全过程，是一个动态的、变化的计划设计与实践。计划的制订与思考能够帮助幼儿更好地建立问题意识和计划意识，预设问题并尝试解决、整体考虑，主要包括角色设计、环境设计、情节设计等。

幼儿在梦想馆游戏活动的过程中,主要依托人际互动和与材料互动两个方式来表征自己扮演的角色。在幼儿开展相应主题的角色游戏的高潮期,游戏材料的更新和丰富,能够更好地支持幼儿的游戏,提升幼儿的游戏水平和游戏的积极性。

(1) 宽泛自主的角色设计。

幼儿在选择角色扮演的区域时,会根据自身的能力、特长的不同,自然地分担不同的角色,如想法多、善于表达的幼儿承担计划和分工的任务。自主的角色设计给幼儿自由选择的空间和给情节创意留有更多的机会,没有由教师指定的“主人”和“客人”,而是幼儿根据自身对于角色的认知和对于情节的假想,自主选择的、较为宽泛的角色定位。

(2) 综合互动的环境设计。

划分一个专门的区域供幼儿自由取放材料,材料的提供要丰富且富有综合性,师幼可利用一日生活的过渡环节制订游戏计划。角色区的活动场所需要与其他各区角有交互的通道,促进不同角色区域、角色区与其他区角的幼儿开展互动。角色区的区域划分和材料摆放都采用仓库式的呈现形式,幼儿每次可从材料库自选材料,自由安排桌椅的位置,为区域的划分和主题的发挥提供最大的自由呈现空间。区角的墙面环境中,则布置近期开展到高潮期的角色游戏的经验调查墙饰。

(3) 延展变化的情节设计。

梦想馆的主题、情节的设计具有延展性和变化性,情节随幼儿经验延展,也会因现场的即兴发挥和转念之间而变化。情节的延展除了来自幼儿的经验和兴趣,还来自新的环境和材料的激发,材料的选择既可以基于预设的游戏情节,也可以基于不断延伸的活动现场。如依据“美食店”计划书,分配了厨师、服务员等角色,选择了需要的材料,如纸币、菜单、餐盘、饮料杯等,“制作食物”“品尝食物”等游戏情节得到了延展;随着游戏的推进和“顾客”角色的加入,出现了“点菜”“买单”等游戏情节,进一步丰富了厨师和服务员的角色体验。

3. 梦想情节的实践与分享

一个角色游戏从萌芽到高潮再到消退,大致会经历一个多月的时间。在这个时间段中,通过师幼共建的形式,幼儿的主体性得到充分发挥,游戏的情节不断丰富,幼儿在充满想象的角色扮演游戏中体验快乐。(见案例四)

(1) 游戏材料的创造性使用。

幼儿创造性地使用材料是丰富和推进游戏情节的主要方式。角色区的游戏情节没有固定的剧本，幼儿根据自己的经验扮演角色。比如，扮演妈妈的幼儿看到了奶瓶，迁移自己的经验会想到可以冲奶粉给宝宝喂奶，就丰富了“娃娃家”的游戏情节。再如，“火锅店”的服务员看到了材料区的水果，想到可以给客人上一份餐前水果，于是装好盘端给等菜的客人，还会招呼客人“吃点水果吧，菜马上就好”，无形中也丰富了游戏的情节。

（2）富有角色意识的幼幼互动。

游戏活动的现场是发现问题、解决问题、提升经验的好时机，层出不穷的问题和情境，会支持幼儿不断地丰富原有的游戏情节。如“餐厅”的店长因为客人没带钱会建议客人刷卡付钱。不同的角色区之间的互动会碰撞出新的游戏情节。如，“娃娃家”的爸爸妈妈带娃娃去医院看病时说：“吃坏肚子了。”小医生就问：“吃的什么吃坏了肚子？”爸爸妈妈就想到了烧烤，于是食品安全的话题就加入到了美食街“烧烤店”的游戏中。教师的适时介入能够更好地支持幼儿在梦想体验馆中的创意学习。但是幼儿在游戏中的创意点子转瞬即逝，为了能够更大限度地了解和支持幼儿的学习，引导幼儿发现问题、解决问题，游戏的经验分享和反思必不可少。

（3）精彩游戏玩法的分享与提升。

在游戏的结束环节，幼儿在集体或小组中分享自己游戏过程中的所思所想，可以是收获的新经验、积极的情感体验，也可以是困难和问题。在分享的过程中，大家共享富有创意的瞬间，共同讨论如何解决问题，为以后的游戏活动的开展积累丰富的经验，从而生发出新的角色、新的情节并延伸到其他区域。

在游戏活动中，规则的制订能够更好地推动游戏的开展，但是规则的制订权应该交到幼儿的手中，幼儿在自主制订规则的过程中，需要不断地回忆、反思以往的游戏经验，利用概括的话语来描述规则。这一过程对培养幼儿的计划性和促进幼儿综合能力的发展都有重要意义。

案例四：“婚礼”主题梦想馆活动（大班）

1. 角色梦想的生发、调查与分享

李老师把自己结婚后闲置下来的红纸杯、红碗和喜糖盒投放到了梦想馆的资源角。豆豆和小杰推着购物车进资源角时，一下就看到了放在显眼位置的喜糖盒。（图 7－9）

2. 游戏计划与环境创设

豆豆和小杰把喜糖盒全放到了购物车里，搬来两张长桌拼在一起，开始玩

“吃酒席”的游戏。小杰当厨师,给来吃喜酒的豆豆准备了好多水果,给没有人坐的位子上也都准备了菜,红纸杯里还插了吸管。(图 7－10)

图 7－9　逛资源角

图 7－10　吃酒席

3. 游戏情节的丰富与推进

来参加“婚宴”的跳跳发现了“头纱”材料(图 7－11),爱漂亮的她把头纱戴到了头上,豆豆指着跳跳说:“今天是你结婚吗?”跳跳哈哈大笑。梦想馆里开始了持续的关于“婚礼”的角色扮演游戏。(图 7－12)

图 7－11　发现“头纱”材料

图 7－12　角色“新娘”敬酒情节

(案例提供:应意桥　谈允忆)

四、梦想馆创意活动的教师角色

(一) 筑梦者

教师在梦想主题调查和分享环节中担任筑梦者的角色。幼儿的角色梦想基于幼儿对于角色的朴素经验，加上幼儿特有的思维特点，导致幼儿心目中的角色梦想与成人社会对于该角色的定义存在一定的差异。这份差异也正是角色创意的培植土壤，需要教师悉心培育和保护。

1. 培植幼儿的角色兴趣

在培植幼儿的角色兴趣之前，需要教师通过观察，对幼儿的角色兴趣有充分的了解。教师可以在一日生活各个环节的观察与互动中敏感地捕捉幼儿的角色意识与经验，把萌芽的小兴趣强化成大兴趣；根据观察和即时、现场的经验分享，在角色游戏的材料区和区角游戏中投放幼儿感兴趣的、高结构的、具有较强象征意义的游戏材料，激发幼儿的游戏兴趣，引发幼儿由初始兴趣向深入兴趣的发展；在了解了幼儿的角色兴趣、观察到幼儿培植个体兴趣的游戏行为后，教师可将观察到的展现幼儿兴趣的活动现场以照片的形式丰富到墙面环境中，开展即时的或延时的群体分享（小组或者集体），进一步了解幼儿的已有经验和兴趣点，同时将个体兴趣推向群体兴趣。

2. 架构幼儿的角色经验

教师可以通过不同的形式介入幼儿的角色经验架构。如，制订前期的观察表格，为幼儿提供一个初步的经验框架，增加幼儿调查的目的性，丰富调查的内容，引导幼儿关注细节、关注生活。确定调查表的介入形式后，在具体的调研和收集中，教师可以通过“是否使用调查表格”的话题讨论，充分尊重幼儿的意愿，相信幼儿的能力，最大限度地发挥幼儿的创造力，鼓励幼儿发挥自己的想象，师幼共同制订观察表格；在小组分享中，有意识地进行分组，鼓励小组每位成员都积极发表意见，激发幼儿经验的交互，将小组讨论后的所得经验在集体中进行分享；在经验呈现的过程中加以系统地梳理和展示，对幼儿收集到的原始经验进行二次加工，激发幼儿更多的创意；在布置好环境墙面后，引导幼儿观察和再次回顾调查所得的经验。

（二）引导者

教师在梦想计划设计环节中担任引导者。幼儿基于兴趣和经验的角色设计，是幼儿梦想游戏开展的雏形，教师参与到设计环节中，支持幼儿对于角色、环境、情节的初步创想，可以通过观察计划、分享计划、环境初创等不断丰富幼儿在设计环节中的创意。

1. 引导幼儿自主建构计划与环境

在引导幼儿自主建构梦想计划前，首先，教师可以观察幼儿梦想计划书的内容和表现形式，内容主要包括参与人员、角色扮演主题、人员的分配、区域的划分、材料的使用等。其次,应关注幼儿创意表现的形式,如“如何表现参与的人员和角色的分配”“如何表述使用多少材料”等。

在计划书分享环节,教师可以通过预设在执行时可能会遇到的问题来激发幼儿间、师幼间的互动,如根据某一份计划书来分享问题,集体讨论解决问题的策略,观察幼儿分享计划书的情况,支持和引导幼儿尝试通过合作、协商来解决问题等。在落实计划书的游戏环境中,还可以重点观察幼儿在游戏各环节中的时间分配意识,能否合理地安排时间;确定角色区的主题后能否合理地划分各角色区,如开“火锅店”如何区分厨房和用餐区,“美甲店”如何安排客人的座位等。

2. 引导幼儿自主拓展情节设计

观察幼儿在角色游戏中的兴趣点,为生成新的梦想情节做铺垫。当发现幼儿的兴趣点时,教师要及时提问并提供相应材料或开展集体分享活动进行回应,在师幼互动和进一步的幼幼互动、与材料互动的过程中,具体化、细化幼儿的兴趣点,为后续的幼儿想要丰富游戏情节或者游戏兴趣消退的时候提供支持性策略打基础。如,“火锅店”的幼儿特别喜欢刷卡消费或现金交易的游戏环节,于是在后续的角色游戏中,教师就投放了小银行的游戏材料,在“火锅店”角色游戏的高潮过后,幼儿又开始喜欢上了“银行”游戏。

教师在幼儿梦想馆游戏活动发生兴趣消退时,可以根据以往的观察尝试投放激发新的角色游戏的材料;或者在其他游戏的活动中发生了游戏兴趣消退的现象,可以将处于高潮期的角色游戏的情境迁移到其他区角的游戏活动中。

(三) 合作者

教师在梦想情节的实践和分享环节中担任合作者的角色。梦想馆活动是以幼儿为主体、师幼共建的形式推进的,教师在充分调动幼儿的积极性和主动性的基础上,和幼儿一同创设梦想馆的环境,如布置材料,运用材料推动新的游戏情节的产生。如教师以合作者的身份参与游戏情节,在“美甲店”中担任顾客,请幼儿为教师打扮,鼓励幼儿大胆创作,既建构了亲密的师幼关系,又促进了幼儿各方面能力的发展。

1. 师幼共生梦想馆游戏情节

在师幼共生的梦想游戏互动中,教师主要通过环境创设激发幼儿的游戏行为和主题创生。如,为角色区划分出一块互动连通的区域,刺激幼幼之间、区角之间的互通;创设材料区,把所有的材料整合收归,幼儿在取放材料的时候有更多的选择，有的是有目的性的，有的具有一定的偶然性，激发幼儿与材料更充分的互动。

除了利用环境激发新情节，教师还可以通过观察幼幼互动产生问题情境推进游戏情节丰富的瞬间，来促进师幼共同生成新的梦想游戏情节。在幼儿发生新的游戏情节的时候，教师可以用照片或文字的形式记录下来，在游戏的分享环节或者游戏开始的介绍环节邀请幼儿分享自己的游戏经验，共享具有创意的学习瞬间。

2. 师幼分享梦想体验与反思

教师在组织或介入分享环节时，应尊重幼儿的自主性和自发性，鼓励幼儿根据游戏的需要和内在的需求制订游戏规则。如，观察并记录幼儿获得的积极情感体验，将观察到的片段作为介入的时机，通过图像、语言再生现场的方式，引导幼儿在集体中进行分享。

在游戏开展一段时间后，教师尝试利用游戏分享环节中的某个问题契机，选择在幼儿发生问题和困难时不直接告诉幼儿解决的方式，引导幼儿尝试记住这个问题，并鼓励幼儿在集体分享中尝试表述自己遇到的问题，通过和大家一起协商，获得解决问题的新方法。导入游戏情境，幼儿自主制定游戏规则、解决问题。

五、梦想馆创意活动的家庭指导

家长作为实施教育的重要同路人，在幼儿教育中具有不可或缺的重要性。充分调动家庭教育的协同力量，能够使活动的开展事半功倍。幼儿的梦想馆体验活动本身就是基于对生活中各种情景职业和角色的了解，所以家庭生活给幼儿带来的经验就显得更为重要了。只有调动家长的积极性，开辟家长参与的路径，才能帮助幼儿在梦想体验馆中开展更有意义的创意学习。

（一）我们的梦想馆活动：一封给家长的信

亲爱的家长：

您好！

形形色色的职业万象是孩子们了解世界的一个小小的窗口，幼儿园作为孩子们接触的第一个小小社会，也是社会上万千职业的缩影。孩子们在幼儿园的生活中，尝试着体验不同的角色，在玩、做、思考中发生有意蕴的学习，为成为一个合格的社会人打下坚实的基础。

我们的第一个角色话题就是“我的爸爸妈妈”，您是孩子们最熟悉、最想成为的人,请您为孩子们记录他化身为“爸爸妈妈”的一个个生活瞬间。孩子们喜欢扮演谁,会怎么创造性地理解“爸爸妈妈”;玩具在他的手里会变成什么神奇的替代品;什么时候会开怀大笑,什么时候又会紧锁眉头;孩子们在游戏的时候眼睛、小手甚至全身都在干些什么……这所有的所有,都在您的眼前,孩子们就是在这一个又一个亲身体验、自己动手的过程中来学习、来体会成功的快乐的。

在幼儿园,我们会用更有针对性的观察、更丰富的材料、更有趣的角色体验游戏、更有价值的课程,为孩子们创造一个可以自由探索又具有挑战性的梦想体验馆的学习空间。环境的丰富也需要您的协助,请您提供一些丝巾、斜挎包、围裙、公文包、领带等爸爸妈妈的常用物品,这些材料会为孩子们提供一个拟真环境,孩子们在和同伴一起游戏的过程中发现问题、解决问题、找到自信,逐渐成为一个独立、自主、自信的学习者。

让我们一起期待孩子惊喜的改变吧!

×××幼儿园××班

×年×月×日

(二) 我们的家庭梦想馆活动:做一做

幼儿的角色经验和角色意识会受到生活中方方面面的影响,和幼儿一起开展丰富有趣的家庭梦想馆活动,不但能够丰富家庭中的亲子话题、拓展亲子游览的项目、增加亲子体验活动的内容,也能够更好地促进亲子交流、维系健康的亲子关系,幼儿观察生活、表达自我的能力也会得到潜移默化的提升。

1. 试一试

社会职业角色亲子体验活动:警营开放日。

准备:关注本地“公安微警务”公众号(如“无锡公安微警务”),了解警营开放日活动安排(无锡,2019 年 12 月 8 日)。

玩法:

20 个警种互动展示 126 个项目,内容涵盖打击犯罪、交通安全、治安管理、网络安全、服务便民等内容。

(1) 看一看展位上的 95 式步枪、92 式手枪、狙击枪、防爆枪、弓弩。

(2) 坐一坐特警装甲车、武装巡逻车、云梯消防车、交警铁骑。

(3) 看一看骁勇善战的特警表演、警犬搜救搜爆表演。

(4) 延伸:家长可以关注幼儿感兴趣的社会职业的各类亲子体验活动,和幼儿一同前往,如消防大队开放日、西贝莜面“鱼面制作体验活动”等。

2. 学一学

家庭伙伴角色亲子扮演游戏:新编漫画故事《父与子》。

准备：绘本《父与子》，录像设备，纸、笔，其他制作材料。

玩法：

（1）看漫画。

“你的爸爸是个怎样的爸爸？”“你们之间发生过哪些有趣的事呢？”为了让爸爸们有更多的时间陪伴孩子，可以一起回忆父子（父亲与孩子）间发生的趣事。

（2）亲子表演《父与子》绘本中的对话。

（3）新编故事。

幼儿和家长一起讨论、绘制新编的“父与子”故事，并录制2分钟的讲述小视频，向朋友们讲述自己的创作内容。

（4）延伸：我的妈妈（或其他家庭成员）。

请家长和幼儿一起创编有趣的《父与子》漫画，把它分享给好朋友们。

3. 玩一玩

文学作品中的角色亲子扮演游戏：《鳄鱼怕怕　牙医怕怕》。

准备：绘本《鳄鱼怕怕　牙医怕怕》，类似牙医工作服的白衬衫、口罩、手电筒等角色扮演材料，纸、笔等制作工具和材料。

玩法：

（1）亲子阅读《鳄鱼怕怕　牙医怕怕》，观察绘本中鳄鱼、牙医等角色的语言和动作，引导幼儿模仿和理解并选择自己喜爱的角色。

（2）与幼儿讨论：“你想要扮演的角色？”“如果你是鳄鱼，去看牙医，你害怕的话会做什么？会和牙医说什么？”“如果你是牙医，你会穿什么衣服？用什么工具和材料？怎么安慰病人？”

（3）亲子合作装扮幼儿，制作角色扮演情节需要的道具。

（4）尝试分担绘本中不同的角色，做角色表演，生发符合角色人物设定的情节。

（三）我们的家庭梦想馆资源：找一找有趣的人、物、事

父母是孩子第一任也是最重要的老师，幼儿正处在对社会各种角色充满好奇又懵懂的阶段，家长的职业与兴趣就是培植幼儿对于社会角色认知的最好的土壤。不管是亲子调查还是家长助教，或是亲子参观等活动，都能够把幼儿感兴趣的角色体验的游戏活动推向一个新的高潮。家庭的加入，可以让幼儿获得更多的支持，在安全、信赖的环境中自由地学习、游戏。

1. 说一说“奇趣职业”

如果您是一位漫画家，一定可以用充满童趣的画笔给孩子们打开一个充满想象的二次元世界；如果您是一位美食评论家，一定能带孩子们领略不同的

街头巷尾最美味的料理；如果您是一位相声演员，孩子们能从您的表演中充分地感受到传统艺术的魅力；如果您喜欢收集邮票，您的邮票集会成为孩子们看世界的眼睛；如果您喜欢研究昆虫，一个小小的放大镜就会变成打开昆虫世界的钥匙。

请您和幼儿分享自己的职业和兴趣爱好，希望您在分享的同时能体验到满满的职业幸福感。（表 7－1）

表 7－1　家庭职业调查表

班级		幼儿姓名	
您与幼儿的关系		职业	
"我"的职业，"我"想说…… （请您分享自己的职业，并请孩子画一画他心目中您的职业）			

2. 集一集"百变材料"

幼儿的梦想馆游戏需要丰富的游戏材料，有效的游戏材料不但可以激发和提升幼儿的游戏兴趣，还能支持幼儿获得更为丰富的游戏体验。希望您也能加入我们，和幼儿一起合力收集、自制游戏材料，帮助幼儿拓展角色经验。您可以在日常生活中帮助幼儿收集废旧的游戏材料；可以在外出游玩时采集或收集一些幼儿感兴趣的材料；还可以收集不同时期、不同民族、不同身份、不同年龄、不同工作的各种代表性物品、服饰等。

让我们一起为孩子们的梦想馆搭建起一座材料宝库吧。（附表 2）

表 7－2　百变材料收集建议

材料来源	材料范例
家庭生活	爸爸妈妈的服装、配饰；电话、餐具等生活用品
社会生活与职业	各种职业的服装、工具，各种民族的服装等
文学作品	《鳄鱼怕怕　牙医怕怕》《猜猜我有多爱你》等与孩子感兴趣的职业和角色有关的绘本

3. 走一走“趣味节庆”

家庭内成人与幼儿的比例与幼儿园截然不同，您可以利用亲子主题调查活动丰富家庭亲子时光，实现更多温馨的家庭梦想。如，可以带着幼儿参加婚礼，请幼儿为家庭成员准备一套参加婚礼的衣服，看一看新郎、新娘的打扮和他们在婚礼中要做的事，参与一下婚礼中的游戏；还可以找一找、走一走，参与城市、乡镇的庙会、市集，看一看庙会、市集中都有哪些摊位，他们是怎么布置摊位、招揽顾客的；如果有机会可以参与或举办一场生日会、进行过新年等庆祝活动，和幼儿一起邀请朋友，布置环境、商量菜单……为幼儿丰富角色经验的同时，也为幼儿在园和同伴交流互动、开展角色游戏积累生活经验与奇思妙想。

相信有了您的加入，孩子们的梦想馆里会充满丰富的资源，他们也会开启无限的可能。

第八章
别出心裁戏舞台

幼儿的“戏舞台”

“戏舞台”是什么？你的脑海中也许会浮现出富丽堂皇的剧场，厚重的金丝绒幕布，庄严的表演气氛，繁复的舞台布景，五颜六色的灯光，服饰华丽、载歌载舞的专业演员……其实，幼儿的“戏舞台”并没有我们想象中的那么复杂。戏剧大师彼得·布鲁克对于戏剧本质有过一个简单得令人惊讶的定义：一个人在别人的注视下走过一个空间，就构成了一幕戏剧。[①] 大师的话揭示了幼儿“戏舞台”的特点：每个人都能与戏剧相遇，只要有适当的空间和用以表演的肢体，想象力就能创造出一个戏剧世界。

幼儿的“戏舞台”，“戏”突出其游戏性的特点，幼儿应置于轻松、自由的情境当中，充分释放天性，感受表演游戏的快乐。“舞台”突出其表演性，没有“观众”，则不能称之为“舞台”，注视者和被注视者都是不可或缺的元素。

幼儿园的“戏舞台”

幼儿园的“戏舞台”，是指一日生活中给幼儿提供表达和创造的舞台与空间，给幼儿充足的“注视”与“被注视”的机会。当幼儿产生表演性的游戏或行为时，教师可利用幼儿的游戏情境加以引导，师幼经由肢体、声音、语言等身体资源共同创作戏剧的角色、情节和情境。在这个过程中，幼儿、教师有时是“注视者”，有时是“被注视者”，观众和演员的角色经常灵活切换，他们之间传递出相互联系、相互渗透、相互感应的信息。

---

① 高尚. 论《天下第一楼》中常贵的人物性格塑造——从剧本创作角度浅谈“小”人物的担当[J]. 艺术品鉴，2018(24).

别出心裁的“戏舞台”

别出心裁的“戏舞台”，“别”是指戏舞台有别于成人的戏剧表演，幼儿有自己的独特经历和独特表达，我们鼓励幼儿天马行空的想象与创意，发展想象力、创造力以及解决问题的能力。“出”是指在呈现方式上，幼儿的戏舞台不讲求呈现繁复的台词、华丽的舞台效果，而是尊重幼儿自己的感受、认知与思考。“心裁”则充分体现幼儿的童心稚趣，用稚嫩的语言、稚拙的动作来诠释戏剧之美。

一、戏舞台促进幼儿创意发展

（一）丰富创意认知经验

1. 自我个性气质的充分感知

不同的幼儿有不同的个性气质：有的幼儿开朗活泼、感情外露、独立性强、善于交际；有的幼儿重视主观世界，常沉浸在自我欣赏和幻想中，他们沉着安静、处事谨慎。戏舞台重视每个参与幼儿的即兴创意，不同的幼儿会不断地发现自己的声音与身体创造出的多元变化，当幼儿的想法与感觉能完整地被接受与认同时，他们对自己的信赖感就会油然而生。戏舞台能不断地引领每个人去发掘自己蕴藏的潜能，进而促使自己不断地成长以实现自我。

每个幼儿在戏舞台中都是独特的。这一点在戏剧与舞蹈艺术上有很大的不同，后者通常是以其整齐的手位、体位和舞步获得一种富有节奏的美感，而在戏舞台活动中，幼儿可以充分感知自己的个性气质，进行自发性的表达和分享。

2. 社会关系的充分体验

戏舞台是一种充满“冲突”的活动。戏剧冲突蕴含着人与人（包含人与自我）之间、人与自然之间、人与社会之间的矛盾，幼儿在戏剧冲突中理解角色、理解环境、理解人物与环境之间的矛盾冲突，从中获得对自我和对生活的认知。[①] 在戏舞台活动中，幼儿需要真正“入戏”去思考：“主角是哪些人？”“他们长什么样子？”“后来发生了什么事？”“如何解决这个问题？”“如果是我，会不会这么做？”幼儿用剧中人物的身份去思索、辨别。在戏舞台中，现实不能实现的、不被允许的情节也能发生，幼儿统整自己对周遭的人、事、物、时、地的观点，通过假象模拟，发展更高阶的认知水平。

---

① 张金梅.学前儿童戏剧教育[M].南京：南京师范大学出版社，2014.

在戏舞台里,幼儿是一个体验者,更是一个创造者,他们在角色的世界里学习知识、认识社会、陶冶情操,与传统教育反应式的学习相比,这种体验式的学习使幼儿获得具有生命质感的鲜活认知。

3. 多元认知经验的充分整合

仅就认知发展而言,戏舞台可以发展幼儿空间、时间、因果关系、一一对应等多方面的认知。在剧场工作、主题探讨、任务分配和角色扮演等环节中,幼儿可以实现以下认知经验整合:如从故事的发生发展中了解因果关系,从结果推测可能原因,从原因推测可能的结果,从两件事情之间判断是否有因果关系等;从戏舞台的实践安排中体会序列,如时间发展顺序、事件发展顺序等;从儿童剧剧场环境中体验空间概念,如辨识空间地理位置(上下、前后、里外、左右、远近、距离等);通过道具的分配和组合,感知共同关系,如找出一对一的对应关系,了解日常用品的数目与单位的关系,把一堆东西分成两个一组、三个一组等,比较部分与全部的关系。

(二) 提升创意学习能力

1. 内部描摹和想象能力

戏舞台活动需要将想法转变为行动,一定是基于内在思考的。主要包括身体想象和描画多种可能、情节创编(包含剧本创作)、评价他人或自己的表演等。

想象和描画需要幼儿动用头脑中已有的表象、相应的感觉记忆,并加以重新组合、加减、变换等,建构出新的经验;对每一段情节的创编和对戏剧冲突的解决也需要积极思考;对他人的评价以及对自己的反思也是一种思考式的学习方式,从他人和自己身上学习好的经验,发现存在的问题,在思考中成长。想象和创造是戏剧活动的基本能力,引发幼儿想象的首要条件就是必须跳开此时此地的限制,进入时光隧道,把自己投射到另一个时间、空间与人物生活中。当幼儿的想象能力发挥时,即使面对不存在的事物,他们也能运用心中的意向和动作,假装看到、想到、听到、吃到、闻到、摸到以及感受到周遭的世界。根据皮亚杰的理论,参与者的象征性戏剧游戏也反映其表征思考的运作能力,而其表征思考能力取决于其能否创造心智意向,也就是把不存在的事物想象出来的能力。

2. 多形式的组合表达能力

戏剧表达包括动作和表情表达、声音和语言表达以及延伸性表达。这里的延伸性表达是指当身体的动作与表情、声音和语言不完全能表达时,需要借助其他艺术符号，比如美术、音效、歌唱等。

①“造型”对于身体而言，是用身体塑造静止形态的能力。如果说模仿是动态的、过程性的，造型则是静态的、瞬间的。造型是对身体运动的一种静止化，凸显在一个瞬间表情、动作的特质和个性。教师可以根据幼儿的造型能力，鼓励幼儿单人造型、两两造型、多人合作造型等。②“控制”是对身体运动（或言语）的快慢、动静、轻重、高低、大小、远近等相对性的把握。③“模仿”是对人、动物、事物的各种特性以及细节的身体（或言语）动态性的再现和复制能力。[①] 小班幼儿的模仿以十分熟悉的人物或动物为主；中班幼儿的模仿以常见的人物或动物为主，并能初步模仿常见的过生日、吃饭、洗澡等生活事件的过程；大班幼儿的模仿需要进一步感知新的经验，比如皇帝上朝、餐厅礼仪等。每个幼儿的模仿不完全相同，往往带有他们自己对所模仿对象的理解，是他们自己特有的表达。

3. 灵活变化的协商合作

戏舞台活动需要灵活变化的协商合作。正如我国学者高鉴所说：“戏剧是一门集体性最强的创作艺术，戏剧演出还具有巨大的观众包容量。”[②]戏剧的集体性决定了戏剧的教育环境也是集体性的。幼儿的戏舞台讲究合作精神，从初期模糊分工到逐步明确分工，形成一个分工与合作并重的学习环境——每个幼儿都有自己的位置。幼儿可以选择他自己所喜欢或能够胜任的戏剧工作，能够处于一个教育事件正在发生的有意义的“地方”，或是导演，或是道具师，或是演员，即使只是作为观众，那也是一种特定的“位置”。这种集体性的学习环境并不缺乏个性化特点，不同类型的戏剧工作为不同类型的幼儿提供了适应各自气质特点的学习机会。可以这么说，分工与合作、共性与个性、集体与个人在戏舞台的学习场域中得到了和谐的统一。

幼儿在戏舞台活动中处于相互合作的关系：各种想法需要协商；不同角色之间需要配合；不同的戏剧工作之间需要分工与合作。由此很自然地促进了幼儿在团体中的合作能力。

（三）发展创意情感态度

1. 幼儿趣味的游戏化体验

戏舞台活动以游戏精神为内核，把握戏剧的娱乐性、游戏性特性，让“教育的主人”——在戏剧中享乐的幼儿充分感受到戏剧的愉悦、轻松、酣畅。每一

① 张金梅.学前儿童戏剧教育[M].南京：南京师范大学出版社，2014.

② 高鉴.戏剧的世界——戏剧功能新探[M].北京：知识出版社，1990.

次戏舞台体验犹如一场开心无比、酣畅淋漓的游戏，有一些成人看似无趣的事件，却能让幼儿沉浸且欢愉。比如，成人眼中的“烤饼干”，兴许只是一个化学和物理变化的过程，幼儿却兴致盎然地想象自己是一团面粉慢慢膨胀变成圆饼干、方饼干、爱心饼干……“饼干”还会在烤箱里欢乐地跳舞。

戏舞台可以把幼儿从平凡的现实世界拉到充满伟大理想或充满滑稽趣味的戏剧世界，消除日常生活中的无聊或紧张，让心灵得到最大限度的解放和寄托。戏舞台不强调人的理性、目的性的一面，而更倾向于一种沉迷、忘我的存在。在“我”和“忘我”之间转换与存在，让快乐从戏剧里倾泻而出。

2. 丰富多元的审美体验

戏舞台活动是一种审美的教育。审美精神是一种追求美的态度、观念和立场，是建立在真与善和谐统一基础之上的，表现出和谐与生机。

适宜的戏剧选材能激发幼儿的审美感受，如积极的故事情节、多元的角色形象，能够正面和有效地引导幼儿的感知、语言和行为朝着乐观向上的方向发展。童趣的戏剧语言能增强幼儿的审美体验，幼儿创编的戏剧语言不仅有趣还富有韵律感，同生动的画面结合在一起，使得戏剧富有感染力，能够激发幼儿的审美兴趣。应景的戏剧音乐能促进幼儿的审美表达，幼儿沉浸在音乐带来的欢乐氛围中，自由自在地用身体动作来表达喜悦之情，因此戏舞台中对音乐的适宜运用能让幼儿体验音乐带来的不同感觉，从而表现和创造艺术之美。自主的戏剧表演能释放幼儿的审美创造，幼儿讨论、表演、创编剧本是一个创造性的过程，他们通过感受、理解和想象，把所见所闻都变成舞台上鲜活的形象，并赋予生动的情节以及运用适当的身体语言和面部表情等，来表达自己对戏剧的理解和体会。这一系列的活动不仅是幼儿对戏剧内容的创作，而且深化了对戏剧艺术的体验，幼儿表现美和创造美的能力也得到了提升。

3. 积极自主的情感体验

戏舞台给幼儿自由思考、自由想象、自由表达的空间，幼儿能在活动中大胆地表达自己的想法。创意实习场的戏舞台不仅能激发幼儿参与活动的兴趣（愿意、乐于、投入等）和开放性（在集体面前表现大方、敢于表达等），还能培养幼儿乐于、善于运用戏剧符号表达自我、思考和认识周围世界的能力，使其成为开放、合作和有创造力的人。

戏舞台活动是丰富的、有生命力的；反对权威性话语，反对文化复制的标准化、统一化，是教师与幼儿共同建构的、多元的；反对用先验的假设作为自己论证的手段，主张生命的、情感的、非完整性的叙事方式。戏舞台活动强调教育主体的一种亲身经历、体验与探索。创意实习场的戏舞台是幼儿创意学习的一种重要方式。

二、戏舞台学习时空的共建

（一）共建戏舞台创意材料

1. 多样化材料的选择与呈现

造型化的成品材料能够引发幼儿的表演欲望。对于那些年龄较小的幼儿，他们还缺少象征性表达的相关经验，这些造型化的成品材料可以吸引他们、支持他们表演。但是当他们成了经验丰富的表演者并且更有能力在游戏中进行象征性表达后，开放性、限定性小的材料更能启发幼儿进行不同种类的戏剧表演，并为幼儿提供发展发散思维的机会。半成品、替代材料则没有固定的使用方法，能够鼓励幼儿充分地发挥想象力和创造力，进行替代、想象、表征。如各种纸箱、纸盒，在孩子的眼里，它们有时会变成电话，有时会变成澡盆，有时还能成为房子……一物多玩、一物多用，满足幼儿自制或创意需要。

收集戏舞台活动道具时，要注意各种物品的结合：来自幼儿日常生活的物品、拓展他们体验的新物品以及那些鼓励他们进行发散性思维的开放性材料。（表 8－1）

表 8－1　戏舞台活动材料的选择与呈现

生活物品类	● 帽子、鞋子、靴子 ● 各种布料 ● 各种颜色和长度的围巾、披风
拓展体验类	● 面具 ● 丝带、腰带、橡皮圈、魔术贴、夹子等连接物 ● 松散材料包括电话、望远镜、照相机、放大镜、太阳镜、键盘等 ● 多功能箱子、包、钱包和行李箱 ● 工具箱、尽可能安全和真实的医疗箱
开放性材料	● 纸板、木板、斜坡、管道和可移动的空心积木 ● 各种开放性材料和其他自然材料，如树枝、贝壳和石头
图书类	● 根据表演主题而投放的故事书

2. 灵活开放的空间规划与布局

戏舞台的空间是十分灵活的，可以根据使用的时间自由调整，如幼儿在座位上就可以玩戏剧游戏，教室内扮演区或其他空间都可根据实际情况进行利用，多功能厅等空的教室亦可。但是在空间较大的活动室，需要师幼共同讨论和规划可用空间范围，否则幼儿容易到处乱跑，游离于游戏之外。

戏剧主题活动则需要展示区和各类区域的设置，营造戏剧艺术的氛围，提供展示的平台，也为幼儿创设继续进行艺术探索与创造的时间、空间和材料等。其中，展示区包括主题墙和剧场表演记录。主题墙用于呈现主题的来源以及按照戏剧表达、戏剧创作和戏剧表演的活动进程展示出的主题网络图，各个活动还可以配上相关的照片或文字以及师幼共同创作的各类剧本。剧场表演记录包括角色选择、剧场创设、排演、正式演出和海报等照片或文字记录。

区域设置一般包括美术区、语言区、表演区。表演区可提供幼儿表演用的道具、剧本以及其他表演样式的材料，比如偶戏用的各类“偶”。在活动中，师幼还可以根据活动需要随时调整。

3. 宽松开放的人际交互

在一个开放的教室中，不论是教师还是幼儿，对不同方法的实验和不同想法的尝试常会存在许多疑问或不确定的地方。好的学习氛围，应是相互了解、宽松开放的，允许观察、等待、试错，尊重每一个人的感受和表达。在幼儿不愿意参与的情况下，需要耐心等待、观察和给予适度的支持，在适当的时机鼓励幼儿参与，让幼儿在戏剧活动中感受到自由和满足。此外，对于幼儿不太“到位”的身体表达，不做“好”或“不好”的评价，更为重要的是引导幼儿相互之间的观察、模仿与评价，即建立同伴之间的学习。（见案例一）

戏舞台是自由的、开放的，所有的人物（幼儿和教师）去掉原有的角色身份，以一种平等的关系，通过表达（语言和动作）表现自己的所思所想，体会角色的内心感受，学习换位思考。幼儿逐渐掌握与人交往的技巧，增强了交往能力和合作能力，拥有良好的、和谐的人际关系。在戏舞台中，幼儿学会接受、尊重、遵守群体规则，顾及他人感受，在扮演角色的过程中，经历他们的行为和思想之后，思维逐步从自我中心转向非自我为中心。

案例一：戏剧游戏片段“卖帽子”（中班）

老师和幼儿分享完绘本故事《卖帽子》后，幼儿对卖帽子的老人和猴子之间像“照镜子”的互动情节特别感兴趣，就玩起了扮演游戏。先由老师扮演卖帽子的老人，全体幼儿扮演猴子，模仿卖帽子老人的动作（卖帽子的老人的动作有：睡觉，醒来后各种生气的样子，斥责群猴等）。

一开始幼儿根据卖帽子老人的动作，在座位前的空地进行表演。之后，由幼儿走到中心位置，轮流来扮演卖帽子的老人。幼儿用肢体开心地“比手画脚”，表演过程即兴且有趣。

表演过程中，有一个幼儿指责同伴模仿他的“创意”。

幼儿甲：“×××学我的，是我先做的。”

幼儿乙：“又没有什么关系，你刚才还不是一样学我的。”

教师：“当有人看到一些喜欢的动作或想法时，他一定很喜欢照着做，×××一定是很喜欢你的动作才会学你的。”

这是由一个绘本分享活动自然生发的戏剧游戏片段，时间安排和空间设定都相对自由灵活，可以根据现场需要进行相应调整。在戏舞台活动中，我们经常鼓励幼儿“和别人不一样”。因此，幼儿可能内心会受到一种暗示就是“如果我和别人一样，那就是不被接受的”。教师应该用眼神、表情、语言来表现对幼儿“和别人一样”的接受，因为很多创意是会随着熟练、适当的引导以及耐心的等待发挥出来的。

（案例提供：李征）

（二）共建戏舞台创意时机

1.“散点式”戏剧游戏热点

幼儿经常会有即兴生发的戏剧游戏热点，也许来源于一个好听的故事，一段有趣的经历、一部好看的动画、一个突然的想法等。这些“散点式”的游戏热点发生时间松散且无规律：如自主游戏时间、日常生活过渡环节等。这时，教师、家长作为观众自然加入，能充分支持幼儿的大胆想象，满足幼儿创作、表演的愿望。比如餐后自由活动，有幼儿用变调的声音模仿外星人，教师在一旁欣赏幼儿的表演，“外星人第一次来地球，很多东西肯定没见过，外星人吃饭吗？外星人睡觉吗？外星人上不上幼儿园啊？……”于是“外星没有的生活”表演开始了，几个“外星人”和几个“地球人”，快乐地沉浸在自己的世界里。

“散点式”戏剧游戏热点有时起于个别幼儿，或维持的时间并不长，在这个过程中，亦有同伴、教师的互动加入。但有时，当兴趣热点从个别幼儿扩展到很多幼儿，表演的时间也相对较长时，“散点式”戏剧游戏热点便会发展成为“片段式”小组戏剧表演热点或“持续式”戏剧主题活动热点。

2.“片段式”小组戏剧表演热点

当“散点式”戏剧游戏热点从个别幼儿扩展到小组，持续时间能维持到30—40分钟，小组幼儿都有充足表达自己想法的机会，就产生了“片段式”小组戏剧表演热点。我园创意工作坊中的“嘻哈小剧场”时间段和班级自主游戏时间段,都可以开启“片段式”戏剧表演。如在大班绘本故事《巨人与春天》的分享过程中,幼儿对“‘春天的花园’和‘冬天的花园’大不同”这一片段表现出特别的兴趣并展开了热烈的讨论。“春天花会开,花园里到处都有花。”“小河里的流水是哗啦啦地流动。”幼儿用手脚、身体表现“春天的花园”里的场景;从春天到冬天,伴随着音乐的变化,幼儿的肢体形态也发生着变化,合作造型“冬天的花园”场景:花朵会慢慢枯萎,池塘里的水会慢慢结冰,风会从微风变成西北风……不同风格的音乐,可以作为不同场景切换的“信号”。

幼儿“戏舞台”活动不同于成人的戏剧,并不要求一定要进行完整剧目的表演,根据兴趣进行的“片段式”戏剧表演也是常见且受到幼儿喜爱的。

3. “持续式”的戏剧主题活动热点

当“片段式”的戏剧表演热点从小组扩展到全班时会出现多个“片段”小组共演,形成情节较为复杂的戏剧故事表演,此时“持续式”的戏剧主题活动热点就产生了。(见案例二)活动的时间长短和延续最终还是取决于“幼儿的兴趣”。一个吸引幼儿的主题即便相隔好几天,幼儿对戏剧活动投入的程度依然热力不减。如小班故事《三只小猪》欣赏结束后,幼儿在表演区仍喜欢模仿小猪盖房子、小猪逃跑等剧情片段,于是教师入戏扮演反面角色大灰狼,幼儿自由分组扮演猪老大、猪老二、猪老三,与“大灰狼”进行互动。表演过程中,娃娃家的帐篷和资源角的大纸箱都被幼儿翻了出来。有幼儿提议:“帐篷不会坏,做砖头房子吧。”之后,三所“房子”投放于班级区角内。在初期表演中,幼儿的兴趣主要集中在“造房子——推房子——逃跑”等肢体大动作表现上。教师和幼儿一起选择了符合情境的音乐,幼儿根据音乐即兴创编动作,进行载歌载舞式的表演。之后的表演区游戏中,幼儿自己更换角色、继续创编动作,还自发加入《小猫钓鱼》中的表演元素,自主选用表演区的材料,进行剧情的再次创编。

案例二:由“凯叔讲西游”引发的游戏热点(大班)

每天午睡前听一个“凯叔讲西游”的故事,成了孩子们共同的习惯。慢慢地,有的幼儿开始带《大闹天宫》《猪八戒吃西瓜》等以经典西游故事为题材的绘本来园,还有的幼儿带来了美猴王面具、金箍棒玩具,放在班级的表演区里。孩子们经常模仿西游记里的经典台词如“你这泼猴”,然后开始打斗。

捕捉到幼儿的兴趣后,师幼共同生成了“猴王争霸”“三打白骨精新编”等一系列的主题戏剧活动热点。在这个过程里,幼儿自己创编剧情、选择表演音乐、设计表演动作、制作表演道具、设计表演背景、尝试连续表演……乐此不疲地诠释着自己的西游故事，班级里掀起了一场“西游热”。

（案例提供：李征）

（三）共建戏舞台创意策略

1. 共建“角色先行”的戏剧形象

在完整的、成熟的剧本出现前，戏剧情节是即兴的、灵活的、变化的。对于幼儿来说，他们的戏剧不像成人那样“剧本先行”，而是“角色先行”，即对角色塑造是从外表到内在个性的逐步探索。

首先，角色塑造要探索的是“我是谁”。在一个虚构的戏剧情境中“我会是谁”，即“我”将要进入一个“非我”的世界，年龄、长相、动作都和原来的“我”不一样了。其次，角色塑造要探索“我扮演的角色是怎样的”。具体来说，教师可以和幼儿讨论，扮演的角色长什么模样，动作怎么样，是怎么说话的，教师可以使用“轮廓图”策略，用图画的方式记录幼儿说出的角色长相、服饰、携带物品等；也可使用“角色圈”策略，由每组幼儿定格表现角色的典型动作；还可以使用“录音机”策略，由此传递角色的声音。最后，角色塑造要探索“我扮演的角色喜欢（不喜欢）什么”。通过对“喜欢（不喜欢）什么”这一开放性问题的探讨，幼儿可以自由思考和表达对角色的理解，比如“喜欢（不喜欢）吃什么”“喜欢做什么事情”“喜欢和谁一起玩”等。

2. 共建“即兴扮演式”的情节

成人化的儿童戏剧教育将情节创作视为表演的前奏，一般先口头讨论，然后将讨论内容表演出来。事实上，剧本的创作过程不是单纯的语言讲述，教师应该鼓励幼儿用动作和表情表现出来，并将此详细地记录下来。更确切地说，剧本是“说”出来的，也是“演”出来的。情节创作包括场景的创作、冲突的产生与解决。依据一定的故事线索，运用多种艺术表现媒介对戏剧中的场景、故事情节以及角色关系进行想象与创作，并对戏剧冲突做出批判性的思考。[①]

有时候教师会以角色身份带动幼儿创作情节。通常教师会扮演剧中某些人物，利用戏剧中的角色特质来吸引幼儿参与，借此提出要求、建议，以达到发展剧情或探索重要议题之目的。幼儿创造的剧本不仅仅是纯文字的表现形式，也可以让教师用文字记录，或让幼儿用画笔画出来（即美术符号表征的形式）。教师应习惯并善于在即兴扮演中加以引导，这需要教师以角色的身份或

---

① 张金梅.表达·创作·表演——幼儿园戏剧教育课程（大班）[M].南京：南京师范大学出版社，2014.

教师身份，及时根据幼儿的话语、动作和情绪反应加以互动。（见案例三）

案例三：戏剧主题活动片段“你看起来很好吃”（中班）

教师和幼儿分享了宫西达也的绘本故事《你看起来很好吃》。教师运用“轮廓图”策略，与幼儿进行讨论：“故事中的小恐龙叫什么名字？”“它长什么模样？”“怎么样才能让自己变成三角形？”幼儿尝试用自己的动作表现出三角形的样子。随后，教师鼓励幼儿两两合作，共同用身体组合成三角形。这里，教师运用了“定格”策略，表现甲龙的典型姿态造型。

“甲龙宝宝是从哪里出生的？”“蛋会是什么样子？”“火山爆发时，蛋会怎么滚？”“小甲龙一出生，会做哪些事情？从1数到5，请你们做做看小甲龙可能会做的事。”为了充分调动每个幼儿的积极性，教师采用了“全班扮演”策略。年纪越小，身体感知的需求越大。集体扮演，既满足了所有幼儿的参与愿望，又缓解了幼儿在集体面前表演的紧张感。

（案例提供：李征）

3. 共建重要的“戏剧契约”

“戏剧契约”在戏剧教育活动中非常重要，即教师和幼儿共同约定戏剧活动必须遵守的规则。如“假定性契约”是所有戏剧教学契约中最为根本的、基础的契约，在最初建立时教师通常明确提议说“我们假装……”；“行动的契约”如先思考再行动，可以学习别人，没有标准答案等；“角色分配的契约”共识是尽可能让每位幼儿都有机会尝试各种角色，如轮流尝试其他角色，竞争或者推选；“协商的契约”“配合的契约”体现了扮演的角色与角色之间相互的配合，还体现了演员与观众之间的相互配合；“半边脸的约定”是指“演员既要与台上其他演员配合又要面对观众时可侧身，保证半边脸对着观众，半边脸对着其他演员，如不需要与台上演员配合时则要整张脸面对观众”等。①

可以通过游戏的形式建立“戏剧契约”，或以活动中的一些事件为契机来建立契约等。幼儿一般以即刻的动作回应教师，随后就演进为隐性契约，不言自明了。

三、戏舞台创意活动的设计

（一）戏舞台创意活动内容设计

1. 依据绘本设计

很多绘本角色形象鲜明、情节跌宕起伏、矛盾冲突明显，适合作为戏舞台

① 张金梅.学前儿童戏剧教育[M].南京：南京师范大学出版社，2014.

创意活动内容。如《我的幸运一天》讲述了一个关于幽默与贪婪、智慧与勇气的故事。以该绘本为依托，如何激发幼儿的表演创意？这需要不断地和幼儿对话、讨论才能得到解答。活动从幼儿最喜欢的角色出发：小猪、狐狸的特点是什么？教师使用“轮廓图”策略，使幼儿对这两个角色有更深入的理解和感受，为之后的创意表演做了充分的铺垫。在表演过程中，最大限度地支持幼儿使用肢体动作进行创意表达是戏舞台活动的宗旨。幼儿用肢体动作不仅可以表现人物、动物，还能表现食物（故事里的小饼干、番茄、通心粉等）和植物（大树、小花等）以及自然现象（风、水、火、雪等），甚至是故事发生的背景（比如幼儿可以用肢体合作表演一个花园等）或其他可以用身体来表达的事物（字母、机器、细菌）……只要幼儿愿意，通过单独的肢体表演，或两两合作甚至群体合作都可以进行创意表现。

2. 依据幼儿即兴创编内容串联设计

有时候，戏舞台创意活动内容来自幼儿的热点话题和即兴创编。如幼儿在某一阶段对充满神秘色彩和冒险精神的“海盗”形象特别感兴趣，自动发起即兴扮演。在教师的敏锐捕捉和层层推进下，有趣的“海盗历险记”诞生了。表演初期，幼儿的表演兴趣聚焦于“航海——找宝藏”这样的简单剧情上。为了更好地支持幼儿的探究兴趣、丰富幼儿相关经验，师幼共同寻找“海盗”主题的绘本。通过绘本分享，那些原本只存在传说里的海盗，似乎离我们更近了。美人鱼、仙女、海怪、大风暴、海盗首领、普通海盗、宝藏超人……角色和剧情不断丰富。比起创编冗长的台词，幼儿更加喜欢用自己的动作或者声音来表现喜欢的角色。比如，“海盗”出场时，幼儿设计的出场方式是发出一声大吼。发现宝藏时，如何表现自己的惊喜呢？如“海盗”双手叉腰、仰天大笑。“宝藏们”有的用肢体动作把自己变成一个宝盒，有的则变成一盏阿拉丁神灯。教师选择贴合主题的音乐，烘托表演氛围，串联故事情节。

3. 依据经典故事和即兴创编相组合设计

经典故事和幼儿的即兴创编相组合，往往会产生意想不到的惊喜。如在表演区投放西游系列的表演服和道具，幼儿在熟悉了《大闹天宫》《三打白骨精》等经典故事的基础上创编了《猴山上的故事》和《三打白骨精新编》。经典故事情节为幼儿所熟知，“编一编、画一画”“小组交流讨论”等形式能够支持幼儿更好地将零碎的、个别化的经验进行梳理小结，为后面片段的连续表演作经验铺垫。在幼儿创编的过程中，有的小组创编剧情基本和《西游记》原有剧情类似，教师应给予充分肯定，因为这是幼儿原有经验的一种再现，不强求“不同”，不强求“创意”，这是对幼儿表达的尊重和接纳。当然，在创编过程中，有时确实也会出现一些出人意料的奇思妙想，如《三打白骨精新编》中，幼儿编出了“一打假公主，二打坏皇后，三打公主的恶狗”的奇妙剧情，天马行空、不拘一格。在表演过程里，猪八戒和沙僧两个角色遭到“冷遇”，教师试图引导幼儿选择这两个角色，但是幼儿明确地表达了自己对这两个角色的感受：不喜欢、不想演。反倒是白骨精受到幼儿的热捧。最后，教师尊重幼儿的感受和选择，自己介入角色扮演，避免了因为角色缺失而对整个活动造成的影响。

（二）戏舞台创意活动组织形式

1. 游戏之戏——幼儿自发的戏剧游戏

自发的戏剧游戏是反映幼儿心理需要的一面镜子，同时也是学习的最佳媒介。由于它具备各项戏剧的基本元素，所以某种程度上来说，它是教师有目的、有计划组织“戏剧教育”的重要基础。①

戏剧游戏在幼儿的一日生活中常常发生。对这类即兴发生的戏剧游戏，教师可利用幼儿所创设的游戏情境对其加以引导，扩大游戏内容，视情况为其提供动作、语言的支持，甚至可尝试以新角色的身份介入游戏，由此来提供支持和引导。

根据功能不同，戏剧游戏可以分为不同类型。① 放松游戏，如大班“我是一朵云”，引导幼儿用肢体表达云的种种形态，可以让幼儿从紧张、亢奋的状态中恢复平静；② 感知游戏，如中班“尝一尝”，幼儿想象自己吃了不同类型的食物，模拟吃的动作和吃完后的表情、动作等；③ 模仿游戏，如小班“小动物走路”，是幼儿对动作的模仿；④ 想象游戏，如大班“遨游太空”，是幼儿对太空失重情境的想象；⑤ 造型游戏，如小班“奇特的树”，是幼儿尝试摆出的静物造型；⑥ 控制游戏，如中班“慢镜头”，是幼儿对身体速度的控制；⑦ 专注游戏，如大班“做相反”，是幼儿对动作和表情的关注。

2. 主题之戏——主题明确的戏剧活动

与随机发生的戏剧游戏相比，有主题、有组织的戏剧活动目的显得更为清晰。“主题之戏”是指在专门的戏剧空间中，教师带领幼儿围绕特定主题，经由肢体、声音、语言等身体资源共同创作角色、情节和情境，并在创作过程中反应自身独特经历，发展想象力、创造力以及解决问题能力的一种组织形式。

遵循幼儿戏舞台创作“角色为先，情节在后”的一般规律，“主题之戏”依次按照暖身活动、角色塑造、情节创作、分享与交流四个流程进行。① 暖身活动

① 张金梅.学前儿童戏剧教育[M].南京：南京师范大学出版社，2014.

也就是引起动机，即通过观看视频、图像等，以师幼对话的方式调动幼儿的已有经验，激发幼儿的思考与表现。② 角色塑造主要指通过身体造型、装扮及道具使用等扮演特定情节中各种虚拟的角色，在认同所扮角色的同时，关照角色的内心，为创作情节做好准备。③ 情节创作包括场景的创作、冲突的产生与解决。④ 分享与交流，即活动之后的展示、反思与评价，包括对主题的反思、对创作（扮演）的反思、对角色（自己与他人）的反思等。

3. 剧场之戏——系列主题戏剧活动串联

从随机生发的戏剧游戏到拥有主题的戏剧活动，戏剧的元素在此过程中逐步丰满。“剧场之戏”则是系列主题戏剧活动的串联，依从幼儿戏剧经验整合与提升的进程，师幼共同建构的一系列戏剧活动，即从戏剧表达出发到戏剧创作，最终形成完整的戏剧表演。[①]

不同年龄段幼儿的相关经验和戏剧经验不同，小班多以文学作品作为主题来源，可以参照文学作品内容；中、大班则开拓其他艺术形式以及自然现象和社会现象作为来源，这样才会有更多的艺术创作的空间。“剧场之戏”通常由 10—15 个左右的系列戏剧活动片段组成。其中，戏剧表达和戏剧创作可由 4—5 个系列活动组成，戏剧表演则需要呈现“我要扮演的角色”“我们的剧场”“片段排演”“完整排演”“正式演出”等内容。（见案例四）

案例四：戏舞台活动“海盗历险记”（大班）

一次偶然的谈话，引发了幼儿关于“海盗”的兴趣与热议。随后，师幼共同讨论、开展了如“海盗训练营”“海盗船长”“宝藏迷宫”“真假宝藏箱”“美人蛇和树”“迷宫设计图”“剧场邀请卡”“道具大制作”“出场板的讨论与设计”“我们的演出”等系列主题活动。其中，前五个活动主要进行“戏剧表达和戏剧创作”，后五个活动则主要围绕“戏剧表演”进行。

大班幼儿生活经验丰富，知识面也较为宽广，已经可以围绕像“海盗”这样的主题进行完整的剧场表演。整个戏舞台活动历时一个多月，幼儿经历了一场相对完整的“剧场之戏”。

（案例提供：李征）

（三）戏舞台创意活动环节设计

1. 发起

幼儿戏剧创作的愿望来自幼儿自己的生活，一件物品、一次经历、一首歌

① 张金梅.学前儿童戏剧教育[M].南京：南京师范大学出版社，2014.

曲、一幅画、一段故事、一种想法或心愿。戏剧创作的来源有的是幼儿自己发现的，有的需要教师与幼儿通过探讨进一步明确。前者出现于幼儿自发的戏剧性游戏中，后者则是有计划地开展。

对戏剧冲突的不同观点和建议，需要集体协商，形成相对一致的做法。教师既可以入戏，扮演其中的主要角色或次要角色，以高支配的方式引导幼儿创作；也可以出戏，不扮演任何角色，以低支配的方式帮助幼儿创作。前者适合年龄小的幼儿，或者有难度的戏剧创作；后者反之。

2. 推进

对于角色塑造，可以从外形特点、姿态等方面入手。幼儿可以两两合作，一个孩子扮演“雕塑家”，另一个孩子扮演“雕塑”。“雕塑家”按照自己的想法不断摆弄这个“雕塑”的肢体造型，表达他对角色外形、姿态的认识和理解。

此外，师幼可以共同探索角色内心活动以推进情节创作。如某个人（教师或幼儿）扮演角色，接受其他人的询问，可以借由坐在特定位置、穿上某件衣服或拿着某个物品来示意所扮演的角色。这一策略适用于情节发展过程中角色内心活动的探索。也可以全体分成两列，中间的距离容许一个角色通过，让这个角色穿过这条“巷子”，其他参与者以某角色或自己的身份提出意见或看法，或者说出对该角色的想法。

3. 丰富

当角色逐渐丰富，幼儿可以分组塑造不同角色。一个小组同时扮演一个角色，形成一个圆圈，有共同的名字，做该角色的动作造型，说一说该角色常说的话语。若干小组分别扮演所需要的各种角色。小组扮演同一个角色，既满足了所有幼儿的参与愿望，又缓解了幼儿在集体面前表演的紧张感。

在冲突架构方面，可用物品象征意义带动情节创作，也可以文字信息带动情节创作。如“一封来信”的内容可以为情节发展增加新的障碍，或是解决方案，或是更大的谜团，激发幼儿进行深入的情节探索。有时候，还可以用特定仪式程序带动情节创作。如会议或各种典礼通常有特定的参会角色、特定的场景以及特定的程序，比如在生日宴、婚宴、皇帝上朝、木兰庆功等情节设计上，就要遵循这些特殊的礼仪，以显示其仪式感。在多次扮演中，教师不断发现和归纳幼儿精彩、简洁、生动的角色语言，丰富幼儿戏剧创作的表现力。这一环节一般在年龄较大的幼儿中展开。这些环节汇聚了幼儿自己的智慧，幼儿的戏剧创作一步步地丰满、生动起来。在思考中行动，在行动中思考，戏舞台的魅力正在于此。（见案例五）

4. 表演

遵循幼儿戏剧经验的发展，教师认识到“集体式”的表演更适合年龄较小的幼儿“全体体验”的需要以及幼儿的表演水平；年龄越小的幼儿更喜欢在音乐的伴奏下载歌载舞式的表演，表情比较单一，但是随着年龄以及经验的增长，他们的表演会从简单的朗诵式的语言逐渐向复杂的性格化方向发展。

案例五：戏剧主题活动片段“老鼠娶新娘”（大班）

“老鼠爸爸们”围成一小圈，教师发问并随机指定任一“老鼠爸爸”响应问题。“你今年几岁，有几个小孩？”“在村子里，你担任什么工作？”“为什么要找世界上最勇敢的女婿？”“你女儿知道你要把她嫁出去吗？”“你觉得你女儿听你的话吗？”

“老鼠女儿们”围成一圈，教师发问并随机指定任一“老鼠女儿”响应问题。“你爸爸带你去找了哪些人？你喜欢他们吗？”“你理想中的丈夫是什么样的？”“你会如何对爸爸说出自己的想法？”

“太阳、乌云、墙或老鼠青年”出来围成一个圈，教师发问并引导幼儿以各自角色身份响应问题。“太阳先生，你同意娶老鼠新娘吗？”“乌云先生，你觉得自己和老鼠新娘合适吗？”

根据上述角色的响应，运用故事接龙的方式进行串联。

幼儿年龄小，问题询问时间不宜太长，一人一句即可，丰富对话，发展情节。

（案例提供：李征）

四、戏舞台创意活动的教师角色

（一）倾听者

1. 在倾听中了解幼儿的学习方式

戏舞台活动中，儿童是戏剧的主人。教师应充分倾听幼儿的兴趣和需要，包括活动过程中，对幼儿话语、表情、动作、姿势等外部表征进行真实而客观的观察，了解幼儿在活动中的创意学习方式、同伴合作方式、是否遇到困难等。不同幼儿的学习方式亦有不同，有的幼儿善于交流，有的幼儿善于内省，有的幼儿积极出谋划策，有的幼儿擅长配合……倾听，让教师更好地了解每一个幼儿，促进他们个性化的学习与发展。

2. 在倾听中把握“对话”契机

通常戏舞台活动的演出不是一次性的，会进行不断地补充和丰富，幼儿还会选择自己没有表演过的角色再次表演,但多次的演出不是重复,每一次演出都是前一次演出的发展和进步。认真倾听,帮助教师更好地了解幼儿在戏舞台创意表达中的状态、能力发展;认真倾听,是有效“对话”的基础;倾听也能帮助教师发现幼儿的兴奋度是否已经有所下降,是否要考虑使用有效的推进策略还是停止该剧目的表演。在中班戏舞台活动“我的幸运一天”中,教师认真倾听幼儿对于这个绘本故事的想法,他们到底对故事中哪些片段更有兴趣,教师便鼓励幼儿用肢体动作大胆地表现这些过程,《饼干歌》《我爱洗澡》等主题鲜明、节奏欢快的音乐,更是有效助推了幼儿的表演。

(二)对话者

1. 在对话中推进戏剧创作

在戏舞台活动中,教师和幼儿一起创作戏剧作品。他们通过动作和语言共同“写”剧本。教师以对话者的角色与幼儿共同创作戏剧,就必须避免代替幼儿创作的做法,比如,总是希望幼儿“跳进”教师事先安排好的情节中。

戏舞台活动虽是由幼儿思考、探索、表达、创编的,但在整个过程中,教师要给予幼儿一定的推动力,比如提供咨询、提出质疑等。教师还可以担任某个角色,亲自参与到戏剧表演中,教师“入戏”成为幼儿戏剧表演的对话者。在幼儿戏舞台活动中,教师的角色定位最特别的就是:教师是“双面人”,既要“入戏”扮演各种角色,充当幼儿戏剧表演的对话者,又要随时根据需要“出戏”,以教师身份与幼儿互动,引导幼儿进一步推进戏剧活动的进程。教师既有真实的一面,也有虚构的一面,角色之间的转换,具有一种跳跃性,看起来没有顺序,但大都可以根据情节发展需要以及幼儿现场反应加以调整。

2. 在对话中形成戏剧契约

戏剧契约不是教师用简单口令或要求便能建构的,它需通过师幼平等对话、协商形成。在幼儿“入戏”的情境中,以一些特定事件为契机,师幼以平等对话的关系,共同进行戏剧创作,解决创作中遇到的问题。戏剧契约从建立、运行到最终内化,具有一种建构性的动态机制,即呈现从最初的外显到最后的内隐、由多到少的动态过程。比如,前面一两次做哑剧表演时,需给幼儿提示哑剧契约符号,到后面活动中教师基本不需再做出提示,说明该契约已内化为幼儿习惯,如果还需教师一再提示,说明该契约运行不成功,需师幼重新进行对话并建构。当幼儿完全内化这些契约时,师幼即达到一种高度默契的状态。

（三）共赏者

1. 在共赏中发现幼儿的稚拙美

幼儿的戏舞台活动是从粗糙的、简单的和游戏化的稚拙性表演向复杂的、综合的和艺术的表演层次发展和过渡的。这种发展就是因为各种戏剧元素在幼儿戏舞台活动中不断被添加进来而形成的：角色塑造先行，其中角色的动作、表情和装扮为重点；情节渗透在即兴扮演中；剧场意识逐步从表演中分离出来。不要用成人的眼光去要求幼儿“动作形象、表情丰富、对话生动、情节完整”，教师要以期待的眼光欣赏幼儿的动作和表情、角色对话以及舞台行动的稚拙美。稚拙美是幼儿与成人在戏剧表演上最明显的区别之一。适当的、真诚的给予幼儿鼓励，接受及反映幼儿的情感与想法。

2. 在共赏中发现幼儿的奇妙创意

在戏舞台活动中，教师与幼儿是共同玩伴关系、平等合作关系和相互学习关系。共赏者的角色让教师能更好地发现幼儿的奇妙创意。在中班戏舞台活动“我的幸运一天”中，幼儿非常喜欢随着节奏欢快的音乐进行肢体表达，于是有幼儿提出想要表演一块小饼干，教师惊叹于幼儿的想法，并给予大大的支持与鼓励，于是“饼干舞”出现了。幼儿先把身体缩小缩扁，再慢慢地把身体变得大大的、胖胖的，随后幼儿还举一反三地创编了“意大利面之舞”。教师欣赏每一个幼儿的创意表现，惊叹于他们的每一个奇思妙想，真正成为幼儿戏舞台活动的共赏者。

五、戏舞台创意活动的家庭指导

幼儿具有模仿和表演的天性，他们需要戏舞台活动的滋养和激发。戏舞台是幼儿把握外部世界、认识自我的主要途径之一。在戏舞台活动里，幼儿会扮演不同的角色，并重现他们真实生活的经验。他们利用道具以及扮演来加深对周围世界的了解。通过扮演，幼儿在心中梳理已有经验，解决问题的能力和抽象思考的能力得到提高，在与同伴的互动中合作意识逐步增强。比如，为了扮演医生的角色，幼儿必须记住医生用了哪些工具、怎么帮病人做检查以及医生会说什么话。在扮演医生或其他角色时，幼儿要学着去和他人合作，了解他们的想法。

（一）我们的戏舞台活动：一封给家长的信

亲爱的家长：

您好！

欢迎你们走进孩子们的“戏舞台”。

近期,孩子们沉浸于"海盗"的奇幻世界。海盗神秘、勇敢,充满了冒险精神,孩子们都热衷于谈论、模仿关于海盗的一切。本月,我们将以"海盗历险记"为戏剧主题,让孩子们在模仿、想象、创作、表演中,表达他们对"海盗"的理解与认知。

在此,邀请您加入孩子们的"海盗"表演活动,为他们提供以下支持:

- 和孩子一起收集关于海盗的绘本、动画、演出视频,进一步丰富孩子关于海盗的相关经验。
- 帮助孩子收集各种有利于其进行扮演的道具,比如海盗帽、披风、头巾等。
- 积极参与剧场表演,我们将会邀请您于×月×日来园观摩孩子们的剧场演出。(表8-2)

让我们期待着孩子们的精彩表现吧!

×××幼儿园××班

×年×月×日

表8-2　家长资源调查表

班级:　　　　幼儿姓名:　　　　家长姓名:

家长单位、职业	
兴趣、特长	
是否愿意参加戏舞台"家庭导师"活动	
何时有空参与活动	
您能为我们的戏舞台活动做些什么	
关于戏舞台,您还有哪些建议	

(二) 我们的家庭戏舞台活动:做一做

1. 学一学

◆ 亲子共读:《猜猜我有多爱你》

准备:绘本《猜猜我有多爱你》,优美的轻音乐,纸、笔,其他制作材料。

玩法:

(1) 亲子阅读《猜猜我有多爱你》,要尽量掌握声音、语调、动作等表达技巧,赋予故事新的生命力且制造适当的气氛,帮助幼儿进入故事中的想象情境。

（2）与幼儿讨论“我们可以设计哪些动作来表达更多的爱？”“如果大兔子变老了，小兔子长大了，他们之间又会说些什么、做些什么呢？”鼓励幼儿大胆使用肢体动作和语言进行表演。

（3）可以亲子合作做“道具”，设计“服装”。

（4）尝试改编故事结尾，选择优美的音乐配合角色表演。

2. 玩一玩

◆ 亲子游戏：海盗

准备：小方巾一块或独眼眼罩一个。

玩法：

（1）海盗进阶第一关：练习吼叫。家长带着幼儿像一个海盗那样，家长先示范，接着幼儿模仿或自由发挥。只要声音和表情够凶狠，就顺利过关。

（2）海盗进阶第二关：练习打斗。家长要示范用手当长剑打斗，请幼儿把手伸出来，用右手对着右手，左右左右来回对打。注意只要一接触到手臂就要弹开，反应要灵活。只要可以用手臂左右左右对招，第二关就算通过。

（3）海盗进阶第三关：划船。家长和幼儿假装手上拿桨，家长喊“1”，幼儿手往下划，家长喊“2”，幼儿手往上抬起，脚要往前小移一步，慢慢滑，身体慢慢往前移动，就像划船往前移动一般。往左边划，往右边划，突然停止口令，让幼儿能练习控制身体以及听节奏做动作。

（4）海盗进阶第四关：寻宝。家长可以事先准备一个小方巾，或者独眼眼罩，藏在家里某个位置让幼儿去找寻。找到之后，帮幼儿戴上或绑上，一起玩一玩海盗的游戏。

3. 试一试

◆ 亲子剧场：《不要再笑了，裘裘》

准备：绘本《不要再笑了，裘裘》，纸、笔。

玩法：

（1）讲故事时间，请爸爸妈妈们注意如下关键词：笑、装死、凑过去闻来闻去、笑到肚子痛、戳戳身体、笑到尖叫、叼着它晃来晃去、笑到发抖、哇哇大哭、笑到东倒西歪、吓得笑不出来。

（2）亲子共读时，爸爸妈妈们开始大声朗读这本书。不过，只要读到关键词句，语调就要比较大声，然后停顿一会儿，请幼儿做出相应动作。接着继续念下去，幼儿继续聆听。比如，“负鼠妈妈很疼爱她的小宝贝裘裘，但是裘裘老爱咯咯咯地笑”（加重“笑”的发音，看幼儿是不是“咯咯咯地笑”）。

“裘裘躺下来装死（让幼儿躺下不动，提示他们姿势可以做不同变化）。负鼠妈妈假装成一只饥饿的狐狸，凑在他的皮毛上闻来闻去。闻呀，闻呀，闻！（爸爸妈妈就变成狐狸，去嗅嗅幼儿）裘裘忍不住笑出声来，笑到肚子痛。”可以在玩之前提醒幼儿：每一次“装死”和“笑”，可以试着做不同的变化。比如装死的动作，可以平躺、侧躺、身体缩起来，也可以变成“大”字形。

（3）还可以玩一些衍生的亲子小游戏，比如和幼儿一起回忆自己曾经在什么情况下会“笑到肚子痛”或是“笑到尖叫”或是“笑到发抖”。亲子共同回忆并选择出真的好笑的故事，鼓励幼儿画下来，爸爸妈妈帮助幼儿用文字记录下来，最后变成一本“好笑书”，大家看完就会觉得很好笑！

（三）我们的戏舞台资源：闪亮生活的人、事、物

1. 寻找身边的“表演家”

“表情帝”“动作帝”，生活中处处都有“表演家”。孩子们是，你也是。有时候，我们的表情和肢体就是诠释生活乐趣的最好道具。

请在日常生活中找一找有趣的“表演家”，比如，家庭聚会上声情并茂表演的爸爸，和宝贝讲故事时手舞足蹈夸张演绎的妈妈，要是有戏剧表演方面的从业人员或是资深爱好者就更棒啦！这些身边的“表演家们”可以丰富幼儿对戏剧表演艺术的认知，培养幼儿对戏剧艺术的热爱，给予幼儿真正接触戏剧艺术的机会，让幼儿以不同的表现形式，生动、欢乐地表达自己的想法与感受，从而使心灵得到成长。

2. 找一找身边的“小剧场”

围绕幼儿的相关生活经验能随时引发一个个鲜活有趣的亲子戏剧游戏。比如，幼儿有了去医院看病打针的相关生活经验后，会在家自发玩“医生看病”的扮演游戏，做皮试、扎针、贴胶带、拔针……家长可以尝试把自己变成孩子融入，和幼儿一起玩、一起思考，一起享受游戏的愉悦。

幼儿喜欢的儿童文学作品（童话、寓言、诗歌、生活故事、动物故事、影视文学等）或者是幼儿日常生活中的事件（理发、看病、坐飞机等）都可以作为亲子“玩”戏剧的主要内容。“玩”的方式也可以多种多样，比如，只做动作不发出声音的“哑剧”，以即兴对话为主的“小品扮演”，也可以亲子制作纸偶、手偶等。总之，合理利用家庭的各种资源，为亲子“玩”戏剧创造各种幽默形象、生动活泼的表现形式，也就为幼儿创设了一个支持他们快乐学习的家庭氛围和精神环境。

3. 找一找生活中有趣的“道具”

一顶帽子，一双成人的鞋子，一条围巾，一件披风，还有那些独具风格的织

物，在“戏舞台”中很可能成为幼儿的扮演服；腰带、橡皮圈、魔术贴、夹子，则是必不可少的连接物；电话、望远镜、太阳镜、键盘、包、行李箱、医疗箱……这些生活中随处可见的真实物品，都是“戏舞台”绝佳的演出道具；纸板、木板、积木、树枝、贝壳、石头，这些开放性材料也是独具魅力的，在幼儿的想象下，总能呈现出人意料的玩法；与表演主题相关的图书，适合幼儿欣赏的戏剧表演视频，则能成为拓展幼儿戏舞台相关经验的有效媒介。

第九章
奇思妙想奇趣园

幼儿的“奇趣园”

幼儿具有与生俱来的好奇心和探究的热情，他们常常通过观察具体的事物来认识其特征，通过探究具体问题来发现事物之间的联系。这些对具体事物的观察和对具体问题的探究可以为幼儿积累丰富的科学经验，培养良好的科学素养，拓展解决问题的多种途径。奇趣园能最大限度地满足幼儿的好奇心和探究热情，能在幼儿和现象之间建立新的连接点，在新旧经验的交替更新中生发创新和变化。奇趣园之“奇”为“新之奇”，主要指幼儿主动对新奇的现象、新颖的材料产生好奇；奇趣园之“趣”为“儿童之趣”，指幼儿在科学探究时与环境材料的趣味互动中保持持久的兴趣，体验探究活动的妙趣。

幼儿园的“奇趣园”

幼儿园的奇趣园是指运用奇趣环境创设支持幼儿进行科学探究类活动的场所的总称。通过创设与幼儿当下生活、学习、认知密切相关的富有新奇与童趣的自主学习环境空间以及各奇趣园多元操作材料的提供和呈现，激发幼儿自主探索的愿望。在奇趣园中，幼儿能自主自由地发现、探究，在与不同年龄的同伴和多样材料的互动中，主动学习并建构经验。奇趣园活动有三大关键词：发现、探究、奇思妙想。奇趣园的活动形态主要有奇趣发现室探究活动、种植园探究活动、班级科学区域探究活动、生活随机探究活动等。

奇思妙想的“奇趣园”

奇趣园是支持幼儿在探究活动中创意表现的场所。朱家雄指出：幼儿对事物的认知与成人不同，他们有自己的解释和想法。有人将这些解释称为幼儿自己创造的理论，但这些理论与严格意义上的科学理论是不同的，因而也被称为朴素理论(naive theory)。[①] Naive 意为天真、幼稚、质朴的,因此,朴素理论也被称为“天真理论”。奇思妙想的奇趣园可以接纳幼儿的朴素理论,可以认同幼儿跨越虚拟和真实的创造联结,可以倾听幼儿自由自主的创意表达。在这里,幼儿可以根据自己的已有经验和逻辑推理,自由地表现对世界的独特理解。一切在成人看来不切实际的天方夜谭,甚至啼笑皆非的观点都能被重视。奇趣园鼓励幼儿表达对事物独特的朴素理解,正是这些独有的创造性解释成就了幼儿的“奇思妙想”。

一、奇趣园促进幼儿创意发展

(一) 丰富创意认知经验

1. 对周围事物的认知

奇趣园为幼儿在探究中认识周围事物和现象创造机会,这里有能够充分调动幼儿触觉、视觉、嗅觉的材料,激发幼儿运用自身感官获得对事物最初的认知。他们通过触觉了解物体的温度,通过视觉了解物体的形状,通过嗅觉了解物体的气味……幼儿运用所有的感官从多维角度认识物质材料的特性,发现事物外在的、表面的具体特征,进而认识事物之间的联系。

幼儿除了运用感官去认识事物,还需要在直接操作中感知。奇趣园为幼儿提供能够移动、敲打、揉捏、推拉、拆装、混合的物品,他们在变化物体的形状的过程中,观察物体的改变,获取对事物的进一步认知。如移动沙土堆叠“沙丘”、拍打水面激起“浪花”、揉捏黏土变化形状……幼儿的年龄特征和认知特点表明,他们更适于获得经验性知识,在亲身活动中获得丰富的、具体的实践经验,并在此基础上归纳、概括,完善认知结构。

2. 对科学现象的认知

奇趣园给幼儿提供了充分自由探索的时间和空间,支持他们在好奇心的驱动下,发挥自己“科学家”的潜质,用幼儿独特的视角去发现身边的科学现象,如发现植物的成长、风扇的转动、月亮的圆缺等。幼儿对于科学现象有自己的认识和理解,在已有经验的基础上,用自己的方法来获取并不断丰富自己的科学知识。

教师通过环境创设、材料提供、时机把握、话题引发等,引导幼儿发现常见的自然科学现象的存在、关系及其发展规律,如四季交替、水中沉浮、磁力吸

---

① 朱家雄.幼儿园课程[M].上海:华东师范大学出版社,2003.

附、光影变化等。幼儿对科学现象的认知逐渐从典型特征到渐变过程再到变化与环境的关系，由浅入深、由表及里、由现象到事物之间的关系的认识。①

3. 对工具运用的认知

辅助工具的运用可以支持和帮助幼儿实现其探究和设计活动的需要与想法，如纸、笔、剪刀、木块、放大镜、容器、漏斗、筛子等。在奇趣园，幼儿常常会用自己的方式选择工具，创造性地使用工具解决探究中的问题。

幼儿在认识和使用这些工具的过程中，经历了从摆弄到恰当选择的发展过程。在幼儿初次接触这些工具时，他们只是对工具本身感兴趣，乐于摆弄和尝试使用各种工具。由于他们对这些工具的用途几乎一无所知，所以他们常常用非常规的方式使用这些工具，按自己的需要和想象赋予它们功能。逐渐地，他们发现了每种工具似乎更适合于做某些事情，他们积极地频繁更换所用工具。幼儿对工具的创造性使用有别于成人使用工具的固化思维，呈现出幼儿特有的奇思妙想。

（二）提升创意学习能力

1. 积累观察实验操作力

幼儿通过观察收集信息，产生对事物的最初理解。通过操作材料、反复实验来验证猜测，理解事物的因果关系。对于幼儿来说，观察实验能力是一种收集事实证据的能力。② 幼儿在实验中观察发现、猜测假设、实践验证，并用幼儿独特的视角，加深对事物和现象关系的认识。

在奇趣园，幼儿可以反复实验操作，在操作中重新梳理自己的想法，并产生新的理解。这是他们验证猜测和推理的过程。如在反复实验中，发现风扇转动速度的快慢和电路连接方式（串联、并联）的关系、光影远近的变化与影子大小的关系、小车运行的速度和轨道坡度的关系等。

2. 增加表达交流主动性

表达交流能力是指儿童通过多种方式，将形成的想法和探究的结果进行表征、论述，将科学过程和结论进行总结、传达、分享的能力。③ 奇趣园的表达交流包括幼儿对探究活动的介绍、分享、质疑等语言表达，也包括幼儿用符号统计实验的结果、用图画表征探究的过程等书面表达。幼儿的表达交流不仅包含对探究的过程与结果的表达和经验的分享，也包含对探索的解释

---

① 刘占兰.学前儿童科学教育[M].北京：北京师范大学出版社，2008.

② 张俊.幼儿园科学领域教育精要——关键经验与活动指导[M].北京：教育科学出版社，2015.

③ 张俊.学前儿童科学教育与活动指导[M].长沙：湖南大学出版社，2016.

和论证。

在奇趣园，幼儿有更多的机会与同伴交流，介绍自己的发现，分享自己的经验。他们把脑海里的印象呈现给同伴，在表达的过程中重新梳理和审视自己的发现。他们评价自己、也倾听别人对自己的评价，不断调整和丰富自己的理论和概念，不断拓展自己的感知范围，提升自己观察与交流的整体能力，在倾听和交流中丰富自己独特的理解，形成富有个性的科学经验。

3. 丰富设计制作思维力

设计制作思维力是指幼儿选择适当的工具、材料进行创造性制作，①解决问题的能力。在奇趣园，幼儿是灵动的“设计师”，幼儿在探究活动中常常需要进行创造性的设计和制作，如怎样设计和制作能旋转更久的陀螺、怎样设计和制作更能载重的纸桥、怎样设计和制作具有更漂亮图案的万花筒、怎样选择并使用工具使操作更便利等。

在奇趣园活动中，幼儿设计制作的一般流程为：产生制作的意愿——设计、制作的方式或构思——进行制作——展示分享。教师支持幼儿的奇思妙想，提供适合幼儿使用的工具和丰富多样的材料，供幼儿自由地选择和使用，鼓励他们自由地探索制作的方法和技巧。

（三）发展创意情感态度

1. 激发“奇趣”童心

《3—6 岁儿童学习与发展指南》中提到“幼儿科学学习的核心是激发探究兴趣，成人要善于发现和保护幼儿的好奇心”。好奇心是幼儿探究的基础和内在动力，是问题的来源，能使幼儿发现新问题。

幼儿最初的科学兴趣就来源于对新奇事物的好奇，但这种好奇是表面的、不稳定的、容易波动的。教师可以通过环境创设、材料提供、话题引发等方式提供支持，逐渐使幼儿自发地将好奇转化为对某一问题的持久、延展、深入的科学兴趣，使幼儿的科学兴趣逐渐变成内在的、稳定的、持久的倾向。在奇趣园活动中，幼儿的问题受到重视，幼儿的探索行为得到支持，他们的好奇心也能得到保护和满足，得以持续地发展。在好奇心驱动下，幼儿发挥自己“科学家”的潜质，用幼儿独特的视角去发现身边的科学现象。

2. 发现“奇趣”自然

奇趣园创意学习的情感态度培养还包括《指南》中指出的“亲近自然、喜欢

---

① 张俊.幼儿园科学领域教育精要——关键经验与活动指导[M].北京：教育科学出版社，2015.

探究”。培养幼儿亲近自然的积极情感的核心是建立人与自然的和谐关系。自然是科学探究的对象，是幼儿生存的环境，只有热爱自然、亲近自然，才能尊重自然，与自然和谐相处。教师要为幼儿提供更多走进自然、亲近自然的机会，如在种植园观察四季的变化，发现植物的生长变化，体验自己与环境、植物之间的依存关系。

探究是幼儿主动获取知识的方式，好奇心能促使幼儿乐于探究、喜欢探究。幼儿对新奇的、陌生的、不理解的事物和现象都会表现出特别的关注，他们会提出问题、进行猜想和假设，通过观察、实验、收集、记录信息和讨论、分析得出结论。

3. 尝试“奇趣”探究

幼儿的科学探究具有独特的“不定性”，是幼儿创造能力的体现。幼儿科学探究的创造精神实质上是幼儿探究解决问题的创造性策略。在科学探究活动中，自由自主的幼儿是最富有创造性的，他们会表现出跳脱成人逻辑的想法和做法。

在奇趣园，教师通过创设宽松、自主的环境，接纳、支持、鼓励幼儿自己发现、自己探索、自己思考、自己体验，鼓励幼儿自己选择材料、选择同伴、选择与材料的互动方式进行探究。教师鼓励幼儿以非常规的、创造性的方式使用设备、使用材料，尝试运用新方法解决新问题；鼓励幼儿采取多种方式，寻求多种途径解决问题，通过比较和分析，识别更适宜、更便捷的解决问题的办法。[①]

二、奇趣园学习时空的共建

奇趣园学习时空的共建强调发现、探索，使幼儿有充分表现自己的可能。因此，我们在创设环境与材料的过程中，集中体现三个核心价值：一是尊重个体，二是崇尚自主，三是凸显探索。奇趣园活动环境创设遵循的理念，正如华爱华教授所说：“尊重——满足孩子所需；信任——放开孩子的手；发展——给孩子以挑战。”幼儿是环境的主导者，在他们主导的环境中，幼儿能够依照自己的兴趣、能力与发展水平，主动地寻求所需要的东西，从容学习；幼儿有足够的空间和时间，充分发挥自主性；幼儿能够从亲身经历、探究事物中充分表现自己并获得发展。

（一）共建奇趣园空间环境

空间环境是幼儿学习和探究的刺激物、中介和桥梁。对于教师来说，空间

① 刘占兰.幼儿园科学教育资源[M].北京：人民教育出版社，2014.

环境应该是引发幼儿的探究动机和兴趣、支持幼儿探究活动的展开、实现教育目标和内容的载体。① 幼儿选择什么场所、决定做什么、如何使用材料，能极大地激发他们与环境的相互作用，且不同的环境能诱发幼儿不同的活动行为。教师应该允许幼儿按照自己的方式来探索操作，并将幼儿的反馈纳入环境的创设中，师幼共建奇趣园空间环境，以实现环境、材料最大化的价值。

1. 教师预设大空间布局，幼儿生成小空间环境

不管是发现室、种植园、班级科学区域，都需要教师提前进行空间环境的规划和布局。在空间环境的布局中，教师要考虑区域与区域之间留出通畅、安全的通道，要考虑空间布局的合理性、科学性、适宜性，如玩水区要靠近水源、光影区要考虑遮光效果、各区域之间的遮挡等因素。

幼儿在活动的过程中，可以根据自己操作的需要，进行区域内部环境的调整和规划。如材料的前后远近取放位置的调整、桌椅位置摆放方式的调整、可移动黑板的投入使用、记录或作品展示交流角的设计等，幼儿都可以在操作探究的过程中参与空间环境的设计，他们对环境进行动态化调整，以契合自己的实际需求。

2. 教师提供多种探索材料，幼儿创造性组合运用

奇趣园为了给幼儿提供更多发现和探索的机会，会提供多种探索材料来支持他们在操作过程中进行观察、记录、分享、思考。有操作方法相对单一的高结构材料，如万花筒、3D 观测眼镜、磁铁等；有多样化用途的低结构材料，如大小形状不一的鹅卵石、PVC 管、木块等；有某一特点的系列材料，如大型直角镜、三棱镜、平面镜、双面镜、凹面镜等，有不同物理性质的材料，如沙、水、冰、石、铁、木等；有多种用途的工具和材料，如各种类型的尺、称重秤、量杯、连接器、粘贴材料等。

幼儿在探究的过程中，可以创造性地组合材料进行操作运用，他们会将基本材料和辅助材料组合，深入探索，进行细节表现。如在发现室提供各种长短、弯度的管道为基本材料，各种材质的连接器、弹珠、圆柱、三角块、架空的支持物等物品为辅助材料，幼儿在自由组合管道时，会运用辅助材料实现自己具体的想法和预设。在“轨道”案例中，幼儿将轨道、小车、支撑斜坡的木块材料组合运用，可以进行斜坡实验的探索。

3. 教师阶段式投放材料，幼儿循环式探究材料

教师对材料的投放不必追求一步到位，可以在活动的不同阶段，通过阶段

---

① 刘占兰.学前儿童科学教育[M].北京：北京师范大学出版社，2008.

式投放材料来满足幼儿的探索需要。如在活动开始阶段进行尝试性投放，材料的种类和数量都不要过多。这样做能够让幼儿专注于熟悉材料本身并进行探索，对材料有一个初步适应的过程。因为大量新材料的投放会使幼儿过于兴奋而无法专注于对材料本身进行探索。（表 9－1）

表 9－1　光影区材料创意运用的阶段性投放策略表(中班、大班)①

阶段	材料投放	材料结构	创造性组合方式
探索阶段	电筒、手影图片、镂空箩筐、水果网格等	高结构和低结构材料相结合	电筒＋手 电筒＋箩筐 电筒＋网格
发展阶段	镂空动物图卡	高结构材料	电筒＋一种动物 电筒＋两种动物 电筒＋两种以上动物 电筒＋动物＋箩筐/网格
拓展阶段	彩色塑料纸、塑料板	低结构材料	电筒＋彩色塑料纸 电筒＋彩色塑料板 电筒＋彩色板/纸＋动物
自我建构阶段	万花筒	高结构材料	电筒＋万花筒 电筒＋彩色板＋万花筒 电筒＋两块彩色板＋万花筒

幼儿与材料互动的过程，也是他们循环式探究材料、认识材料的过程。如幼儿刚接触磁铁的时候，会把所有的磁铁进行垒高拼搭，在拼搭的过程中发现磁铁能“吸住”东西；接着，幼儿就用磁铁去“吸”班级内所有的物品，他们发现能被磁铁吸附的物品有钥匙扣、墙上的螺丝钉、门锁、万花筒金属边框等，不能吸附的有水龙头、望远镜支架、金属纽扣等；然后，他们又用磁铁“拉”小车行驶、用磁铁去“钓”铁珠……随着探究活动的推进，幼儿对磁铁的认识越来越深入。

① 陈栩，沈丹，谈允忆.环境，幼儿的第三位教师[M].长春：东北师范大学出版社，2020.

（二）共建奇趣园创意时机

1. 共建“动态”空间，乐于自主探索与发现

首先，幼儿有权利选择和改变环境，在有联系的环境中整合新经验。活动初期，教师往往先对活动环境有一个大体的规划，包括活动的空间布局、活动材料的提供等，这是试探性的环境创设。

活动中，随着幼儿的探索需要，伴随着新问题和新热点的出现，环境也会随之进行新的调整和变化。自主的环境不单单是选择层面的，更应该在深层次上支持幼儿的自主学习，幼儿可以通过环境自主地解决问题、进行探索、获得发展。教师鼓励幼儿用自己的方式和环境互动，支持他们对环境进行动态化的改变，让他们能够发现自己在活动中的无限可能。（见案例一）

案例一：有趣的镜子（中、大班混龄）

我们在奇趣发现室投放了大量镜子，有大型的三棱镜、直角镜，墙壁上的平面镜，悬挂的凹、凸面镜等。在多种镜子的组合刺激下，幼儿发现镜子成像的秘密，并从多角度观察发现自己身体活动与镜子中影像的变化。随着时间的推移，在满足幼儿多种玩法的同时，教师分解重组镜面材料，提供各种小型的单面镜、双面镜、三棱镜等，让幼儿在适宜的挑战中获得循序渐进的发展。如双面镜的秘密：随着夹角逐渐缩小，“花瓣”越来越多（图 9－1）；平面镜的秘密：许多许多的小鱼（图 9－2）。

图 9－1　双面镜花瓣

图 9－2　平面镜里的小鱼

（案例提供：谈允忆）

幼儿对班级内相关探索环境的创设是他们自主自发的需要，是具有强大内在动机的需要，是基于兴趣满足的需要。教师有责任支持幼儿改变与调整

环境的权利。正是在这样的自主环境中,幼儿始终保持着强烈的学习愿望与动机,能够从容、自信地探索未知世界。

2. 共建“挑战”环境,乐于接受认知挑战

越是有挑战的环境,对幼儿发展的意义就越大。幼儿带着自己的问题去探索,能调动自身内在的动力机制,只有让幼儿在有挑战的且建立相关联系的环境材料中自主探索,才能激发幼儿持续的好奇心与探索欲,幼儿才能逐步突破自己并获得较完整、系统的经验。

富有挑战的环境,还强调教师创设能引发探究的积极互动的问题环境。对于幼儿来说,充满未知和不确定的挑战环境能使他们更乐于思考,在与同伴的积极探索中建构新经验、获得新体验。如关注走班式、混龄(中、大班)幼儿的不同层次经验,创建接纳、支持的个性化学习环境,打破原来固有的集体教学的学习模式,充分尊重幼儿的个体差异,让幼儿根据自己的节奏从容学习。

通过社会和生态环境来支持幼儿的游戏,充分利用下沉式广场、二楼平台、种植园等多元空间,打破以班级为单位的活动形式,以“大带小”的混龄游戏为载体,让幼儿在宽松、开放、自主的环境里主动发展与同伴之间的交往能力,奠定幼儿创意学习的社会性能力。

3. 共建“互动”墙面,乐于梳理探究过程

墙面是幼儿园环境的重要组成部分。高质量的墙面环境能够支持幼儿的探究活动,激发幼儿的探究动机,推动活动的开展。奇趣园的墙面环境主要包括发现室主题墙面、科学活动区域墙面和班级常规性科学活动墙面。

奇趣发现室的主题墙面随着科学探究活动的展开而展开,随着科学探究活动的发展而发展,与幼儿具有较高的互动性。墙面需呈现幼儿探究过程和结果的记录,有助于幼儿梳理和提升关键经验。在某一探究活动告一段落之后,可以将墙面上的内容按序列和逻辑关系装订成册,投放到相应展示区域,供幼儿阅读与分享。

科学活动区域的墙面分布在班级科学区域中。每个班都设有不同形式的科学活动区,这些区域的背景墙也具有重要的价值,高质量的、能与幼儿互动的科学活动区背景墙面将促进幼儿的自主探究、学习和有效发展。科学活动区域的背景墙面应与区域的内容、阶段性目标、操作材料相适宜,对幼儿游戏和学习活动有引发、引导和促进作用,如问题展示与解决办法征集、观察记录等。

班级常规性科学活动墙面主要包括天气预报和对自然角中的动植物的照料、管理与探究活动记录等,与幼儿的互动性比较高。

（三）共建奇趣园创意策略

奇趣园之“奇趣”在师幼互动中持续地产生并发展。教师发现幼儿思维的“奇趣”，并在与幼儿的互动中尊重与支持幼儿的“奇趣”探索。奇趣园鼓励幼儿发挥主动性，幼儿则通过自主生发的探究活动重建经验。

1. 重视幼儿提出的问题

在日常生活中，幼儿会提出很多问题，如果有机会亲自去探究这些问题，他们就会觉得自己提出的问题是有价值的，同时也会更主动地投入到探究问题的过程中。幼儿提出的有些问题是无法直接探究的，教师也可以和幼儿就这些问题展开讨论，幼儿会感到自己的问题得到了重视，因而也会更加主动地去关注周围世界。

无论是教师提出的问题，还是幼儿自己提出的问题，教师都要鼓励幼儿直接接触周围世界，进行观察、实验并获取知识，而不是用教师的讲解替代幼儿的直接经验。教师可以观察、询问幼儿的意图，努力理解幼儿的想法，学会安静地、仔细地观察幼儿，倾听幼儿的问题，不要打断幼儿的思路，更不要把自己的意志强加给幼儿，这样才能真正地了解幼儿的真实想法。（见案例二）

案例二：冰块放大镜(大班)

宏宏的左手食指轻轻拨动着桌面上近似于直角三角形、斜边大约2厘米的小冰块，冰块表面有明显的棱状凸起。

他看向老师：“我有新发现，冰块可以当放大镜。”

教师：“它把什么放大了？”

宏宏用左手食指轻轻拨开三角冰块，右手食指指着桌面上记号笔留下的黑色点状印迹，说：“把这些小点点放大了。”

宏宏用两手食指轻轻拨动冰块到黑点上。

教师：“放大了没有？”

宏宏在黑点上缓慢地来回移动冰块：“放大了。”(图9-3)

一旁的晃晃指着旁边桌面一处咖啡色圆形茶杯印：“可以放大这个吗？”

“可是，这个(冰块)太小了。”宏宏边说边把逐渐融化、越来越小的冰块移向圆形印迹。

晃晃：“这里有个大的。”说着他把旁边一块长约10厘米、宽约5厘米的菱形大冰块单手推向圆形印迹。

宏宏双手扶住菱形冰块两角,低头在圆形印迹上缓慢来回移动:“大一点的就不好了,大一点就放不大了。”(图 9-4)

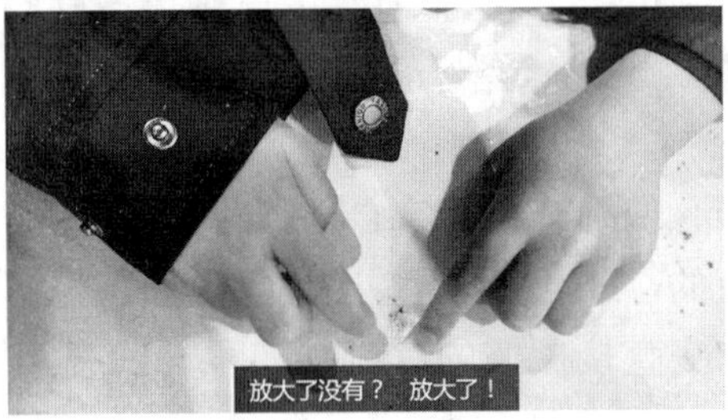

图 9-3 小冰块“放大镜”

图 9-4 大冰块“放不大”

(案例提供:谈允忆)

2. 尊重幼儿的思维逻辑

幼儿对事物常常有自己独到的见解,他们的认识会有不客观的一面,那是因为他们对事物的认识直接受其原有经验的影响。幼儿在探索和认识事物的过程中所表现出的不合乎成人逻辑的想法和做法,在幼儿已有经验和认知结构上却是合乎其自身的逻辑的。教师应该尊重幼儿的理解,接纳幼儿对于周围事物不同于成人的独特性认识和解释,甚至接纳幼儿的错误理解。尽管幼儿对周围世界的认识不够客观、准确,但是这些认识都是他们自己主动思考的结果,因而具有其特定的发展价值。

教师可以从幼儿的视角,用儿童化的思维方式理解幼儿的观点,并通过挑战性的问题刺激幼儿主动地思考,帮助其通过科学探究验证自己的想法。如,当小班幼儿用热水浇花时,教师不是去指责他,而是去了解这一行为背后的真正动机。通过询问了解到幼儿不是想搞“破坏”,而是出于想让植物和小朋友一样“讲卫生,喝开水”的善良动机。这样不仅保护了幼儿善良的愿望,而且了解了幼儿的原有经验和认知水平,同时也为幼儿探究提供了宽松的心理环境,为教师进一步的指导提供了依据。

3. 接纳幼儿的所思所想

无论幼儿的想法对与错,教师都要真诚地接纳和认可,并鼓励幼儿轮流表达他们的看法。教师可以点头或微笑表示认可,也可以用“还有别的想法吗”“这也是一种可能”“这种想法很有意思”等语言接纳幼儿的观点。教师的态度和言行最好是中立的,表明自己听到了幼儿的回答。教师尽管可能不赞同幼儿的想法,但并不要把自己的想法强加于幼儿。

在幼儿表达了自己的想法后，教师不但要询问回答错误的幼儿的想法，而且也要追问回答正确的幼儿的想法。对于回答正确的幼儿来说，询问可以鼓励他们重新思考他们的答案或寻找更有说服力的证据。教师的询问不仅可以巩固正确的答案，而且有助于增强幼儿的推理过程。对于回答不正确的幼儿来说，询问有助于幼儿澄清他们的理解，接受教师的指导。同时教师还可以对幼儿的原先结论提出质疑，促使幼儿进一步思考。教师要特别注意不要夸赞幼儿自身“你真好”“你真棒”“你真聪明”，而是表扬他们的探究和操作，肯定他们的发现和独创性。这就要求教师不能走马观花地看或笼统表扬，而是要仔细地观察、了解他们探究和操作的过程及结果，提供具体的反馈。这种反馈能鼓励幼儿提高他们的探究和操作水平。

三、奇趣园创意活动的设计

（一）奇趣园创意活动内容设计

1. 在与材料互动过程的“奇思妙想”中设计

根据发展想象力和创造力的需要，提供富有探索性的低结构材料和适宜的辅助工具，更能激发幼儿的兴趣和创意；幼儿在与材料的互动中也会产生更多样的奇思妙想。幼儿接触到新材料会自发地、无意识地独立摆弄材料，探索材料的物理特性，他们创造性地利用多感官认识材料，通过自发的触摸、观察、操作来熟悉材料。（见案例三）如，感受沙子在指缝间的流淌，熟悉沙子的特性；热衷搬运积木，借此了解积木的触感、形状、重量。熟悉材料之后，幼儿对材料的特性和用法进一步探究，并开始运用想象力和认知技巧。如，幼儿会把磁铁一块一块垒高，或者不断地延长，并想象成高楼和马路；幼儿在使用电筒照明时发现了影子，进而感知电筒和墙面的远近距离变化与影子大小强弱变化的关系，产生对于这一现象的朴素解释。

案例三：花弹出来了(中、大班混龄)

在奇趣发现室里，大班的轩轩和中班的涵涵正戴着3D眼镜观测配套图片。涵涵反复观察，觉得3D图片和普通图片没有什么不一样。轩轩为了帮助涵涵感受到3D图片的立体效果，建议他“仔细看”“摘下眼镜再看看”“换张图片看”，使他的观察得以持续。（图9－5）

当涵涵找到“荷花”图片，在反复戴上眼镜、摘下眼镜比较观察后，大声道：“我感觉花弹出来了！”（图9－6）他一只手扶图卡，一只手在图卡前碰触，“咦，摸不到！”涵涵摘下眼镜，反复观察，还借来了同伴的近视眼镜进行比较观察，又把3D图片和普通图片进行比对，探寻它们的不同之处。

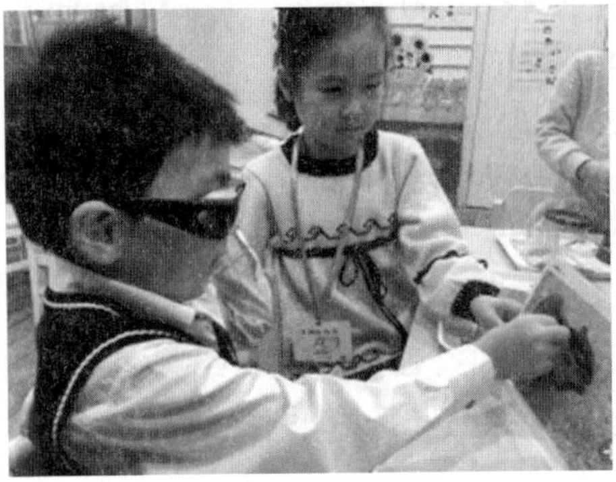

图9-5　换张图片再看看

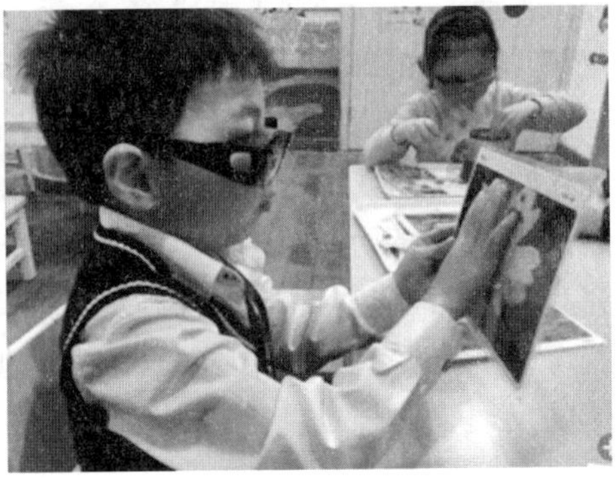

图9-6　花“弹”出来了

（案例提供：谈允忆）

随着幼儿与材料的充分互动，他们对材料探索积累的经验不断拓展，并产生新的发现和运用。如，在用磁铁垒高的过程中发现磁铁“同性相斥、异性相吸”的现象，并自发利用“排斥”现象进行“赶小猪”游戏，利用“相吸”现象进行叠加、组合、吸附物品的探究等。幼儿能主动与同伴合作探究，将新发现和过去的经验衔接在一起，并能创造性地使用辅助材料。如，会和同伴一起利用特殊形状的材料，建构出复杂、独特、有艺术性的轨道建筑。幼儿能有意识地运用材料的特性达到目的，如，用磁铁找出滚落在角落的铁珠，用放大镜观察蚂蚁有几条腿等。

2. 在解决问题情境的“奇思妙想”中设计

随着年龄的增长，幼儿在科学探究过程中的问题意识越来越强烈。他们会提出各种各样的问题，有些问题聚焦于他们不理解的事物和现象。如，幼儿发现磁铁能吸附在黑板上，不能吸附在墙壁上，就产生“磁铁能被什么吸住”的问题，然后他们会尝试用磁铁去吸附各种物品，甚至是水滴、纸片、黏土等。

有些是在探究过程中对突发问题的自我调整和应对策略，蕴含着幼儿的创造性解决策略。如，幼儿在操作中遇到困难时的解决方法，在发生认知冲突时相互协调的方式，在使用替代工具时的创造性操作，都是幼儿的高阶“奇思妙想”。

3. 在表达交流的“奇思妙想”中设计

语言交流是幼儿最直接的交流方式，他们在和同伴、教师的交流中的语言表述、在遇到困难时的请求、对自己作品的描述、对自己发现和现象的解读、对未知事物的猜测，都是语言交流的内容。在交流过程中，幼儿通过表达对自己的探究过程进行思考，强化自己的科学发现，形成具有个性的独特理解。

在探究活动中，当遇到一些难以用语言表达的事物或现象、新奇的体验时，幼儿会用手势、动作、表情向教师和同伴传达自己的感受、提出疑问、抒发愉悦或惊奇的情绪。幼儿的这些非语言的交流方式，更形象、生动地表达了他们的发现，是对语言表达的补充。当概念得以通过动作的形式展现出来，幼儿对它们的记忆也得到了巩固。幼儿通过对自己作品的个性化表达，如自己的发现记录、工具组合探索方式、水流管道建构、自制探究工具等，和同伴分享自己的成果，并参与评价别人的探索结果。

（二）奇趣园创意活动组织形式

奇趣园的组织形式按照不同的活动场地划分，主要有奇趣发现室活动、班级科学区域活动和空中种植园活动等。在奇趣园中，幼儿可以自主选择活动内容、活动材料、活动方式，按照自己的兴趣、根据学习特点与进程进行科学探究和科学游戏。奇趣园充分利用下沉式广场、二楼平台、种植园等多元空间，打破以班级为单位的活动形式，以“大带小”的混龄游戏为载体，让幼儿在宽松、开放、自主的环境里，主动发展与不同的同伴群体之间的交往能力，奠定幼儿创意学习的社会性能力。

1. 自选式混班奇趣室活动

奇趣室，即奇趣发现室，是幼儿园为幼儿创设的一个较大的独立空间，幼儿可以自主结伴、自由进行科学探究活动。相较于班级的科学区来说，它的空间和材料更充足。奇趣室内部划分为光影区、动力区、磁力区、自然区、科学阅读区。一般采用混龄混班、幼儿自由选择的方式进入室内活动，单次活动的时间为 1 小时左右。

奇趣发现室为幼儿提供了一个能积极探索的支持性环境，幼儿能够通过自主学习和自由发现，感知和理解科学概念及规律，发挥自己科学家的潜质，去自主发现、探究、解决问题。教师通过创设引发探究的、积极互动的环境和提供丰富的材料给幼儿以支持，帮助幼儿在与同伴的积极探索中建构经验，获得新体验。奇趣发现室关注的是不同班级、混龄（中、大班）幼儿的不同层次经验，创建接纳支持的个性化学习环境，打破原来固有的集体教学的学习模式，充分尊重幼儿的个体差异，让幼儿能根据自己的节奏从容学习。

奇趣发现室与班级科学区的区别在于：① 空间更大，材料更丰富。拥有更大的空间，可以同时容纳更多幼儿一起进行科学探究活动；拥有更丰富多样的操作材料，能够保障幼儿自由选择的权利。② 混龄设置充分满足幼儿个性化的需要。室内投放的材料包含不同年龄段、不同层次的内容，幼儿在选择材料时，可以根据自身所处的发展水平自由地选择不同难度的探索材料，从而满足不同发展阶段幼儿的个性化需求。③ 科学氛围强，为合作提供更多机会。室内的科学探究氛围更强，与班级区域活动中的幼儿有的表演、有的角色游戏、有的制作手工、有的进行探究的氛围是不同的。在奇趣发现室中，人人进行科学探究的氛围使幼儿相互影响、相互激励，引发更多合作的可能，激发幼儿浓厚的探究热情，使其感受到自己是一个探索者和发现者。

2. 一日生活中的种植园活动

亲近自然、喜欢探究是孩子的天性。幼儿园从幼儿对自然元素的兴趣、已有经验和发展的可能性等因素出发，以游戏化、生活化、经验化为准则，秉持“生活、快乐、创意”园本课程的理念，在屋顶种植园创建了总面积达 1 000 多平方米的观赏区、种植区、采摘区、雨水收集池、物联网智能玻璃大棚和天气观察站等，给幼儿提供一个场地开阔、特色鲜明、能够与大自然亲密接触的现代化自然生态乐园。幼儿可以利用晨间入园时间分小组观察照料，可以利用学习活动时间集体有主题地探索，可以在离园时间向家长分享自己种植的新发现，可以利用餐后时间进行散步活动等。

种植园里的观赏区让四季的花香和色彩充满幼儿的生活，幼儿在游戏、欣赏、写生活动中感受大自然的美丽；种植让幼儿在亲手栽培和亲历成长的过程中感受自然生命的奇妙；采摘让幼儿在收获中体验丰收的喜悦；雨水收集池里的天然雨水可以用来浇灌植物，这里是对绿色环保生活最真实的体验。教师根据幼儿的需求不断完善环境细节，专门订制了适合孩子们使用的小草帽、小水壶、小锄头、小铲子和写生用的小画板等，便于幼儿随取随放。屋顶种植园为幼儿提供了亲手种植、亲自管理、亲眼发现、亲历成长的机会。

幼儿是种植园地的主人，他们参与班级种植区的规划设计，讨论种植植物品种，查阅科学种植照料方法。这里有幼儿自制的《小番茄种植手册》，有幼儿和家长一起制作酵素肥料的过程，有各班记录活动过程的展示墙等。教师和幼儿一起用绘画、照片、解读等多种方式把每次活动的过程都记录下来，做成班级个性化活动的展板，展示在种植园地的廊道中，供幼儿学习借鉴其他同伴的经验和方法，推进深度学习。（见案例四）

案例四:种子为什么不发芽(中班)

3 月 28 日,种下牵牛花种子,4 月 10 日第一株牵牛花苗发芽后,整整一周过去了,牵牛花苗只长出了 4 棵。幼儿议论纷纷,述说着自己的猜测:五楼的风很大,是大风把种子吹走了吗?是不是我们浇的水太少了,还是种子太干了?是不是其他的种子种得太深,晒不到太阳?

带着疑惑,幼儿再次来到种植园。远远地朝着种植园走去时,发现班级种植园地上"扑棱棱"飞起了一群小鸟,有麻雀,有鸽子。幼儿猜测:"小鸟飞来,把嘴巴伸进泥土里,吃掉了种子。""种子可能是在泥土里化开、破碎,长不出小芽了。"(图 9-7)"种子被五楼的大风吹跑了。"(图 9-8)他们拿着铲子,找到自己种下牵牛花种子的位置,挖开泥土,寻找种子,发现种子真的不见了。(图 9-9)

在讨论"怎样才能防止鸟儿吃种子"的播种方法后,幼儿再次进行播种,他们给藏着种子的泥土盖上了薄膜。(图 9-10)

图 9-7　种子化开了,被鸟吃了

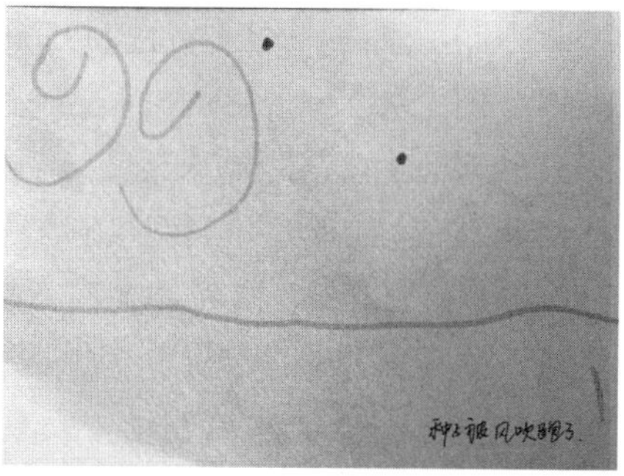

图 9-8　种子被大风吹走了

图 9-9　寻找种子

图 9-10　盖上薄膜

(案例提供:谈允忆)

3. 灵活个性的小区域活动

灵活个性的小区域是指各班在教室内创设的供幼儿自由选择、进行科学探索的场所。各班的科学区能同时容纳4—6名幼儿进区活动,本班幼儿每周有4次以上自选进区活动的机会,每次活动时长1小时左右。

班级教师对本班幼儿已有的科学经验比较熟悉,能针对当下班级幼儿的科学兴趣热点、生活随机探究活动、主题课程脉络等来选择内容,为幼儿提供适宜的材料进行操作探索。在科学区域中,教师可以与幼儿共同商讨,确定所需空间、基本材料、辅助材料、材料呈现方式等。

小班的科学区更贴近幼儿的生活、更具游戏性,中、大班的科学区更突出可操作性。在班级区域中,教师可提供多维度低结构材料、丰富的自然材料(如树枝、羽毛、松果、石子等),创设可感知的有序、整洁、美观的“拟真”生活场情境。

(三) 奇趣园创意活动环节设计

奇趣园活动是在幼儿自由自主探究的基础上由师幼互动推进的活动,一般有以下四个环节。

1. 发现问题,引发趣味话题

幼儿真正的主动探究和学习是从意识到有“问题”开始的。(图9-11,图9-12,图9-13,图9-14)幼儿有了疑问并产生了想寻求答案的愿望,主动探究才进入真正的准备状态。[①] 教师要营造自由宽松的探究环境,鼓励幼儿在观察发现、操作尝试、同伴互动中发现问题,引发趣味话题。(见案例五)

(1) 在观察发现中引发问题。孩子是天生的科学家,只要给予自由的时间和空间,他们就会在好奇心的驱动下,发挥科学家的潜质,用儿童独特的视角去观察和发现身边的科学现象。好奇、好问的孩子,会在发现叶子上的洞洞时询问——叶子上为什么有洞洞;会在观察照料金鱼时询问——金鱼要睡觉吗?它们怎么睡觉;会在看到下雨时询问——雨水落下来前是藏在哪里的。

(2) 在操作尝试中引发问题。幼儿是在与材料的互动操作中进行学习的,他们通过动手操作感知材料的特性,认识材料之间的联系,进而在发现问题、提出问题、解决问题的过程中,与材料发生更深入的探索互动。幼儿在玩磁铁时询问——为什么有的东西能吸住,有的不能;在玩冰时询问——为什么会有这么多水;在照哈哈镜时询问——为什么我会变得这么高。

① 刘占兰.学前儿童科学教育[M].北京:北京师范大学出版社,2008.

(3) 在同伴互动中引发问题。在幼儿园中的孩子始终置身于同伴间，在操作的过程中吸引同伴的目光，发生或有意或无意的交流和互动。同伴之间的认知差异会成为幼儿之间的互动资源，在比较异同中产生新问题。孩子会在与同伴一起旋转陀螺时询问——为什么你的转得比我的久；在光影游戏时询问——为什么你的电筒能照出红色的光；在连接电路时询问——为什么你的灯泡这么亮。

2. 讨论推测，展开奇思妙想

确定幼儿感兴趣的探究问题后，教师应鼓励幼儿对问题的答案进行推测、猜想，支持幼儿调动自己的已有经验，用自己的思维进行判断和解释，产生有别于成人逻辑的奇妙猜想。在操作前对可能出现的情况、结果进行猜想，便于幼儿在探究的过程中不断和自己原有的想法进行比较，主动建构科学认知。

(1) 介绍猜测。发现感兴趣的话题后，教师要适时地介入，帮助幼儿把话题的范围延展开，引发同伴的关注，使个性化的发现扩大至小组或集体中。通过与同伴讨论并介绍猜测的环节，幼儿充分调动自己原有的认知，展开天马行空的猜想。比如，幼儿介绍“叶子上为什么有洞洞”时，猜测叶子上的洞洞是“被石头砸出来的”“被雨滴冲出来的”“叶子生气时自己长出来的”“被虫子咬出来的”等。(图 9－15，图 9－16，图 9－17)

(2) 表征猜测。鼓励幼儿用自己的方式进行表征记录，使幼儿的猜想能够更直观地呈现给自己和同伴。表征的方式可以是用图画记录的方式，也可以是在表格上做选择标识的方式(如打√，打×)，并将这些表征展示在墙面上。比如，用图画的方式记录“叶子上为什么会有洞洞”；在表格上标识出硬币、木块、石子、塑料等，用打钩的方式记录“哪些材料能浮在水面上”。

(3) 阐述理由。与成人相比，幼儿对于问题的成因、结果的推测，受年龄特点的影响，他们的观点往往带有主观性、表面性、经验性的特点。通过向同伴阐述自己推测的理由，帮助幼儿调动已有的生活经验，厘清思路并进行语言表述。比如，幼儿在玩冰的过程中，猜测“冰有脚所以会滑动”“冰很湿所以一直有水”“南极有冰山，所以冰都在南极”“冰掉在地上就碎开，所以冰怕摔”等。

3. 行动验证，寻找事实依据

(1) 行动计划。计划可以是幼儿个人对探索时间的计划、探索位置的调整、探索材料的变化；可以是幼儿与同伴简短的口头商议、进程安排；可以是小组成员的分工合作、材料的收集准备、行动步骤的实施计划的简单表征记录等，根据幼儿探究的具体需要而定。(图 9－18)

（2）行动过程。幼儿需要在实际的操作中获得事实依据，在亲身参与的操作活动中反复验证自己的设想，修正自己的认识。教师可以鼓励幼儿按照自己的行动计划实施行动，指导幼儿在行动过程中用简明的形式记录重要的实验信息，比如实验过程中的主要问题、主要观点、新的发现等，以便在分享行动环节中对比原有的认识，巩固新经验。（图 9－19，图 9－20）

（3）行动结果。当幼儿在反复验证并取得相对稳定的探索结果后，教师可以鼓励幼儿与行动前的猜测进行比较，并把探索的结果进行梳理分享，巩固认知经验。在此过程中幼儿学习客观描述自己的发现，以事实为依据判断科学实验的结果，从小养成实事求是的科学态度。（图 9－21）

案例五：叶子上的洞洞（中班）

1. 发现问题，引发趣味话题

发现青菜叶上的"洞洞"——寻找"洞洞"——不一样的"洞洞"。

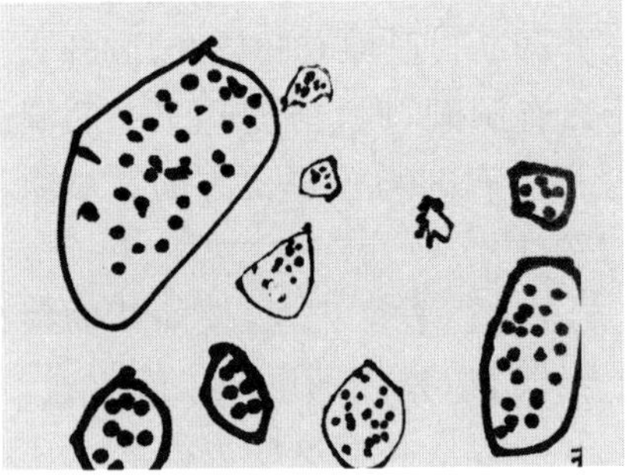

图 9－11　都是"洞洞"

图 9－12　"洞洞"有大有小

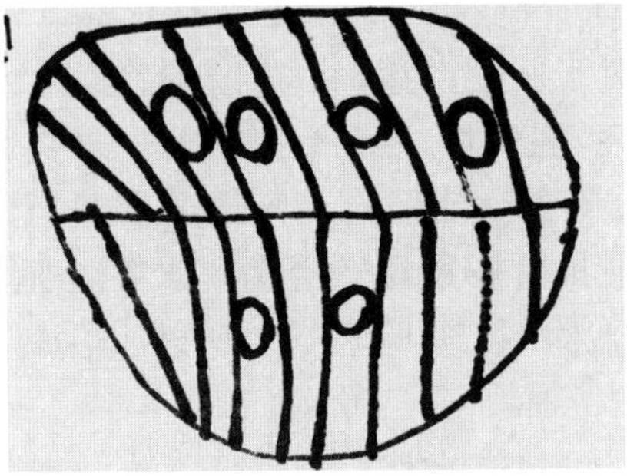

图 9－13　漂亮的圆"洞洞"

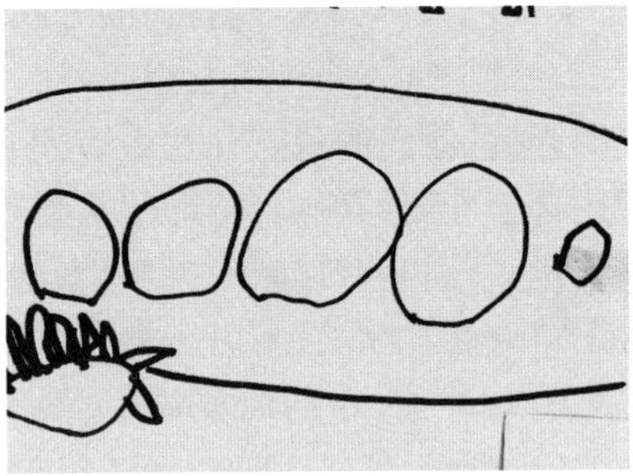

图 9－14　排队的"洞洞"

2. 讨论推测，展开奇思妙想

叶子上的"洞洞"从哪来——猜测"洞洞"由来——介绍叶子上的"洞洞"。

图 9－15　被石头砸

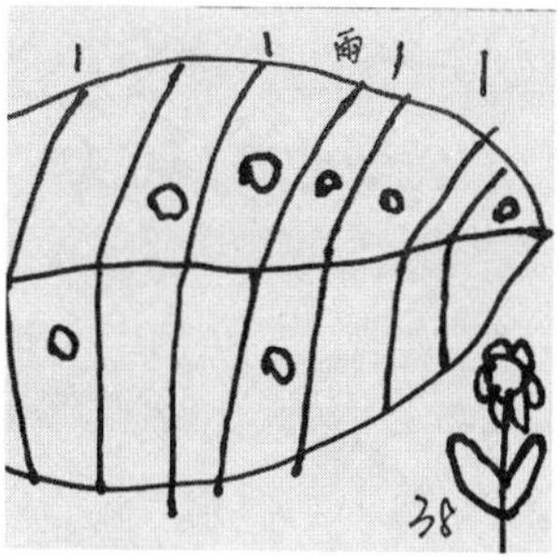
图 9－16　雨滴冲刷

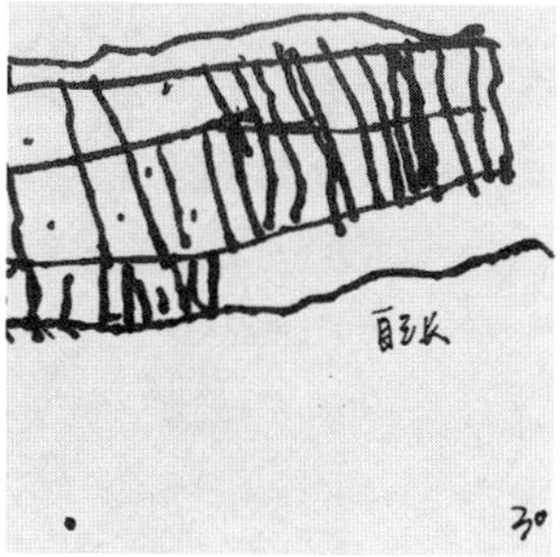
图 9－17　自己长出来

3. 行动验证，寻找事实依据

种植园里再次实地搜索——家长参与探究——新发现——活动经验展示。

图 9－18　树叶上的“洞洞”

图 9－19　“洞洞”从哪来

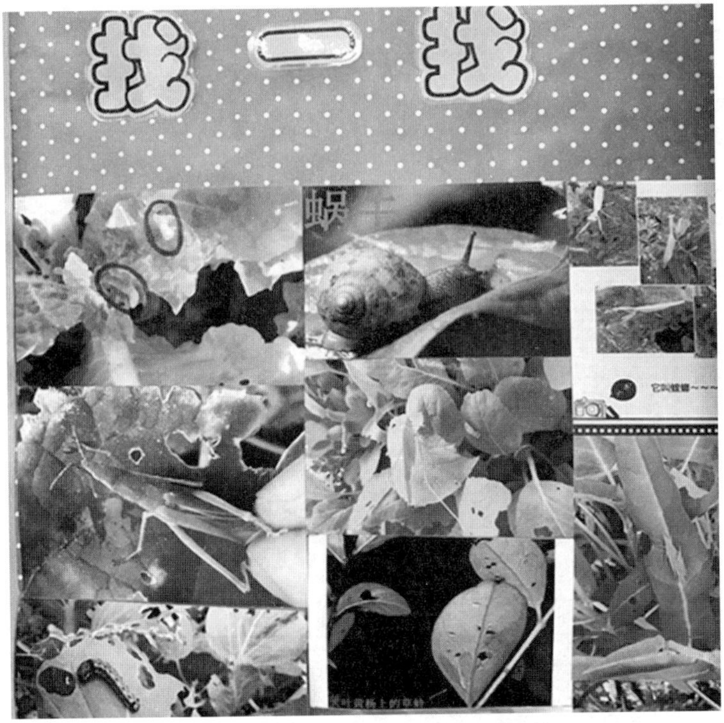

图 9-20　树叶上的"洞洞"

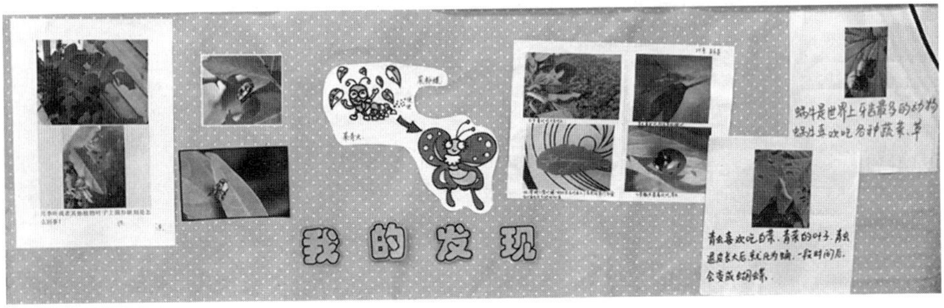

图 9-21　我的发现

4."洞洞"话题延伸

没有"洞洞"的韭菜叶子——没有"洞洞"的叶子有哪些——为什么没有"洞洞"。

（案例提供:谈允忆）

四、奇趣园创意活动的教师角色

在科学探究活动中，教师的任务不再是把现成的科学知识和概念传输给幼儿，而是支持和引导幼儿通过自己的活动去获取知识。正如拉瓦特里所说："教师的作用是刺激和指导，不是去教特别的反应，也不应去告诉儿童正确的答案，甚至不用去告诉他们的错处。教师应该相信儿童自己学习的能力，当他犯了错误，教师可以通过提问或提醒，使他可以有更多顺应的信息，而给他正确的答案不能使他信服。"因此在奇趣园活动中，教师的角色定位包含以下几种。

（一）观察者

教师首先是幼儿奇趣园活动的观察者。在幼儿探究时，教师不是袖手旁观者，而要仔细、认真观察幼儿，倾听并简要给予必需的回应，是幼儿的需要和能力水平的观察者、思考者和判断者。

1. 观察幼儿的"奇"

教师需要观察、捕捉幼儿在科学探究中独特的思维和表达方式。观察幼儿和材料、幼儿和同伴互动的情况，观察幼儿主动建构经验的过程，包括幼儿探究新材料的方式、幼儿创造性使用工具的方法、幼儿操作过程中独特的表达与解释、幼儿解决问题的不同途径等。

2. 观察幼儿的"趣"

教师需要观察、捕捉幼儿选择材料、解决问题、合作探究时的兴趣焦点。观察幼儿最感兴趣的材料，观察幼儿最喜欢的玩法，观察幼儿与同伴之间互动中的焦点话题。教师要给每位幼儿预留时间，让他们有充裕的时间去操作，尝试新想法。教师观察时必须融入幼儿的活动过程，对幼儿予以关注，同时用各种方式进行记录。教师只有在充分观察的基础上，才能为后续的介入做好铺垫，给予幼儿需要且及时的帮助。

（二）解读者

教师是幼儿奇趣园活动的解读者。解读是基于观察基础上的专业判断和识别，是调整环境设计的依据。因此，每一次观察都应该有解读判断，没有解读的观察是不完整的，只能是感官的接收而已。

1. 解读幼儿的"奇"

当幼儿对所遇到的问题和产生的疑问进行解释、猜想和判断时，他们总是用“儿童独特的眼光”来看待事物及其关系[1]，往往从主观意愿出发，赋予万物以灵性。如对于“怎样让种子快快发芽”这一问题，幼儿的解释是：给它搭建小房子，给它唱歌，更多地陪伴它。教师要用儿童的视角去分析和解读，接纳幼儿不同于成人的“非科学性的”独特认识和想法，使幼儿有机会在反复尝试中自我修正。

2. 解读幼儿的“趣”

当幼儿对于某项操作、某个材料、某种玩法表现出非凡的兴趣时，教师要及时捕捉并解读幼儿的兴趣热点，为他们提供材料的支持，鼓励他们记录自己的发现，给他们创造与同伴交流分享的机会。通过解读调整支持策略，使幼儿的操作兴趣得以延续，使探究得以深入。

（三）设计者

教师是幼儿奇趣园活动的设计者。教师作为奇趣园环境的设计者，需要将奇趣园环境与幼儿的探索互动视为一个开放的系统，用一种联系的、对话的角度看待奇趣园环境与幼儿的关系。

1. 为幼儿设计“奇”

奇趣园的环境和材料是幼儿探究的刺激物和桥梁，是教师给予幼儿探究的支持。幼儿操作探究的材料应该是教育目标和内容的物化，是引发幼儿的探究动机和兴趣、支持幼儿探究活动的展开、实现教育目标和内容的载体。因此，活动环境与材料是幼儿活动的物质基础，它直接影响探究的发展。如果发现幼儿因材料数量、材料适宜性、材料的提供方式而影响活动的开展，教师应及时调整对材料的设计与投放。同时，在奇趣园适当投放替代物品，引发幼儿的替代行为，更能满足幼儿个性化的游戏意愿，提升游戏趣味。

2. 为幼儿设计“趣”

要让幼儿愿意发现，前提是发现幼儿的兴趣所在，教师应挖掘不同的材料蕴含的科学价值，为幼儿设计喜爱的趣味环境空间、趣味探究方式，以支持幼儿保持持续探究的条件。为幼儿设计“趣”，除了物质支持外，教师还应及时给予情感支持。当幼儿的活动行为和成果希望得到教师的认可时，教师的及时肯定，不仅满足了幼儿的情感需求，又让幼儿从教师的提炼性语言中明白获得成功策略的关键。

① 刘占兰.学前儿童科学教育[M].北京：北京师范大学出版社，2008.

五、奇趣园创意活动的家庭指导

家庭是幼儿探究的重要场所，家庭生活中充满“奇趣”，家长的陪伴会激发幼儿的好奇心和探究热情。如，家长对于生活中新奇的现象、四季的更迭、动植物的生长变化是否依然会有发现的热情，是否会和幼儿分享交流周围生活中不断改变的人、事、物。奇趣科学探究活动基于幼儿对周围自然现象和变化的关注、发现、探索，所以加强家园互动，发挥家长参与的积极性，能激发幼儿在家庭生活中关注周围世界的“奇”与“趣”。

（一）我们的奇趣园活动：一封给家长的信

亲爱的家长：

您好！

近期，孩子们正在研究“影子的秘密”，他们发现在阳光下奔跑的时候，他们的影子也会一起跑；他们发现影子总是粘在脚底，怎么藏都藏不起来；他们发现只有躺在地上，影子才会安静下来……

孩子们有很多疑问：“影子为什么会变高变矮”“影子为什么有时候会‘拐弯’”“影子为什么有时‘深’有时‘淡’”“一个人的影子为什么有时会变成两个”……

孩子们对影子产生了浓厚的兴趣，在班级的影子话题墙上贴满了他们的新发现，他们有很多关于影子的秘密期待与您分享，更渴望邀请您与影子一起游戏。

期待您加入“影子的秘密”话题，和孩子一起与影子游戏，并将你们与影子的故事简单记录下来，分享给大家。

让我们一起开启与影子的奇趣体验。

×××幼儿园××班

×年×月×日

（二）我们的家庭奇趣园活动：做一做

在与家人共度的时光中，孩子总是在不停地追问：“树叶为什么变黄了”“天上为什么有星星”“毛毛虫身上为什么有‘刺’”……您可能回答不了所有的问题，但是可以陪伴他们一起进行观察和探索。在您的引导下收集叶片、观察昆虫、饲养小动物，对于求知若渴的孩子来说，这是他们自发地、热情地进行探索实践的机会。所有的孩子都需要一个自己的世界，供他们探索思考，也需要您在旁边进行指引，院子里就有生物学，厨房里就有化学，而在木头和石堆里就有物理学。

1. 找一找

地球不仅是人类的家,还是动植物的家呢!请您和孩子一起邀请小伙伴到虫虫旅馆看一看,一起仔细地观察小虫子吧。

亲子观察:虫虫的家①

材料准备:小铲子、空的酸奶盒、石子、木板、苹果或奶酪。

活动过程及找到要点:

(1) 用小铲子在小虫子喜欢光顾的地方挖一个小洞。把空的酸奶盒放在洞里面,边缘与洞口齐平。在盒子里放一点苹果或奶酪以及一点树叶来吸引小虫子。

(2) 做一个安全的屋顶。把石子放在盒子的边缘附近,然后在石子上面盖上一块木板,一个别致的"虫虫旅馆"就建好啦。

(3) 每天早上去检查一下"旅馆",看一看里面住进了哪些客人。轻轻地把它们转移到盘子里,可以用拍照或者绘画的方式记录下它们的样子,让后把它们放归大自然。注意观察它们有几条腿、几对翅膀、几只眼睛以及身体的其他部位,了解它们爱吃什么。

(4) 将照片或记录带到幼儿园与同伴分享介绍。

2. 试一试

你们会用什么东西把溅出来的水吸干?做一件好雨衣需要什么材料呢?预测一下哪些材料可以吸水,哪些不行,然后在游戏中验证自己的预测。

亲子实验:谁爱吸水②

材料准备:医用吸管、一杯水、盘子、金属薄片、蜡纸、纸巾、棉球、T 恤衫、牛仔布、木头、杂志、纸板、报纸、皮鞋、网球鞋、石头、树叶、海绵等。

活动过程及找到要点:

(1) 请你和孩子用 5 分钟的时间来收集你们认为能吸水的 12 件物品,然后把它们摆放在地板上。

(2) 用医用吸管在每件物品上滴上几滴水。

(3) 观察水滴在物品表面是形成了一个小圆屋顶的形状还是消失不见了。如果形成了小圆屋顶,就表示这一物品不能够很好地吸水,水会停留在表

---

①② [美]吉尔·弗兰凯尔·豪舍尔.美国幼儿园经典课外学习书:70 个科学入门[M].尤玉芳,译.北京:北京科学技术出版社,2011.

面上。谁猜中的吸水物品最多，谁就是胜利者。

3. 玩一玩

我们并不能真正看见声音，但有一种方法能让你看见它。声音是在空气中传播的，如果力量足够强大的话，它可以从空气中传播到物体上。

亲子制作：看见声音①

材料准备：酸奶杯、干净的塑料袋、剪刀、大号橡皮筋、碎谷粒、金属锅盖、勺子。

活动过程及找到要点：

（1）把塑料袋剪开，然后把它紧紧地蒙在酸奶杯口，用橡皮筋将它扎起来。拉一拉塑料袋让它变得更紧，这就是自制的“鼓”。把碎谷粒放在“鼓面”上。

（2）把锅盖凑近“鼓”，拿勺子迅速地敲一下锅盖。

（3）看一看“鼓面”上的谷粒。你观察到了什么？是什么让这些谷粒“跳舞”的呢？

（三）我们的家庭奇趣园资源：找一找“奇趣”的人、事、物

1. 有趣的人

世界上有不同肤色的人种和不同的民族，当幼儿看到不同肤色、不同装扮的人时，他们的目光会被牢牢地吸引，“他的眼睛为什么是蓝色的”“他们穿的衣服为什么和我们不一样”“我为什么听不懂他们在说什么”，他们渴望了解每一个在他们眼中“有趣的人”的故事。您可以带着孩子走近这些有趣的人，和孩子聊一聊关于“他们的家乡”“他们的习俗”“他们的美食”等相关话题，还可以利用带着孩子旅游的机会，走一走、看一看，了解不同地方的风土人情。

2. 奇妙的事

在我们的身边，会有哪些奇妙的事件正在发生？春天的第一场细雨，夏夜啾啾的虫鸣，秋天随风飘落的树叶，冬天漫山遍野的皑皑白雪；晴天高楼树木的影子，雨天行走时地上溅起的水花，雷雨天瞬间划过的闪电；树枝上鸟巢中新生的小鸟，石缝中长出的小芽，正在吐丝结茧的蚕……只要有一双会发现的眼睛，每天都能捕捉到各种各样奇妙的事，与孩子一起去观察、去聆听、去感受，去发现大自然的奇妙和美好。

---

①　[美]吉尔·弗兰凯尔·豪舍尔.美国幼儿园经典课外学习书：70个科学入门[M].尤玉芳，译.北京：北京科学技术出版社，2011.

3. 变化的物

世间万物都在按照自己的生命轨迹发生着变化。身体在变化:头发长了、个子高了、力气大了……植物在变化:小草绿了、花儿香了、果实熟了……动物在变化:候鸟向南飞、鱼儿水中游、乌龟在冬眠……您可以和孩子一起去观察,一起去记录,记录下播种的时间、发芽的时间、开花的时间、结果的时间;记录下院子里的小树苗每一年高度的变化、树干直径的变化;记录下饲养的蚕宝宝的生长变化、每一次的蜕皮时间、结茧的日期。当信息被记录下来并被分享时,这些信息就会变得更有价值。对孩子来说,科学就是发现他们的世界!

第十章
巧夺天工加工厂

幼儿的"加工厂"

苏霍姆林斯基有一句名言:"手是思想的镜子,是智力才能发展的刺激物,是意识的伟大培养者,是智慧的创造者。"加工厂的原意是把原材料加工成产品的工厂。① 幼儿的加工厂不同于成人的加工厂,生活中各种各样的东西(如废旧的盒子、瓶子、罐子,大自然中的石头、贝壳、落叶等),都能成为加工厂中的原材料。幼儿天生对这些原材料感兴趣,一个纸盒、一个瓶子、一张纸、一片叶子、一块石头都能信手拈来,变成他们喜爱的东西。丰富多元的原材料是幼儿的加工厂得以延续发展的源泉,给幼儿增加了更多动手操作的机会,对培养幼儿创意能力有着极其重要的影响。

幼儿园的"加工厂"

幼儿园的加工厂是一个能让幼儿自由选择原材料、独立制作自己喜爱的东西的空间场所。幼儿园的门厅、走廊、教室里的区角等,都可以投放各种材料和合适的工具,让空间中的所有元素随时随地成为幼儿生发创意学习活动的源泉。加工厂创意活动不同于传统的美工活动,它不是"依葫芦画瓢",而是充满想象、有个性、有创新的学习活动。加工厂是以创意制作为主要活动形态的场所,幼儿在对各种形态的具有可塑性的原材料进行加工、改造的过程中,探索多种工具的使用方法,探究利用各种废旧材料制作成新颖、独特的"产品"。幼儿在与材料不断互动的实践中,获得了丰富的创意思维、创意表达和创造想象等能力发展的关键经验。

---

① 中国社会科学院语言研究所词典编辑室.新华字典[M].北京:商务印书馆,1971.

巧夺天工“加工厂”

“巧夺天工”形容事物之精巧奇妙,犹如幼儿独特的加工方式,如,将一张纸一折变成了一架飞机,在两个纸杯中间连接一根线就变成了电话机,在纸盒上涂涂画画就变成了漂亮的房子等。儿童视角的加工方式来自幼儿灵魂深处的天性和灵性,幼儿用独特的方式看待在成人眼中稀松平常的东西并创造出不拘一格的东西。所谓“天然去雕饰”,不加刻意的修饰,一切都是童心释放的自然天成,充满想象,独一无二,与“天工”有殊途同归之意。

一、加工厂促进幼儿创意发展

幼儿是主动的学习者和发展者,只有在一个丰富的、生活化的环境中,幼儿的主动性才能发挥得淋漓尽致,幼儿才能学得主动、获得发展。在加工厂,教师支持幼儿进行发散性思维,鼓励幼儿从多个角度、多种途径探寻解决问题的方法,从而激活幼儿的思维、激发创意,促进幼儿认知、情感、能力、态度等全面、和谐的发展,让加工厂的创意学习真正成为适宜幼儿创造力发展的学习。

(一) 丰富创意认知经验

1. 丰富对材料的创意感知

丰富多元的材料蕴含着巨大的教育价值,加工厂活动以材料为载体,包含了无数促进幼儿发展的创意学习内容。我们在加工厂中提供了品种丰富、数量充足的材料,主要有生活类材料(如纸盒、瓶子、纸箱、奶粉罐等),自然资源类材料(如树叶、贝壳、石头等),辅助类材料(如颜料、彩纸、毛线、绳子、线等),工具类材料(如榔头、锯子、钳子等)。丰富的材料激发幼儿学习的主动性,使其迸发出巨大的创意学习能量,如,日常生活中一个看似普通的瓶子,在幼儿手中则创意无限——漂亮的花瓶、美丽的娃娃、计算时间的沙漏、敲敲打打的双响筒、好玩的保龄球等。

丰富多元的材料能激发幼儿操作探究的欲望,他们运用所有的感官主动学习,通过摸摸、看看、捏捏、听听了解材料的大小、软硬、形状等,在对材料充分的操作过程中获得丰富的感官体验。随着对材料理解和认识的不断深入,幼儿尝试用多种方式对材料进行加工、组合、改变,对材料的感知经验不断地丰富和提升,具有创意的想法和点子不断被激发,创造性思维得到有效的挖掘和开发,思维活动的水平也变得越来越高。

2. 丰富对工具的探究体验

“人类的创造想象力，体现在学会使用工具，还能为自己的目的发明工具。”①在加工厂活动中，工具是幼儿完成创作的重要物品，不可或缺，因而加工厂中提供了各种各样的工具，有改变材料形状的工具如锯子、榔头、钳子、锤子、剪刀等；有黏结材料的工具如热熔枪、订书机、胶棒等；有辅助工具如压花器、圆规、各种各样的量尺（皮尺、卷尺、直尺）等。幼儿对这些工具充满探究兴趣，他们根据自己的需要尝试运用不同的工具来完成自己的创作，如在 PVC 管游戏中，幼儿对锯子非常热衷，从最初的怕伤手、不敢用，到小心翼翼地尝试使用，再到最后的熟练运用，体验到了满足和成功。

随着对工具探究体验的不断丰富和工具使用经验的不断提升，幼儿还能根据自己的需要发明工具，如幼儿用绳子把 PVC 管子捆在一起当作榔头使用；在给大箱子刷颜料时，幼儿觉得刷子太短，刷起来不方便，就找来一根长管子，先把几个颜料刷绑在一起，再绑在管子一头，做成了一把又长又大的刷子，使涂刷颜料变得更为得心应手。

3. 丰富对作品的审美认知

加工厂活动是立体造型的艺术创造性活动，幼儿从自己的内心需要出发，通过与材料的互动进行大胆想象、表征和创造。如在“鞋子创想”活动中，旧雨鞋、高跟鞋、运动鞋、靴子等摇身一变成了小花盆，种上了各种绿植、小花或水培的红薯、萝卜等，每一件作品都造型独特，融合了多种美术元素，如给鞋子刷上漂亮的颜色，画上美丽的图画，用彩纸装饰鞋子等，演绎了变废为宝的艺术过程，体验了创造美的艺术历程。

同时，在教师、同伴、家长对作品的鼓励、赞美和接纳中，幼儿对美的认识和理解不断强化，不仅获得自信、自豪、愉悦的美好情绪体验，而且感受美和创造美的能力也不断提高，审美兴趣不断保持和发展着。

（二）提升创意学习能力

1. 提升自主学习能力

在加工厂这一特定的环境中，幼儿能自主学习。如，自主选择：能按照自己的想法和意愿，根据自己的喜好、最近发展水平等自主选择材料、同伴和工具等进行活动；自由尝试：在和材料的直接感知、互动操作中，能按照自己的想法尝试对材料进行加工，如做什么、用什么做、怎么做都由自己做主，自主性得

① ［德］恩斯特·卡西尔.人论［M］.甘阳，译.上海：上海译文出版社，1985.

到充分的释放;自发表现:在自由、自主的状态中,幼儿能自发表现自己的所思所想和所作所为,思维不拘一格,想象天马行空,创意无限点燃,自主学习能力得到了有效提高。

2. 提升解决问题能力

在加工厂这一特定的学习场域中,经常会产生一些特定的问题,如“材料不够怎么办”“工具不会使用怎么办”“和同伴的想法不一样怎么办”等。在解决这些问题的过程中,幼儿会寻求老师的帮助,或和同伴一起商量,或向身边的成人请教等。幼儿就是在不断思考和实践中,通过自己的力量解决了满足游戏需要、顺利推进活动等问题,积累了解决问题的经验,汲取了解决问题的能量,提高了解决问题的能力。

3. 提升想象创造能力

加工厂里材质、形态、大小等各异的材料,能让幼儿大胆想象、创意无限。如,同材料的不同创意:纸盘的形状能让幼儿想象到狮子的头、太阳公公等;同内容不同材料的创意:如在“美丽的花瓶”活动中,幼儿用纸芯筒、纸盒子、旧鞋子等创作出了形态迥异的卷筒花瓶、盒子花、鞋子花盆等。丰富的材料还能满足幼儿对故事情节的表现需求,如,根据故事《三只蝴蝶》的情节,利用报纸、硬板纸、KT 板、毛根做了蝴蝶的翅膀、触角等,将做好的蝴蝶用来进行表演游戏。同时,加工厂里积累了丰富的创意作品,如各种艺术品、工艺品、装饰品和幼儿创作的作品,通过对这些充满创意的作品的展示、鉴赏、分享和交流等,幼儿对创意的理解越来越深刻,对创意的表达愿望越来越强烈,创造想象能力得到发展。

(三) 发展创意情感态度

1. 自由愉悦的情感体验

加工厂里的环境是自由开放的,教师和幼儿一起交流古怪新奇的想法,师幼、同伴间互相鼓励接纳,给大家带来了轻松愉悦的身心体验,师幼关系和谐亲切,师幼情感积极向上。

加工厂里的学习是创造性的学习,创造给幼儿带来的愉悦和满足是最有价值的体验,能不断激发幼儿的潜能,使幼儿的创造力喷涌而出,尽情地进行创造活动,最大限度地促进幼儿创意能力的发展。

2. 想象创造的情感表达

想象创造是幼儿的天性。如,天上飘过来一朵云彩就能引发幼儿无穷的想象,地上散落的树叶在幼儿手中被创造成各种东西。

加工厂正是能满足幼儿想象创造的地方。在这里,幼儿的思维开放,师幼、同伴能够相互包容,能够满足所有想法的表达,能够尽情地想象创造。如,在纸盘四周贴上皱纹纸、报纸、毛线或毛根等,在纸盘中心画上眼睛、鼻子和嘴巴,一头栩栩如生的大狮子就出现了。幼儿用无穷的想象和创造来表达自己的所思所想,在积极的情感体验中释放创造想象的天性。

3. 接纳认同的情感共鸣

在加工厂里,师幼、同伴一起探究学习内容,如对材料、工具的探究等;一起完成创作,如用各种材料做喜欢的东西等;一起探究解决活动中遇到的问题,如研究解决问题的方法等。

在共同的探究中,教师不过多干预幼儿,让他们有充足的探索机会,可以自由地表达、表现。教师充分尊重幼儿的想法和做法,倾听不同的声音,接纳不同的创意,鼓励幼儿大胆尝试,尽情地表达和创造。师幼在相互接纳认同的人际环境中、在共同的学习探究中产生了情感共鸣,幼儿在和谐美好的情感中获得了身心和谐、健康的发展。

二、加工厂学习时空的共建

一个充满创意和吸引力的环境,离不开教师对幼儿兴趣、发展水平、学习经验基础的环境预设,能让幼儿充分进行个性化的表征和创造,是师幼共建的发展环境。

(一) 共建加工厂创意材料

1. 共建材料激发创意

丰富的材料蕴含着多元的信息,幼儿从材料释放的信息中获取经验,在对材料的摸索探究中获得创意能力的发展。在加工厂材料的收集中,以"共建"为原则,鼓励教师、幼儿、家长一起进行材料的收集。

如,根据节日、主题的需要发起,或根据幼儿游戏中的兴趣需求发起,引导幼儿开展讨论,确定收集材料的内容等,并通过海报、倡议书、一封信等形式,发动教师、幼儿、家长从生活中随处可见的废旧物品入手收集材料,如各种各样的废旧瓶子、大大小小的盒子、纸芯筒、奶粉罐等;或从身边随处可见的自然物入手,随时随地收集形状各异的石头、五彩斑斓的落叶、长短不一的树枝等。这些材料不仅能就地取材,易于收集,同时还蕴含着想象、创意的无限可能,成为满足幼儿创意学习的不竭资源。

2. 开放呈现激发创意

加工厂材料的呈现遵循"开放性"原则,如时间的开放、空间的开放、活动过程的开放等。师幼共同建构开放性的学习时空,如,一起进行材料的分类整理,一起商量材料如何摆放。柜子、置物架、置物筐等布局都是开放的,高度适宜,幼儿可以根据自己的兴趣、喜好、经验等自由选择材料进行创作。

材料开放呈现的方式,给予幼儿更大的自由选择和自主操作的可能性。如把加工厂空间根据活动的功能和内容划分成若干区域(有资源站、材料区、工具区、工作区、分享区等),每个区既相互隔开又相互联结;材料摆放开放,易于拿取。在开放的空间中,幼儿有更多自由发现的机会,学习的自主性得以充分体现,创作信心和创新能力也在不断提高。同时,材料的开放性呈现便于教师从更多视角去审视幼儿的学习,更多方面地关注幼儿,使指导更有针对性和有效性。

3. 多元组合激发创意

各种各样的材料之间存在着互为促进的作用,多元材料的组合摆放更能激发幼儿的综合创意。其中有教师预设的组合,也有幼儿随机的组合。(见案例一)

① 同类材料的组合:如大纸箱与小纸盒的组合,幼儿从材料的组合中得到启发,创作了狮子、机器人、长颈鹿、怪兽等生动有趣的形象。② 不同类材料的组合:如将塑料瓶、旧鞋子、小盒子等组合在一起,激发了幼儿创意的点子,创作了小动物的家、小花园(把瓶子、鞋子、纸盒想象成花盆)等。③ 多元材质的组合:如在对塑料、纸、玻璃等不同材质的材料操作中,获得不同的感官刺激,从而不断获得新的体验,生成新的经验。④ 多元用途的材料组合:如尺子、绳子、毛线、吸管等不同用途的材料,为幼儿的操作提供暗示和线索。⑤ 创造性组合使用工具:如把 PVC 管子捆在一起当作榔头使用,把报纸揉成报纸团当成印章使用等。⑥ 创造性组合表达方式:如幼儿在操作中,创造性地运用色彩、符号、造型等进行组合创作。材料组合千变万化,幼儿的创意也繁花盛开,材料的价值发挥到极致。

案例一:纸盒创意制作“猛犸象”(大班)

泰杨、宸宸、抒熵一起准备做“猛犸象”。

首先,他们抱来了各种尺寸的盒子,按从大到小的顺序垒在一起,用透明胶捆绑住作为猛犸象的身体;接着找来四个大小一样的盒子作为猛犸象的腿。(图 10-1,图 10-2)泰杨说:“猛犸象还有很长的鼻子和尖尖的牙齿呢。宸宸你负责做牙齿,我来找鼻子,抒熵去找眼睛。”分配好任务后,三个孩子分头行动。泰杨第一个回来，他找来了两条地垫边条做鼻子。我问他：“不是一个鼻子吗？”他说：“这样看上去粗。”抒熵找来了海洋球做眼睛。最后一个回来的是宸宸，他找来了三支废旧水彩笔，将他们捆绑成一排做牙齿，贴在鼻子的旁边。泰杨说：“宸宸，你这个想法太好了！”最后他们又找来了一个长条形盒子，作为猛犸象的尾巴。（图 10-3）

“猛犸象”完成啦！（图 10-4）

图 10-1　将盒子从小到大垒高、固定

图 10-2　制作身体

图 10-3　身体完成

图 10-4　和猛犸象合个影

（案例提供：丁穗宁）

（二）共建加工厂创意时机

1. 共建多维创意空间

在加工厂中，师幼共同建构多维活动空间，在各空间中又布局开放式小空间，营造出通透性、视觉连接性的空间氛围。① 材料空间：创设了材料区和工具区，分门别类摆放着各种各样的材料和工具，供幼儿自由选取进行制作活动；② 操作空间：幼儿进行创意制作学习活动的地方，亦称工作区，操作空间的合理分隔，便于幼儿以最短的距离取放材料，保证幼儿能够有足够的空间进行活动；③ 分享空间：为幼儿提供集体讨论、分享交流、欣赏评价的空间；④ 展示空间：展示幼儿创意制作的作品，每一件作品都是师幼智慧和创意的结晶，从中可以看出幼儿创意学习发展的脉络轨迹。所有区域既有区隔又有联系。多维创意空间不仅增添了多重空间维度带来的趣味性，还给幼儿提供了更多自由选择、自主学习的机会。

2. 共生创意智慧时刻

教育不是一味灌输，而是适时点燃火焰。在加工厂活动中，教师能及时捕捉到幼儿的创意火花，鼓励幼儿大胆地表达、表现创意的点子。如，在与教师和同伴一起协商、克服各种困难、尝试自己解决问题、完成创作的经历中，教师的教育智慧与幼儿的创意智慧共生共长；在共同分享创意作品时，幼儿相互欣赏、自我肯定，沉浸于各种作品的创意和智慧中，审美愉悦和成就感油然而生。

3. 基于材料引发的创意契机

在加工厂活动中，看似平淡无奇的材料总能引发幼儿的无限创意，在幼儿的手中发生神奇的变化。如，管子成了机器人身上的天线，盒子变成了娃娃家的桌子、椅子、电视机，一张报纸变成了妈妈的卷发、打怪兽的报纸球，大纸箱组合成了山洞、迷宫、火车等。在与材料的互动中，幼儿创意的点子像泉水一样迸发，不仅亲身体验了创造的乐趣，还使材料更具价值和意义。

加工厂划分为大型制作区、桌面操作区、材料收集区、作品展示区等，形成多通道、开放的活动场域。材料和工具设置在制作区周围，方便幼儿拿取使用。（图 10－5）

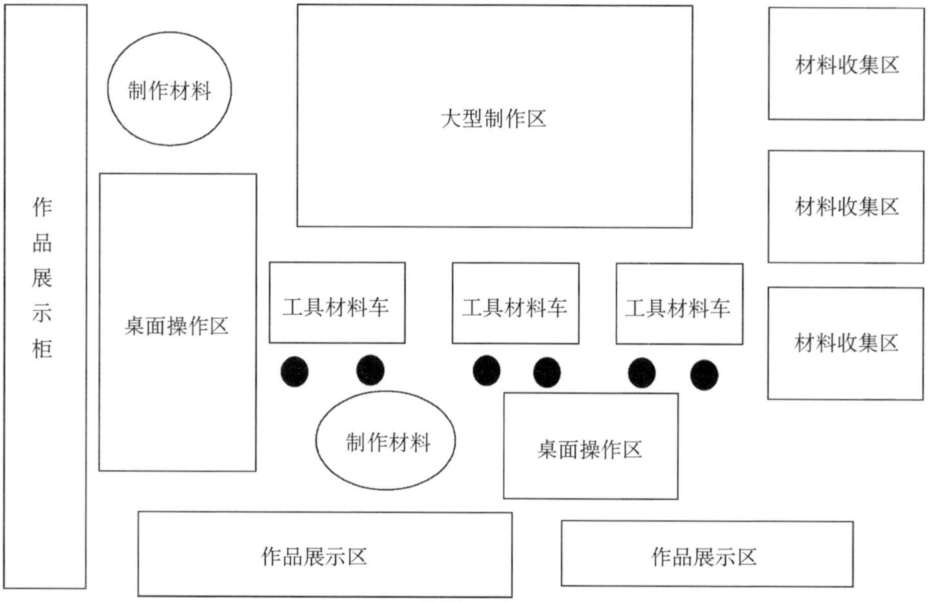

图 10-5　加工厂布局图

（三）共建加工厂创意策略

1. 无痕式互动激发

激发是发挥环境和材料“第三位教师”的作用。设置蕴藏问题的环境，幼儿在答疑、思考问题、引起兴趣的过程中生发创意的想法和做法。如，材料的隐性激发，引导幼儿直观地欣赏、观察制作材料，获得对材料特征的基本认识，在一定的形象情境中激发创作的愿望；交谈设问激发，通过设计恰当的问题，引导幼儿交流讨论、对材料进行形状想象，在环境材料中自我发现，激发创意点子；言语激励激发，如“你的作品很有新意”“你想的点子真好”等，为幼儿创设轻松的学习氛围，促进幼儿的创新思维。

2. 进退式问题回应

进退式问题回应体现了教师的教育智慧和教育机智，教师通过对幼儿的观察和了解，对幼儿的需求给予及时回应。① 及时跟进的回应：在创意制作活动“弯弯绕绕的电线”中，教师发现幼儿在剪断电线时出现了困难，使制作活动无法进行下去，通过进一步观察，找到问题的症结（幼儿不会使用尖嘴钳）。因此教师做出了及时而有针对性的回应，指导幼儿研究学习尖嘴钳的正确使用方法，从而轻松解决了幼儿在学习中的问题，为幼儿的创作和创造提供了技术上的支持,使幼儿创造出具有创新的作品,享受成功的快乐。② 观察等待的回应:在活动中学会等一等,在合适的时机回应幼儿,为幼儿提供适宜的帮助,支持幼儿的学习和探究。

3. 渗透式操作情境

加工厂中的操作情境能够有效引发幼儿的创意。① 直观情境的创设:幼儿很喜欢《三只小猪》的故事,他们想用盒子、稻草等给小猪盖房子。在幼儿创作的过程中,教师引导幼儿讲述《三只小猪》中盖房子的场景,师幼共同建构,创设了一个直观的、想象的情境,激发幼儿创造性思维和创新能力的发展。② 隐性材料情境的创设:在"好玩的管子"游戏中,教师提供了支持幼儿创造活动的材料和工具,如PVC管、各种吸管、锯子、尺子、绳子等。材料和工具的特点为幼儿的创作提供了线索和启示,引发了幼儿的想象和创意。(见案例二)③ 半成品材料情境的创设:如切开形状各异的纸箱、纸盒、瓶子、塑料罐子以及大小、形状等不同的泡沫盒子等,这些半成品材料隐含的信息能促进幼儿自主生成新的想象和创意。

案例二:综合创意制作"擎天柱"(中、大班混龄)

1. 教师隐性情境设计

在前几次活动中,有一个装饰了一半的纸箱一直无人问津,教师将这个纸箱放在了制作区域的中间,试图引发幼儿的注意和制作兴趣。

2. 幼儿创意产生

大班幼儿小A主动申请要当小组长,提出要将纸箱改造成"擎天柱",这个主意吸引了一群小伙伴的加入。小A说原来的纸箱可以变成"擎天柱"的头,他让涛涛(中班)把两个塑料瓶贴在纸箱两侧,作为"擎天柱"标志性的两个尖角,自己找了些彩色的吸管作为"擎天柱"身上的图案装饰。(图10-6)

小A觉得"擎天柱"是可以变身的,所以它的手臂和腿要做成一节一节的,这样才能变身。最终幼儿选择了同样规格的小纸盒组成了"擎天柱"的手臂和腿,在教师的协助下组装成了"擎天柱"。最后,小A用一根泡沫长条作为"擎天柱"的星辰剑,粘在了其中一只手上。(图10-7)

3. 教师回应策略

小A在这样的合作活动中承担着组织者、领导者的角色,他对制作的目标有较深入的了解,能通过象征性的标志(如头上的尖角、身体图案的红蓝主色调以及星辰剑等)体现出制作目标的特点。在活动过程中小A会把自己的想法告诉其他成员,语言表达能力强,用词丰富,但由于同伴对"擎天柱"的形象、概念模糊，因此活动时间主要用在寻找材料上，真正参与制作的时间较少。在活动结束后，教师采取了以下策略指导幼儿进一步完善“擎天柱”的制作。

（1）教师和幼儿讨论合作组装的方法和拼接材料的使用，并请幼儿现场尝试。

（2）提供有关“擎天柱”等变形金刚的完整、细节图片。

（3）欣赏“擎天柱”变身的视频，讨论变形金刚手和脚的动作体现。

图 10－6　“擎天柱”制作中

图 10－7　“擎天柱”完工

（案例提供：顾倩萍）

三、加工厂创意活动的设计

意大利的马拉古奇在《其实有一百》中说道“幼儿是天生的创造者”，只有适宜的活动才能发挥幼儿的主动性和创造力。因此，在加工厂活动内容的设计上，我们基于幼儿的原有经验，从幼儿的兴趣、问题出发，选择适宜的活动内容，让幼儿在活动中大胆创造、自由表达、不断发现、努力挑战，尽量满足幼儿主动学习的需求和创造的天性禀赋。

（一）加工厂创意活动内容设计

1. 依据材料生发设计

陈鹤琴先生指出“直接拿儿童熟悉的事物来作为教材、教具被认为更有利于促进儿童对生活的理解，从而提高对学习的兴趣和效率”。[①] 加工厂中的废旧材料来自幼儿的生活，都是幼儿非常熟悉的东西，且具有极强的操作性、趣味性和可塑造性，因此，依据材料生发设计创意活动内容，能吸引幼儿对材料

① 陈鹤琴.陈鹤琴教育思想读本：活教育[M].柯小卫，陈秀云，选编.南京：南京师范大学出版社，2000.

的主动操作,满足幼儿的兴趣和需要。废旧材料在幼儿手中被巧妙利用"变废为宝",成为创意活动生发的不竭源泉和幼儿创意能力发展的优质教育资源。不熟悉的新材料能拓展原有材料的探索空间、增加操作的难度挑战等,对幼儿的学习发展也很重要。在加工厂中依据幼儿不熟悉的新材料生发设计创意活动,如,提供幼儿不常见的大白桶、不常用的轮胎、洗衣液桶等,让幼儿充分挖掘和利用材料潜在的多种功能,提高操作的积极性。

2. 依据问题生发设计

教师在观察中发现幼儿在操作中的问题,依据问题了解幼儿的操作经验,生发创意活动设计。如,① 生活问题生发设计:一名幼儿带来了一件铁丝工艺品,新颖独特的造型引发了其他幼儿强烈的好奇,为了满足大家的兴趣和好奇心,进一步挖掘创意学习的资源,于是教师在加工厂中生成了创意活动"有趣的铁丝"。这种学习活动来源于幼儿的生活,能充分满足幼儿主动学习和主动创造的愿望。② 游戏问题生发设计:一名幼儿提出"可以用纸盒造出一座恐龙园吗",由此生发了"恐龙大变身"的创意活动。教师转变了材料观,投放了有助于幼儿完成创作的材料和工具,丰富了幼儿对恐龙的认知,促进了同伴间的沟通协作能力,引发幼儿的深度学习。

3. 依据经验衍生设计

加工厂活动内容追随幼儿的经验兴趣,根据幼儿的经验生发创意学习内容的设计。如,① 依据主题学习经验生发设计:一个主题活动是通过多个活动的实施而展开的,在这个过程中,幼儿对活动探索的兴趣和需要不会随着活动的结束戛然而止,需要持续并深入地开展下去,以满足继续学习的需要。因此,可以在加工厂和创意制作区开展主题背景下的衍生活动。如在"好玩的瓶子"主题活动中,师幼共同收集了各种各样的瓶子投放到加工厂和创意制作区中,支持幼儿继续探究的欲望和学习兴趣,使主题活动沿着幼儿创意学习的实际需要有效拓展。② 依据社会生活经验生发设计:如幼儿在生活中积累了汽车的相关经验,在加工厂会开展"盒子汽车"等操作游戏活动,在活动中个人经验不断积累并扩大,幼儿的操作思路得到进一步拓宽,创意能力得以提升。(见案例三)

案例三:盒子创意活动"小盒子游戏"(小班)

[活动背景]

盒子在孩子的生活中随处可见,如饼干盒、月饼盒、日用品包装盒、快递盒……有的图案精美、有的造型奇特、有的简单结实。这种开放、低结构、易收集的生活材料，是幼儿日常游戏的好选择，也是激发幼儿想象力和创造力的良好素材。

[问题设计]

在小班幼儿眼中，盒子可以怎么玩？他们会在玩盒子的过程中，获得哪些生活经验？通过提供一些辅助材料，幼儿会有哪些创造性的表现？

[经验衍生]

当把生活中这些常见的盒子呈现到幼儿面前时，幼儿说："那个月饼盒是我带来的，有两层呢！""我带的是小猪佩奇的饼干盒，里面的饼干可好吃了。""我拿了好多盒子来，都是妈妈买东西的盒子，上次妈妈把盒子都给了小区里的老爷爷。"老师问："这些盒子可以用来干什么呢？"涛涛马上脱口而出："搭积木。"小卉说："可以找一个漂亮的盒子，放我的玩具。"添添说："可以玩卖盒子的游戏。"小宝说："可以变成小汽车。"于是，在建构区，幼儿用盒子搭高楼；在户外，幼儿把盒子变成障碍物；在美工区，幼儿用提供的材料和工具，开始了"盒子大变身"的游戏。（图 10-8，图 10-9）

图 10-8　盒子楼房

图 10-9　盒子小汽车

（案例提供：徐磊）

（二）加工厂创意活动组织形式

加工厂是各种组织形式的活动场地。组织形式灵活多样：集体活动，主要在讨论、介绍材料、讲解、分享的时候进行；个别活动，是幼儿个别化的学习活动，满足幼儿主动、自主学习的需要，给幼儿独立思考的时间和空间；小组活动，是加工厂创意学习活动的主要形式，是幼儿间的合作学习，通过与同伴的共同学习、交流、讨论等,达到经验共享、共同发展的目的,通过与同伴创意想法、创意点子的碰撞,形成创造性思维的学习习惯。各种活动形式既有独立性,也能互相联系、转换、整合和渗透。

1. 综合式百变加工厂活动

百变加工厂是幼儿园利用地下下沉式广场的资源优势,专门为幼儿进行创意制作学习活动而设计建构的固定场地,其中有材料区、工具区、工作区、共享区、展示区等区域,结构丰富,布局合理,是幼儿进行创意制作学习活动的乐园。

2. 聚焦式创意制作区活动

创意制作区主要以班级为单位,是在班级中开设的活动区,主要聚焦幼儿个体的兴趣、经验和发展水平,为幼儿提供各种生活材料、废旧材料等,供幼儿随时进行创意学习活动。

3. 家庭式亲子小制作活动

亲子小制作活动是家长针对幼儿园创意制作活动的需要,根据老师的要求在家中和幼儿一起进行的创意活动,是兴趣、经验、能力等在家庭中的延伸。如家长在家庭中对幼儿相关知识经验的丰富、材料的收集、和幼儿一起进行亲子制作活动等。家园结合,让创意学习的理念从幼儿园渗透到家庭中。

案例四:聚焦式创意制作区活动(小班)

1. 经验材料提供

桌面:各类装饰材料、剪刀、胶棒等制作工具。

展架:幼儿的手工作品,附简单注解及创作者照片。

墙面:能启发幼儿想象和联想的作品图片。

创意区里有很多装饰材料,如吸管、毛根、压花图形、彩色亮片、皱纹纸、太空泥等。体积较小、材质较薄的盒子,作为制作的主体材料。在创意制作的初期,幼儿更多的是摆弄材料,特别是色彩鲜艳、能塑形的装饰材料。他们会将吸管剪成小段、毛根绕成卷。在这里,盒子是个载体,承载着幼儿和材料的互动。幼儿感受到毛茸茸的材料很难固定,纸质的或者表面光滑的材料很好粘贴,他们会说:"这个小花贴得住,那个球球贴不住。"为了能固定住装饰材料,幼儿轮流尝试不同的粘贴工具:胶棒、双面胶、白胶,最后双面胶成了使用率比较高的粘贴工具。通过不断地探索,幼儿渐渐熟悉了不同材料的特性,初步学会了根据不同的材料选择相应的粘贴工具来连接和固定。

2. 幼儿创意表现

阿畅找到了一个椭圆形的月饼外包装盒,他把两根吸管贴在盒子底下,说:“我的直升机,哈哈!”说着在空中来回比画着,嘴里不时发出“咻咻咻”的声音。

3. 幼儿制作表达

小语选择了两种不同的盒子,一个牙膏盒和一个药盒,扁的做头,长的做身体,用毛根做头发。琪琪把两个不同大小的长方形盒子用双面胶贴在一起,再粘上四个瓶盖,变成一辆汽车,嘴里大声地说:“着火啦,消防车来啦!”宸宸对她说:“你这个不是消防车,没有水不能救火的。”琪琪在辅助材料箱里翻了翻,找到一个红色薯片罐,她对宸宸说:“我找到红色的水箱了,就是消防车。”这个阶段的孩子,已经开始关注到细节并尝试创造性地选择材料来表现事物的特征。(图 10－10,图 10－11,图 10－12,图 10－13)

图 10－10 单一盒子的简单装饰

图 10－11 尝试各种辅助材料的固定

图 10－12 尝试有规律的装饰纹样

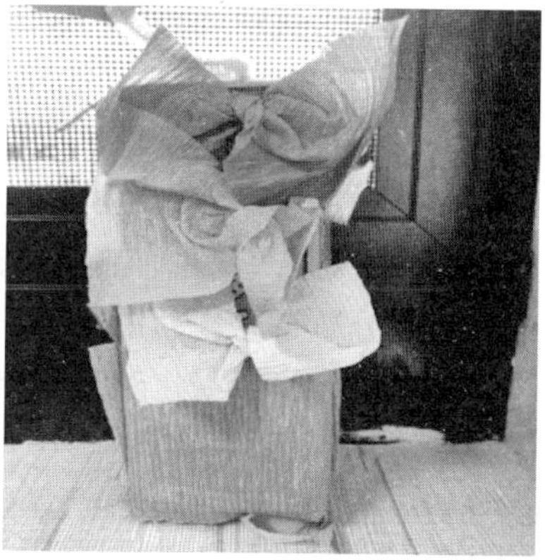

图 10－13 盒子制作成品:花朵收纳盒

(案例提供:徐磊)

（三）加工厂创意活动环节设计

1. 兴趣发起产生创意

兴趣发起是幼儿进行创意制作学习活动的开端环节，它可能是一个幼儿感兴趣的话题，也可能是幼儿生活经验的再现，抑或是一个有价值的素材，通过问题讨论、经验分享等形式激发兴趣。这个环节主要是起到“引子”的作用，帮助幼儿带着问题思考，自然地进入到活动情境中去。

如，直接用成人的作品激发兴趣。在“有趣的铁丝”创意制作活动中，教师通过播放 PPT 上各种铁丝工艺品图片，引导幼儿欣赏，以视觉吸引的方法把幼儿引入到学习情境中，同时也丰富了幼儿对于铁丝工艺品的一些表象经验，为后续的制作活动埋下了伏笔，提供了支持。或是用幼儿的作品激发兴趣。

2. 问题讨论激发想象

这个环节中，教师及时了解幼儿的兴趣、需求，发现幼儿在制作内容、制作方法等方面的问题，并就问题引导幼儿讨论，找到激发幼儿创意思维的契机，发展幼儿创意学习的能力。

教师引导幼儿讨论在学习活动中遇到的问题，如“想做什么”“为什么”“热熔枪怎么用”等，鼓励幼儿分享自己解决问题的好办法，引导幼儿交流自己在制作过程中有哪些想法和别人不一样，哪些地方有创意等。在此基础上，教师再作总结评价。这个环节有利于帮助幼儿梳理经验、提升经验，自主生发创意学习的过程和方法。

3. 展示分享丰富经验

教育的核心价值是幼儿身心发展的内在和谐统一，幼儿的发展不是止步于知识技能的获得，而是着眼于身心、智能等和谐统一的持续发展。因此在加工厂活动环节中，展示分享是很重要的环节。（见案例五）

① 展示多元表达，如让幼儿讲一讲自己作品的名字、用什么材料制作的、作品表达的意思是什么、为什么这样表达等，鼓励幼儿大胆表达自己与别人不一样的想法，让幼儿在作品中获得丰富多样的体验；② 分享多元经验，引导幼儿和同伴分享自己作品中的小故事、小插曲等，让幼儿从同伴中获得有价值的经验。展示分享能强化幼儿在学习活动中表现出来的优良品质，如创造性思维习惯、喜欢创新等，同时让幼儿获得被尊重的愉悦、成长的欣喜和学习的快乐等积极情感体验，积聚后续发展的内在力量。

案例五：作品分享“小乌龟运木头”（中班）

师幼欣赏“小乌龟运木头”：奶瓶做乌龟的四肢，扁形纸盒做身体，长方形

纸盒做乌龟壳，纸盒边框和泡沫边框做木头。（图 10－14）

幼儿分享：小乌龟的好朋友要盖房子，它在帮好朋友搬木头。小乌龟的力气很大，可以搬三块木头，就是它搬得有点慢。

教师点评：幼儿在制作过程中对小动物外形的了解和对材料的选择都非常恰当，扁形盒子做身体，大大的龟壳用长方形的盒子进行制作，重点突出了乌龟壳。起先龟壳上是没有“木头”的，只是一个幼儿拿来了一根纸盒边框，他们在商量可以放在哪里，最后决定给小乌龟当木头扛着，然后又选择了其他材料进行丰富。

图 10－14　小乌龟运木头

（案例提供：丁穗宁）

四、加工厂创意活动的教师角色

（一）观察者

1. 观察兴趣筛选材料

在加工厂中，材料是操作活动的物质基础，离开了材料的支持，创意学习活动将难以进行。因此，观察幼儿对材料的兴趣点，观察材料是否能激发幼儿的创意构思，是投放、筛选、调整材料的有效依据，也是开展创意活动的保障。

观察幼儿对教师预设材料的兴趣。如在“百变纸芯筒”活动中，教师预设并投放了长短、粗细不一的纸芯筒，观察幼儿对材料的兴趣，倾听幼儿讲了什么话、想表达什么等，了解幼儿的真问题、兴趣需求等，有针对性地筛选材料，同时观察幼儿兴趣点的转换和变化，以便在后续的活动中提供有效支持。

2. 观察过程适时介入

观察是为了更好地、适时地推进幼儿活动的发展。如，① 观察幼儿制作中出现的困难：幼儿在活动中思维断片，不知道该怎么下手而中断了手中的活动；与同伴为了争抢同一个工具或想法不一致而起了矛盾和冲突等。② 观察幼儿制作的重复期：如幼儿在活动中遇到瓶颈，一段时间以来一直重复选择某一种材料或重复创作某一件作品，操作活动在同一水平持续重复等。

通过观察幼儿的外部表现进入到幼儿的内心世界，对幼儿的兴趣需要做出合理判断,了解幼儿真实的学习和发展水平,并找一个恰当的时机介入指导,使幼儿的学习活动能够在更高思维水平上延续。

3. 观察环境整体协调

在加工厂学习活动中,教师观察感知到的幼儿行为不是孤立存在的,幼儿的行为或在和材料的互动中产生,或在一定的活动情境中产生,或在与同伴、教师或其他成人的交互中产生,因此教师要观察幼儿身处环境的变化。

如,① 观察幼儿身边的人、事、物、境等的变化:幼儿工具材料不够引起的争抢、想法不一致引发的争执等,教师针对问题进行整体协调,如增减人员比例,解决工具、材料不够的问题。② 观察环境中的幼儿:关注幼儿对活动的投入程度和专注水平,了解幼儿的人际关系,倾听幼儿心声,引导幼儿在协商中解决问题等。

在引导幼儿解决问题的过程中,帮助幼儿与同伴建立良好的关系,共同构建和谐愉悦的活动环境。

(二) 分析者

1. 分析价值有效指导

加工厂里的活动对幼儿的发展有其独特的教育价值,对加工厂操作活动及其价值进行深度的分析与解读,能更好地认识并理解创意学习在幼儿发展中的重要性。

如,① 分析材料的价值:加工厂里的材料具有生活性、趣味性、可操作性和灵活性,幼儿通过对材料的操作,能积累大量关于材料的材质、特性、颜色等感性经验,并将这些经验迁移到创作活动中,想象创造出具有丰富创意的作品,因此对材料的价值分析,是提供有价值材料的有效依据,也是材料发挥价值的有效保证。② 分析幼儿的行为:教师透过幼儿与材料的互动行为,分析其背后的价值,解析幼儿对材料的想法和做法,不仅能够让幼儿的学习可视化,使教师的指导有效化,更使教师的观察具有价值性。如一次活动中,幼儿小Z短短几分钟时间向老师寻求三次帮助,通过观察,老师发现他想用胶带把两块KT板连在一起,但又不会使用胶带。于是老师根据他的情况采用示范启发的方法,有针对性地帮助他学会了使用胶带,使他顺利完成了飞机翅膀的制作。

2. 分析瓶颈改进提升

在加工厂的活动中也会产生高原反应和发展瓶颈。如,① 经验瓶颈:在"恐龙大变身"活动中,幼儿对恐龙的认知经验比较缺乏,使活动卡顿无法继续。② 技能瓶颈:在"创意铁丝"的活动中,由于铁丝硬,不容易造型,夹断铁丝的工具也很难使用，工具使用技能的缺乏导致幼儿对材料失去兴趣，活动无法进行下去。③ 能力瓶颈：所谓“心有余而力不足”，幼儿在创意学习的过程中会因为自身能力不足而无法实现自己的想法，如解决问题的能力、动手能力等欠缺都会影响幼儿的创意表达。

针对这些情况，教师应及时分析，找到瓶颈产生的原因，提供有针对性的支持，如增补一些任务材料，利用材料的暗示和线索帮助幼儿实现自己的想法，突破瓶颈，完成自己的创作。

3. 分析作品读懂幼儿

作品是加工厂中最具象的东西，对作品的分析是为了更好地读懂幼儿，读懂幼儿在加工厂里是如何自主学习的、是如何与材料互动的。如，① 分析幼儿的能力：在“螃蟹爷爷”的创作中，幼儿想象力丰富，能使用五花八门的材料作替代品进行创作，如用奶粉罐做身体，泡棉球做腿，一次性勺子做眼睛，创意地表现出了栩栩如生的螃蟹形象。② 分析幼儿特别的兴趣：如在这个作品中，教师发现幼儿对螃蟹的眼睛很感兴趣，并能抓住“螃蟹眼睛可以自由伸缩”的特性，借助材料进行想象创造，用一次性勺子做了“螃蟹爷爷”的眼睛，非常生动地表现出“螃蟹爷爷”瞪着眼睛找食物的样子。

分析作品可以让教师了解幼儿的想法、需求、兴趣和现有水平等，不断审视幼儿的学习，反思自己的教学，以学定教，让教师的“教”更有针对性。

（三）支持者

1. 围绕核心经验的前期准备

在加工厂中，幼儿前期经验和能力的准备很重要，因此教师要围绕幼儿的核心经验开展前期准备。

核心经验是幼儿进行创意活动至关重要的概念或技能。如，① 丰富认知经验。在创意活动“盒子大变身”中，幼儿想用盒子做恐龙，因此通过看相关图书、电视或询问身边的成人等途径，帮助幼儿积累关于恐龙的经验，丰富幼儿对恐龙的认知，并鼓励幼儿把这些经验迁移到活动中去，利用多种材料的组合进行恐龙的创作。② 学习技能经验。前期可以引导幼儿学习各种工具、材料的基本使用方法，积累基本的操作经验，并用这些经验支持创意制作中的想象、表达和创造的实现。③ 积累情感体验。在与材料的互动中，不断接纳、认同幼儿的想法和做法，激发幼儿对材料的兴趣和操作的愿望，不断丰富并积累操作活动的情绪情感体验。

2. 围绕核心问题的交流示范

在加工厂的创意制作活动中，一般会出现的核心问题有：材料之间的连接问题、在材料上开孔的问题、处理大型材料的问题、细节表达的问题等。教师应围绕核心问题,对幼儿的学习进行有针对性的支持。

如,利用交流示范的方式帮助幼儿积累表象和感性经验。提供各种各样的材料连接、材料上开孔等范例,让幼儿了解材料之间连接或开孔的工具有哪些、如何使用,不同材质的材料之间如何连接,如何开孔等,帮助幼儿开阔眼界,找到解决问题的思路和方法,在技术上支持幼儿的想象和创意,创造出各具特色的充满创意的作品。还可以针对幼儿的年龄特点,用生动形象的图谱示范让幼儿获得具象、感性的经验,支持他们的学习活动。如在小班创意制作活动"杯子娃娃"中,教师为幼儿准备了生动有趣的制作图谱,从多元的视角拓宽了幼儿的思路,使幼儿创作出来的"杯子娃娃"充满童趣和创意。或为幼儿提供一些富有创意的手工作品,鼓励幼儿把它们拆掉后重新制作,幼儿在拆装过程中能了解不同材料的特点,探究发现这些成品作品制作的过程和方法,从而受到启发,从积累经验到迁移经验,支持幼儿在更高水平上进行创意学习活动。

3. 围绕创意品质的及时推动

加工厂活动作为幼儿创意实践的重要场所,点燃了幼儿创意思维的火花,促进了幼儿创意品质的养成。

活动中,教师应围绕创意品质推动幼儿的创意学习,如遇到问题时鼓励幼儿大胆尝试、自己解决;遇到困难时启发幼儿自己探究、摸索解决的办法;创作中,接纳、认同幼儿天马行空的想象和涌现出来的创意点子。教师对幼儿个别化的推动和支持,能让幼儿尽情释放潜能,大胆表现创意。养成乐于探究、尝试自己解决问题、喜欢想象、有创意的想法和点子等创意学习品质。

五、加工厂创意活动的家庭指导

家庭是幼儿学习的另一个阵地,幼儿创意学习的种子需要家庭成员和教师一起培育方能健康和谐地成长,幼儿创意学习品质需要家园一起努力方能养成。因此,教师和家长在幼儿的学习发展中是真正的伙伴关系,教师负有指导家庭教育的责任和义务。加工厂学习活动中,教师通过"一封信"和"做一做"的形式开展家庭指导,形成家园合力,共同推进幼儿的创意学习。

(一) 我们的加工厂活动:一封给家长的信

亲爱的家长:

您好!

加工厂是孩子们最喜欢的活动之一,加工厂里有丰富的材料,如纸箱、管子、瓶子、罐子、石头、松果等，供孩子开展活动。孩子在与材料的互动、探究中，萌发创意的点子和想法，并通过对材料的加工表达出来，从而发展出创造力，培育出创意品质。

孩子在加工厂的活动过程中，老师会通过观察、提问等方式鼓励孩子表达他们的想法，大胆想象并创作，对孩子完成的作品进行欣赏和赞美，让孩子们体验成功的快乐和创造的乐趣。

加工厂来源于生活，家庭是孩子动手创意的加工厂。请跟孩子一起分享在加工厂中的趣事，耐心倾听他们的心声。平时可以和孩子一起把家中的废旧盒子、塑料瓶子等收集起来，和孩子一起做做玩玩，在这个过程中增进亲子感情，促进孩子良好创意学习品质的习得和养成。

让我们一起把创意和自信的种子埋藏在幼小的心灵中。

×××幼儿园××班

×年×月×日

（二）我们的家庭加工厂活动：跟孩子玩一玩

1. 做一做

◆ 亲子制作游戏：纸袋动物

准备：纸袋、彩纸、剪刀、笔、胶水等制作工具和材料。

玩法：

(1) 和孩子一起讨论：你想用纸袋做什么动物？（鼓励孩子大胆表达自己的想法）

(2) 讲述制作方法：先画出动物的五官（脸、眼睛、鼻子、耳朵、嘴巴）、尾巴、手臂、胡须等，然后按照轮廓剪下来，粘贴在纸袋上。还可以用笔给动物添画头发、眉毛、花纹等。

(3) 和孩子一起制作：亲子合作，和孩子一起用纸袋设计制作喜欢的动物。

(4) 和孩子一起游戏：亲子游戏，和孩子一起用纸袋动物进行动物游戏。

2. 玩一玩

◆ 亲子探究游戏：好玩的瓶子

准备：收集矿泉水瓶、酸奶瓶等各种废旧瓶子，清洗干净。

玩法：

(1) 和孩子一起自由地玩瓶子。

(2) 引导孩子讲一讲：瓶子可以怎么玩？（和孩子一起探究瓶子的各种玩法）

(3) 瓶子游戏：和孩子一起玩一玩瓶子游戏，如保龄球游戏、绕障碍游戏、投掷游戏、赶小猪游戏等。

3. 试一试

◆ 创意小制作：可爱的石头

准备：

(1) 和孩子一起收集各种石头，洗净晾干备用。

(2) 各种颜料、刷子、记号笔、彩纸、毛线、毛根、剪刀、胶水等。

方法：

(1) 和孩子一起玩石头，感受一下石头的大小、颜色、形状等特点。

(2) 引导孩子尝试用石头创作作品，鼓励孩子独立完成创作。

(3) 和孩子一起分享作品，赞美孩子的作品，让孩子体验积极快乐的情感。

（三）我们的家庭加工厂资源：经典的人、物、事

1. 找一找生活中的能工巧匠

找一找家庭中的能工巧匠。家庭成员是幼儿重要的学习资源，和幼儿一起找一找家中的能工巧匠，如工程师爸爸、点心师爷爷、编织能手奶奶等，丰富幼儿的创意灵感。

找一找生活中的能工巧匠。幼儿生活中的人是丰富多元的学习资源，如找一找生活中的剪纸大师、泥人大师、紫砂壶大师、点心大师等，让幼儿认识、了解他们，萌发向大师学习的愿望，启迪幼儿的创意。

2. 寻一寻生活中的精工细作

寻一寻家庭中的精工细作。家庭中有很多精工细作的东西，如家具上精美的雕花、千姿百态的雕刻作品、旅游工艺品等，和幼儿一起欣赏，丰富幼儿的相关经验。

寻一寻生活中的精工细作。如手工艺品、布艺品、编织品、雕像、剪纸作品、紫砂壶、泥人等，让幼儿学会欣赏美、创造美，陶冶审美情操。

3. 听一听生活中的经典故事

让幼儿听一听生活中关于能工巧匠、精工细作的经典故事，如关于鲁班的"班门弄斧"的成语故事，或其他相关的有趣、奇妙的故事，丰富幼儿的精神世界，拓展其相关认知经验。

案例篇

第十一章
生活场活动案例

案例一 盥洗室里的泡沫(小班)

一、活动由来

洗手是幼儿园一日生活中一个重要的环节。近期洗手台上的肥皂被替换成了洗手液,孩子们对洗手的兴趣又增加了,每次洗手时他们都会使劲搓出很多泡沫。有一天,有一团白色的泡沫从下水道口涌了出来,孩子们非常激动,一下子将这团白色的泡沫团团围住,惊喜地看着泡沫不断地往外冒,他们对这团泡沫产生了无数的联想和猜测。孩子们的这一兴趣点引发了一系列的生活场探究活动。

二、活动准备

1. 环境准备

(1) 区域空间:幼儿日常洗手的盥洗室,能够产生泡沫的洗手池,便于幼儿对泡沫进行进一步研究的焦点区。

(2) 材料工具:放置泡沫团的塑料收纳盒,放大镜等观察工具,随手记录纸。

2. 经验准备

幼儿能力经验:小班幼儿对生活中的特殊事物或现象有一定的敏感性和观察力。

三、活动过程

小班平平常常的盥洗室中突然出现了特别的现象:下水道口涌出来一团

泡沫。这迅速引发了幼儿的兴趣，并逐步发展成一群孩子的关注焦点。教师捕捉到了小班幼儿对于这个生活中特殊现象的好奇，根据幼儿关注的问题，引导他们通过自己的观察、访谈、交流，寻求“冒出来的到底是什么”“它是怎么产生的”“它为什么会冒出来”这几个问题的答案，让幼儿成为生活中的有心人，感受对平凡生活中“不平凡”事物的探索之趣。

情节一：它是谁

1. 观察记录

当白色的泡沫团出现的时候，花花紧张地告诉老师：“老师，厕所里出现了很多白白的东西，不知道是什么。”我走近一瞧，原来是泡沫涌出了下水道。泡沫集成了一团，就像一团云，很快这一团神秘的“白云”引起了孩子们的围观。花花说：“它是棉花糖吧？”青青说：“这是怪物吗？”悠悠说：“这也太可怕了，它还在往外冒呢！”

白色的泡沫仍然不断地冒出来，但是没有孩子敢去触碰，他们围在泡沫的周围，有的蹲近了看、有的远远地看（图 11 - 1）。就在这时，杧果伸出手指，轻轻地碰了一下，他大声地说：“这不是怪物，这是软软的东西。”花花看到了杧果的行动，也伸出了自己的小脚，轻轻地踢了一下白色的泡沫团，白色的泡沫团扭动起来，孩子们更激动了。Ruby 伸出手掌，双手捧起一团泡沫，激动地说：“这是泡泡吧，它们不会爆炸。”（图 11 - 2）

图 11 - 1　孩子们围观泡沫团

图 11 - 2　Ruby 捧起泡沫观察

2. 分析反思

在生活中，突然出现的一些特殊事物极易引起小班幼儿的兴趣和关注。当第一次接触某一样事物时，他们往往直接、简单、表面化地认识它，根据自己看到过的相近事物来判断它，比如把泡沫当作棉花糖。小班幼儿还喜欢对自己没有接触过的事物展开丰富的想象，把突然出现、不断涌出的泡沫想象成怪物，还把自己假想的内容当作真实的，产生了“可怕”的情绪反应。很快，幼儿开始用“碰一碰”“踢一踢”这些实际行动来加深对泡沫的了解，然后感知到了泡沫的性质：软软的、会扭动、不会爆炸。幼儿对泡沫的认识进一步深入，同时也用自己的语言、自己的感受对泡沫做出了个性化的表达。

小班幼儿的认知发展处于直觉行动向具象思维的过渡，他们的认知很大程度上需要依赖行动，从孩子们对下水道口涌出的泡沫团进行围观可以看出他们对这个事物充满了好奇。教师给予幼儿观察探究的弹性时间与空间，让幼儿进一步地观察它、接触它、了解它，满足了他们的好奇心和探究需求。

3. 支持推进

提供适宜区域和工具，支持幼儿进一步探究。教师将泡沫团投放在焦点区，提供了放大镜，放置了纸和画笔。幼儿很快拿起放大镜观察它们(图11－3)，细小的泡沫在放大镜中变得很大，嘎嘎说：“你们看，它真的是泡泡，它们很小很小。”瑄瑄看着放大镜里的泡泡拿起画笔画了起来，她一边画一边说：“很多小泡泡聚在一起变成了一团。”(图11－4)

图11－3 嘎嘎用放大镜观察泡沫

图11－4 瑄瑄画下聚在一起的小泡泡

情节二：它从哪里来

1. 观察记录

花花一边触碰着泡沫一边问：“那这些泡泡是从哪里来的呢?”饭前，孩子们排队洗手准备就餐。就在这时，花花大叫一声：“泡泡又来啦!”为了保护泡沫，嘎嘎像交警一样在盥洗室“指挥交通”，提醒伙伴们不要踩到泡沫。洗手的孩子一个接一个，洗手池里的泡沫越来越多，花花发现说：“你们看，水池里的泡泡和下水道口冒出来的泡泡是一样的。”(图11－5)

孩子们将下水道口和水池里的泡沫分别收集起来，盛在不同的盒子里投放在焦点区。关注的孩子非常多，他们用放大镜看了又看，用鼻子闻了又闻。(图11－6)车车说：“它们看上去是一样的，还都有香香的味道。”孩子们发现水池里的泡沫就是下水道口涌出来的泡沫,而水池里的泡沫就是他们洗手时用洗手液搓出来的泡沫。

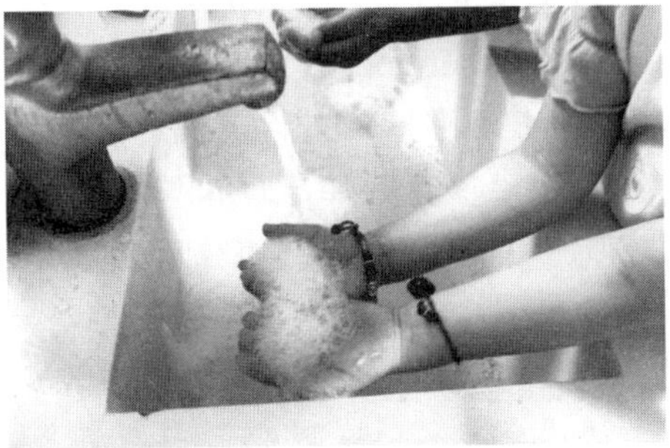

图 11-5　洗手时也有这样的泡沫

图 11-6　闻闻看,一样香

2. 分析反思

教师关注到了幼儿中间出现的新的焦点话题,并和幼儿一起收集泡沫,为他们设置了焦点区以及提供了适宜的工具来支持他们对泡沫进行进一步的观察。对于感兴趣的事物与现象,幼儿更愿意从自身生活经验出发来了解它们,他们发现洗手后下水道口就会涌出泡沫,产生了"这会不会就是我们洗手时的泡沫"这一联想,并通过对洗手池的泡沫和下水道口的泡沫的观察、对比,使用鼻子嗅闻等方式,发现它们外形一样、味道一样,从而验证自己的猜测。

自己的猜测是否是正确的呢?幼儿对此仍有一定的疑惑。但生活中的洗手环节总是很快结束,泡沫也并不是每一次都有,因此小班幼儿的注意力很容易转移。为了满足他们进一步的探究需要,教师需要对这一现象进行留痕,让幼儿在一日生活中有更多的机会感受它。

3. 支持推进

为幼儿活动留痕,延长观察时间。到饭前洗手时,琨琨惊喜地发现,泡沫又出现啦!为了支持幼儿继续一探究竟,教师对饭前洗手环节进行了视频记录,并利用晨谈时间和他们一起观看、讨论。幼儿看到视频中有很多孩子同时在一起洗手,水池里积攒了许许多多的泡沫。琨琨说:"泡沫太多了来不及冲走了,就会从下水道口冒出来。"这是他们的新猜测。

情节三:为什么泡沫会从下水道口冒出来

1. 观察记录

对于"泡沫为什么会从下水道口冒出来"这个问题,孩子们也有自己的猜测。丹丹说:"是我们班的下水道堵住了吧。"(图 11-7)一一说:"是我们班的下水道坏了。”车车说:“是不是我们班的下水道有魔法啊?”

教师问孩子们:“那么谁能帮助我们一起解开下水道的秘密呢?”孩子们想到了精通各种维修的秦师傅。秦师傅打开柜门,检查了下水道,孩子们看到了连接着水池的弯弯绕绕的小水管。孩子们仔细地观察秦师傅的检查过程(图11-8),在秦师傅的讲解中,孩子们了解到:原来是我们班洗手池的下水管道比较短,洗手时泡泡太多,来不及排到地下去,就从管道里冒上来了。

图 11-7　丹丹猜“下水道堵住了”

图 11-8　观察维修师傅工作

2. 分析反思

在对这个特殊现象产生原因的猜测中,我们可以看到幼儿因为生活经验的差异,对问题的看法和理解也是千差万别的。为了引导他们进一步去证实自己的猜测,教师提出了“可以请谁帮忙”的问题,这给了幼儿灵感:可以向适合的人求助。知道邀请幼儿园的维修师傅也体现了小班幼儿已经有了一定的职业认知,在教师和维修师傅共同的支持下,他们完成了一个完整的探究过程。

教师除了成为幼儿生活中焦点话题的发现者,还作为陪伴者在活动过程中及时发现幼儿的需要,与幼儿共同协商解决问题的策略,引导他们去向专业人士寻求帮助。这种方式也将成为幼儿之后探究生活问题的新经验。

3. 支持推进

引导对比观察,扩大探索范围。教师引导幼儿去其他班级看一看、问一问他们的盥洗室是否出现过下水道口冒出泡沫团的现象,观察其他班的下水管道并与自己班里的进行对比,进一步理解大家共同得出的探究结果。

四、活动延伸

孩子们对泡泡的兴趣延伸到了家庭生活中,在家他们开始寻找生活中还有哪些东西也会产生泡泡。在班级群里,大家大方地分享着自己的发现:有的孩子寻找到了沐浴露,“洗澡的时候可以搓出很多泡泡呢”;有的孩子寻找到了洗洁精,“奶奶洗碗的时候有好多小泡泡出来”;还有的孩子寻找到了泡泡机……幼儿在生活中自主发现有趣的事物,并在自由自主的时间和空间中积极且投入地观察、探索、猜测、验证,进一步认识它们,这正是生活场活动的意义所在。

(案例提供:顾慧澜　唐一诺)

案例二　种植园里来劳动(中班)

一、活动由来

经过一个长长的暑假,空中种植园的班级自留地里杂草丛生,一片萧条的景象。为了能让班级的自留地重新焕发生机,也带着对品尝自己劳动成果的憧憬,孩子们在自留地里种下一些萝卜、青菜。管理这一片小小的自留地成了一个大工程,播种拔草时田地中间够不着、土地的肥力不够、不确定哪些是需要清理的杂草等各种问题摆在孩子们面前,等待着他们在劳动中探索、解决。

二、活动准备

1. 环境准备

(1) 区域空间:空中种植园班级自留地。

(2) 材料工具:适合幼儿使用的种植工具。

2. 经验准备

(1) 幼儿能力经验:幼儿对植物种植有初步的经验,有进行种植劳动的积极意愿。

(2) 家园协同经验:幼儿与家长共同查阅植物种植信息。

三、活动过程

在我们的空中种植园,每个孩子都是自留地的小主人,从种植前的准备工作到照顾每一种蔬菜,再到收获品尝,幼儿全程参与到种植活动的各个环节。在班级种植区的田间管理劳动,幼儿尝试创意性地使用工具,用多种方式解决问题,体验到劳动的艰辛,也体会着劳动带来的收获与满足。

情节一:铺小路

1. 观察记录

三个男孩想要在班级自留地中间铺出一条小路。要从一楼把铺路的红砖运到五楼空中花园是一个大工程，当三个男孩在教室取好纱线手套准备一块一块搬运时，匡匡看到了餐车，提议能不能用餐车来运红砖。豆豆否定了他的想法：“餐车是用来运饭菜的，运砖头不卫生。”三个男孩在教室里外转了一圈，小睿发现了区角游戏中的铁质购物车，觉得用来运砖正合适，这个想法得到了匡匡和豆豆的支持。三个孩子戴上手套，推上小车劳动起来。(图 11-9)

图 11-9　用铁质购物车运红砖

2. 分析反思

在种植活动初期，我们以为运砖这样的活动只需要幼儿的辅助，但他们已经把自己放在主人的位置上，主动承担这个任务并希望能全程参与到种植活动的每一个环节中，这是具有自尊、自信、自主的表现。在运砖过程中，幼儿尝试创造性地使用生活中的工具，他们根据自身生活经验，站在卫生角度否定了使用餐车运砖的想法，但很快他们找到了适合自己使用的铁质购物车来进行运输，解决了问题，增加了自己在种植活动中的参与度。

在种植活动的整理、播种、管理和收获过程中，幼儿仍有很多机会尝试创造性地使用工具，教师不仅要引导幼儿提高使用工具的技能，更重要的是关注工具、材料的适宜性，在保障幼儿使用安全的前提下，提供丰富的材料、工具供幼儿选择，引发他们的创意行为。

3. 支持推进

正面鼓励幼儿的行为，提供更多适宜的工具供幼儿选择。教师用影像设备将三个男孩使用推车运送红砖的过程记录下来，在活动结束后的交流环节进行了展示。在之后的活动中，只要运输重的东西，比如豆渣肥料等，幼儿都会想到铁质购物车。这个好经验逐渐地推广开来，幼儿还找到了其他可以用来运输的工具，如滑板车、玩具小拉车等。在空中种植园，教师还提供了适合幼儿使用的小型种植工具以及一些多功能的低结构材料，如粗吸管、分类盒等，方便他们根据需要随时取用。

情节二：臭臭的肥料

1. 观察记录

孩子们学习了撒豆渣的方法后就准备开始劳动了。玥玥打开装豆渣的蛇

图 11-10 认真进行施肥工作

皮袋,一股酸腐味扑鼻而来,孩子们都被吓了一跳,特别是几个女孩子,即使戴了手套也不愿意伸进去抓豆渣。后来,潼潼说了一句:“如果不撒这个,以后我们种什么都长不大了!”孩子们下定决心动起了手。孩子们认真细致地进行着施肥工作,他们细细地将豆渣搓到土地上面,不时观察还有哪些地方没有撒到,最终圆满完成了施肥任务。(图 11-10)

2. 分析反思

中班幼儿对于种植的概念仍较为粗浅,已有经验局限在播种、浇水后植物就会开花、结果。个别幼儿大概知道施肥之后会让种植的东西长得更好,并把这个经验推广到了同伴中间。因此即使豆渣等有机肥料有发酵的异味,幼儿还是努力克服不适,这是良好的劳动体验。在这个过程中,幼儿了解到蔬菜水果不是随随便便自己长大的,而让人快乐的也不只有收获的部分,感受植物成长的生命力、体验种植过程中的辛苦会让他们在品尝果实时觉得更加香甜。

让幼儿进行适当的劳动锻炼,有利于丰富他们的劳动体验,同时也能培养他们良好的个性品质:有责任感、有一定的忍耐力等。这个过程也让幼儿感受到自己是有能力的人,在辛勤的劳动后获得更多的自尊感与自信感。

3. 支持推进

尊重幼儿合理诉求,用正向行为引导幼儿。教师在保证幼儿健康与安全的前提下,尽量让他们全程参与到种植、照料、收获的整个劳动过程当中,对于幼儿在劳动中不怕辛苦或者创意性的行为及时给予正面评价。当幼儿对劳动有敷衍或者逃避情绪时,教师要及时与他们进行沟通,尊重幼儿的合理诉求,用自己的正向行为对幼儿加以引导,还可以鼓励幼幼间的相互学习、互相激励。

情节三:我该拔掉它吗

1. 观察记录

这天,孩子们发现自留地里多了一些我们没有种植的植物。“这是什么?”“是杂草吗?”“我该拔掉它吗?”孩子们进入了搜寻模式。匡匡立刻有了新的发现:“我刚刚记录的叶子里好像有这样的,就在花圃那里,我去看看有没有名字。”他的最终结论是:叶子长得跟非洲菊很像。(图 11-11)

小睿问："老师，你手机里有形色 APP 吗？我外婆手机里装的，只要扫一下就能知道这是什么植物。"老师为他找到了这个资源，他和嘉嘉很快熟练地使用起来。他们的结论是：不确定，第一次照说是菊花叶子，第二次又说是芥菜。（图 11－12）

其他孩子也尝试在种植园里寻找有没有长得一样的叶子，试图找到问题的答案。经过一番搜寻，一些孩子聚到一起，匡匡、小睿一行人分享了他们的发现和猜测。球球和龙龙跑来说："你们快来看，我们找到了一模一样的，旁边五班和七班的地里都有的！"小朋友们都跟着他们去看，可是旁边两个班级也没有这种植物的信息牌。（图 11－13）

这时，希希想到了空中花园里的园艺老师："我们去问问蔡阿姨，看她知不知道吧。"于是，孩子们找到了园艺老师，请专业人士为他们解答疑惑，最终确认了这种植物就是雪里蕻。玥玥马上反应过来："我们早上搭粥吃的咸菜就叫雪里蕻，原来就是这个菜啊！"

图 11－11　对比记录认植物

图 11－12　借助生活工具认植物

图 11－13　发现旁边班级也有这种植物

图 11－14　决定照顾"不速之客"

2. 分析反思

在对未知植物的搜寻过程中,幼儿通过观察、类比,发展了自身的发现、好奇、质疑等探索技能。有些幼儿能将自己在家中的生活经验(使用植物识别APP)迁移到活动中来,也尝试通过向专业人士请教等方式来获取自己需要的信息。可见,幼儿能够通过自然观察智能、语言智能、人际交往智能、内省智能等多种智能来解决生活中的问题,并且建构他们新的认知。

在这个过程中,教师没有直接告诉幼儿问题的答案,而是让他们从自身经验出发尝试用多种方法探究未知的事物。在探究过程中教师提供幼儿需要的工具配合他们共同进行信息搜索,同时也为幼儿提供宽松的心理环境,给予他们自由探索和讨论的弹性时间与空间,鼓励他们与同伴、教师进行积极、主动的语言交流与相互学习。

3. 支持推进

尊重幼儿决定,提升生命感悟。认识了这种"不请自来"的植物,教师请幼儿自己决定要不要拔掉它。嘉悦说:"这也是一种可以吃的蔬菜啊,要不我们就继续种着吧。"这个提议得到了大家的认同。这个推进环节体现了教师对幼儿的尊重,而对"外来植物"的包容与照顾也体现了孩子们对于生命的尊重以及淳朴、善良的品质。(图 11 - 14)

四、活动延伸

关于如何更好地管理班级的自留地,孩子们还发现了很多值得探究的课题:土里的落叶、石头都应该挑出来扔掉吗?怎么才能更好地安排值日任务,防止忘记浇水或者浇水太多这样的情况发生呢……随着种植活动的推进,孩子们在生活场中不断地解决了一个又一个问题,获得更多的生活经验与技能。

(案例提供:刘潇)

案例三 "提前十分钟"计划(中、大班)

一、活动由来

在一日生活中,晨间来园是孩子们从家庭场景转换到幼儿园场景的过程,我们都期盼着小朋友们每天早早来园,或进行自我服务劳动,或积极参加晨间锻炼,以饱满的精神迎接美好的一天。可事实上,有不少小朋友因为各种原因(如睡懒觉、早餐拖拉、接送人员时间没有衔接好等)晚到幼儿园,急急忙忙加入晨谈或早点，错过了晨间活动的美好，老师们苦苦说教效果只能维持两三天。因此，引导幼儿主动“早早来上幼儿园”的系列创意活动逐步在生活场中展开。

二、活动准备

1. 环境准备

（1）区域空间：在教室门口设置“早早来上幼儿园”入园签到活动区。

（2）材料工具：幼儿照片一套，幼儿在活动中感兴趣并适宜签到活动的游戏材料一份。

2. 经验准备

（1）幼儿能力经验：中班幼儿已经具有一定的规则意识和竞争意识。

（2）家园协同经验：家长支持幼儿行动，并进行影像资料留存。

三、活动过程

“早早来园”的计划从中班开始由师幼共同发起，从刚开始利用照片排序作为激励机制鼓励幼儿早早来园，到之后与孩子们共同设计签到游戏吸引幼儿早早来园，再到大班让“提早来园玩新器械”成为孩子们的内在驱动力，鼓励幼儿通过讨论、反思，自主分析迟到原因，提出早到策略并进行实践。一系列的活动让孩子们逐步建立起时间观念，在生活中尝试对自己的时间和任务进行初步规划，养成有计划地做事、有计划地解决问题、在一定时间内完成任务等良好的生活和学习习惯。

情节一：来园签到不迟到

1. 观察记录

今天，辰辰第一个来到幼儿园，将自己的照片排在了1号位置上，他没有着急离开，而是等着第二名小朋友龙龙来到幼儿园，认真告诉他把照片排在2号位置上。龙龙说：“今天我错过了一班公交车，明天我一定会排在第一名！”之后每一个孩子来园，都将自己的照片按序排列好。8:20到了，已经认识电子钟的辰辰提醒老师：“我们把标记放上去吧。”标记箭头放到了照片队列中，在标记之前插上照片的孩子在晨谈活动中获得了老师和同伴的祝贺以及小贴纸奖励。

当孩子们给照片排序的新鲜劲儿过了，教师又尝试在“早早来上幼儿园”中加入新的刺激。自主游戏时间，教师发现一些男孩玩起了按规律排序的桌面建构游戏，女孩子们也对用珠子有规律地穿项链兴趣满满。受到孩子们的启发,教师将有四种色彩的玩具投放到签到区,和小朋友们玩起了找规律游戏。自此,孩子们每天排完照片,还要看一看今日规律,找出相应颜色的玩具进行排列。(图 11－15)

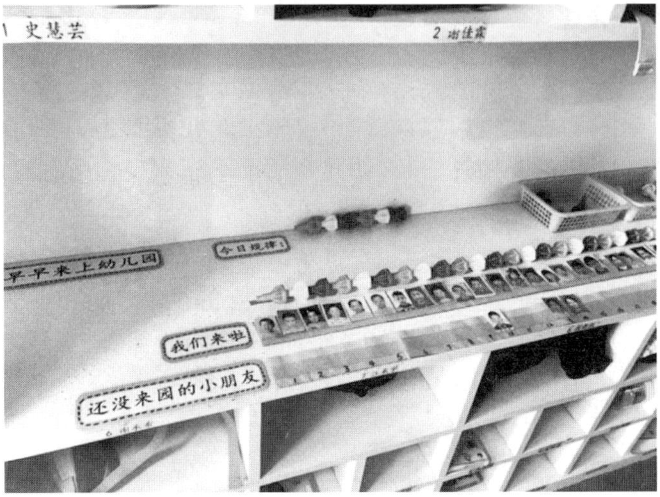

图 11－15　中班“早早来上幼儿园”签到区

2. 分析反思

中班幼儿已经具有一定的规则意识,并且具有渴望得到他人的正面评价这一年龄特点,同时中班幼儿也有了一定的竞争意识。因此让幼儿自己使用照片排序的方式签到,对 8:20 之前来园的幼儿进行正面鼓励,促进幼儿产生早早来上幼儿园的积极意愿并愿意参与实践。活动进行了一段时间后,幼儿对照片排序签到的兴趣进入衰退期,游戏的加入让幼儿早早来园的兴趣得到了延伸。游戏内容的选择切中幼儿最近的兴趣点(按规律排序),提供的材料来源于幼儿喜欢的桌面玩具,这些都引发了幼儿积极的操作兴趣。

《指南》指出:4—5 岁幼儿能够按自己的想法进行游戏或其他活动是自尊、自信、自主的表现。活动的后续,教师可以将创造规律的权力交给孩子,让他们根据自己的想法进行游戏,以达到更好的活动效果。

3. 支持推进

引导幼儿成为签到游戏的发起者、检验者。随着活动的进展,幼儿对规律游戏日渐熟悉,教师将创设基础规律和检验同伴游戏结果的权力交给幼儿,“今日规律”谁来决定就放权给每天第一个来园的小朋友。为了行使这个“小老师”的权力,每天早晨他们都催着爸爸妈妈早早送他们来幼儿园,活动让幼儿获得了自豪感、成就感等正面情绪，幼儿早早来园的意愿得到进一步发展。

晨间签到活动从中班延续到了大班，慢慢地，找规律游戏已经不能满足大班幼儿的兴趣，教师和幼儿共同讨论，一起探索设计出了新的签到游戏——骨牌接龙（图 11－16），孩子们每天早早来园进行签到游戏的兴趣有增无减（图 11－17）。

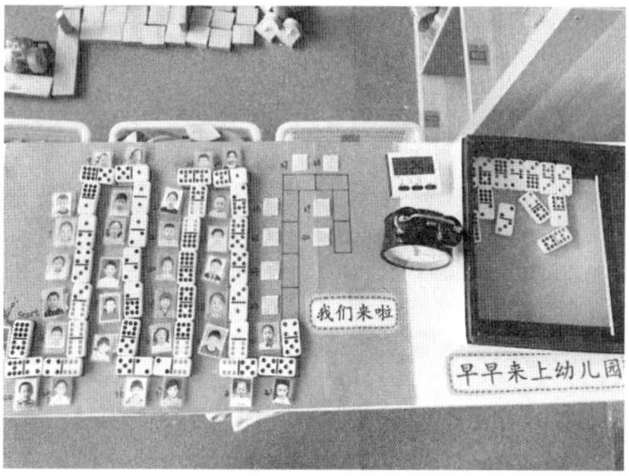

图 11－16　新签到游戏：骨牌接龙

图 11－17　大班幼儿积极地晨间签到

情节二：来园"提前十分钟"计划

1. 观察记录

第二天早晨，一些孩子按照约定"提前十分钟"来到了幼儿园，在晨间活动之前体验到了大白桶游戏。这些孩子进行了"早到"经验分享。

龙龙："我只要能坐上 7:18 的那班公交车就一定不会晚到。"

珊珊："因为妈妈 7:55 上班，所以让妈妈送我来上幼儿园就能很早到。"

嘉悦："我今天 7:00 就起床了，早点起来全部弄好就早点来幼儿园了。"

没提前来园的孩子们也把自己的理由记录了下来。

萌萌："我早饭吃得太慢了。"

潼潼："妈妈喊我的时候，我还想再睡一会儿。"

岚岚："早上选衣服用了很长时间。"

希希："在来的路上堵车等了好久。"

老师将孩子们没能完成"提前十分钟"计划的原因记录并展示在了讨论角的移动黑板上（图 11－18），很快，有着相同问题的孩子自发开始了小组讨论，提出了能让自己"提前十分钟"来园的策略并做好记录（图 11－19）。

图 11－18 “晚到原因”记录墙

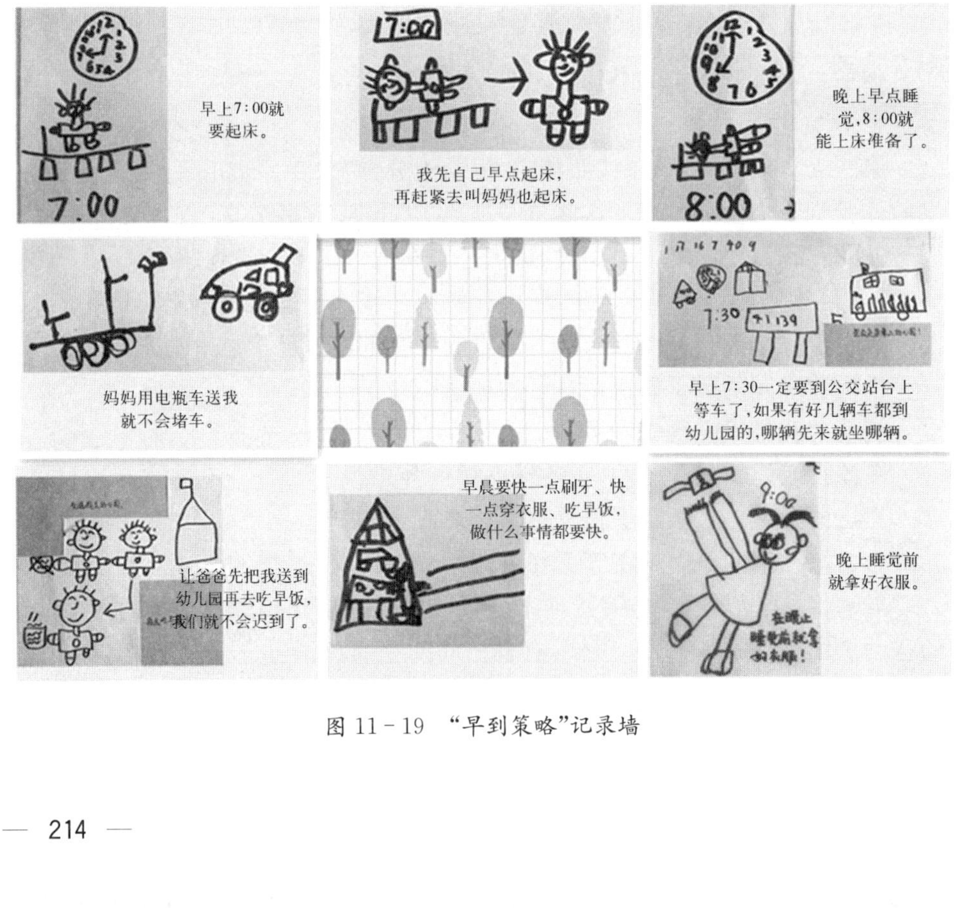

图 11－19 “早到策略”记录墙

晓辰:“我觉得还是得更早点起床,晚上也要早点睡,8:00 就上床睡觉,睡觉时间就够了。”

檬檬:“让爸爸先把我送到幼儿园来再去吃早饭,我就不会迟到了。”

玥玥:“晚上睡前就把第二天要穿的衣服选好。”

芸芸:“让妈妈用电瓶车送我就不会堵车。”

2. 分析反思

活动初期,对新体育器械的兴趣成为幼儿提前来园的内在驱动力,他们对“提前十分钟”的约定持积极态度。对于第二天早晨的实践结果,幼儿也进行了回顾与分析,从他们的讲述中,我们可以看到成功早到的幼儿能梳理自己的经验,迟到的幼儿也能分析计划未成功执行的原因,在这个过程中,他们都有主动与同伴分享经验的意愿。晚到原因的分析引发了幼儿新的焦点问题:如何早到?他们根据自己的已有生活经验以及实践感受提出了相应的策略。

陶行知先生的“生活即教育”理念倡导幼儿教育要在“做中学”,因此引导幼儿对提出的策略付诸实践的过程极为重要。在实践中,幼儿才有机会检验自己提出的策略的可行性,得到更多的经验与收获。

3. 支持推进

家园合作支持幼儿实践行动。幼儿在家庭中开始执行自己讨论的策略,家长们用照片或视频的方式记录下幼儿的行动(图 11-20)。

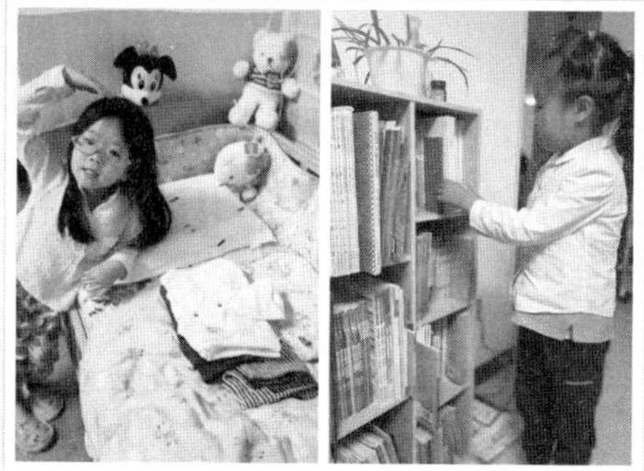

图 11-20 家庭“早到行动”纪录

情节三:“提前十分钟”行动交流

1. 观察记录

经过一段时间“提前十分钟”的实践,孩子们积极地加快早晨各项活动的速度,还在幼儿园的晨间、餐前等过渡环节结合家长记录下的这些照片、视频介绍自己“提前十分钟”的经验(图 11-21)。

球球:“我定了早上 7:00 的闹钟叫自己起床。”

萌萌:“爸爸给我买了二十分钟的沙漏,我要在沙子漏完前吃完早饭。”

皓宸:“我昨天晚上就把书包收拾好了,这样就不会忘东西了,还能早点出发。”

龙龙:“我今天错过了 7:18 的公交车,我就坐 7:24 的公交车。7:24 的车还晚点了,我就晚了一点,不过我还是第三名到幼儿园的。”

睿睿:“今天早上是我外公骑电瓶车送我来的,我今天 7:53 分就到幼儿园了。”

孩子们还将自己的行动画下来,和他们一样做的孩子将自己的名字打卡在“提前十分钟家庭行动”展示墙上(图 11 - 22)。

图 11 - 21 幼儿介绍“提前”经验

图 11 - 22 “提前十分钟”行动打卡

2. 分析反思

随着活动的推进和生活实践,幼儿的经验有了进一步的提升:在认知方面,幼儿对影响时间规划与管理的要素有了进一步的认识;在能力上,幼儿能够总结并通过实践验证守时、加快速度等时间管理的策略;在情感体验方面,幼儿在行动中感受到了规划、管理时间的成就感。

到底“提前十分钟”实践的效果如何?对于仍处在具象思维阶段的幼儿来说,家园共同支持他们准备一个具象的展示来呈现实践的结果,在此基础上丰富认知,体验成功感。另外,在幼儿的生活当中,不仅仅只有“来园”这一件事涉及他们对于时间的规划,教师还需要引导幼儿将这个好习惯延伸到生活的方方面面。

图 11 - 23 幼儿阅读时间绘本

3. 支持推进

扩展时间感知范围,丰富幼儿相关活动。随着“提前十分钟”活动的推进,幼儿对“时间”越发感兴趣。根据幼儿的兴趣点,教师在图书角推荐了关于“时间”的绘本供他们阅读(图 11 - 23)。师幼还进一步丰富了“晨间签到”活动:做了新版“早早来上幼儿园”展示墙(图 11 - 24),幼儿可以将自己的照片放到相应时间段的位置,并看着电子钟的显示完成“我的来园时间表”记录单(图 11 - 25)。

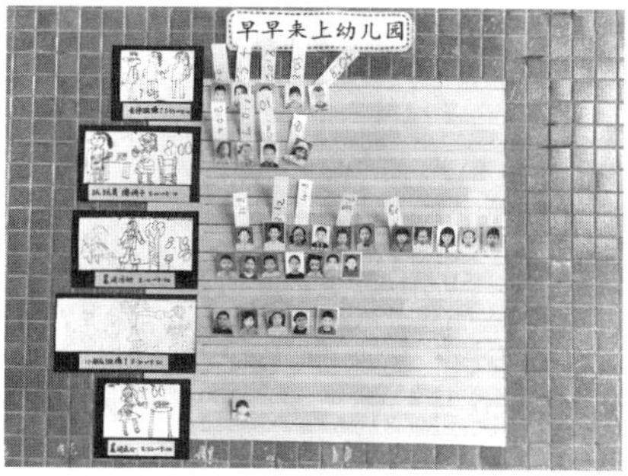

图 11－24　新版“早早来上幼儿园”

图 11－25　“我的来园时间表”记录单

四、活动延伸

经过一周的行动，孩子们提早来园的热情有所减退，关于新问题“怎么坚持早来”的讨论又开始了，新的策略层出不穷：为自己设置闹钟、早点来园可以安排其他的活动(图 11－26)……“时间规划”的话题不知不觉拓展到了幼儿家园生活的方方面面。

图 11－26　来园后活动计划

（案例提供：刘潇）

案例四　玩玩走走石子路(中班)

一、活动由来

在一次偶发事件中,孩子们被元元带来的有天然花纹的石头所吸引。在接下来的自发探索过程中,他们感知石头的物理特征,选择主题、自行分工、生成游戏情节等,大胆地进行创意想象和多元表达。这对培养幼儿的创造力和想象力,是个良好的学习契机。我们跟随孩子们的兴趣与需求,一步一步提供相应的支持,建构他们对石头日益丰富的经验,鼓励幼儿自主生成游戏活动。

二、活动准备

1. 环境准备

(1) 区域空间:拓宽幼儿在幼儿园的探索空间。

(2) 材料工具:提供记录的笔和纸。

2. 经验准备

(1) 幼儿能力经验:幼儿对寻找、探究石头感兴趣,师幼初步讨论和确定寻找石头的场地。

(2) 家园协同经验:家长带幼儿户外散步时走过石子铺成的小路。

三、活动过程

教师带领幼儿在幼儿园附近寻找石头,感受石头的形状、大小、质量、颜色等特性。在探索期间,幼儿的兴趣点转移到了空中种植园的石头路上。教师及时关注到幼儿的需求和发现,将对石头的探索兴趣从幼儿园延伸到社区公园,进一步扩大幼儿探索的范围。教师适时地引导幼儿进行表征,回顾自己的经历,反思自己的探索过程;并根据幼儿的表征发现他们的兴趣所在,判断对石头的探索活动是否有深入和推进的价值。在探索、收集、铺路的过程中,幼儿即使经历了失败,但同时也获得了宝贵的经验。

情节一:工地寻石

1. 观察记录

元元带来了两块碧蓝的石头:“这是宝石!”小伙伴们都凑上去摸摸看看。元元说:“幼儿园旁边有好多。”原来,幼儿园旁边的阳光横街正在改造路面,他的这两块“宝石”就是从工地上拾到的。

有孩子应声说：“我也看到了！”“我也想去寻找宝石。”也有的孩子表示质疑。为了满足幼儿的好奇心和探索愿望，教师便提前联系好街道和工地负责人，组织了一场去阳光横街工地的体验活动。（图 11－27）

孩子们在工地里“撒欢”，有的寻觅元元同款宝石（图 11－28），有的努力搬起一块大石头，有的跑，有的跳。回到幼儿园，师幼交流：“为什么会有这么多石头呢？”微微说：“可能要造一个新的公园吧！”（图 11－29）龙龙说：“我知道，因为要造一条新的路。”（图 11－30）

图 11－27　孩子们工地寻石

图 11－28　寻找元元同款“宝石”

图 11－29　要用石头造新公园

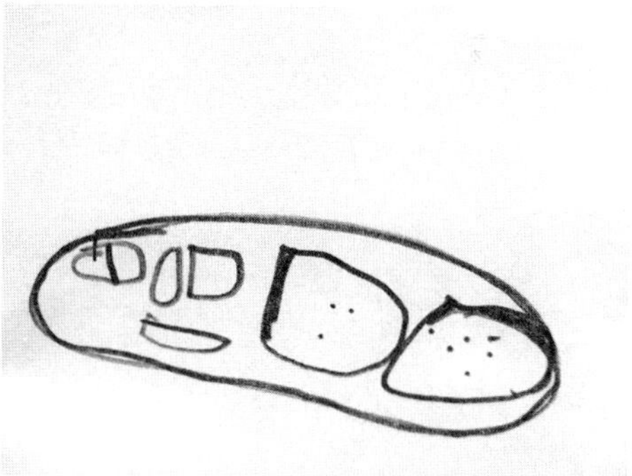

图 11－30　要用石头铺新的路

2. 分析反思

发现石头是一次偶发事件，幼儿对“石头在哪里”“石头有什么用”“路是怎么铺出来的”充满了兴趣。教师带着幼儿到工地上捡石头，拓宽了幼儿的探索空间，给了幼儿一次充分的体验，满足了幼儿的好奇心。

回到教室,师幼共同梳理和反思已有经验。教师适时地引导幼儿进行表征、回顾和反思,让幼儿对石头形成自己的初步认知经验。

3. 支持推进

教师及时捕捉到幼儿的兴趣点,带领幼儿走出园门、来到工地,鼓励幼儿在工地上自由探索、发现,给予幼儿应有的支持和帮助。活动后,教师鼓励幼儿反思、回顾、表征自己的探索过程,促进了幼儿归纳能力和表达能力的发展。在幼儿对石头没有产生新的兴趣点时,教师没有急着推进活动,而是停下来,看一看、等一等。

情节二:石头小路

1. 观察记录

国庆后,整修完毕的屋顶种植园向孩子们开放了。屋顶种植园中也有着各种各样的小路。(图 11－31,图 11－32,图 11－33,图 11－34)

图 11－31　空格石头路

图 11－32　鹅卵石路

图 11－33　扁长形石头路

图 11－34　三种路都有弯道

龙龙说:“我发现了三种路,一种是空格石头路,一种是鹅卵石路,还有就是扁长形石头路。”孩子们还发现“这三种路都是有弯道的”。回到教室后，他们就把找到的小路都画了出来(图 11－35)。

老师问：“为什么要在泥土上铺路呢?”琪琪说：“因为可以走到中间去种花浇水。”尊尊说：“这样脚就不会踩到泥巴了。”

过了没多久，孩子们在屋顶种植园发现了一处空地：有块土地居然没有铺石头(图 11－36)。悦说：“是不是铺路的人忘记了?”毛毛说：“可能是石头用完了。”孩子们猜想着。

幼儿记录的石头小路

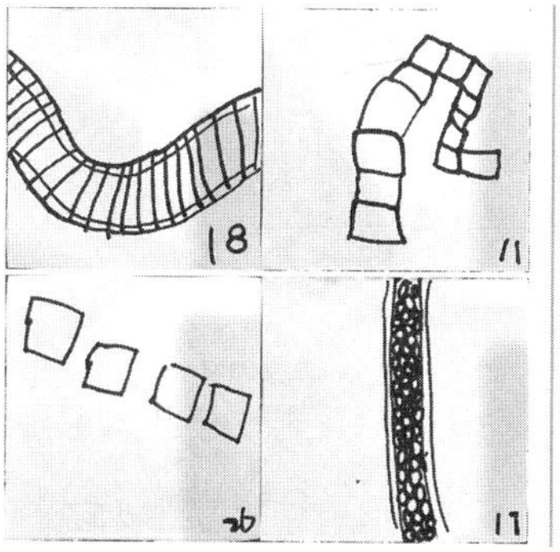

图 11－35　幼儿记录的石头小路

图 11－36　一块没有石头路的土地

龙龙提议：“我们可以自己来铺一条石头路吗?”

老师问：“铺路需要什么?”安安说：“要把泥土上面弄干净。”琪琪说：“我们需要石头。”经过讨论，孩子们立刻行动起来。(图 11－37，图 11－38，图 11－39，图 11－40)

图 11－37　清理土地里的杂物

图 11－38　在花箱里寻找铺路材料

图 11 - 39　在沙池里寻找石头

图 11 - 40　在草丛里收集铺路石

孩子们找到了各种各样的石头,充分地进行着探索。(图 11 - 41,图 11 - 42,图 11 - 43,图 11 - 44)

图 11 - 41　芝麻糖石头

图 11 - 42　巨大的石头

图 11 - 43　毛毛发现的"陨石"

图 11 - 44　"马赛克瓷砖"是石头吗

2. 分析反思

继工地上的石头探索活动后，幼儿对石头有了初步的认知经验，这也是他们能关注空中种植园石头路的重要前提。他们发现了石头路的不同并进行大胆表征，萌发对石头路的兴趣。因此当幼儿发现有一块土地没有石头路时，便萌生了铺路的念头。经过讨论，幼儿梳理出铺路的计划并做好准备。在收集石头的过程中，他们感知着石头的形状、花纹等特性，同时迁移前期在工地上的探索经验，初步总结出“辨别石头”的方法，认为瓷器、泥土、板砖、马赛克瓷砖都不是石头，并能说明自己的理由，愿意主动与教师和同伴分享、交流。

3. 支持推进

教师鼓励幼儿走一走石头路，观察和发现石头路的特点。回到教室后还引导幼儿说出自己的发现并进行表征，引导幼儿思考为什么要在泥土上铺路，幼儿结合自身已有经验进行思考并大胆表达。幼儿发现有一块土地没有石头路，教师给予他们自由的表达和探索空间，并鼓励幼儿进行猜想。当幼儿提出要铺一条石头路的时候，教师及时提供支持，鼓励幼儿寻找和收集石头。在收集石头的过程中，有的幼儿兴趣发生了转移，这个时候教师没有急于推进游戏，而是顺应幼儿的脚步和节奏，及时进行回顾和总结。

情节三：开始铺路

1. 观察记录

孩子们带着自己收集到的各种石头，尝试铺路。他们搬运石头、查看位置、用脚踩实，铺出了一条石头路(图 11－45，图 11－46)。孩子们还将自己铺设的小路画了下来(图 11－47)。

图 11－45　合力搬运大石头

图 11－46　铺好的石头路

图 11－47　幼儿的记录

完成记录后,有的孩子提出了疑虑:“这条路太细了,不能走人。”“那块大石头不稳,走在上面会摔倒的。”老师问:“怎样让我们走的路比较安全和美观呢?”孩子们纷纷发表意见:“我们还需要更多的石头。”“我们小区里的路都是鹅卵石铺的,那个圆一点好看。”“我看到屋顶种植园的路也是鹅卵石铺的。”如何收集大量的鹅卵石呢?我们发起了收集鹅卵石的活动,同时绘制了收集统计表(图 11－48)。

在大家的努力下,我们收集到了大量的鹅卵石,重新开始设计道路。但此时孩子们却产生了争议,三个小组摆出了三种不同形状的小路(对角路、半圆路和“3”字路),各不相让。一号队队长龙龙认为“对角线是最长的路”;二号队队长玲玲认为“两个半圆形像花瓣,很好看”;三号队队长小睿觉得“我们是中三班,所以用数字 3 的形状最合适”。三个队都有各自的理由,于是孩子们决定投票选择。投票结果显示,选“3”字路的小朋友最多,他们甚至还想好了名字——中 3 路。(图 11－49)

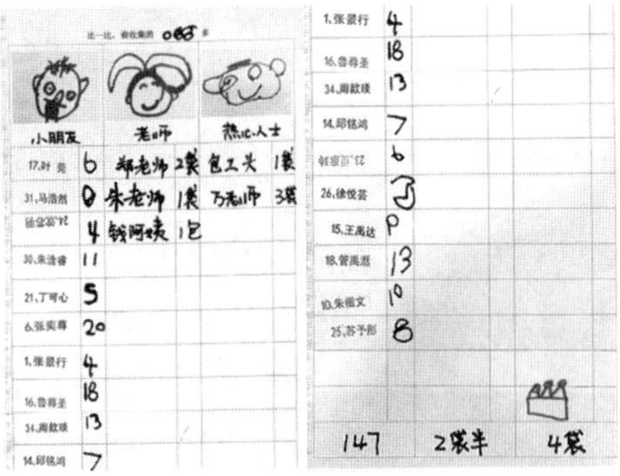

图 11－48　鹅卵石收集统计表

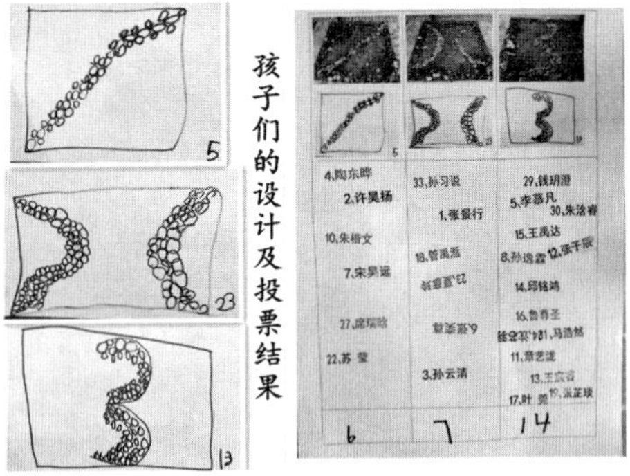

图 11－49　孩子们的设计及投票结果

准备开始铺路时，空中种植园的专业园林师蔡阿姨提议：多出去看看小区、公园里的路是怎么铺的，那些有花纹、有图案的石头路都是经过精心设计的。受到启发后，孩子们开始关注起周边环境来，在家门口、小区中、公园里，发现到处都有石头路：有弯弯曲曲的鹅卵石小路，图案、造型各异的石头路……此时，家长也参与进来，制作各种石头小报，供幼儿相互分享。

为了支持幼儿进一步探索，老师申请了户外远足活动，带着他们一起到附近的梁韵苑小公园里看一看石头路。这时孩子们又有了新的发现："我看到一条彩色的石头路，像彩虹一样！""我发现有一条路上的石头可以拔出来。""这条路走上去脚底有点疼。""这条路上的花纹像一个向日葵。""我发现石头路是有规律的。""石头路都是弯弯曲曲的。"(图 11－50)

图 11－50　孩子们的户外探索

经过户外探索，孩子们拓宽了思路，设计出了更多有意思的"中 3 路"(图 11－51)。带着设计图，孩子们又开始了新一轮的尝试，最终，一条有趣的小路呈现在我们的面前(图 11－52)。

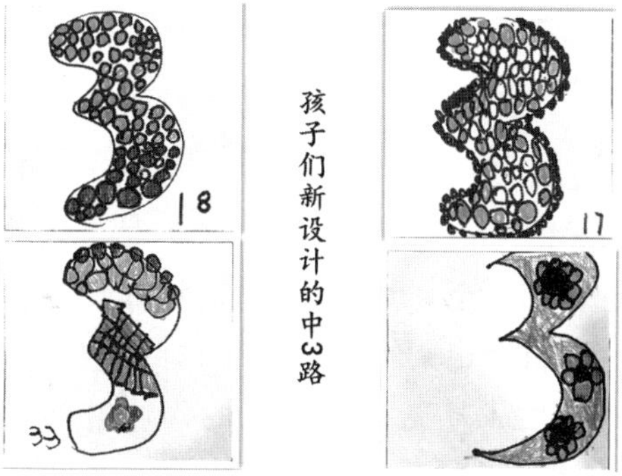

图 11－51　孩子们的新设计

图 11－52　孩子们最终铺好的"中 3 路"

2. 分析反思

第一次铺路缺乏经验，幼儿发现"路太窄了，不能走人"。在教师的引导下，幼儿开始思考自己心目中小路的样子。幼儿结合已有认知经验，设计了三种不同的小路。当产生不同意见时，教师引导幼儿用投票解决了分歧。铺设前的实地考察，拓宽了幼儿的物理和心理的探索空间；幼儿园、家长、社区资源的有力支持，使得活动顺利开展。整个活动过程中，幼儿对石头路的兴趣点呈现在排列形状、颜色组合、触感等方面。

3. 支持推进

由于幼儿缺乏对小路的生活经验，第一次铺路结果不尽如人意，这时教师没有直接告诉幼儿问题所在，而是引导幼儿自主发现问题、解决问题。当幼儿获得关于铺路的新经验时，教师通过鼓励幼儿记录、回顾自己的表征，引发新的思考和探索方向。在参考了专业园林师的建议后，师幼把探索空间再次拓展到公园、小区等地，结合家长资源帮助幼儿整理和获得新的经验。在一次次探索中，幼儿充分观察、欣赏、感受，为后期铺路做好铺垫和经验准备。

四、活动延伸

帮助幼儿梳理经验、表征回顾的过程，也是教师反思活动过程、判断活动价值、助力推动游戏的思考过程。一天雨后，幼儿发现“中 3 路”上的石头陷进了泥巴里；阳光横街的石头不见了，一条平整的马路出现了；而隔壁班的自留地里也铺起了石头路……“中 3 路”上生长着许多的“为什么”和“怎么办”，等着孩子们去“揭秘”，他们的兴趣会转移，但探索还会不断地继续下去。

（案例提供：朱蕴玉　郑玲）

案例五　快乐骑行运动周（大班）

一、活动由来

户外活动是幼儿园一日活动中必不可少的重要组成部分，而大班幼儿动作的稳定性和协调性增强，肌肉耐力增加，身体活动量增大，也需要有一定提高身体协调性和耐力的户外活动，来满足他们喜欢大胆尝试新奇、有挑战性活动的需求。自行车作为常规的体育器械，激发了幼儿自发生成的集体性活动与话题：孩子们喜欢分享骑车的感受、期待增加骑行的次数、多次表达在不同场地骑车的意愿……于是，我们组织、开展了一系列有关骑车的活动。

二、活动准备

1. 环境准备

(1) 时间准备。

增加幼儿户外骑行活动的次数，给予充足的时间进行骑车活动，由原来的一周一次调整至每天晨间、下午活动时间都可以自选不同类型的自行车游戏。

(2) 区域空间。

拓宽幼儿骑行场地，由原来的后广场骑行空间拓展至前广场、食堂通道。

创设主题墙面环境，提供幼儿在园和同伴合作、互动骑车的活动照片，呈现幼儿关于自行车活动的焦点话题。

(3) 材料工具。

户外：各种款式的儿童自行车，其他器械。

室内：在阅读区、美工区、建构区中增设有关自行车的绘本、手工制作材料及建构主题。

2. 经验准备

(1) 幼儿能力经验：幼儿参与过骑车运动，师幼讨论骑车活动中的感受、发现与问题。

(2) 家园协同经验：向家长发起亲子骑车倡议，家长与幼儿共同进行骑车运动，共同总结骑车活动的感受与经验。

三、活动过程

骑行活动次数增加，骑行空间得到拓展，幼儿可以自选喜欢的车和同伴骑行，并将骑行活动延伸至家庭，学校及家庭周边资源的充分利用，这些都丰富了幼儿的骑行体验。将户外的骑行活动与室内的区域游戏相结合，促进了幼儿经验的整体性发展。针对幼儿在骑行活动中遇到的问题，教师鼓励幼儿结合生活经验提出解决策略，在与同伴合作、观察体验中寻找适宜的解决办法。在“骑行周”活动中，幼儿享受在户外活动的乐趣，提高了身体动作的灵活性和协调性，提升了耐力；同时，骑行活动增强了幼儿在生活中的交通安全意识，学会了骑行中的自我保护方法。

情节一：好玩的自行车

1. 观察记录

户外活动时，孩子们自由选择他们喜欢的车型和伙伴进行骑行游戏，分享自己的骑车玩法和骑车感受。在分享交流的过程中，孩子们发现因车辆类型多，交流时易产生混淆，于是他们根据车辆的外形特点给每辆车取了一个专属名称。

在骑车的过程中，孩子们发现不同的车型在不同的路面骑行，身体的感觉是不一样的。在草坪路面上骑行时，感觉车轮被卡住了，需要别人帮忙推行(图 11－53)；大的车在草坪上骑太累了，可以选小的车骑；在石砖广场上可以骑得很快，感觉像飞起来了，载人也可以骑得动；在食堂旁的狭长砖路上骑，颠得手都麻麻的，而且由于通道太窄，自行车不好转弯。他们将自己的骑行感受画下来，展示在主题墙面上（图 11－54），激发了更多的孩子探索在家、在公园、在马路上骑行的意愿。

图 11－53　需要同伴帮忙推行

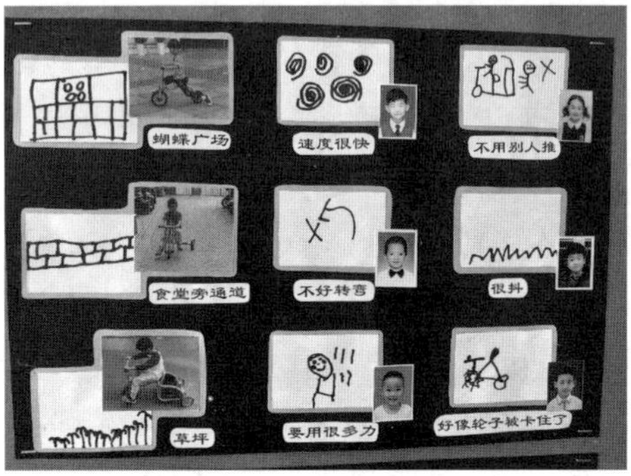

图 11－54　在不同路面骑行的体验梳理

2. 分析反思

开放的时间、空间、人际环境让幼儿在骑行活动中更加自由、自主、愉悦，幼儿喜欢与同伴共同游戏，能自主寻找游戏伙伴，感受骑行活动的乐趣。积极的内部游戏动机激发着幼儿主动探索自行车的不同玩法，表达自己的骑行感受；在骑行中遇到困难时幼儿能互相帮助、协商合作，具有良好的同伴协作能力。

骑行次数的增加和在不同路面骑行的尝试，使得幼儿的身体灵活性和耐力有所提升，骑行技巧愈发熟练；骑行经验的分享激发了幼儿进一步探索在不同路面骑行的感受，在一日生活的过渡环节、谈话环节，幼儿围绕骑行活动的交流兴趣浓厚。

3. 支持推进

在骑行过程中，幼儿的经验是零散的、即时的，教师帮助幼儿梳理和呈现骑行的经验，通过家园互动激发幼儿持续的骑行兴趣，让家长成为活动的参与者。同时，挖掘学校周边、社区及家庭资源，鼓励幼儿尝试在不同路面的骑行，对比感受骑行力量、车型、身体感觉与路面的差异体验。（图 11－55）

教师及时创设区域环境，支持并整合幼儿的骑行经验，幼儿通过写生、制作、阅读绘本等增加对自行车外观的感知，丰富关于骑车的情感体验。（图 11－56）

图 11-55　社区石子路骑行体验

图 11-56　区域自行车写生

情节二:骑行“护栏”的诞生

1. 观察记录

一次碰撞事件引发了大家对骑行路线的关注。孝孝说:“我正骑得好好的,但是平平的自行车把我的轮子卡住了!”怎么避免碰撞? 结合生活经验,孩子们想到了要有交通警察指挥交通,设置水杯“护栏”、攀爬架“护栏”和轮胎“护栏”等。

(1) 交通警察。

小秦和航航主动要求担任交警这一角色,小秦还给大家介绍交警指挥的动作:手不动的那一面就是不能往前开的,手对着哪一面动,哪边的自行车就先走。其他小朋友在取车时,小秦再次和航航练习指挥的动作,并分配两人一头东,一头西,站在最容易拥堵的转弯处进行指挥。孩子们开始骑行,一开始大家都有序通过,但随着车辆越来越多,很快就出现了拥堵的情况。航航没有关注,坐在转弯自行车上看着其他小朋友骑车,似乎有些不知所措。

(2) 水杯“护栏”。

在开开的建议下,孩子们用自己随身携带的水杯在操场中间排成一排当成“护栏”,但二十几个水杯只能排出一条很短的线,航航提出可以拉开杯子与杯子间的距离来延长“护栏”。孩子们摆好水杯后开始骑行。由于杯子与杯子之间的间隔较大,有的孩子在骑行时从左边的车道穿行到右边的车道;在转弯的时候,有几个孩子把水杯撞倒了。

(3) 攀爬架“护栏”。

孩子们三三两两合作,把攀爬架上的木板和梯子拆下来摆放在草坪的中线上,连接成一条护栏。小屹把两块木板叠在一起,想让绿化带高一点,不然自行车还是会从木板上骑过去的。骑行结束后,孩子们在把木板和梯子放回去时发现了问题:因为不知道这块木板或梯子是从哪个架子上拿下来的,所以装回去时发现距离不够或者太多了,导致组装的过程需要反复尝试。

(4) 轮胎“护栏”。

孩子们迅速将放在器械栏中的轮胎一个个滚至场地中间,诺诺和阿之指挥大家将轮胎摆成一条直线。小秦一边搬着轮胎一边提醒着同伴,轮胎和轮胎之间要留一点空间,像之前放杯子那样,就不用搬很多轮胎过来了。

2. 分析反思

幼儿在活动中能针对发现的问题尝试解决。在发现骑行中的安全问题后,幼儿能根据生活经验积极探索解决的方法,提出请交通警察指挥,用水杯、轮胎和攀爬架做交通绿化带来区分车的行进方向。在因水杯间隔太短而无法达到预期效果时,能通过运用拉长杯子间距的方法达到目的,并能将水杯摆放的经验延伸到轮胎的摆放上。

幼儿敢于探究和尝试,具有良好的学习品质和合作能力。在搬运攀爬架和轮胎的过程中,幼儿能分工合作,有人负责搬运、有人指挥摆放。在搬运和收归攀爬架的过程中遇到困难时,能主动帮助他人,合作搬运。在游戏过程中,幼儿能对比几种材料的体验效果,大胆表达自己的发现和想法,能认真倾听并接纳同伴的意见。他们运用、迁移自己的原有经验,在观察、比较、分享中主动学习,提高解决问题的能力,建构新经验。

3. 支持推进

大班幼儿的发散性思维逐步增强,在问题解决过程中能尝试多解的思维方式,即在思考问题、解决问题时善于变换思维的角度,进行多方位、多层次的思索,灵活、变通地寻找多种解决问题的方法。教师在一日活动中给予幼儿充分探索、尝试不同解决问题的机会,促进幼儿综合能力的提升。

为了支持幼儿在骑行活动中关于交通安全的需求,教师在区域活动中增加了交通标志书籍及制作材料,并利用谈话活动分享大家在生活中找到的安全标志(图 11-57),增加停车空间游戏材料;讨论骑行安全话题并在主题墙呈现幼儿安全规则表征(图 11-58)。

图 11－57　分享交通标志调查

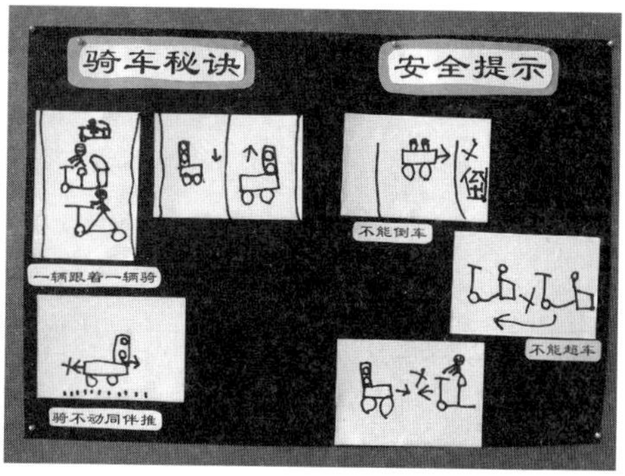

图 11－58　骑行安全表征

情节三：自行车大调查

1. 观察记录

每次骑行活动结束要停车时，孩子们发现最后的几辆车总是没有车位了，他们提出可以将车分类停放。怎么分类？航航说：“要先知道有几种车，每种车数量是多少。”于是，孩子们开始了自行车大调查。不同能力的孩子可以选择相应的表格进行统计，孩子们对车辆的表征方式不同，根据车的类型、颜色、轮子数量或能否载人等特点的统计方式也不同(图 11－59)。

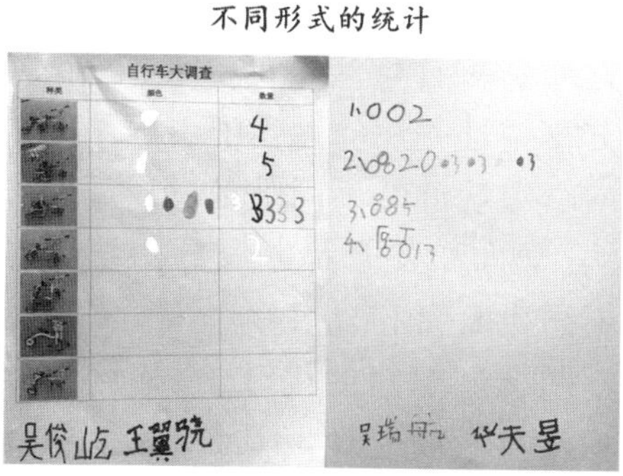

图 11－59　不同形式的统计

图 11－60　合作统计

开开和小屹是一组，他们选择了第一种调查表，在记录了前两种自行车后，他们发生了争执。开开发现黄色的自行车有三辆，小屹拿起黄色水彩笔在颜色一栏中画了个点代表黄色，要用黑色勾线笔写“3”的时候，开开拉住了他：“不对，你不能用黑色笔，黄色的自行车你要用黄色的笔来写。”小屹不理会，想继续用黑色的笔写，开开再次拉住了他。小屹生气地说：“我就要用黑色的笔写！”开开反问道：“那红色的、灰色的还有蓝色的自行车怎么记啊？”小屹顿了顿，没有回答，依旧用黑笔写下了“3”。但在统计其他颜色的自行车时，小屹想了一会儿，还是把黑笔写的“3”划掉了，换成相对应颜色的水彩笔写下了它们的数量。（图 11－60）

2. 分析反思

幼儿能用图画和符号记录自行车的数量，并能根据自行车的不同特点（如类型、颜色、轮子的数量、功能等）进行表征、分类、统计，具有较好的观察能力及创造性思维。

幼儿有主动与同伴合作的意识，并大胆表达自己的想法。在统计自行车数量的过程中，幼儿对自己的能力有清楚的认知和一定的评价，能根据自己的能力选择相应的统计方法，并与同伴分工合作。在合作过程中两人观点、看法不同时，开开能清楚表达并坚持自己的意见，小屹在意识到别人的建议更加适合时，能及时调整自己的记录策略，呈现出良好的社会性发展。教师在观察到幼儿发生意见冲突时并没有立即介入，而是给予幼儿自我解决矛盾的机会，促进了幼儿的社会性发展。

3. 支持推进

通过对自行车不同类型数量的统计，教师将停车棚中的自行车分类整理停放，并做好相应的停车线及车型标记，便于幼儿分类取放（图 11－61）。

图 11－61　自行车分类停放

继续将幼儿统计自行车的经验延伸到一日生活中的其他环节，在分享统计方法的过程中引导幼儿横向学习统计的不同维度及表征的方法。如，班级男女生人数的统计及不同生日月份幼儿的统计，阅读区不同类型书籍的统计，建构区清水积木数量的统计，不同身高区间的人数统计等。

四、活动延伸

随着活动的开展，幼儿不再满足于简单的“骑车玩玩”，他们想要增加骑行游戏的挑战性，提出要开展一场“骑行运动会”的想法。“骑行运动会”除了需要自行车，还需要什么呢？除了比骑得快还可以怎么玩呢？在师幼的共同讨论中，幼儿提议可以用其他体育器械玩组合游戏以增加难度，比如过障碍物、绕S路线、爬坡等。他们拿着纸和笔，在幼儿园各个存放器械的架子上搜索着可用的材料，寻找游戏灵感，最后设计成一张骑行线路图。同时，家长积极参与“骑行运动会”的筹备活动，和幼儿一起了解运动会开展中的场地设置、角色安排、材料、规则等。

“快乐骑行运动周”活动立足于幼儿的兴趣，在关注幼儿解决问题的过程中不断丰富、发展活动内容。教师建立尊重的环境，积极支持与回应幼儿对骑行活动的想法和表达，使幼儿对骑行活动保持着持续的热情。在整个活动过程中，幼儿积极探索、互相帮助，通过计划、体验、调查、调整，不断丰富自己的骑行经验。

（案例提供：顾倩萍）

第十二章
梦想馆活动案例

案例一　我们来当爸爸妈妈(小班)

一、活动由来

幼儿对于成人世界最初的好奇来自爸爸妈妈的角色，童年的角色梦想也从这里出发。每一个亲密接触的家庭成员都是幼儿最熟悉、最富有生活经验的角色。小班幼儿刚刚进入幼儿园，熟悉的家庭场景和角色情境更能引发幼儿关于角色的创意。

二、活动准备

1. 环境准备

(1) 区域空间。

规划拟真的家庭环境布局，如创设有厨房、客厅、卧室等与家庭情境相符的娃娃家环境，通过功能化的空间更好地调动和激发幼儿关于角色的经验。

(2) 材料工具。

通过细节展现家庭氛围，如客厅里漂亮的桌布和布艺沙发，卧室的全家福照片、厨房里“我最爱的菜”等。(图 12－1，图 12－2)

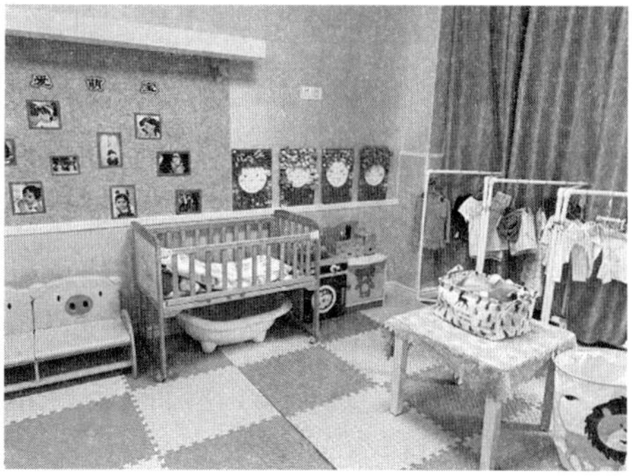

图 12-1　娃娃家卧室

图 12-2　娃娃家厨房

2. 经验准备

(1) 幼儿能力经验。

有一定的生活经验，初步了解组成家庭的成员和各自的角色分工，知道家庭各功能场所及其中日常生活用品的名称，经过指导可以使用其中的材料开展模仿家庭成员语言行为的游戏。

(2) 家园协同经验。

亲爱的家长：

您好！

请您和孩子一起看一看家里的各个房间，找一找房间里的代表性物品，试着和孩子一起做一些宝贝力所能及的家务，如洗菜、发筷子、端饭等，相信有了这些体验，宝贝们一定能获得更多有温度的关于家庭生活的体验！

小×班

三、活动过程

小班娃娃家主题的角色游戏“我们来当爸爸妈妈”分为三个层次推进：情节一“热闹的小厨房”，观察幼儿的已有经验，观察幼儿在刚接触这一角色情节时，在不断发生的问题中慢慢丰富经验的过程；情节二“带宝宝去医院”，在情节一的基础上观察幼儿丰富了哪些关于“家”的角色经验；情节三“全家去旅行”，观察幼儿进入游戏情境表现的爆发期，萌发了怎样的新情节。

情节一：热闹的小厨房

1. 观察记录

金妍、欣宜和梓航三个人直奔娃娃家中的小厨房，把小厨房中的锅碗瓢盆都摊在桌上就直接开始烧菜，炉灶成了摆设，不管是筐里的还是架子上的菜，一股脑儿都往锅里放，欣宜和梓航还开始比谁堆得高，菜都散落在了地上。相比于小厨房的“热火朝天”，卧室便显得有些冷清了，孩子们似乎对卧室没有什么兴趣，全都扎堆在厨房里。（图 12 - 3）

教师丰富了卧室的游戏材料，并发起了“爸爸的一天”“妈妈的一天”亲子体验活动(图 12 - 4)。经过一周的活动，叠衣板发挥了作用，欣宜扮演的妈妈洗衣服、晒衣服、叠衣服样样都行，还帮金妍扮演的宝宝过起了生日，装饰蛋糕、唱生日歌、吹蜡烛、切蛋糕。

梓航回家看了爸爸是怎样做饭的，在娃娃家扮演爸爸做起饭来也有模有样的，洗菜、切菜、炒菜、加调料、装进盘子里端上桌，不再把所有的菜都装在锅里堆堆高或散落在地上，整个过程有条不紊。

图 12 - 3　热闹的小厨房

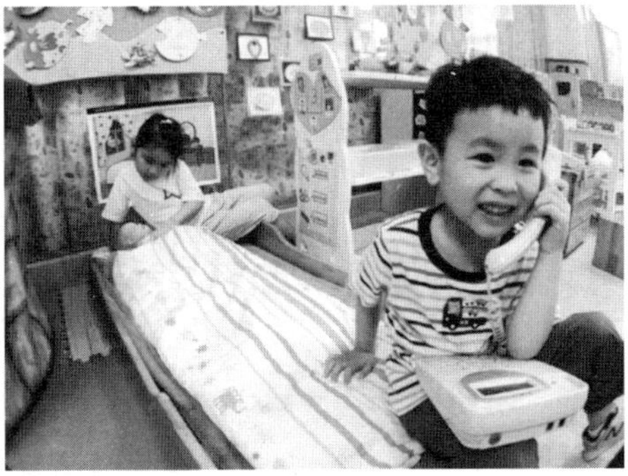

图 12 - 4　热闹的一家人

2. 分析反思

幼儿缺少角色意识和生活经验，不清楚扮演的角色需要做什么、能做什么。比如生活中，家长认为厨房里存在危险，一般不会让幼儿进入，幼儿自然也不知道该怎么做饭。班级环境的创设模仿了家庭的真实场景，对幼儿的日常经验是一次激发和挑战。

关于材料投放，小厨房中有各种各样的锅、碗、杯、盘、刀叉和食材，幼儿可以切菜、做饭，可操作性强，且做饭是幼儿所喜欢的，更易引起他们的兴趣。卧室中投放了床、娃娃、洗衣机、爸爸妈妈和幼儿的衣服、鞋子，材料看似很多，但可操作性不强，衣架上的衣服幼儿也不知道怎么玩。

3. 支持推进

增加材料，丰富幼儿角色体验。提供妈妈的衣服、爸爸的鞋子、宝宝的围嘴，通过装扮帮助幼儿进入角色。结合国庆节“给祖国妈妈过生日”活动，新增生日蛋糕，创设给娃娃过生日的情境，让幼儿在卧室有游戏可玩。

家园共育，充实生活经验。请幼儿回家看一看，爸爸妈妈平时在家会做什么事。来园后组织谈话活动，幼儿交流讨论，加深对角色行为的理解和认识。

情节二：带宝宝去医院

1. 观察记录

娃娃家的玥玥（妈妈）和彦彦（宝宝）手拉手走到小医院。玥玥说：“我们家宝宝生病了。”医生杨鸿烨听见后走过来说：“好的，赶快做雾化，挂盐水。”“我不挂盐水，我只要吃点药。”彦彦说。“不行不行，一定要挂盐水的。”杨鸿烨拉着彦彦的手就是不放。一旁的玥玥说：“你都没帮宝宝量体温呢！还没有帮她听一听呢！”这时韬韬走过来戴上听诊器准备帮彦彦听一听，可是杨鸿烨说：“不要听了，挂水挂水。”玥玥说：“我们不要挂水，我们不要你看病。”周梦涵拿着体温表走过来，对杨鸿烨说：“要量体温的，我上次去医院，医生阿姨就帮我量体温的。”说完就要把体温计塞进彦彦的嘴巴，彦彦立马用手捂住嘴巴：“你还没有用棉花擦擦呢！”听完彦彦的话，周梦涵拿起一张餐巾纸擦了擦，说：“擦好了。”韬韬在一旁指着自己的腋下说：“放在这里量吧。”听了韬韬的话，周梦涵把彦彦的手抬起来，把体温表放进她的腋下，过了一会儿把体温表拿出来看了看说：“感冒了，吃蓝芩吧。”然后在一张纸上随意画画，说：“这个就是药。”玥玥和彦彦拿着纸条转身走了，杨鸿烨说：“再发烧就要挂盐水的。”

2. 分析反思

家庭是社会的一部分，幼儿在角色扮演的过程中会与其他区角发生情节的互动、生发更多新的游戏情节。创造区角联动的可能性是支持幼儿丰富角色体验的重要策略。幼儿对于医生给病人听诊、护士打针的情节比较熟悉，所以在游戏中有了模仿行为。彦彦坚持不要挂水，而杨鸿烨坚持要挂水，这时发生了冲突，在这个过程中幼儿会用语言进行交流，表达自己的想法。

材料的提供创设的多元游戏情节，也让不同经验水平和倾向的幼儿产生了经验的交互，为游戏情境的丰富、幼儿角色经验的建构和再造创造了条件。

3. 支持推进

捕捉话题。在活动中有了一些新的游戏情节发生，此时要抓住小小细节，在分享交流的时候将其放大。

组织交流。在游戏后开展角色区内小范围的交流和分享，在不同经验的碰撞中丰富幼儿经验。

情节三:全家去旅行

1. 观察记录

欣欣又来到了娃娃家,这次娃娃家里多了两个男孩子。若若和欣欣来到了梳妆台前,在收纳盒里翻出了项链和化妆品,开始打扮自己。过了一会儿,欣欣弯腰从小床上抱起娃娃托在臂弯里,若若开始给娃娃穿衣服。小卢和小钮在厨房里烧菜做饭。欣欣:“若若,我已经戴好项链了,你好了没有啊?”若若:“我在找眼镜,一会我们一起出去玩吧。”欣欣:“好吧,去哪里?”小卢:“去广州吧,去动物园。”欣欣:“我坐过飞机的。”小卢:“那我们走吧。”欣欣:“小钮,我们要出去旅行了,你去不去?”小钮:“我不去,我在帮若若照顾宝宝呢。”说着给宝宝布置好了饭碗勺子。

小卢在卧室翻来找去,老师问:“找什么呢?”他一边说一边比画:“老师有没有行李箱?我妈妈带我去广州的时候带了一个这么大的。”欣欣听了,在资源角那里找了一个纸箱子说:“我们把这个当作行李箱吧。”然后开始把梳妆台上的发箍、化妆品瓶子等东西装进“行李箱”,小卢把卧室里的衣服都装进了箱子,为旅行做准备。

第二次游戏,他们看到一个有拉链的收纳袋,说:“这个旅行箱好漂亮哦。”两个孩子把娃娃家里能装的东西都装了进去,游戏快结束的时候,他们来到小厨房,把桌上盘子里的食物也一股脑儿倒进了“旅行箱”,然后高兴地拖着“旅行箱”,戴着眼镜在教室里到处走。

2. 分析反思

四个幼儿都是社会性发展较好的幼儿,欣欣、小钮在游戏中处于主导地位。小卢源于生活经验提出旅行情节,欣欣观察力较强,她知道目前没有行李箱可以提供,便寻找替代物作为行李箱,实现了这个游戏情节。

由于教室内只有家庭生活场景,没有目的地的场景,所以幼儿的游戏情节更多是在旅行前准备,行李准备的目的性也更多的是满足自己原始的“塞”和“藏”的动作意图,材料的选择没有展现旅行的功能。

3. 支持推进

材料调整,丰富游戏体验。提供一些与旅行相关的物品,激发幼儿对于旅行前准备物品选择的目的意识和功能意识,如相机、渔夫帽、太阳眼镜等,调动更多关于旅行的经验,丰富游戏情节。

区域规划开放,满足幼儿游戏需要。提供简单的桌椅等材料,供幼儿模仿乘坐交通工具,满足幼儿关于“出行”的需要,丰富游戏体验。

四、活动延伸

通过前期活动，幼儿商量讨论，在“娃娃家”生成了“过生日”“宠物毛毛”“点外卖”等游戏情节。

（案例提供：周燕　刘芳芳）

案例二　客人来啦(中班)

一、活动由来

中班上学期，幼儿的社会经验不断丰富，角色游戏也进入高潮期。结合幼儿的日常生活体验，丰富了小医院、小吃店等新的角色区。游戏人员的增加和角色身份的丰富，让娃娃家的梦想游戏有了更多的角色交互和经验碰撞，游戏情节也变得越发丰富、多变。

二、活动准备

1. 环境准备

(1) 区域空间。

开放式的区域通道。在区域和区域之间保留合理的间隔，创造动线，为区角之间的互动创造可能性。(图 12－5)

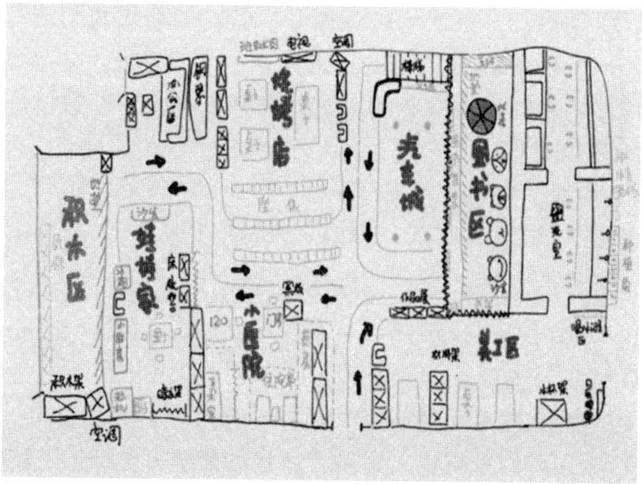

图 12－5　教室布局图

(2) 材料准备。

在班级环境内设置多个联动的角色区，包括小医院、冷饮店等，支持幼儿在区角的互动中丰富角色体验，创新游戏情节。

2. 经验准备

(1) 幼儿能力经验。

集体分享，共享经验成果。请每个小朋友介绍自己的调查结果，开展经验分享，将幼儿的调查结果制作成前期经验汇总的墙饰，再次激发兴趣、丰富经验。

(2) 家园协同经验。

亲爱的家长：

您好！

进入中班，孩子们的梦想馆迎来了全新的角色内容，小医院、小吃店的加入，让孩子们的小社会越来越热闹了，希望您也能利用周末的时间和孩子一起去逛逛超市、美食街，聊一聊他最喜欢的工作。相信有了这些体验，娃娃家的小主人们一定会忙得热火朝天，在梦想馆里将发生更多有趣的角色故事！

中×班

三、活动过程

点点的家和甜蜜小屋、小医院之间的联结让游戏情节不断丰富，角色体验也更加多元。活动由三个层次的游戏展开：情节一“今天我们请客”，旨在观察区角之间是如何发生联动的；情节二“采购热饮”，聚焦面对新的需求，幼儿是如何创造性地使用材料解决问题的；情节三“外卖员来了”，观察新角色的加入如何产生新的游戏情节。

情节一：今天我们请客

1. 观察记录

美嘉一走进娃娃家，就拿起一副眼镜给自己戴上，说：“我是奶奶。”一旁在梳妆台前化妆的玥玥说：“我是妈妈。”昊昊一边在“杀鱼”一边说：“我是爸爸，我在杀鱼。”青宸立马说：“我是爷爷。”美嘉和玥玥在桌上放了三个盘子，在盘子里放了一点玩具水果、蔬菜、蛋糕等。大约5、6分钟后，美嘉背上一个包说：“我要去买点蛋糕，今天我们家有客人来做客。”在炒菜的昊昊听见了就问：“美嘉，谁会来做客呀？”美嘉说：“甜蜜小屋的承承、梦梦会来做客。”昊昊说：“哦！”说完，昊昊继续炒菜，美嘉则背着包出去买蛋糕了。（图 12－6）她一共买了 5 块蛋糕。回到家，美嘉把蛋糕一块一块地放在桌上，玥玥帮忙把蛋糕放进盘子里。（图 12－7）

青宸走过来数了数桌上的碗和盘，他说："6 只，够了。"然后他又拎着一只吊壶说："倒点茶吧！"说完，他向每个碗和盘里倒茶。美嘉叫起来："不能倒在碗里和盘子里的，里面有吃的东西。我来倒。"说完，她拎着吊壶在每个碗的旁边倒茶。

昊昊去甜蜜小屋请承承、梦梦来娃娃家做客。他们围着桌子开心地分享美食。

图 12－6　采购食物

图 12－7　准备美食

2. 分析反思

美嘉发起了游戏，幼儿具有招待客人的共同经验，促进了两个区角的联动。青宸在清点碗盘数量时能够准确地点数，说明善于运用数概念解决生活中的问题。

不同角色区角的联动激发了幼儿的已有经验，生发了更多的游戏情节，人员的增加也为游戏增加了更多的角色交互和问题情境，经验的碰撞成为新经验生发的土壤。

3. 支持推进

定期追加材料，刺激新经验的生发。为了维持幼儿的兴趣，支持他们的延伸想法，要定期更换角色区的材料，让场景更丰富，以便纳入幼儿的新经验和新兴趣。

删减高结构材料，促进材料使用的开放性、多元性。在游戏初期，幼儿比较多地在使用接近真实物品的材料，随着游戏的推进，给他们提供的材料可以更开放些，但是种类不宜过多，以此来激发幼儿的想象力，使幼儿的游戏水平逐步走向高级阶段。

情节二:采购热饮

1. 观察记录

点心店新增了“冬天热饮”,柜子上新添了一些瓶子。这天韬韬来到点心店,对营业员满好说:“我要一瓶牛奶西米露。”满好拿起瓶子看看四周,然后来到美工区,挑选了白色的小小的保丽龙球,然后一个一个放进瓶子里,接着他又做了一个倒牛奶的动作,不一会儿一瓶牛奶西米露做好了,满好递给韬韬,说:“5元。”韬韬给了5个绿色的圆形游戏币,高兴地离开了。

一会儿,老师来到点心店,对两位服务员说:“我想要一杯橙汁。”杨洪烨热情地对老师说:“好的,不要着急,我来帮你做。”只见他拿起一只空瓶子,然后在里面放了一些自制的橙子,接着他把一只瓶口较大的矮胖瓶子倒扣在已装有橙子的另一只瓶子上,双手抱着把两只瓶倒过来,然后一边摇晃一边发出特别刺耳的“呜呜呜呜,嗞”的声音,一会儿,他把上面的瓶子拿掉,盖好瓶盖摇晃了一下,说:“橙汁做好了,请尝尝。”(图12-8,图12-9)

图12-8 手摇橙汁

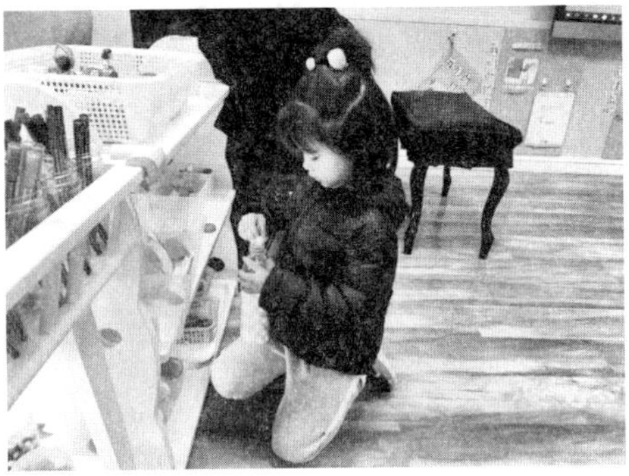

图12-9 制作橙汁

2. 分析反思

从上面两位幼儿在游戏中的情况来看,中班幼儿的大脑中已储存了大量的生活画面,他们对物体形象的识别、记忆、运用等能力得到增强。抽象的想象能力与小班相比有了飞跃,异想天开的假想使游戏情节增添了更多趣味。

幼儿的象征性游戏水平不断提高,开放性游戏材料为幼儿“以物代物”提供了环境支持。

3. 支持推进

聚焦分享,分享趣味表征。教师可以利用游戏分享,让幼儿说一说保丽龙球除了可以变成点心店的西米露,还能变成什么。启发幼儿,让游戏情节变得更加精彩。

投放材料，激发创意表征。顺应幼儿以物代物的游戏需求，在角色区中投放“百宝箱”，利用“百宝箱”中的各种材料来支持和帮助幼儿的表征行为。

情节三：外卖员来了

1. 观察记录

娃娃家的爸爸（小锦）妈妈（小雨）正在做饭，爸爸端着一盘“炒肉片”对妈妈说：“这个菜有点冷了，要用微波炉热一热。”妈妈不假思索地说：“我们家没有微波炉。”爸爸说：“有的，这个就是。”小锦一边说一边拿出一个纸箱，然后打开纸箱，把一盘“炒肉片”放进去，做了一个拧微波炉开关的动作，过了几秒后，小锦发出“叮”的一声，他打开箱子把“炒肉片”端了出来，对妈妈说：“可以吃饭了，炒肉片热了。”

就在爸爸妈妈准备吃饭的时候，点心店的服务员珂珂来到点点的家，她说：“请开门，我是送外卖的。”妈妈小雨站起来做了一个开门的动作说：“我没有要外卖呀。”然后跟小锦说：“你要外卖了吗？”小锦摇摇头，小雨立刻把珂珂一推，嘴巴里嘟哝着：“骗人的，我们要打 110。”爸爸和妈妈继续围着餐桌吃饭。不一会儿，小雨站起来对小锦说：“你洗碗，我要去买块蛋糕。”说完小雨背着包来到点心店，对营业员珂珂说：“我要买一块蛋糕，你帮我送到点点的家行吗？”珂珂点点头。不一会儿，珂珂拿着蛋糕再次来到点点的家，说：“请开门，我是来送蛋糕的。”小锦打开门，珂珂又说：“是小雨买的，让我送过来的。钱已经给我了。”小锦说：“谢谢！”

2. 分析反思

点心店的营业员到点点家来送外卖，通过妈妈与服务员的交流，可以看出幼儿对自己的角色职责非常清楚。爸爸要用微波炉热菜，妈妈说没有微波炉，而爸爸立刻用纸箱代替了微波炉，出现了替代行为。游戏中爸爸妈妈热菜和送外卖这两个情节都是需要用语言交流的，幼儿之间语言表达清楚，交往能力在提高。

游戏分享中的“以物代物”行为，从个别逐渐迁移到了更大的范围，幼儿在游戏中开始频繁出现替代行为，也为丰富游戏情节创造了条件。

3. 支持推进

分享经验，拓宽思路。游戏中幼儿的替代行为出现了两次，一次是“一盘炒肉片”（其实是瓶盖），还有一次就是用纸箱替代了微波炉。对于中班幼儿来说，每次游戏结束时的分享很重要，所以这个游戏中的替代行为要跟同伴交流分享，同时启发幼儿思考瓶盖、纸箱还能替代什么，拓宽幼儿的思路，丰富幼儿的想象和联想。

鼓励个性表达，获得积极游戏体验。对于本次游戏中的游戏情节，在游戏分享时可以请珂珂进行交流，鼓励幼儿用自己的方式开展游戏，增强角色之间游戏中的联动，丰富游戏情节，使幼儿真正沉浸在角色扮演中，增加游戏的趣味性。

四、活动延伸

除了小医院和小吃店的角色场景，还可以通过经验调查，开放和发展更多孩子喜欢和感兴趣的角色情境，如理发店、警察局、小超市等。

（案例提供：刘芳芳）

案例三　警察的故事（中班）

一、活动由来

一天，桐桐、淘淘和磊磊三个男孩一起在角色区里扮演警察。桐桐从架子上取下蛇，大声地笑着说："蛇！蛇！坏人就怕蛇。"桐桐根据"警察"和"蛇"的已有经验，在游戏的情境中产生了联结。男孩子在一段时间内重复着警察扮演的角色游戏，一个个问题的发生与解决组成了"警察"与"蛇"这个游戏故事的脉络。

图 12－10　资源角

二、活动准备

1. 环境准备

（1）区域空间。

角色游戏的资源角被划分成五个功能区，以"U"型的开口状，环绕在幼儿游戏场地的周围。（图 12－10）

（2）材料工具。

熟悉材料与新材料临近放，同一经验主题的物品归类放，利用标记内化规则，简化材料、低结构投放。

2. 经验准备

（1）幼儿能力经验。

初步了解一些关于警察的装扮和工作内容，对警察日常使用的工具名称和使用方法有一定的经验，对警察的工作充满好奇心和向往。

（2）家园协同经验。

亲爱的家长：

您好！

近期孩子们对于“警察”的话题产生了浓厚的兴趣，如果您是警察或家庭成员中有从事警察工作的，欢迎您来园和孩子们一起说一说、聊一聊“人民警察”。如果您家中有关于警察职业的物品，希望您能让它们也出现在孩子们关于警察的梦想馆里，相信有了它们，梦想馆的“小警察”们会收获加倍的职业体验与幸福感。让我们一起助力“小警察们”的梦想吧！

中×班

三、活动过程

中班梦想馆游戏“警察的故事”的开展分为三个层次推进：情节一“坏人害怕什么”，了解幼儿关于警察的已有经验，观察幼儿如何运用角色语言来解决问题；情节二“坏人在哪里”，观察幼儿如何创造性地使用材料来支持和解释角色行为；情节三“不方便的警察局”，观察幼儿如何基于角色与其他区角之间发生联动，在不同主题的角色区角之间发生问题时会如何解决。

情节一：坏人害怕什么？

1. 观察记录

桐桐扮演的警察在材料架上拿了一条玩具蛇，他大笑着甩着蛇，说：“坏人就怕蛇。”有了一个拿蛇的警察，另外两个警察却两手空空。磊磊问：“我们没东西拿了。坏人害怕什么？”老师问桐桐：“平时警察还会用什么来抓坏人呢？”“手铐！”“警察是带电警棍的。”“警察要开警车。”……最后，大家商量决定“要造一个最厉害的警察局”。

幼儿用计划书的形式，把建造警察局的计划画了下来，里面有手铐、带电的监狱、带红蓝警灯的警车、机关枪、电警棍等（图 12－11）。对照计划书，男孩子们用红色和蓝色的纸盒做成警灯，用旺仔牛奶罐做成警车的轮子。警察局里不一会就停满了 4、5 辆警车。他们继续用杯子做毒液瓶、杯子盖做地雷，包围着用纸箱搭起的警察局（图 12－12）。搭建完毕，磊磊和淘淘各拿了一根棒冰棍做的电警棍，在警察局门口巡逻。

图 12-11 “警车、警棍”计划书

图 12-12 被“地雷”包围的警察局

2. 分析反思

创造性地使用材料解决问题。关于“坏人害怕什么”的问题,幼儿调动已有经验,并创造性地使用已有材料,制作出了“电警棍”“毒液瓶”“地雷”等各种武器。

从幼儿关注的话题可以看出,幼儿对于警察角色的认知,主要是“抓坏人”和有各种厉害的武器,也展现了男孩子英雄主义的性别特点。低结构开放性的材料满足了幼儿这一需求。

3. 支持推进

亲身体验,丰富感受。可以鼓励家长带幼儿参与公安局举办的开放日体验活动并分享活动掠影。亲子体验的掠影在班级群内转发热烈,幼儿通过体验各种枪支、摩托,观看战术表演,为角色区里的“警察局”注入新的活力。

情节二:坏人在哪里?

1. 观察记录

警察局里都是警察,却没有人愿意当坏人。淘淘去客人的装扮区找坏人。遇到人就问:“你来当坏人好吗?”装扮好的客人都去了医院。没人愿意来警察局当坏人,也没有人找警察帮忙,几个警察都在医院附近转来转去。等待了2分钟左右,老师问“警察”们:“平时警察局的警察在办公室里会做什么呀?”“警察会看电脑的。我要准备一台电脑。”淘淘说。他之前在医院当医生时,就给自己做了一台电脑。他找来了两个扁扁的香烟盒,一个竖着、一个平放就做成了电脑。淘淘坐在纸箱做的椅子上,手指快速地敲击着平放的小纸盒,眼睛盯着竖起的纸盒。过了10秒左右,淘淘对着磊磊和桐桐大声喊:“我在电脑上找到了坏人!”同时挥手叫桐桐和磊磊过来看。(图12-13)

看完淘淘的电脑，磊磊也给自己准备了一台电脑，说："我这里是监狱，是管犯人的。""犯人呢？"老师问磊磊。"或许你可以去资源角看看。你看旁边医院里的病人也是假的呀。""对了！我知道。有个东西可以当坏人的。"磊磊找来了好多布娃娃，放在了身后的架子上。（图 12－14）

图 12－13　在电脑上找坏人

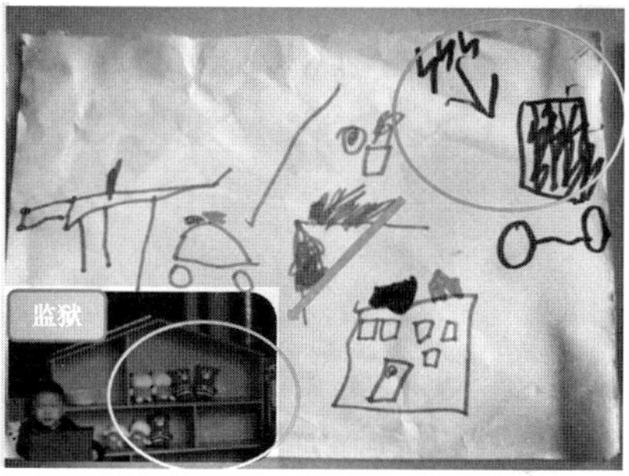

图 12－14　用玩偶当犯人

2. 分析反思

淘淘和磊磊迁移了以往医院游戏的经验，把电脑上虚拟的人和用玩偶替代的人当成"坏人"。由于缺少同伴导致游戏兴趣消退，淘淘在游戏后期还是出现了转换角色的情况：一开始扮演警察，后面因警察局没有人来玩游戏就到医院扮演了医生。

角色游戏的规定总是希望幼儿能够从头到尾都扮演同一个角色，但是在现实社会中，人们也常常扮演着两个或更多的社会角色。兴趣是快乐游戏的土壤，幼儿在游戏中自由地转换角色也未尝不可。

3. 支持推进

布置"职业的一天"经验调查墙，开展专题经验调查，邀请幼儿用实地走访和绘画的形式记录下自己感兴趣的职业。

开设每周百变材料区，每周五由幼儿选出一样下周的百变材料，通过游戏计划书和活动掠影的方式记录下来。

张贴材料征集告示，有发现短缺的、没能找到替代物的材料，可以用书面的形式张贴在材料征集区。

情节三：不方便的警察局

1. 观察记录

警察局里除了警察没有其他人来。在一次游戏分享环节中，大家一起试着寻找解决问题的办法。成成说："开那么大医院，又放两圈那么大的砖（纸箱),然后其他人就没办法走进来了。”磊磊说:“我觉得我那个门可以再造大一点。”

磊磊说:“我觉得我们可以放外面,警察局造一半。”“就是一半在左边,一半在右边。”菁菁边说边走到空地上左右比画着。“这边开一个警察局,那边开一个医院。”辰宇说:“位置嘛,医院开在外面,警察局开在里面,还是有一点点问题的。之前医院在外面,警察局在里面,医院挡住了警察局的去路。没有问题的话,这里应该贴一个黄胶带的。然后警察局开在这边(右边),医院开在这边(左边)就行了。”(图 12 - 15)

成成说:“警察局在外面,然后医院在里面,只要开的小点就可以了。”磊磊说:“可以用箱子做一条线。”辰宇说:“我有一个主意,要不就把胶带撕掉,然后拿一个栏杆来,那不就行啦?”磊磊说:“可以用箱子做一条长长的线。”

桐桐说:“里面是药房,病人没办法走进去拿药了呀!可以开在两个小房子的后面。”菁菁说:“感觉可以分成四格,就是这里一条竖线,这里一条横线,这两个口是医院(右边),这两个口是警察局(左边)。”(图 12 - 16)

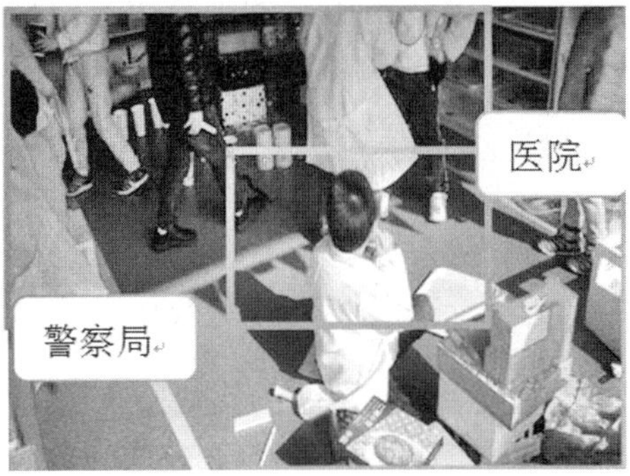

图 12 - 15 “不方便的警察局”布局

图 12 - 16 讨论调整后的布局

2. 分析反思

幼儿通过协商和沟通的方式解决问题,展现着出色的社会交往能力。幼儿能够用语言清晰地表述空间规划的想法,抽象思维能力的发展在逐步提高。

开放性的资源角布局和开放性的材料摆放激发了幼儿角色游戏的热情和创意。教师主导幼儿根据上次的讨论结果来调整布局,结果导致幼儿简单地按照计划书迁移经验,影响了后续游戏的积极性。问题的情境才是趣味游戏异想天开的土壤。

3. 支持推进

设置游戏后的分享环节，给了幼儿一个即时发现问题并解决问题的平台。在环境中增设“计划角”或“谈判桌”，提供纸笔，幼儿可以在遇到问题时，自主地选择“制订计划”或“协商谈判”的方式来解决问题。

撤出干预，归还主动。游戏后，教师引导幼儿借鉴了上次讨论的经验，把警察局和医院左右分开，但是游戏区却没那么热闹了。教师撤出干预，幼儿再一次游戏，又回到了最初的里外布局。虽然“不方便”的问题仍然存在，但冲突会不断激发出更多异想天开的角色创意。

四、活动延伸

随着幼儿对警察经验的不断丰富，关于“警察的故事”衍生出更多不同的分工，如“交警”“特警”等。幼儿根据已有经验，扮演着不同分工的“警察”。

（案例提供：沈丹）

案例四　餐厅里的人们(大班)

一、活动由来

元元来到区域，看到原先的展板上没有了“米其林餐厅”几个字的内容，说，“太好了！我可以玩我自己想玩的了！”元元边跳边举手：“我想在小吃店当客人，我喜欢吃东西。”兰兰拉着舟舟的手走了过来：“我喜欢烧饭，我想当厨师，我可以烧好多好多的菜吃。”孩子们开始了关于餐厅的梦想馆游戏。

二、活动准备

1. 环境准备

（1）区域空间。

创设资源角，供幼儿自选角色游戏材料。（图 12－17）

（2）材料工具。

提供写画等的制作工具，为幼儿提供“计划”“分享”“制作”的支持。（图 12－18）

图 12 - 17　饭店布局

图 12 - 18　制作菜单

2. 经验准备

(1) 幼儿能力经验。

初步根据经验的异同,分成不同的小组,讨论和分享调查结果。将经验进行梳理,布置在环境中。

(2) 家园协同经验。

亲爱的家长:

您好!

孩子们商量着要开一家"比萨店",比萨店用的什么招牌,等位子的人们在干什么,吃比萨用什么样的餐具,你最喜欢哪个菜,在哪里、用什么买单……请您利用周末的亲子时光和孩子们开展关于比萨店的调查吧!

大×班

三、活动过程

餐饮店的游戏中有三个情节:情节一"餐厅和工作的人们",观察幼儿提出"我想当厨师"的新情节后,同伴之间如何协商并实施主题情节;情节二"客人要吃冰激凌",观察新角色"客人"加入后带来的冲突以及幼儿的解决办法;情节三"爱吃的客人",观察在店内人手不够的冲突之下幼儿解决问题的过程与方法。

情节一:餐厅和工作的人们

1. 观察记录

听到舟舟说想开比萨店,站在一旁一直不出声的萌萌说道:"我不想开店,我只想当一个外卖员，我想把外卖送到小朋友手上给他们吃。”舟舟就皱着眉头：“我们玩的都不一样，还是来投票决定吧。”元元画好了：“我先来说，我画的是餐厅，然后我在里面吃东西。”(图 12－19)舟舟说：“我画的是我刚才说的比萨店，我在店里当厨师，烧好吃的东西给客人吃，还有比萨。”(图 12－20)铭铭说：“我想当收银员，所以我画的是一个超市，我站在这里专门收钱。”(图 12－21)这时候，萌萌皱着眉头看着铭铭说：“你怎么跟我们画的不一样？你怎么画了一个超市呢？”铭铭听了解释说：“我是因为看到超市里有很多的收银员，所以我就在超市里画了收银员。”萌萌听了点点头，接着说道：“原来是这样啊，收银员也可以在别的地方收钱啊，小吃店里也可以的。我这个上面画的是小朋友，她在家里等吃的。这个下面画的就是我，我正在送外卖的路上呢。”(图 12－22)

图 12－19　我的餐厅

图 12－20　我的比萨店

图 12－21　我要收银

图 12－22　我想送外卖

元元问：“现在我们要干什么？”舟舟歪着头回答说：“我们现在就是投票，

谁想玩什么就投那个。”“耶！耶！耶！我的比萨店胜出。我们就玩比萨店的游戏吧。”

2. 分析反思

关于角色主题每个幼儿都能够各抒己见，将自己的想法大胆清晰地和同伴分享交流，并以图画的形式呈现出来，体现语言表达和社会交往能力的发展。铭铭有不同的想法时，萌萌能马上联想到解决办法，有着很好的抽象概括和总结归纳的能力。

开放性的角色主题，引发了幼儿游戏的兴趣。在积极情绪的引导下，幼儿调动经验开展了协商与交流，为社会交往能力发展和积极的情绪体验创造了条件。

3. 支持推进

开放的角色。在后期的开展活动中，从角色的选择、区域材料的布置上进行引导，让幼儿能够自己根据情境进行角色的选择。

开放的材料。提供更多开放、低结构材料，并收集材料投放到区域中，幼儿通过交流讨论的方式，将材料运用到游戏情境中。

情节二：客人要吃冰激凌

1. 观察记录

试营业时，舟舟是店内唯一的厨师，说：“我今天需要做多少比萨呀，厨师只有我一个人！”这时元元来了，他坐下吆喝起来：“我要吃饭，我要吃饭，我饿了。”兰兰和萌萌凑上去说：“我们这儿是比萨店，没有饭，没有菜。”元元说：“那好吧，那给我看看菜单。我来看看吃什么口味的。”但是店里没有菜单。铭铭跑去自己的柜子，从里面掏出一本绘本：“我每次和我爸爸妈妈出去吃饭，都会看到一本菜单，像一本书一样，就用这个吧。”说完他把“菜单”递到元元手中。(图 12－23)

元元翻了翻菜单，说：“我要吃冰激凌，比萨太咸了。”萌萌一个人走到材料区，用两种颜色不同的毛根交织卷在一起，从里往外卷成一个平面的圆形，舟舟、兰兰和铭铭也跟着一起学。

元元没了耐心：“这也太慢了，这个店我是不会来了。”兰兰连忙说：“客人，你再坚持一下，我们马上就做好了。”元元也一起做起了冰激凌。(图 12－24)

萌萌说：“今天就来了一个客人，也太少了，好像大家不喜欢我们的比萨店。”兰兰说：“大家都在做冰激凌，谁来做比萨？”舟舟说：“客人跑到了我的厨房里，也太气人了，一直在打扰我。”

图 12－23　菜单找到了

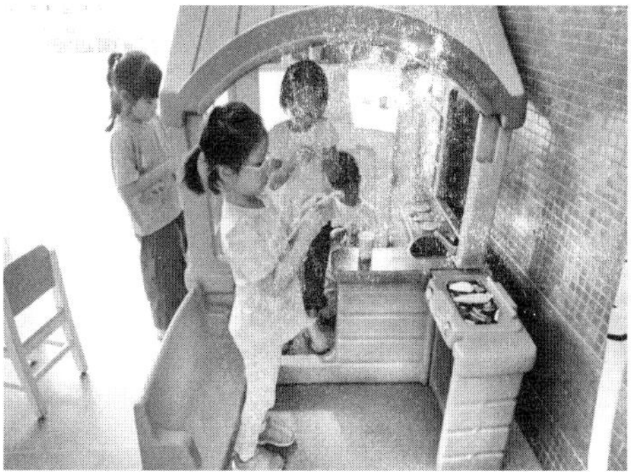

图 12－24　制作冰激凌

2. 分析反思

元元给游戏带来了冲突,引导游戏的方向发生了改变。萌萌和舟舟善于思考,在遇到问题时,会想到用绘本书替代菜单、用毛根制作冰激凌,“以物代物”有所体现。兰兰更善于运用语言,能够用语言安抚客人情绪,用语言表达内心对于游戏的疑惑。

虽然有了前期的分工,但游戏的情节临时改变,幼儿受游戏材料和游戏突发问题等因素的影响离开了自己当前的角色,没有固定的游戏计划,会根据意愿随机地参与到其他角色中。

3. 支持推进

规则制订:幼儿的游戏需要规则,需要明确的角色分工,幼儿在游戏中通过体验、认知自己的角色,履行自己认可的角色职责。

以物代物:角色游戏开展离不开对游戏材料和物体的假想,对游戏材料和物体的假想实质是“以物代物”。在后续的游戏过程中,材料的提供应有所体现。

情节三:爱吃的客人

1. 观察记录

店员们纷纷围着唯一的客人元元,兰兰拉着客人的手说:“今天厨师请假了,就让我来当厨师吧,我想给客人做饭。”元元问:“你会做什么?”兰兰:“我都会,烧的很好吃的。服务员,快去给我拿点菜来,随便什么。”

“两份冰激凌,做好了。”元元接过冰激凌,大口地吃着,但是不一会儿,操作间的门铃又响了,只听元元说道:“我饿了。”兰兰赶忙又安慰道:“我马上给你做份沙拉吃。”吃完沙拉,元元一会儿钻进厨房,看着厨师锅里在烧的菜品,一会儿又帮着服务员铭铭挑选食材。铭铭双手拉住客人说:“客人,要耐心等待哦!”

元元坐在座位上不停地吃着各种美食:“今天的菜怎么那么多,我吃不下这么多。”“啊! 你怎么把我们烧的东西给动物吃?”萌萌看到元元把桌上剩下的东西端给了正在表演区进行“动物狂欢”的动物们。元元说:“今天的饭不好吃,所以我都给动物吃了。”“我们要关门了。”说着,萌萌把手中的两杯新鲜果汁端到元元面前:“喝几杯果汁吧,刚做出来的。”

没想到元元头一扭:“不要。”萌萌对着铭铭说道:“他不喝果汁,以后不能吃冰激凌的。”元元听到不能吃他最爱吃的冰激凌,只能妥协:“好吧,那我就先喝一杯。”

2. 分析反思

元元总会有一些异想天开的想法,这给游戏带来了更多的冲突,展现了发散性思维的特点。萌萌的社交经验较为丰富,能够以条件交换的方式进行交易,主动承担更多的事务,在游戏里能很好地担当协调者的角色。

人数的限制导致了人手不足的状况,但是幼儿能够通过当下的情况,自主协调,萌萌通过“身兼数职”来解决这一问题,但也带来了新的问题。

3. 支持推进

聚焦分享。游戏环境带来的预设困难成了促进幼儿思考的契机。在分享环节,交流人员安排的现状带来的问题,分享解决方法。

静待观察。在人数不变的情况下,观察不同幼儿解决该问题的不同方法,丰富到集体分享中,观察幼儿的游戏行为变化。

四、活动延伸

随着游戏经验、分享交流的不断推进,参与“餐厅”主题游戏的幼儿人数逐渐增加,餐厅的类型也越发多样,有“火锅店”“烧烤店”等,幼儿还开发出了“办会员卡”等新的游戏情节。

(案例提供:江怿斌　陈园园)

案例五　奥特曼理发店(大班)

一、活动由来

有一天珂珂涂了发胶来幼儿园,有个小男孩笑着说:“你的头发怎么会这个样子啊!”阿俊说:“我爸爸也是这个样子的,每天早上都要吹好久的头发。”阿宝说:“我以前去拍写真的时候就是用的发胶,头发会变得很硬的。”夏天来了,好多小男孩都在近期理了发,班级里开始了关于“理发店”的话题讨论。

二、活动准备

1. 环境准备

(1) 区域空间。

提供一块面积较大的开放空间供幼儿自行规划区域,幼儿可以利用桌椅和大型纸箱自行隔断,根据梦想馆角色扮演的需要搭建不同的区角空间。

(2) 材料工具。

提供用于理发、美发的仿真工具类材料,如儿童发胶、夹子、发箍。除了高结构材料外,还需辅以低结构的“百变材料”,如纸箱、纸盒、瓶瓶罐罐等。

2. 经验准备

(1) 幼儿能力经验。

集体分享,共享经验成果。请幼儿介绍自己的调查结果,开展经验分享。在分享结束后,将幼儿的调查结果根据不同的功能区制作成前期经验汇总的墙饰。(图 12-25)

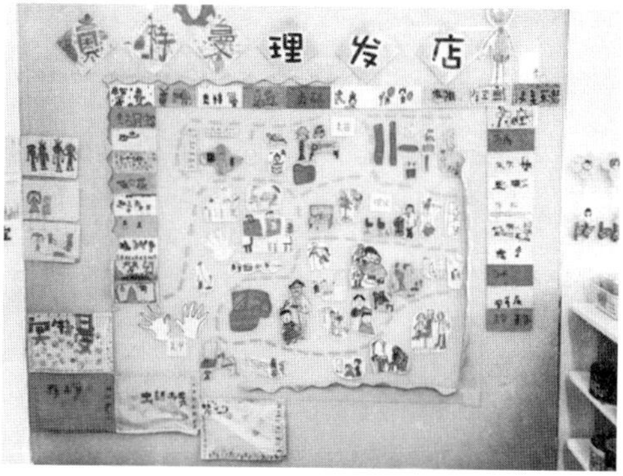

图 12-25　经验调查墙

(2) 家园协同经验。

亲爱的家长:

您好!

近期孩子们对于“理发店”的话题产生了浓厚的兴趣,男孩子喜欢用发胶涂涂抹抹给自己整理一个别致的发型,女孩子喜欢上了各种漂亮的夹子和各色指甲油。请您利用节假日带着孩子一起去理发店体验一下吧。如果您家中有关于理发、美甲的物品,也把它们带来幼儿园吧,期待“小造型师”们的梦想起航。

大×班

三、活动过程

大班梦想馆游戏“奥特曼理发店”的开展分为三个层次推进:情节一“奥特曼理发店开业了”,观察男女生在游戏中的性别差异,具体体现在哪些方面;情节二“发型师当了医生”,观察幼儿出现角色转换的具体情节;情节三“忙碌的贝贝”,观察幼儿身兼多职时会如何处理角色之间的冲突。

情节一:奥特曼理发店开业了

1. 观察记录

第一次游戏,孩子们把两张长桌一字摆开,两边都可以坐顾客,长桌的一面是理发的座位,摆放了三张椅子,每个座位前面都放了一面镜子,所有的美发工具被摆放在了桌子的中间。另一面是做美甲的客座,指甲油瓶一字摆开,供客人挑选。在长桌的左边就是角色区的墙面,布置着经验调查的结果。

图 12-26 忙碌的理发店

三个女孩子选了理发店店员的角色,店里来了三个男孩,各自找了一个位子坐下来。三个女孩拿自己手边的材料开始了理发、美甲工作。琪琪给珂珂的刘海上夹了一个夹子,然后一手握发胶另一手接着挤出来的发胶抹在珂珂的头发上。珂珂看着镜子里塌下去的头发,赶紧扶着头发,说:“这个要竖起来,竖起来。”琪琪没有停下手里抹发胶的动作,说:“你等一会,马上好。”说着放下手里的发胶,开始用两只手抓珂珂的头发,头发一下子就竖起来了。两个人对着镜子笑了起来。旁边的馨馨在给程程梳头,朱宝在给晨晨仔细地涂着指甲油。(图 12-26)

2. 分析反思

角色梦想中的性别差异。女孩子们对于美发、美甲等游戏情节有着高涨的积极性和兴趣,她们熟练地运用着各种美发工具。男孩子们成了顾客但是也乐在其中,还会跟女生讨论自己想要的发型。

个别经验的群体分享。理发店里也投放了儿童发胶,但是由于量太少,所以只有一个工作人员在使用这个材料。最初关于发胶的使用经验,引发了部分幼儿的兴趣,但如何从个别推向集体,在游戏中单单提供材料并不能够达成分享的目的，需要后期继续丰富环境，追加话题、进行分享、激发兴趣。

3. 支持推进

丰富各种美发材料的数量。在游戏的初期，为了丰富和满足幼儿的游戏体验，可以继续投放美发店的材料，投放的数量大于或等于选择该区域幼儿的人数，让幼儿能够自由地选择自己想要的材料来开展游戏。

丰富不同性别取向的游戏情节。根据前期经验调查的梳理，提供多种不同的工具材料，丰富男孩子喜欢的游戏情节，如理发店的各种剪刀、蒸发器等生活中不常见的美发用具，满足男孩子基于材料的游戏意愿，也能够进一步激发女孩子的游戏兴趣。

情节二：发型师当了医生

1. 观察记录

佳臻一开始扮演的是一名发型师，请客人坐下后，很快就拆下了客人的头绳，一手拿梳子，一手握着客人的头发，认真地给客人梳头(图 12－27)。因为只有一个客人，另一位发型师张雯佳也只能在一旁等着，时不时递工具帮忙。可是没过多久理发店里就找不到佳臻了，只见佳臻戴起了眼镜坐在医生办公桌前，拿着一个医生的工具箱，变成了一名医生(图 12－28)。“你怎么做两份工作！”理发店的马菁一边给客人梳头，又看到来了更多的客人，大声喊着佳臻。

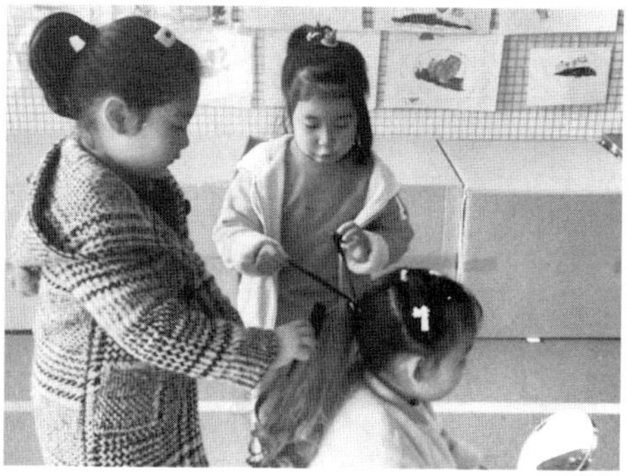

图 12－27　“理发师”佳臻

图 12－28　“医生”佳臻

2. 分析反思

佳臻在游戏中出现了兴趣消退、转换角色的情况，游戏提供了多元的角色区角，让幼儿有了更多的选择。角色之间的转换虽然解决了幼儿获得游戏积极情绪体验的需求，但也带来了人员不固定的问题情境。

幼儿在游戏中经常会出现转换角色的情况。一开始的角色选择代表着最初的兴趣，可能没过多久，兴趣消退了，又换了一个角色。兴趣是快乐游戏的土壤，秉持游戏的享受快乐的功能观，幼儿在游戏中自由地转换角色也未尝不可。

3. 支持推进

延长单次游戏时间，开放角色转换的时间和空间。关于单次角色游戏的时长不再予以严格的要求，幼儿可以自由地选择和规划游戏的时间，转换角色。看似随意的角色转换其实创造了很多游戏的矛盾和冲突，同时给游戏带来了更多的不确定性和可能性。

情节三：忙碌的贝贝

1. 观察记录

贝贝在装扮区披上了一条丝巾，和萱萱一起来理发店理发。佳佳和马菁把他们请到了理发店的座位上。佳佳用梳子把贝贝扎起来的头发都梳了一遍，正梳着头发的时候，贝贝转头对佳佳说："快点儿，等会我还要去医院呢！快点！"（图 12－29）佳佳点了点头，把贝贝的双马尾拆了，把辫绳套在了自己的手上，开始给贝贝梳理散着的头发，梳好后用皮筋给贝贝绑头发。这个时候旁边的萱萱拍拍贝贝的大腿问："你不是医生吗？"贝贝看了一眼萱萱，说："我有时会当会儿医生。"说完她看到了镜子里佳佳给自己扎的头发，有几缕头发留在外面，还有几缕没有贴着头皮翘了起来。她哈哈大笑，说："我爷爷看到一定会吓一跳，他以为这个头发是沈老师帮我梳的。"佳佳也跟着笑了起来，然后拍拍贝贝的肩膀，说："好了。"贝贝等萱萱好了，两个人就一起去小医院的等候区排队看病去了。

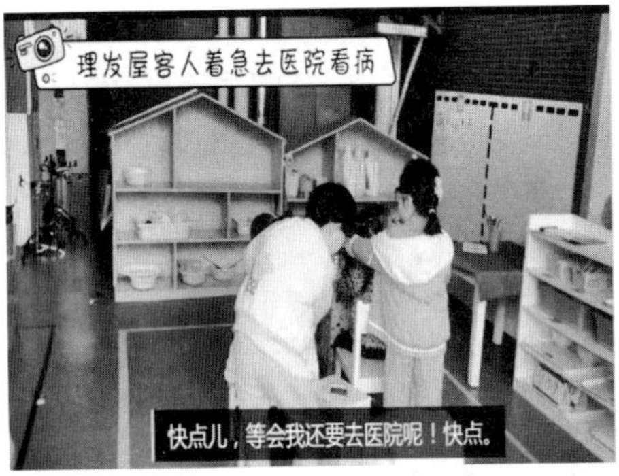

图 12－29　贝贝着急去医院

2. 分析反思

无处不在的游戏计划和矛盾的角色理解展示出既虚拟又真实的生活。贝贝作为医生来到理发店理发，着急回医院，所以催促理发师要快一些。同样是顾客的萱萱提出了疑问，不同的角色经验发生了碰撞。贝贝的计划意识、对多重角色理解的碰撞，让梦想馆的游戏情节多了模拟真实的生活情节。

多元区角的设置和角色转换可能性的放开，使得幼儿在游戏中面临了更多的问题情境，结合角色处理问题的能力也得到了考验，计划性和角色体验都得到了提升。

3. 支持推进

充分倾听。在游戏分享环节，讨论角色转换中发生的问题，比如，小医院的医生来理发店理发了，会发生一些什么问题？生活中会这样吗？如果想要这样做该怎么解决可能发生的问题？引导幼儿在现实生活和梦想馆的角色活动之间寻找对于真实生活、真实角色的创造性理解。

观察等待。观察讨论过后在游戏现场再次遇到角色转换和多重角色的问题情境时，幼儿会如何解决，为再次分享做积累和准备。

四、活动延伸

随着幼儿对于多重身份的理解和经验的不断丰富，游戏中的幼儿拥有了更多不同的身份，如“理发店发现了坏人，打电话找警察帮忙”“警察下班后去理发店洗头”等。

（案例提供：沈丹）

第十三章
戏舞台活动案例

案例一　神通广大的美猴王（中、大班混龄）

一、活动由来

升入大班以来，每天午睡前追一个“西游”故事成了孩子们的共同习惯。“大闹天宫”“猪八戒吃西瓜”“三打白骨精”等经典“西游”故事，为孩子们津津乐道。表演区的猴王面具、金箍棒顺势成为热门演出道具，大家尤其热衷谈论、模仿孙悟空。于是，以“美猴王”为话题的相关讨论在孩子们中展开。

二、活动准备

1. 环境准备

(1) 区域空间。

留白的墙面和充足的表演空间。

(2) 材料工具。

不同风格的音乐（节奏感强的、轻柔的）；各种纸类，纸箱，剪刀，胶带，各种绳子，绘画笔等；各色表演服装，便于幼儿根据角色需要进行装扮。（图 13－1）

2. 经验准备

(1) 幼儿能力经验。

幼儿有听或看“西游”故事的经验。

(2) 家园协同经验。

家园共同收集关于猴子的图书、视频（《动物世界》、86 版《西游记》中石猴

出世后戏水、玩闹的部分视频）。（图 13－2）

图 13－1　在表演区投放贴合主题的服装道具

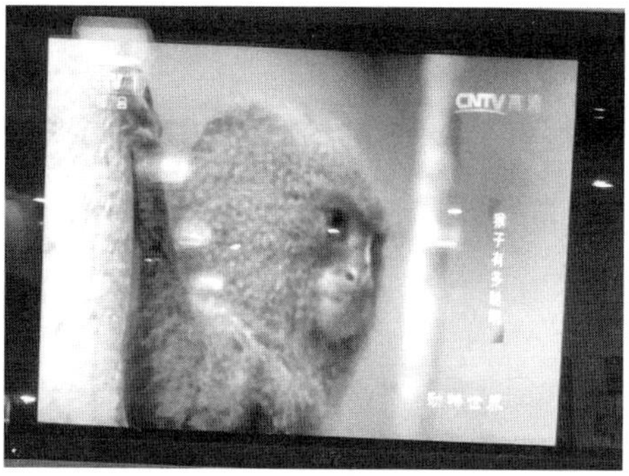

图 13－2　《动物世界》中猴子的相关视频

三、活动过程

“美猴王”是《西游记》里最吸引孩子的角色，他勇敢坚毅、神通广大，是孩子们心里名副其实的大英雄。根据“角色先行”的基本原则，我们从孩子们最喜欢的“美猴王”入手，开始了戏舞台的探索活动。

情节一：猴王的本领

1. 观察记录

老师：“孩子们，你眼中的孙悟空是什么样的？”孩子：“本领特别大。”“有火眼金睛。”“他是美猴王。”“他很调皮，所以唐僧要对他念紧箍咒。”“他会变成各种各样的人。”“他有金箍棒的。”

老师：“我们一起来看看猴子到底是怎么说话走路的。”观看完《西游记》第一集《石猴出世》中的片段以及《动物世界》中猴子主题的纪录片片段后，一个男孩站起来说：“猴子走路一蹦一跳，还喜欢不停地在身上抓来抓去。”说完学着孙悟空两手空心拳放在身体前方一蹦一跳地走路。“猴子都住在猴山上，在挠痒痒，在一起玩。”

老师：“我们也来试着演一演猴山上的猴子吧！”跟随欢快的音乐，孩子们自由地用肢体表现猴山上的猴子在山洞、树上从熟睡中醒来，然后抓耳挠腮、相互挠痒痒的场景。

有孩子说：“孙悟空最会打架了，所以猴山上的猴子都听他的。”“谁厉害，谁就是大王。”“我们来玩打架游戏吧！”老师：“武力当然可以征服别人，可是要做大王的话，肯定还是要有一些别的本事吧？”这时有孩子说：“还要力气很大，力气小是不可以做大王的。”“还要聪明！不聪明的人也不可以做大王!”老师:“怎样才能比较出谁的力气大?”有孩子说:“弄块大石头,谁可以搬起来,谁力气最大!”老师:“怎么比谁聪明呢?”孩子:“可以出一点脑筋急转弯,谁做出来了,谁就是大王。”“还可以出个数学题,让他们来做。”孩子们开始口头即兴创编“脑筋急转弯”和“算术题”,教师帮助幼儿记录。这时,一个女孩子站起来说:“我是猴山上最聪明的女猴子,我来给你们做考官!”还有一个男孩子举起一个小板凳说:“就用这个来假装石头吧!”(图 13-3,图 13-4,图 13-5,图 13-6,图 13-7,图 13-8)

图 13-3　肢体自由表现猴山上的猴子

图 13-4　“猴子们”在自由嬉戏打闹

图 13-5　“谁的力气大”之举板凳

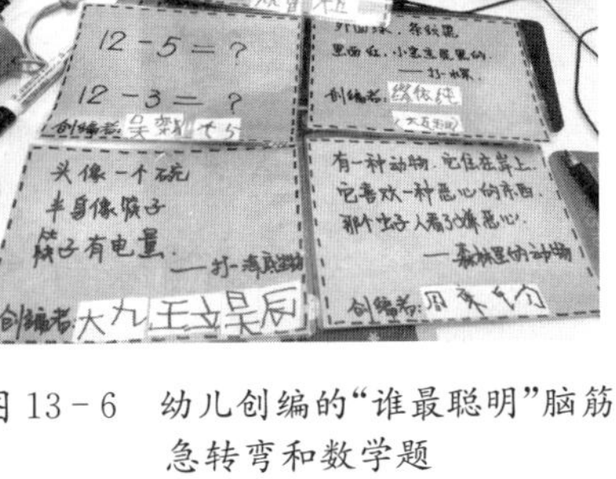

图 13-6　幼儿创编的“谁最聪明”脑筋急转弯和数学题

图 13-7　“谁最聪明”之“考官”出题

图 13-8　“谁最聪明”之群猴思考中

2. 分析反思

幼儿对"孙悟空"的前期认知经验较为丰富。除了外形，还有对性格、本领等内部属性的描述。在尝试用肢体表现猴子时，幼儿能够跟随音乐律动投入表演。对于"猴王"应具备的条件，幼儿一开始本能地想到"打架"，后经启发又考虑到"聪明""力气大"等因素。在这个过程中，幼儿即兴创编剧情，创造性地运用道具进行想象表征，极富创意。

通过观看《西游记》中石猴出世后走路蹦跳的视频以及纪录片中的猴子视频，引导幼儿观察，有效支持了幼儿模仿、学习、创造的需要。此外，在切合表演需求的音乐中，幼儿更容易放松身心，自由自在地进行肢体表现。这些推进策略，避免了幼儿长时间、低水平的重复表演。当幼儿说："我们来玩打架游戏吧！"教师尊重幼儿的感受，并鼓励幼儿从多角度思考"猴王的本领"，支持幼儿创造性地迁移自己的生活经验至戏舞台，如做算术、脑筋急转弯、举石头比力气等。

3. 支持推进

观察倾听，推进冲突架构。"美猴王"诞生后，还会发生什么有趣的故事？教师需进一步观察、倾听幼儿的想法与兴趣，师幼共同推进戏舞台的冲突。

情节二：谁是美猴王

1. 观察记录

表演进行过程中，有一个女孩提出："我觉得美猴王还要够美。但是这些比赛的项目里没有美。"有孩子反对："这个是孙悟空，不是比美。"女孩立刻反驳："那他为什么叫美猴王？你听不懂这个意思吗？""孙悟空是男的！说什么美不美的！"老师介入："美的意思有时候不仅仅是用来形容女孩子长得好看，也能形容猴王神气的样子吧！""那就比比谁神气！神气的人才可以做大王！""怎么才能比出谁神气？"有的说："比谁更会抬头挺胸。"有的说："比谁表情威风。"有的说："比谁肌肉更大！"老师："每个人对于'神气'的定义不一样，怎么比才公平？"有孩子提出："我们自己做一个最神气的样子，大家投票！"

有孩子说："那要有人做裁判的！"老师问："裁判需要哪些条件？""裁判要对每个人都公平。"于是，"裁判"在大家的投票选举中产生了。

2. 分析反思

中、大班的幼儿，有了明确的性别意识，"孙悟空是男的，说什么美不美的"。他们还有强烈的公平意识，提出要裁判，会运用投票方式保证公平。他们会发现问题、主动提出问题，并尝试协商、讨论去解决问题。

在宽松安全的氛围中，幼儿敢于并乐于表达自己的意见、与同伴互动讨论。

3. 支持推进

平行对话，拓宽思维。教师要支持、鼓励幼儿个性化的创意表达，通过参与讨论，启发幼儿思考，拓展幼儿表演思路。

音乐串联，形成"剧场意识"。幼儿的讨论和表演片段非常精彩，可以有意识地引导幼儿把这些片段连起来，形成一种"剧场意识"。表演初期，用不同风格的音乐作为线索来串联整个表演是较为有效的方法。比如在"猴王争霸"中，不同的比试项目可使用不同的音乐，幼儿跟随音乐放松地进行表演。

情节三：《三打白骨精》新编

1. 观察记录

老师："猴王选出来了，故事要怎样才能更好玩？"有孩子说："还要有妖怪，故事才好玩。"老师追问："你们印象最深的妖怪是哪个？"孩子说："白骨精！别的妖怪孙悟空一下子就能打跑。这个白骨精实在是太厉害了！孙悟空怎么也打不死她。而且唐僧以为她是好人，还冤枉了孙悟空，把孙悟空赶走了！"老师问："你们眼里的白骨精是什么样的？""很凶狠！""很狡猾！""主要是眼神，要凶一点！"有个女孩站起来说："白骨精身边应该有两个小妖怪，我看到电视里就是这样演的。"另一个孩子接着说："对，大王身边都要有小妖怪的。"（图 13 - 9）

老师："那白骨精出场一定很威风。"孩子们开始在室内找表演服和丝巾装扮自己，一个女孩子一边扭动身体一边说："我是白骨精，我要吃唐僧肉！"老师从网上找了一段音乐，孩子们开始分组表演白骨精出场的样子。（图 13 - 10）

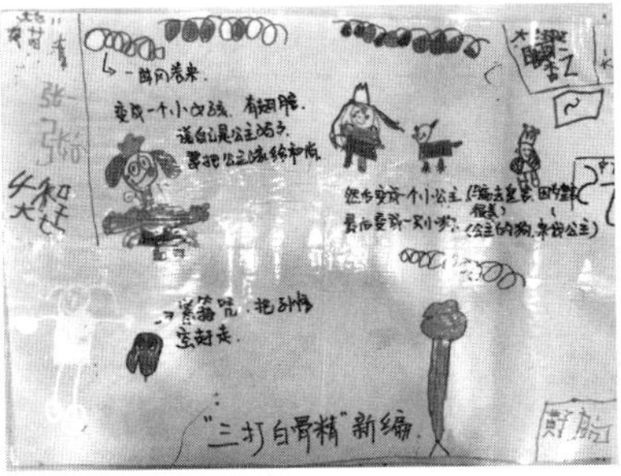

图 13 - 9 "三打白骨精"新编剧情

图 13 - 10 白骨精亮相动作设计

2. 分析反思

幼儿能够清晰表达白骨精的特点并大胆设计出场动作与简单台词，体现了幼儿在戏舞台活动中的主动性和创造性。

教师询问幼儿印象最深刻的妖怪，是为了更好地激发幼儿的表演兴趣。在戏舞台活动中，教师对于"台词创编"的要求始终放得较低，更愿意鼓励幼儿大胆进行肢体动作表现与创编。初期的表演,基本都以“群体式表演”为主。每个角色的特点(外形、动作、说话的语气等)都是要通过进一步讨论才能明晰的。“群体式表演”,是给幼儿学习同伴的机会。幼儿的个体能力有高有低,“群体式表演”能够让每个幼儿都放松身心,体验到表演的趣味。

3. 支持推进

边演边编,记录分享。以白骨精“三变”为线索,幼儿边演边想,创编简单的剧情和台词,教师以录像形式现场记录,鼓励幼儿及时将自己的创意画下来,给予幼儿肯定的同时,也有助于幼儿梳理自己的表演思路,使得整个表演内容不断丰富完善。

四、活动延伸

继续鼓励幼儿拓展表演角色和内容。如后期幼儿提出想演“大战黄袍怪”和“蝎子精”的故事,可以引导幼儿继续讨论并尝试演一演、编一编、画一画。(图 13-11,图 13-12)

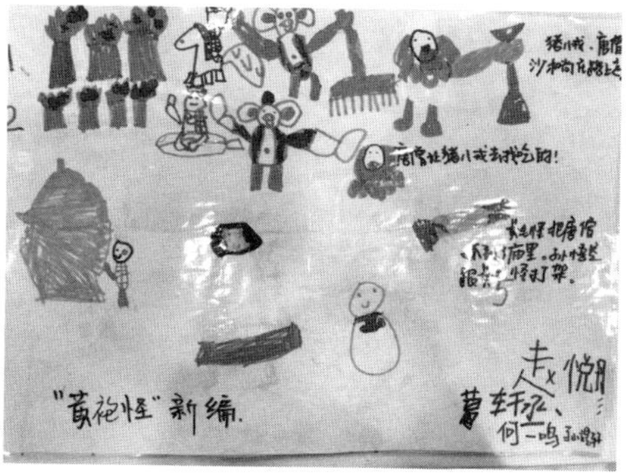

图 13-11 “黄袍怪”新编剧情

图 13-12 “蝎子精”新编剧情

(案例提供:李征)

案例二 森林里来了“光头强”(中、大班混龄)

一、活动由来

午餐后,小朋友各自拿出玩具和图书,或自己玩耍、看书,或与同伴分享、交换。这时,小杜的一把“猎枪”吸引了大家的注意,一按开关,猎枪便会发出

“光头强,嘟嘟嘟嘟”的声音。孩子们争相要借这把“猎枪”玩,他们告诉我:“光头强很坏的。”“光头强砍树!破坏森林!”“我们要保护森林,保护树木!”于是,一场关于“森林”“砍树”的讨论开始了……

二、活动准备

1. 环境准备

(1) 区域空间:留白的墙面空间和充足的表演空间。

(2) 材料工具。

各种千奇百怪的树的图片;各种小鸟的图片(不同造型、不同动态);伐木工的图片;不同风格的音乐(惊险的、欢快的、风雨雷电的音效等);各种纸张,剪刀,双面胶等。

2. 经验准备

(1) 幼儿能力经验:有爱护动物、爱护森林的意识和相关常识。

(2) 家园协同经验:家园共同收集各种关于树木、小鸟的图书、图片以及适宜表演的音乐。

三、活动过程

根据戏舞台“角色先行”的策略,应该从“光头强”这一角色切入进行师幼共建,但是此次活动刚开始便遇到了一大难题:没有孩子喜欢并愿意扮演光头强。是继续推进,还是放弃?如果尝试推进,又如何推进呢?

情节一:森林里的树木

1. 观察记录

老师:“你们都不喜欢演光头强。那你们喜欢什么呢?”孩子们说:“我不喜欢这个讨人厌的光头强。我喜欢大森林里都是树,都是小鸟在唱歌。”“大森林是小鸟的家,光头强把树木砍光了,小鸟就没有家了!”老师追问:“你们见到的树都是什么样子的?”有的孩子说:“有的树很高很高。”也有的说:“也有一些不怎么高,我们小区里的树就不怎么高。”还有孩子说:“有的树是三角形的。”“我还见过五彩的树,在《小马宝莉》的动画片里。”这时有一个女孩说:“我听到故事里说,一棵树要长大,需要很久很久的时间。可是光头强一砍,这些树就没有了生命。”一个男孩说:“我要做一棵大大的树,怎么砍都不会倒下!”

老师:“那我们就用身体来表演一棵树吧,像她说的,从一棵很小的树苗,慢慢长成一棵大树。”老师找了一首轻柔圆舞曲音乐,孩子们用肢体动作模拟小树苗逐渐长成大树的过程(图 13-13,图 13-14)。这时候有孩子说:“时光可以倒流！我看的故事书上就是这样说的！"老师及时鼓励和肯定幼儿的想法："那我们就试试表演时光倒流。一棵棵大树，要随着这段音乐，慢慢地、慢慢地缩回一棵棵小树苗。"老师播放圆舞曲音乐，孩子们模拟"大树——树苗"的反成长过程。

图 13-13　形态各异的树

图 13-14　小树逐渐变大树

图 13-15　高高的树和矮矮的树

图 13-16　两人或多人合作表演一棵树

2. 分析反思

"光头强"的"角色先行"策略遭遇失败，是因为幼儿有强烈的情感倾向：热爱大自然，讨厌破坏者。当谈论到大树的话题时，幼儿表现出了丰富的生活经验。在大树的"成长"与"反成长"过程里，幼儿充分展示了肢体控制的能力与创意。

通过师幼对话，挖掘幼儿喜欢的表演元素。"大树"看似是孩子们生活中常见的植物，却因为教师及时捕捉到幼儿提出的"大树长大需要很久时间""时光倒流"等想法而变得更加有趣。圆舞曲节奏舒缓，便于幼儿充分舒展肢体，进行创意表征。在这个过程里，幼儿的肢体控制能力(渐渐变大、变小以及随时定格)获得提升。(图 13-15)

3. 支持推进

利用图片丰富经验，鼓励组合造型。教师收集并播放千奇百怪的树的照片，鼓励幼儿用肢体表现树的形态，可以尝试单人造型、双人及多人组合造型(图 13-16)。通过丰富的图片，拓展幼儿的表演思路。

情节二:森林里的小鸟

1. 观察记录

有孩子提出:“大家全都是树,没意思。森林里应该有各种各样的小动物。”老师及时肯定:“有道理! 你们一人想一个动物,用自己的动作表现出来,看谁演得最像,能让大家一眼就可以看出来。”有的孩子手握成爪状发出“嗷”的叫声,有的孩子把手放在耳朵边一蹦一跳做小兔子状,有的孩子挥动双手做小鸟飞翔状,说:“我是一只小鸟,快看我! 大树和小鸟才是最好的朋友。”也许是受到他的启发,好多孩子开始学小鸟飞来飞去,一个女孩子边做飞的动作边说:“大树是我的家,光头强别想来!”老师发现好多孩子模仿小鸟,但是肢体表现雷同较多。老师:“我们一起来看一些小鸟的照片和视频,说说你们看见了什么。”师幼共同寻找、欣赏小鸟的照片和视频,孩子们说:“有的小鸟是合上翅膀的。”“有的小鸟低头在喝水。”“有的小鸟结伴在戏耍。”老师:“我们再来试试表演小鸟。想想小鸟在干什么? 也可以试试两个人、三个人合作表演。”老师播放儿童歌曲《小鸟》,孩子们再次用肢体表现小鸟时,就更加丰富有趣了。(图 13 - 17,图 13 - 18,图 13 - 19,图 13 - 20)

图 13 - 17　喝水的小鸟和低头休息的小鸟

图 13 - 18　三人合作扮演的小鸟

图 13 - 19　三人扮演的小鸟低头喝水

图 13 - 20　两人扮演的小鸟,一个头一个尾

2. 分析反思

有了扮演“大树”的相关经验，幼儿这次群体式扮演“小鸟”就显得更加游刃有余。表演的重点还是在于肢体的创意表现上，从单人到双人甚至多人合作表征。幼儿表现出了较强的模仿、创作能力，在戏舞台活动中他们既能相互配合，也能独立表现。

照片与视频及时丰富了幼儿关于小鸟的相关经验，拓展了幼儿的表演思路。儿歌《小鸟》贴合表演主题，曲风轻松欢快，更是助推了幼儿的创意。此外，教师创造条件，有效促进了幼儿之间的协作。

3. 支持推进

“大树”与“小鸟”，互动出“新剧情”。有幼儿提出“大树和小鸟是最好的朋友”“大树是小鸟的家”，教师及时肯定并鼓励幼儿分组表演大树和小鸟，并用肢体、表情进行互动。幼儿还衍生出了“暴风雨来了，大树给小鸟遮挡风雨”等想法，教师顺势搜索了暴风雨的音效，幼儿用肢体表现在暴风雨中大树是如何保护小鸟的，使整个活动更加丰富有趣了。

情节三：森林里来了光头强

1. 观察记录

当孩子们依旧沉浸在“大树保护小鸟”的情节中时，一个男孩说：“大树会保护小鸟，如果光头强把大树砍光，小鸟遇到暴风雨会吓死的。”一个女孩说：“小鸟可以啄光头强的脑袋，让他不能砍树！”这时不同意见出现了：“光头强有枪，会把小鸟打死的！”“小鸟打不过光头强。”“来一个大暴雨！把光头强冲走！来一个闪电，把光头强电死！”老师介入：“你很激动，想要保护大树。”孩子说：“大树没有了，小鸟就没有家了！”“我太讨厌光头强了！”“我也不喜欢光头强！”

老师：“可是我们要表演这个故事，少了光头强好像就不太好玩了。”孩子们纷纷表示：“我不想演光头强！”老师：“你们都不愿意，那就只能我来了。”孩子们哈哈大笑。一个男孩说：“你要拿把斧子，有斧子才能砍树！”另一个男孩说：“光头强是坐在伐木车里的，他直接控制伐木车去砍树。”

2. 分析反思

幼儿都不喜欢光头强，光头强这个反面角色无人饰演，教师以“光头强”角色身份介入表演，这时幼儿强烈的抵触情绪得以舒缓，还有幼儿主动帮“光头强”出谋划策，拿斧子还是开伐木车。幼儿自己不愿意饰演光头强，却喜欢老师入戏扮演“光头强”。

一个故事里，反面角色也是必不可少的。有时候反面角色的出现，是推进戏剧冲突架构的关键。教师既能尊重幼儿意愿和情感需求，又能够有效推进戏舞台活动的开展,充分发挥了支持者、合作者的作用。

3. 支持推进

音乐串联,形成“剧场意识”。鼓励幼儿分角色进行表演,通过不同风格的音乐,将幼儿创编的故事片段串联起来:大树——小鸟——光头强(惊险紧张的音乐)——砍树——大树倒下(悲伤的音乐响起)——小鸟伤心哭泣。(图 13-21,图 13-22)

图 13-21 大树一个个倒下

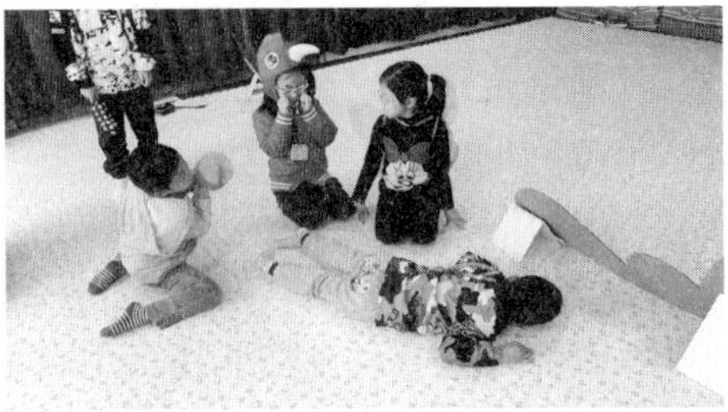

图 13-22 小鸟伤心哭泣

四、活动延伸

关于“光头强”的结局

“大家好像都不喜欢光头强。”“因为他太坏了!”老师介入:“可是每个人都会做错事情的。做错事情就要被闪电电死吗?这个结局是不是有点太吓人了?”有孩子说:“应该给他一个改正错误的机会!”又有孩子说:“万一给他机会还不改呢?”“他不改正,怎么办?”有孩子提出:“可以让他去种树!他砍了多少棵树,让他全部补种回来才可以!”老师:“你的意思是,他做的坏事,要让他自己去弥补。”孩子说:“还要有人盯着他,不盯着他的话,肯定会逃走的。”“那谁才能盯住光头强呢?”“森林仙女。如果他不去,森林仙女就会处罚他!”(图 13-23,图 13-24)

图 13-23 小鸟又重新在树林中穿梭

图 13-24 森林仙女应运而生

经过大家的讨论，本来要被雷电电死的光头强，获得了改过自新的机会，用种树来弥补自己的过错。

很显然幼儿对光头强砍树有着强烈的情绪，说要“打雷电死他”，教师应该在充分认同幼儿情绪的基础之上，做出正向引导，如本案例中那样，虽然戏舞台鼓励创意，支持个性表达，但是也必须坚持用正确的价值观去引导幼儿。

（案例提供：李征）

案例三　小猪的快乐一天（中、大班混龄）

一、活动由来

《我的幸运一天》是孩子们耳熟能详的绘本故事。绘本中故事角色表情生动、动作夸张、故事诙谐有趣，讲述了一个关于幽默与贪婪、智慧与勇气的故事。该绘本更是一个情节跌宕起伏、矛盾冲突明显的戏剧作品。本次表演的主题就是来源于这个经典有趣的绘本故事。

二、活动准备

1. 环境准备

（1）区域空间。

留白的墙面和充足的表演空间。

（2）材料工具。

收集关于小猪和狐狸的图书，如《三只小猪》《狐狐》《小猪变形计》；绘本《我的幸运一天》，数量 5 本左右；不同风格的音乐，《饼干歌》《嘻唰唰》《可爱颂》《特雷巴克舞曲》等；猪八戒说话的录音片段；各种纸张，画笔，剪刀，双面胶等。

2. 经验准备

（1）幼儿能力经验。

幼儿看过、听过《我的幸运一天》。

（2）家园协同经验。

家园共同收集各种关于小猪和狐狸的图书。

三、活动过程

经典的绘本故事是幼儿戏剧表演的来源之一。类似于《我的幸运一天》这样幼儿喜欢的、富有戏剧性的绘本，以何种形式运用于戏舞台才能最大限度地激发幼儿的表演兴趣和创意呢？

情节一：小猪与狐狸

1. 观察记录

老师："小猪是个什么样的角色？"有的孩子说："小猪很胖。"有的说："走路很慢，因为太胖了走不快。""我小时候看过《三只小猪》的故事，里面有猪老大、猪老二和猪老三。他们都很怕被大灰狼吃掉。""小猪还怕狐狸。"这时候有个孩子学了一声小猪的叫声。老师播放猪八戒说话的录音片段，孩子们说："好搞笑的。""说话慢慢吞吞。""有点夸张的感觉。"老师："我们一起学学猪八戒说话、走路的样子。"播放《猪八戒吃西瓜》的背景音乐，孩子们学着猪八戒慢吞吞地走路，有的还不时地发出猪叫声。

老师："狐狸是个怎样的角色？"孩子们说："很狡猾！""很凶猛！""实在是太笨了！"老师追问："大家都觉得狐狸很坏很狡猾，为什么你觉得他笨呢？"这个孩子答："他本来是要吃小猪的，结果把自己累得晕过去了。"老师出示绘本中狐狸修理指甲的一页，引导幼儿观察他的表情、动作。"他的指甲好长啊！""他是要修一修指甲然后去抓小猪吃。""他的表情太坏了，在动坏脑筋。"老师："如果你是狐狸，你一边磨着指甲，一边在想什么呢？"有的孩子一边做磨指甲动作一边尖着嗓子说："我要吃那只肥嫩嫩的小猪！""他在想，把指甲剪好了就能吃小猪了，小猪就再也跑不掉了！"

2. 分析反思

狐狸和小猪，幼儿对这两个角色有丰富的认知经验，能用不同的语调、表情、动作进行表征。如尖着嗓子学狐狸说话、粗着嗓子学小猪叫、学小猪慢吞吞走路等。

集体扮演一个角色，既满足了所有幼儿的参与愿望，又减缓了幼儿在集体面前表演的紧张感，还能够促进幼儿之间的互助学习。通过"轮廓图"策略，幼儿对这两个角色有了更深入的理解和感受，为之后的创意表演做了充分的铺垫。

3. 支持推进

观察、捕捉，推进冲突架构。持续观察、捕捉幼儿的兴趣与创意，通过启发幼儿思考、想象"狐狸和小猪相遇时会发生什么好玩的故事？"推进戏舞台冲突架构。

情节二：小猪的快乐一天

1. 观察记录

老师通过提问启发幼儿想象："狐狸和小猪相遇时会发生什么好玩的故事？""他要给小猪洗澡，就要捡树枝、生火、打水。""然后呢，又要把小猪喂胖点，就要摘西红柿、做意大利面和小饼干。”“还要给小猪按摩，因为要让小猪变成最柔软的猪。他忙了整整一天，最后他就晕过去了。”

老师：“我们一起来挑选适合表演的音乐吧。哪一段用来表演洗澡？哪一段适合用来做好吃的？哪一段适合用来表演按摩?”孩子们说：“大家举手投票!”“这个《嘻唰唰》太好听了，我听了想跳着洗澡。”“狐狸做午餐的时候，用《饼干歌》，因为狐狸做的午餐里也有饼干。”“按摩要用温柔一点的音乐，因为按摩是很舒服的事情。”经过投票，最后孩子们选择用《嘻唰唰》来表演洗澡，用《特雷巴克舞曲》来表演按摩，用宝宝巴士的《饼干歌》来表演狐狸为小猪做美味午餐的片段。

老师：“那我们一起来洗澡、按摩、做午餐吧!”幼儿跟着音乐，用肢体动作分段表现“洗澡”“做美食”“按摩”。有一个男孩子从教室角落里拿了一个纸箱，说：“这个用来做澡盆刚刚好!”按摩组里有个女“狐狸”一边按摩一边说：“让我先给你按摩腿，再按摩腰和肩膀，保证你的猪肉变得又软又嫩。”(图 13－25，图 13－26)

图 13－25　找个纸箱当澡盆

图 13－26　狐狸给小猪全身按摩

2. 分析反思

该绘本是近期的热门图书，幼儿非常熟悉且喜欢故事内容，因此在表演过程中幼儿受绘本既定内容影响明显。在进行肢体表现时，幼儿迸发出意想不到的创意火花：创造性地运用替代材料进行表演——纸箱变澡盆、手摇铃变成按摩器等，还能娴熟自如地运用肢体跟随音乐节奏创意表现。

教师没有一味要求幼儿“改编”和“创新剧本”，体现了对幼儿的兴趣及已有经验的尊重。在尊重、宽松、自主的氛围中，幼儿更容易产生创造性的想法与行为。

3. 支持推进

鼓励支持，捕捉兴趣。继续鼓励幼儿创造性地运用各种道具及自己的肢体表达，继续观察、捕捉幼儿最喜欢和最感兴趣的部分，尝试师幼共建戏舞台。

情节三:美味的午餐

1. 观察记录

活动进行中,有孩子提出:“我需要一点面粉做道具。”老师:“为什么需要面粉?”幼儿答:“要用面粉还有烤箱才能做出饼干,我妈妈在家就是这样做的。”老师问:“面粉怎么变饼干的?”他说:“本来面粉是软软的,烤一烤就会变得硬一点。”马上有孩子兴奋地说:“我吃过爱心形状的饼干!”“我吃过圆圆的巧克力饼干!”“我吃过三角形的饼干!”边说边用两只手搭起一个三角形。老师:“原来饼干也有那么多不同的形状。我们还可以像他一样把自己的身体变成一个小饼干。”孩子们开始用动作比画成爱心形状、圆形、方形饼干。(图 13-27,图 13-28,图 13-29,图 13-30)

有了表演“小饼干”的经验,孩子们谈论到“番茄和意大利面”时,更加放松了。“番茄和意大利面要搅一搅才好吃。”“怎么表现搅一搅?”“就是我们两个抱在一起。”“番茄是圆的,意大利面是长长的。”“意大利面组”里有的孩子先把身体挺得直直的,然后跟随音乐,浑身舞动,模拟意大利面在水里煮时的动态,然后又和“番茄组”的小朋友在一起,商量着:“我们要一起滚动,我们是在一起的,是同一个菜。”没想到,“美味的午餐”成了孩子们最喜欢、最投入、玩得最兴奋的表演片段。

图 13-27 面粉逐渐膨胀变大了

图 13-28 爱心形状的小饼干

图 13-29 两人合作表现的圆饼干

图 13-30 两人合作表现的三角形饼干

2. 分析反思

幼儿的肢体创意表征，已经从人物、动物，延展到了食物，比如故事里的“小饼干”“番茄”和“意大利面”。这为我们的戏舞台表演又拓展出新的思路。

在这个过程中，不同风格的音乐，成为最佳的“串联媒介”，幼儿在音乐的烘托下，放松、自如地用肢体和天马行空的想象力进行创编，这无疑是贴近幼儿的发展水平和发展需要的。

3. 支持推进

鼓励合作，表现过程。如“小饼干”，可以从“面粉”开始变化，跟随音乐，逐渐膨胀变大。只要幼儿愿意，通过单独的肢体表演，或两两合作甚至群体合作都可以进行表现。

四、活动延伸

鼓励幼儿将自己的创编内容通过绘画等形式及时记录下来，形成我们的创意剧本，尝试自己制作表演道具而后将各个创意片段串联表演，可以借助幼儿园多功能厅等有正式舞台、灯光、音效的综合体验场所，给幼儿震撼的“剧场感”。(图 13－31，图 13－32)

图 13－31　“剧场体验”之狐狸按摩

图 13－32　“剧场体验”之饼干舞

(案例提供：李征)

案例四　“雪孩子”和“火苗舞”(中、大班混龄)

一、活动由来

“冬爷爷到了”主题活动正在进行中。一日餐后，老师和孩子们观看了经典动画片《雪孩子》。看到故事结局时,好几个孩子红了眼眶。“雪孩子真好,我们不想他被融化。”“老师,雪孩子最后是不是又回来了?他没有死对不对?”……好的动画作品,能引起孩子强烈的情感共鸣,也能够成为我们戏舞台的素材。

二、活动准备

1. 环境准备

(1) 区域空间。

留白的墙面和充足的表演空间。

(2) 材料工具。

绘本版《雪孩子》,放于图书角(收集多本有一定难度,老师可以自制一本大一点的,方便孩子随时翻阅);根据故事情节,准备不同风格的音乐(如《雪孩子》本身的主题音乐、惊险刺激的音乐、欢快的音乐、舒缓感动的音乐等);各种纸类,纸箱,剪刀,胶带,各种绳子,绘画笔等;各色表演服装,便于幼儿根据角色需要进行装扮。

2. 经验准备

(1) 幼儿能力经验。

欣赏过动画片《雪孩子》。

(2) 家园协同经验。

家园共同收集图画书版《雪孩子》以及与雪有关的绘本故事。

三、活动过程

戏剧表演的素材来源广泛,可以是孩子们感兴趣的话题(如“海盗”),可以是经典的绘本(如《我的幸运一天》),可以是文学名著(如《西游记》),也可以是孩子们喜欢的动画片(如《雪孩子》)等。在师幼共建戏舞台的过程中,幼儿对动画的理解、表达、再创作,显然是具有幼儿独特视角的。

情节一:谁是雪孩子

1. 观察记录

老师:“雪孩子是个什么样的角色?”孩子们说:“他太善良了。”“他是小兔最好的朋友,最后都变成水了。”“太感动了。”“下雪的时候可以再做一个一样的雪孩子吗?”“小兔子一定很想他的。”

老师:“小兔子是个什么样的角色呢?”孩子们说:“小兔很可爱。”“小兔很粗心。”老师追问:“为什么说他粗心?”“他在房子里生火,自己还睡着了。太危险了!雪孩子为了救他,都融化了!”

这时候一个女孩子说:“我最喜欢雪孩子和小兔子玩游戏那一段,他们滑冰时很快乐,滑来滑去。我也滑过冰。”另一个孩子似受到启发说:“我喜欢打雪仗那里。我也打过雪仗,先要挖一点雪,放在手里,然后对着别人扔过去。”“我最喜欢堆雪人的游戏!”老师:“我发现大家都很喜欢玩雪、玩冰的游戏。”“老师,雪可好玩了!”老师:“那我们一会就跟着音乐来玩冰和打雪仗吧!”表演过程中,有一个孩子说:“我想表演的是雪人融化的地方,我感动得都快哭出来了。”老师追问:“你觉得小兔子看到雪人融化了,他是什么感受?”幼儿答:“肯定伤心死了。他的朋友为了救他冲到火里,才会融化的!”“你们看到过雪融化吗?”孩子说:“雪融化就会变成水。”老师:“如果你是雪孩子,一点点融化成水,你们会如何表现呢?”一个孩子迅速躺倒到地上。旁边的孩子说:“是一点点融化的,没那么快!”(图 13 - 33,图 13 - 34)

图 13 - 33　无实物表演堆雪人

图 13 - 34　左二躲猫猫,中间滑冰,右一扔雪球

2. 分析反思

对于“雪孩子”这个角色，幼儿只能朦胧地感受到他是“雪做出来的”“善良的”，角色形象并不是特别鲜明（如外形特点、性格脾气、行为特点等），采用“轮廓图”策略让幼儿尝试表征存在一定困难。幼儿对雪孩子的认知，是建立于动画片的故事情境之上的，因此，幼儿对一些故事片段印象特别深刻，如“玩雪”“玩冰”等，这些都与幼儿的生活经验相贴近。幼儿能跟随活泼欢快的音乐，分组尝试模拟滑冰以及打雪仗的过程。打雪仗有挖雪——搓一搓——扔出去以及躲避雪球等动作设计；幼儿会按堆身体——堆头——安装四肢、眼睛和鼻子的顺序来堆雪人。

教师在采用“角色先行”策略的过程中，结合幼儿最感兴趣的动画片片段与幼儿再讨论、再创作，创作过程又紧密联系幼儿已有的生活经验，尝试探索出不同的戏舞台师幼共建策略。

3. 支持推进

低结构材料支持想象，鼓励合作表演。堆雪人、打雪仗等游戏，幼儿应该是有相关生活经验的，但是凭空用肢体动作表现，对于一些表演经验不多的幼儿来说，还是有些难度，所以可以使用一些替代物（如报纸球、圆形纸盒等）来进行替代表演。在表演过程中，要逐渐有意识地提高幼儿对自己身体的控制能力，如尝试表现“逐渐地”融化而不是“一下子”融成水。还有的幼儿结伴用肢体动作表演滑冰、手拉手跳舞、躲猫猫等，教师应及时给予鼓励，引导幼儿有更多合作表演的行为产生。

情节二：火苗舞与雪花舞

1. 观察记录

有孩子说：“着火是很吓人的，会有很多很多火往外喷！”老师：“这个说得挺形象的，很多火往外喷。怎么用身体动作表现出火苗往外喷的样子？”一个孩子双手向外，嘴巴里还说着“呼！呼！”一个孩子直接站起来，大幅度挥动双手，说着：“火烧起来是很多很大的！”这时有一个孩子提出：“老师，我要拿一个红丝巾来演火！”旁边的孩子说：“你这样像跳舞了！”老师：“小火苗变成大火苗，蹿到东蹿到西，确实有点像跳舞！”有孩子蹲下去，用手做火苗越变越大的动作，身体上下窜动，嘴里说着：“就像我这样。”于是，师幼共同选择紧张刺激的背景音乐让孩子们尽情用动作表现火苗。老师：“小火苗是怎样越烧越大的呢？”孩子们分别用身体动作表现小火苗从小到大的过程。

老师：“你们的表演真有意思。我们用身体可以表演很多东西，连火苗都能用我们的身体动作表现出来。”有孩子说：“那这个故事一开始的时候是在下雪呀。我还会跳‘雪花舞’呢！”教师：“雪花舞，火苗舞，太有意思了。我们一起找个好听的音乐来跳雪花舞吧！”孩子们表演小雪花到处飞舞的样子。老师鼓励孩子思考：“当下大雪或小雪的时候，雪花飞舞的速度一样吗？”（图 13－35，图 13－36）

图 13－35　火苗之舞

图 13－36　雪花之舞

2. 分析反思

“火苗舞”和“雪花舞”是幼儿创造性思维的体现，他们主动提出用红丝巾和肢体动作相结合来表现“火苗”，并且迁移到“雪花”表演中，说明幼儿已经有了一定的戏舞台表演经验。

前期幼儿已经尝试过用肢体动作表现人物、动物、植物甚至是食物从生到熟的过程。丰富的戏舞台经验，为幼儿此次表演做了充分铺垫。此外，教师及时肯定鼓励，并通过提问、参与讨论等形式，推动幼儿思考，拓展了幼儿的表演思路。

3. 支持推进

及时小结，鼓励合作。在讨论过程中，教师及时小结，提升幼儿相关经验：“火和雪本来是故事发生时的一个场景，现在我们用自己的身体表演出来了。原来故事发生的天气、地点这些，有时候是可以通过小演员的身体表演出来的！”适度小结、提升，帮助幼儿有效梳理和拓展了表演思路。此外，可启发幼儿思考：如何从一个个独立的火苗连成一片巨大的火海？鼓励幼儿与同伴合作表演，尝试将前后创作的片段连起来演一演。

情节三：太阳出来了

1. 观察记录

老师：“我们要不要试试把之前所有片段连起来表演？”孩子们说：“不行，还不够，还不能连起来表演。”“哪里还不完整？”“在火苗出来之前，小兔子要生生火、烤烤火,然后他一不小心睡着了。""大火跳舞的时候,还要灭火。""后来太阳出来了,雪孩子其实没有死,他是变成了水蒸气然后飘走了。"老师:"还有那么多地方要设计,那我们赶紧分组来表演吧!"孩子:"我们要不一样的音乐,这样才能表演。"老师:"你们需要什么样的音乐?"一个女孩说:"雪娃娃变成水蒸气的时候,要一个听了觉得很悲伤的音乐。"还有孩子说:"小兔子睡觉的时候,弄个摇篮曲吧!"(图 13－37,图 13－38)

图 13－37　小兔子烤火后睡着了

图 13－38　雪孩子逐渐融化了

2. 分析反思

幼儿已经表现出了较强的发现问题能力和表演能力:幼儿能发现表演中不完善的部分,根据情节准确表达出需要的音乐种类,喜欢并愿意投入剧情,尝试大胆创编新剧情。他们已经了解音乐在戏舞台中的重要作用,乐于用肢体和语言表达自己的想法与创意。

在前几次的戏舞台表演活动中，幼儿积累了丰富的表演经验和同伴合作协商经验，很明显看到幼儿经验的逐步提升。教师始终扮演倾听者、对话者、共赏者的角色，有效推进了戏舞台活动的开展。

3. 支持推进

鼓励想象，尝试续编。鼓励幼儿继续大胆想象并创编“雪孩子去哪了”的后续故事，期待幼儿有更多的想法与创意。

四、活动延伸

续编“雪孩子去哪了”，鼓励幼儿画一画、说一说、演一演。

（案例提供：李征）

案例五　海盗历险记（中、大班混龄）

一、活动由来

说起刚刚过去的“快乐暑假”，很多孩子兴致勃勃地分享了去海边旅行的经历。“大海里还有些什么呢？”“美人鱼！”“大海龟！”“鲨鱼！”……这时候，一个激动的声音响起：“还有海盗！我看的美人鱼的故事里就有海盗！”一下子，孩子们讨论开了：“海盗是很凶的！”“海盗身上都有骷髅！”“海盗是要去找宝藏！”……充满神秘色彩和冒险精神的“海盗”形象一下子吸引了孩子们的注意力。

二、活动准备

1. 环境准备

（1）区域空间。

留白的墙面和充足的表演空间。（图 13－39）

（2）材料工具。

师幼共同收集关于海盗的绘本；人体彩绘笔，便于幼儿根据需要彩绘妆容；各种纸类，纸箱，剪刀，胶带，各种绳子，绘画笔等；各色表演服装，便于幼儿根据角色需要进行装扮。

2. 经验准备

（1）幼儿能力经验。

幼儿听过或者看过海盗的相关故事。

(2) 家园协同经验。

家园共同收集各种关于海盗的视频、图书。(图 13 - 40)

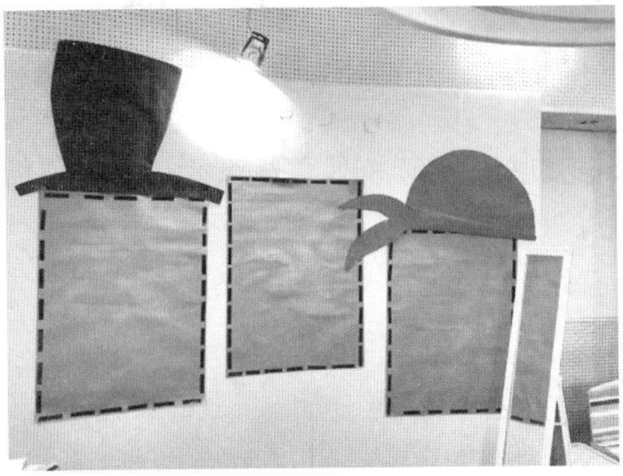

图 13 - 39　留白的墙面

图 13 - 40　家园共同收集的海盗主题图书

三、活动过程

戏剧创作的来源有的是幼儿自己发现的,有的需要教师与幼儿通过探讨进一步明确。案例中,由“暑假”无意引发了“海盗”话题,教师敏感地捕捉到了孩子们的兴趣点,通过有效策略层层推进,生成了此次戏舞台活动。

情节一:勇猛的海盗船长

1. 观察记录

老师:“孩子们,你们眼里的海盗是什么样的?”孩子:“海盗很凶,包一个头巾,头巾上会有一个骷髅。”“手里可能会拿着一把长刀!”“他们戴着眼罩的。”“眼罩只有一个眼睛有。”“是黑色的独眼眼罩。”这时有孩子提出:“海盗是很凶的,平时喜欢打架和抢劫。”说着站起来挥舞着手,嘴巴里发出“嘿嘿哈”的声音。老师:“看来海盗要足够勇猛,表演打斗的时候,动作要帅要酷,可是不可以真的打到别人的身体。”孩子开始设计威武的打斗动作,老师播放了电影《加勒比海盗》的主题曲。(图 13 - 41,图 13 - 42)

有一个孩子说:“海盗在海上,是要找宝藏。”旁边的孩子兴奋地说:“宝藏全都是金币和钻石。”“说不定还有藏宝图。”“最大的宝物其实是阿拉丁神灯。”“应该有一个宝藏超人来守护宝藏的。”……老师:“你心里的宝藏是什么? 试试能用动作做出来吗?”有的孩子双手举过头顶围成闭合状说:“我是一枚金币。”一个孩子一手叉腰一手做壶嘴状说:“我是阿拉丁神灯。”……(图 13 - 43,图 13 - 44)

表演进行中，又有孩子提出新的见解："海盗应该有个望远镜。这样才方便他们侦查。""海盗必须要会开船。""海盗要服从他们的海盗船长，不然会被扔到海里去。""抢到的金银财宝，海盗是要平分的。"老师："原来最厉害的是海盗船长啊。"孩子："我来做海盗船长。"有孩子反对："不行，只有最强壮的才能当！"他立刻站起来，比画了几个大班功夫操的动作。于是其他孩子也开始争相用功夫操来表现"强壮"。这时一个男孩说："海盗关键是要会划船！不会划船的话，遇到敌人就死定了！"另一个孩子说："我会，我划过船。"说着就用手臂做出划桨动作。"会划船有什么用，只会逃跑！真正厉害的海盗，必须会战斗，会打仗！"于是孩子们用肢体设计拿刀剑战斗的动作。

图 13-41　"金币"要把自己画得亮闪闪的

图 13-42　"海盗"在给自己画眼罩和胡子

图 13-43　用肢体动作表现海盗

图 13-44　左一圆圆的"金币"，右一"阿拉丁神灯"

2. 分析反思

关于海盗，幼儿的表达无疑是丰富多元的。"会打斗、会划船，到处找宝藏”的海盗们,状态非常投入和兴奋。当幼儿设计打斗动作时,教师及时提出要求“动作要帅要酷,但是不可以真的打到别人的身体”。于是,幼儿设计的打斗动作明显更有“舞台感”,知道海盗不是徒手作战,而是会使用一定的武器。在手边没有实物道具的前提下,还能尝试用身体动作表现“刀剑战斗”。

对于幼儿来说,“海盗”是活在传说中的人物,因此,图书区的海盗主题图书的投放,对丰富幼儿的相关经验有重要作用。教师倾听、捕捉并及时追问,使“海盗船长”和“宝藏”成为幼儿表演的兴趣热点。各种表演工具的投放如丝巾、披肩、彩绘笔,激发了幼儿的表演兴趣,有效支持了幼儿的表演需要。

3. 支持推进

及时捕捉,促进交流。教师及时将幼儿的表演创意以照片、视频的形式记录下来,方便由个体经验推向全体,促进幼儿之间的相互学习。

尊重差异,等待、支持。有的幼儿一开始会显得非常紧张。在幼儿不愿意参与的情况下,需要耐心等待、观察和给予支持,在适当的时机鼓励幼儿参与,让幼儿充分感受在戏舞台活动中的自由和满足。

情节二:海盗历险记

1. 观察记录

表演进行中,几个孩子这样议论:“如果遇到龙卷风,那就倒霉了,船有可能会翻!”“那怎么办?”“可以游泳逃走!”“也可以找一个救生圈!”“海上可能会有一个大海怪!”“那我们就发射炮弹轰走它!”“还可以拿一些吃的东西,把它引走,然后海盗赶紧趁机逃跑。”有个女孩提出:“海里有小美人鱼的,还有仙女。”老师:“你想在故事里加入这几个角色?”女孩点头:“海怪抓住美人鱼,结果海怪被海盗打跑了,美人鱼就和海盗一起去找宝藏了。”“小仙女可以用魔法帮助海盗找宝藏!”

表演进行中,有孩子在开心建构站搬了不少长条的积木,在百变加工厂找来两个大大的纸箱。老师询问:“搬这些积木和纸箱要做什么?”孩子指着纸箱说:“这个是真假宝藏箱!”一个孩子把一张椅子搬进其中一个纸箱:“这个是一张宝藏椅!只有找到宝藏的人才能坐上去!”另一个孩子找来一条纱巾:“盖好,不然人家一眼就能找到了!”“藏宝藏的山洞门口,应该还有两棵大树。”老师:“你们的故事比书里还精彩,我们来演一演吧。”(图 13-45,图 13-46)

图 13－45　宝藏迷宫和大树

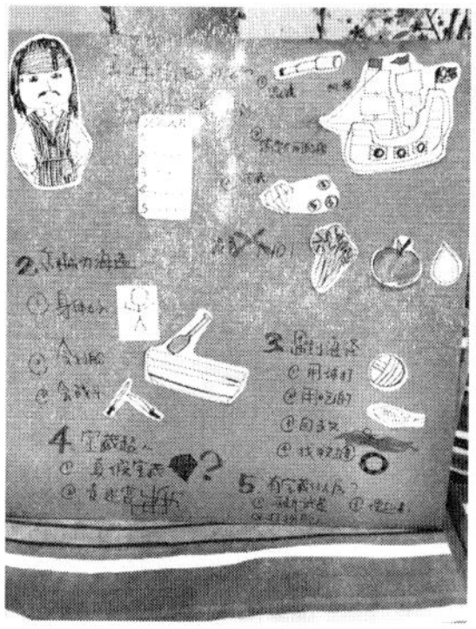

图 13－46　剧情记录

2. 分析反思

在幼儿天马行空的想象中，角色越来越多，剧情越来越复杂。比起创编冗长的台词，幼儿更加喜欢用自己的动作或者声音来表现自己喜欢的角色。他们会自己找道具、找服装、设计动作和简单台词，越来越有“剧场意识”。

在师幼共建戏舞台的过程中，时间与空间都应是相对开放且富有弹性的。只有在相对开放且自由的环境中，幼儿才会自主去开心建构站搬运积木，去百变加工厂找纸箱，才会如此自信独立、勇于践行自己的想法。

3. 支持推进

及时回顾。记录、回顾可以是视频的方式，也可以用幼儿的画笔画出来，即用美术符号表征，辅以教师的文字记录，使幼儿的各种想法得以梳理。

鼓励变化。鼓励幼儿每次在戏舞台表演时去尝试不同的角色，促进角色之间的“流动”，鼓励幼儿在剧情处理上大胆改变，表达出自己独有的见解。

情节三：“海盗历险记”演出

1. 观察记录

在尝试片段串联表演的过程中，有孩子提出：“老师，我们不是有宝藏超人的迷宫吗？每次演到那里就要停下来，还要大家去把迷宫拼起来才能继续往下演。”老师：“那怎么解决呢？”孩子说：“可以提前就把迷宫拼好呀！”（图 13－47）

这时又有孩子说：“我觉得，表演经常会中断。因为有的小朋友老是记不住自己要出去表演了，还要其他人提醒他。”“老师，你要让小朋友自己记住，不要老是忘记表演。”“万一老师也忘了呢?”孩子们思考之后，有人提出：“我们做一个提醒板，把什么时候出场写在上面。”（图 13－48）

老师：“你们的提议都很棒，我们分组行动起来吧。”有孩子说：“我想摆迷宫!”有孩子说：“观众席位置不对，要移后面一点，不然迷宫没地方放了。”

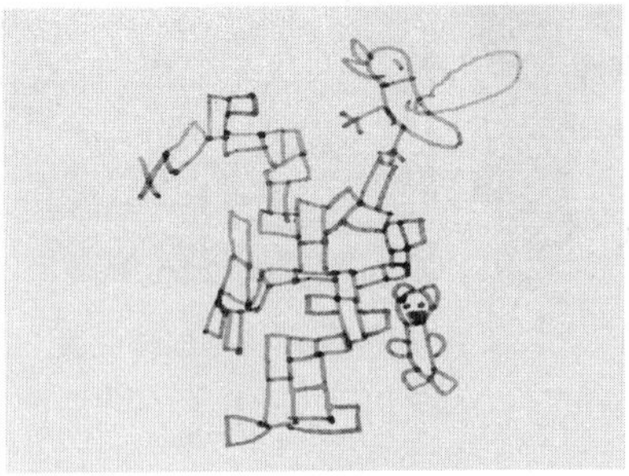

图 13－47　迷宫设计图应运而生

图 13－48　孩子们讨论表演中的问题

2. 分析反思

幼儿已经有了相对丰富的戏舞台活动经验，在此次“海盗”主题活动中，他们对表演提出了更高的要求，如“不能老是中断”“不能屁股对着观众”。这是幼儿表演能力提升的表现，也是幼儿发现问题、解决问题能力提升的体现。

教师鼓励幼儿自己思考如何解决问题，并大胆践行自己的策略，尊重幼儿戏舞台的主人地位。

3. 支持推进

满足需求。充分满足幼儿对于表演形式的高要求，支持幼儿提出的解决问题策略，鼓励幼儿邀请更多的观众，去更大的舞台表演《海盗历险记》。

四、活动延伸

1. 剧场邀请卡设计

想邀请谁来看演出？（可以是老师、家长、朋友，或是其他任何人）（图 13－49）

2. 完整的剧场表演《海盗历险记》（图 13－50）

图 13－49　孩子们设计的邀请卡

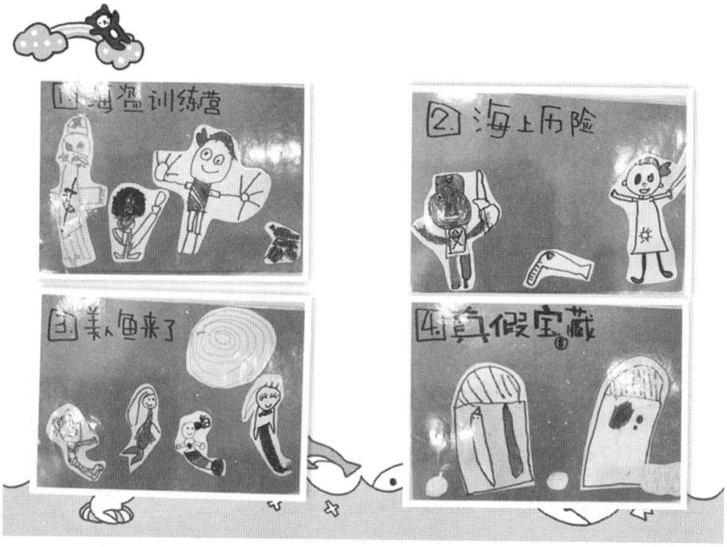

图 13－50　完整剧场四幕设计

（案例提供：李征）

第十四章
奇趣园活动案例

案例一 “分分合合”的磁铁(中、大班混龄)

一、活动由来

孩子们都喜欢玩磁铁，喜欢拿着磁铁到处吸一吸，但是他们在生活中接触磁铁的机会并不多。为此，奇趣发现室中特意开辟了一块“磁力区”，供孩子们自由堆叠不同种类的磁铁和磁力块，自由拿取和磁力相关的操作材料。

二、活动准备

1. 环境准备

(1) 区域空间。

磁力材料按照不同的玩法分类放置在材料柜中，每一份材料可供1—2人操作。另一侧放置低结构材料，如磁力棒、各种不同形状的磁铁材料。(图14－1)

图14－1　磁力材料柜

(2) 材料工具。

不同种类的磁铁：圆形磁铁、矩形磁铁、马蹄形磁铁等；多种类磁力材料：磁力棒、磁力片；辅助材料：垫板、纸质小鱼、指南针、小车等。

2. 经验准备

(1) 幼儿能力经验。

能根据自己的喜好自主选择游戏材料,简单了解一些磁铁材料的基本特性,如能吸住铁。

(2) 家园协同经验。

请家长在家庭中提供磁铁等相关材料,将幼儿对磁铁的探索延伸到家庭中。可以和幼儿一起找一找家庭中磁铁的应用,如磁铁飞镖玩具(钓鱼玩具)、双面擦玻璃器、冰箱门和门上的磁力贴、包上的磁铁扣等。

三、活动过程

虽然我们无法看到或者摸到磁铁的吸引力,但能通过操作感知到磁铁对其他物品产生的影响。本案例由"吸"铁石、会"弹跳"的磁铁、"钓"铁珠三个情境组成,分别阐述了幼儿在操作中自主发现磁铁的"吸铁""同性相斥""磁化"的现象。

情节一:"吸"铁石

1. 观察记录

中班的月月和大班的寒寒选择的操作材料是一筐磁力棒。月月的磁力棒偶然吸附到了自己佩戴的手链上。这一突发事件,引发了两人的争论。

月月:"咦,你看! 它吸到我的手链上了。"(图 14-2)

寒寒用手轻轻地拽了一下磁力棒,确认磁力棒的确和手链上的搭扣牢牢地吸在一起。"其他的也能被吸住吗?"月月拉下磁力棒,依次和手链上所有的珠子试了试,只有搭扣能被吸住。(图 14-3)

寒寒:"我知道,吸铁石可以吸住铁的东西,(手链)只有这里是铁的。我们去找找其他的有铁的东西吧!"两人开始在发现室寻找能被磁力棒吸住的东西。他们每人拿一根磁力棒,找到认为能被吸住的物体,就上前用磁力棒尝试。

他们找到的能被磁力棒吸附的物品有:钥匙扣、空调壁、电脑转换器、墙上的螺丝钉、门锁、万花筒金属边框。不能被磁力棒吸附的有:水龙头、望远镜支架、金属纽扣。他们诧异地问老师:"这些都是铁的,为什么有的物品磁力棒能吸住,有的物品磁力棒吸不住?"

图 14-2　吸在手链上

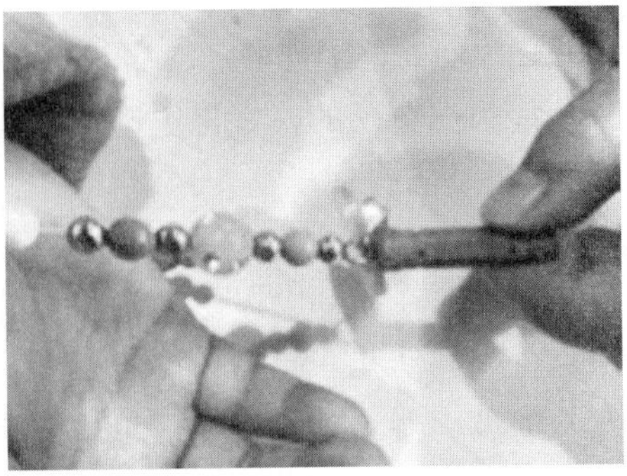

图 14-3　只能吸住搭扣

2. 分析反思

磁铁也叫吸铁石,从字面意思上理解,吸铁石能够吸住铁的东西,月月和寒寒对此深信不疑。本次操作由"磁力棒吸住月月的手链"这一个偶然的事件引发了他们用磁力棒寻找"铁"材料的探索。在寻找"铁"的过程中,幼儿对自己所寻找的物品材料是有预判的,他们直接通过外形和色泽进行判断,迅速找出生活中常见的铁制品。同时他们对"铁"的认识又是泛化的,在他们的认知中,所有的金属都是"铁","铁"就能和磁铁相吸。事实上,能和磁铁相吸的是铁、钴、镍和合金等金属,铜和铝是不能和磁铁产生相吸效应的。

月月和寒寒能够在实际的操作中验证自己的猜测,进行简单的信息收集。他们在发现室内寻找能被磁力棒吸住的物品,区分"铁"制品,收集"是否是铁制品,能否被吸"的信息。通过本次操作,月月和寒寒在合作、交流中对自己"磁铁能吸住铁的东西"的认识产生怀疑,开始反思自己的原有认知,在新的发现中重建经验。

3. 支持推进

教师增加磁力材料,丰富幼儿对磁力现象的感知和体验。如,丰富磁铁种类:提供吸力大小不同的磁铁,帮助幼儿在操作活动中发现不同磁铁吸力的不同;增加辅助材料:丰富磁铁"相吸""相斥""磁化"的相关材料,帮助幼儿进一步感知磁力。

情节二:会"弹跳"的磁铁

1. 观察记录

大班的双胞胎哥俩选取了环形磁铁和磁力小车材料进行操作,他们把环形磁铁逐一从圆柱上套进去。突然,哥哥发现磁铁可以一个一个悬浮在空中:

"咦，快看快看！"弟弟好奇地用手试图压下悬浮的磁铁，可是手一松开，上面的磁铁又弹了回来。

弟弟反复多次尝试后，回到自己的磁力小车的操作中，将原本吸附在一起的一摞磁铁中最上面的一块拿下来，反过来又装入，磁铁也高高悬浮了起来。他把磁铁按下—松开—按下—松开，反复观看磁铁弹起悬浮的现象，喊道："你看，你看，又弹起来啦！"（图 14－4，图 14－5）

哥哥一边进行着自己的弹跳实验，一边说："我的比你的弹得高！"两人各自用圆柱和环形磁铁开始弹跳比赛。

图 14－4　压下

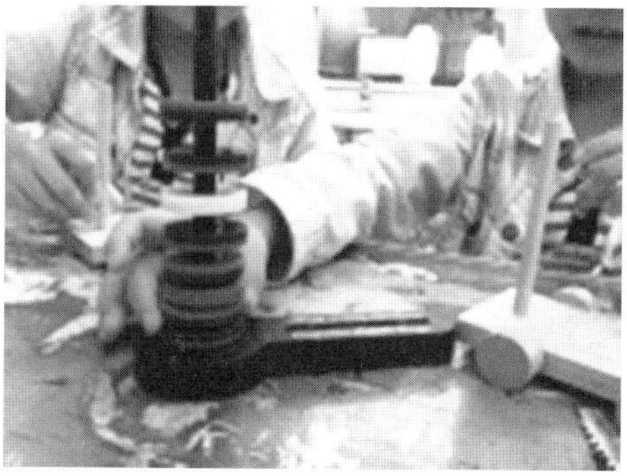

图 14－5　弹起

2. 分析反思

哥哥在操作中偶然发现了以前不曾关注到的现象：磁铁相互之间产生的力量，可以使它们悬浮起来。弟弟试图将磁铁恢复到他们生活中熟悉的吸附在一起的状态，松手后，却发现磁铁仍然变回原先悬浮的状态。他们发现悬浮现象—试图阻止悬浮—找寻悬浮的方法（将磁铁反过来摆放）—运用悬浮现象进行弹跳比赛，探索层层深入。

教师能充分尊重幼儿，给他们创设宽松的氛围，鼓励他们进行自主探索，而不是按照既定的图示步骤进行活动。正是在这样的氛围中，幼儿才有机会在一次又一次和材料的互动中自由地表达，充分感受"同性相斥"的奇妙，创造性地进行游戏。

3. 支持推进

教师可以结合幼儿游戏情况，增加辅助材料，支持幼儿的探索活动。可以添置测量参照物，提供记录表，记录磁铁"跳"得最高的方法和高度等，帮助幼儿推进活动，以便得到更多的体验和发现。

情节三："钓"铁珠

1. 观察记录

大班的森森用磁力棒制作了一个"竹筏"，当竹筏完工后，他的箩筐中只剩下了一根磁力棒和很多小铁珠。他拿着磁力棒玩起了"钓"铁珠的游戏，偶然发现自己"钓"起了两颗铁珠。他反复进行尝试，并将自己的发现告诉老师："这样一个一个接着，变成一串，最多可以'钓'4 颗(铁珠)，最后一颗很容易掉下来。"(图 14 - 6)"这样先'钓'一颗、再两颗，变成两串，'钓'得最多，可以'钓'5 颗(铁珠)，但要很小心，不能晃。"(图 14 - 7)"一定要用磁力棒，铁珠才能吸在一起，否则小铁珠和小铁珠之间吸不住。"

图 14 - 6 "钓"起一串

图 14 - 7 "钓"起两串

2. 分析反思

森森偶然发现磁力棒能够"钓"起铁珠，他不断地尝试，试图"钓"起更多的铁珠。在"钓"铁珠的过程中，他整理自己通过操作收集的信息，并与教师分享：一个接一个累加的方法，一根磁力棒最多能"钓"起一串共 4 颗铁珠；先吸住一颗铁珠，再并列吸住两颗铁珠向下累加，最多能"钓"起两串共 5 颗铁珠；如果没有磁力棒，小铁珠之间不能互相吸住。他发现，磁铁的吸力可以传递给被吸住的物体，去掉磁力棒，铁珠之间的磁力也就消失了。这一新发现，验证了磁铁具有"传递"的特性，证实磁性物体，会把与它靠近的磁性材料磁化成磁体，而新的磁体会将靠近它的磁性材料再磁化，材料越靠后磁性越弱。

低结构的磁力棒和铁珠，没有具体的操作步骤要求，幼儿可以自由地操作材料，在与材料充分互动中感受磁力，进行建构或与其他材料的组合运用。磁力棒能"钓"起铁珠这个发现，正是幼儿在自由自主的反复操作中发现的。因此，科学操作活动应该给幼儿充足的时间和空间去反复尝试、操作，进而体验并发现新的现象。

3. 支持推进

增加辅助材料，支持深入的探索。提供回形针、小铁夹、不同吸力的磁铁，支持幼儿进一步发现磁化现象。

增加记录工具，梳理自己的发现。提供记录表、笔，鼓励有需要的幼儿进行记录。

四、活动延伸

为幼儿提供机会，将探索发现介绍给同伴，引发进一步的分享与交流，并将这些发现记录呈现在墙面环境中。随着幼儿探索热情的进一步激发，在班级教室内投放更多的与磁铁相关的材料，为幼儿提供更多与磁铁互动的机会。与幼儿一起找一找日常生活中磁铁的运用带来的便利，鼓励幼儿利用磁铁"吸铁"的特性解决问题，如用磁铁寻找滚落的小铁珠、进行物品的快速分类等。

（案例提供：谈允忆）

案例二　"跑来跑去"的电（大班）

一、活动由来

在"有电真好"主题活动中，幼儿对"电"产生了浓厚的兴趣，他们自发带来了家里装电池的各类电动用品和玩具，放置在班级科学区，并与同伴一起了解了电池的种类、电池作为原动力产生的各种表现形式（如发声、发光、转动等）以及电池的安装方法。（图 14－8，图 14－9）

二、活动准备

1. 环境准备

（1）区域空间。

宽敞的科学区内，用两个敞开式的柜子摆放幼儿收集的与"电"有关的材料，放置在托盘或低矮透明的塑料筐内，便于幼儿自由取放。

图 14－8　电动火车头

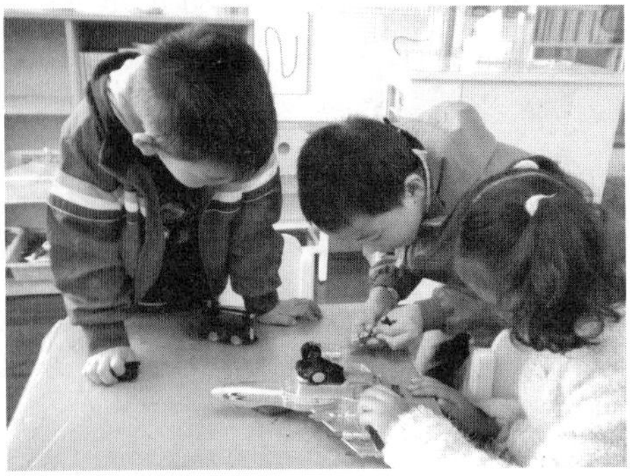

图 14－9　电动飞机

(2) 材料工具。

生活中常见的电动用品:玩具枪、小电扇、小机器人、八音盒;电池组材料:5 号电池、电池盒、电线、灯泡、灯座、开关;辅助材料和工具:大小不一的废纸盒、纸罐子,纸、笔、吸管、胶带等。

2. 经验准备

(1) 幼儿能力经验。

能用自己的方法正确安装电池。

(2) 家园协同经验。

家长在家中提供电路相关材料或玩具,将幼儿对“电”的探索延伸到家庭中;还可以和幼儿一起阅读与“电”有关的绘本,了解“电”在生活中的运用以及给生活带来的便利。

三、活动过程

本案例由电线是个“运输员”、电路零件大组装、不听开关指挥的灯泡三个情节组成,分别阐述了幼儿探索运用“灯座组合”和“电子积木组合”材料进行组合连接使灯泡发光的过程。

情节一:电线是个“运输员”

1. 观察记录

幼儿在区域中进行电池的安装,热衷于各类电动玩具、电动生活用品的发声、发光、产生转动等操作。有一天,华华在与同伴游戏时提出了新问题。

华华:“老师,为什么装了电池,电筒就亮了? 这个电池里的电是怎么‘跑’过去的?”

达达:“我知道,是用电线送过去的。我们家里的电就是电线送去的。”

小楷:“你骗人,这里哪有电线?”

安安:“是用电线的,藏在里面的。上次我的枪不亮了,爸爸拆开来(修),我看见里面有几根细细的电线。”安安把还没修好的玩具手枪带来,拧开了螺丝,给大家看里面的细电线以证明自己的说法。

第二天,涵涵高兴地告诉老师,她和外公用电线、电池、灯泡他们自己做了一个简易电筒。于是,教师又在区域内先后提供了新材料:两头剥好的电线、灯座、电池盒和开关,让大家也有机会像涵涵那样进行简易电路的发光实验。

幼儿拿到材料就开始“熟练”地连接,三下两下就把电池、灯座(开关)连上了,可小灯泡却没有亮(图 14－10),除了已有过安装经验的涵涵的小灯泡亮了(图 14－11)。

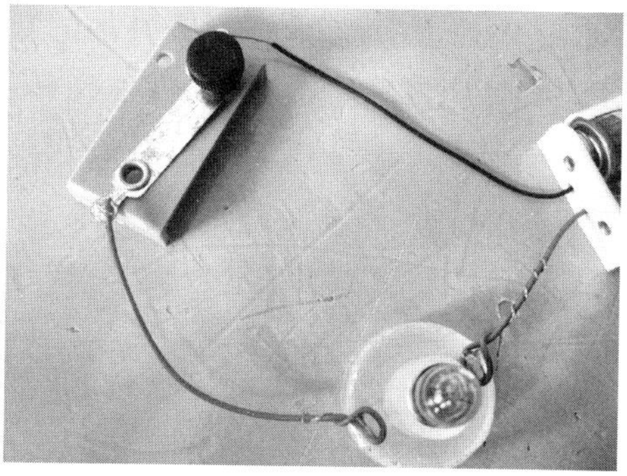

图 14－10　不会亮的灯泡

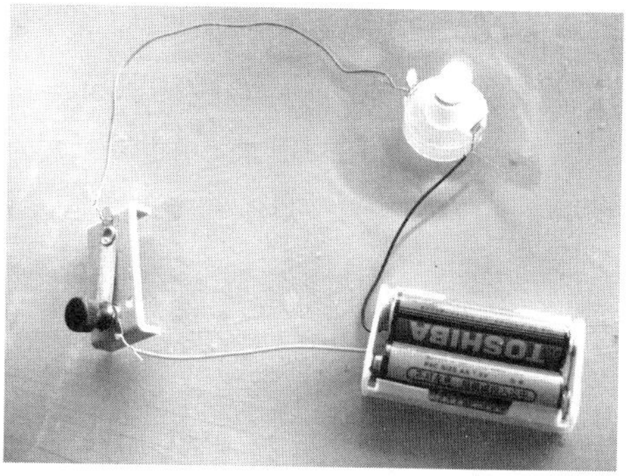

图 14－11　会亮的灯泡

2. 分析反思

在探索安装电池过程中,幼儿按照原有经验,以个性化的学习方式自由探索安装电池的方法:或找到电池两端外形差异,与电池盒内的弹簧与铝片进行匹配安装,或根据“＋”“－”符号提示安装,或观察“➝”符号安装。在电路连接中,幼儿只考虑“线路连接”的外部形态变化,而没有考虑到内部的“电的传送”问题,导致“灯泡不亮”的结果。

在连接线路、安装电池过程中,没有划一的标准,幼儿根据自己的需要选择单独制作或与同伴合作,每一个幼儿个性化的活动都得到鼓励和尊重,形成接纳差异、和谐相处的关系。从幼儿拆装电池—对“电”的传送的关注—电路连接的尝试过程可以看出:当幼儿的思维还依赖于具体的动作和表象,不能进行抽象的逻辑思考时,提供具体的实物进行直观的操作就显得尤为重要。正是在具体操作的过程中,幼儿展开洞察、反思、深究,延展出一项又一项新的内容,使活动得以发展、深入。

3. 支持推进

观察、比较线路连接的差别,自主纠错。教师将涵涵和其他幼儿的线路连接情况拍摄成图片,放大后提供在区域中,鼓励幼儿自己找出不同并尝试调整。幼儿在"电筒"线路连接中经历了正负极短路、电池盒冒烟、电线金属丝与灯座脱落、灯泡松动、开关翘起等问题后,经过反复的调整、尝试,两周后,大部分幼儿成功使灯泡发亮。

同时,在区域内增加电路连接材料,丰富幼儿对电的感知。

情节二:电路零件大组装

1. 观察记录

笑笑和小羽第一次尝试电路组合。笑笑反复连接揿钮,把所有的导线连接在一起,接着把电池按照"+""-"提示装进电池盒中,然后把部分叠加的双扣导线扣在电池组两端,最后找到装有灯泡的灯座放在旁边,发现灯不亮(图14-12)。小羽先装电池,再找到灯座,直接扣在电池组上,灯亮了,最后找来导线,装在灯座一端(图14-13)。

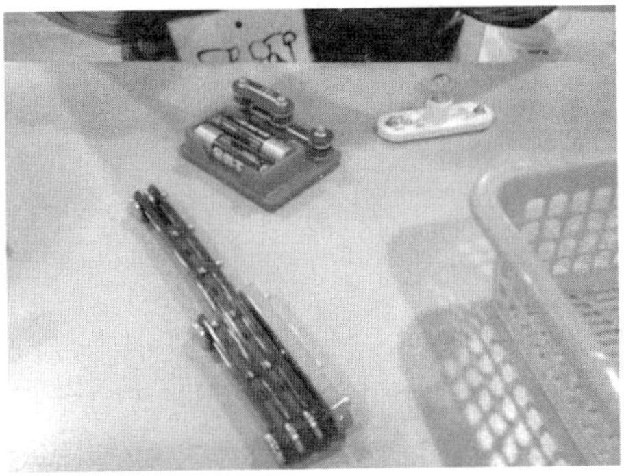

图14-12　笑笑电路组合

图14-13　小羽电路组合

2. 分析反思

笑笑在使用新材料时,对材料上的揿钮产生了兴趣,她不断重复连接揿钮,改变导线的连接方法。小羽能迁移一些连接电池和灯泡的经验,意外发现电路组的灯泡安装在电池盒上就能"发亮",他把电路导线直接揿在电路盒一端。

幼儿对电路比较陌生,除了对电池的安装有一定经验以外,对于其他零件的功能、用途都不清楚。教师需要提供一些辅助性的图示材料,方便幼儿了解材料的基本运用方法，解决幼儿初次接触电路材料无从下手、无目的单一拼接的问题。

3. 支持推进

教师提供图示辅助材料，便于幼儿了解材料的基本使用方法，帮助幼儿自主认识材料、了解使用方法，以材料的隐性支持替代了教师的直接讲解与干预。第一组："这是什么"自制小书系列，用于帮助幼儿认识各种基本材料（图14－14）。第二组："基本材料的简单组合"自制小书系列，用于帮助幼儿从最简单的方式入手，进行基本材料的组合实验（图 14－15，图 14－16）。

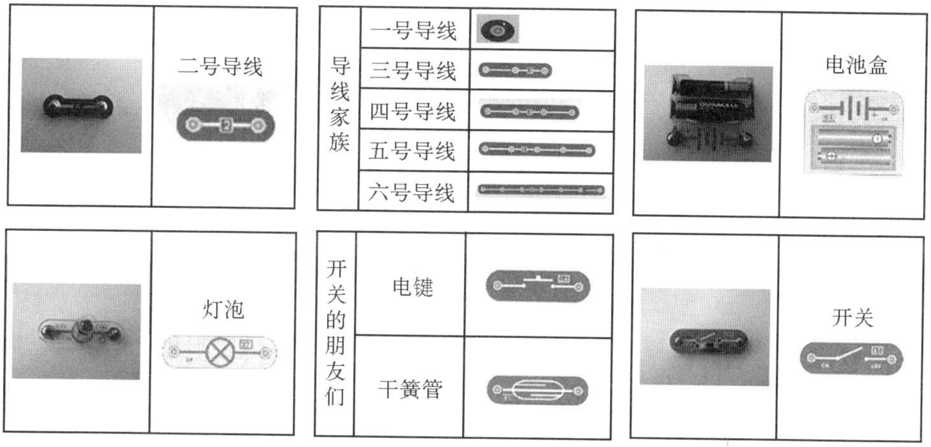

图 14－14　这是什么

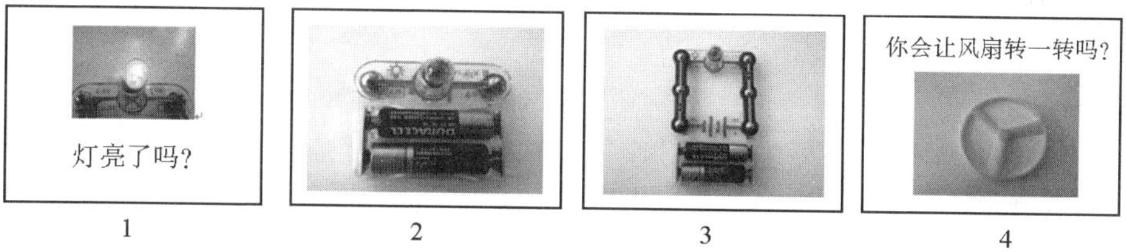

图 14－15　灯亮了吗

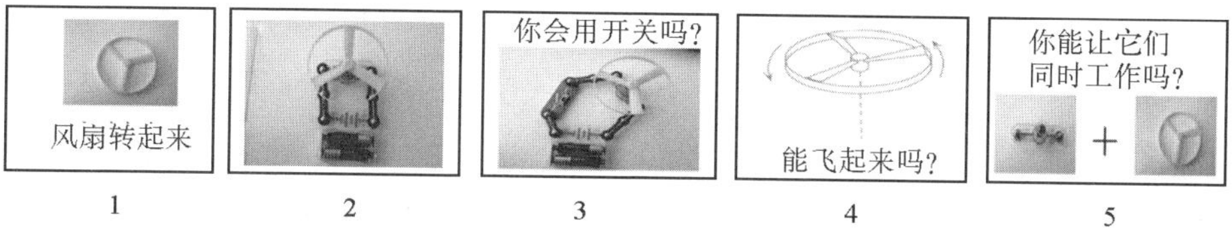

图 14－16　风扇转起来

情节三:不听开关指挥的灯泡

1. 观察记录

希希将电池组、三号线路、开关和风扇依次连接,开关拨向ON,风扇转动;开关拨向OFF,风扇逐渐停下。她又拿起灯泡配件安装在电池旁的揿钮上,小灯泡瞬间亮了。希希面带笑容,将开关拨至ON——风扇转动,灯泡灭;“咦?!”她小声地惊呼,又拨动开关至OFF——灯亮,风扇停。“这是怎么回事?”对面的铭铭看了过来。

希希反复开—关—开—关多次后,把灯泡组合拆下,打开开关——风扇转动,关闭开关——风扇停下。铭铭停下自己的操作,眼睛盯着希希的电路。希希又装上灯泡组合,拨动开关,结果依旧。(图14-17)

“老师,为什么关开关,灯就亮了? 开开关,风扇转了,灯就不亮了?”希希问。铭铭说:“因为本来电是这样的(他用手指边说边比画,顺着电池指向风扇),电就到了这里,你关上了,这里(指着风扇)的电没有了,这里就有了。”希希听着他的解说,面露茫然之色。

铭铭接着又说:“你把灯泡拆下来装在这里(指着风扇旁边)就行了。”他指挥着,协助希希把灯泡安装在风扇旁。希希安上最后一个揿钮,打开开关,灯泡发出微弱的亮光,风扇却不转。铭铭伸手取下风扇:“怎么回事?”取下风扇的马达旋转了起来。铭铭再次放上风扇,风扇微微动了动,又停了下来。希希关上开关,灯灭,风扇不动。铭铭说:“因为电力不够,就不转了!”(图14-18)

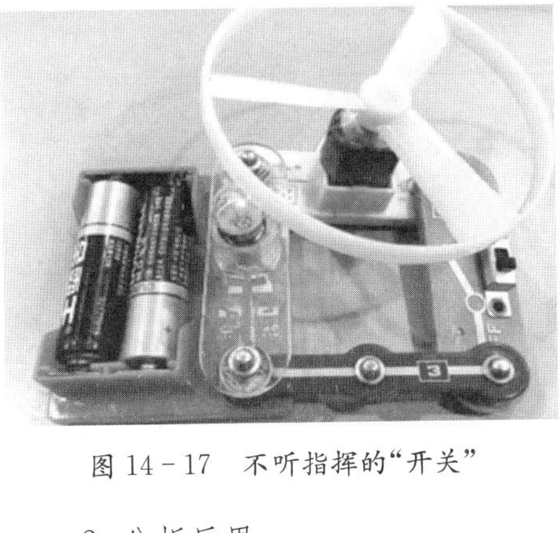

图14-17　不听指挥的“开关”

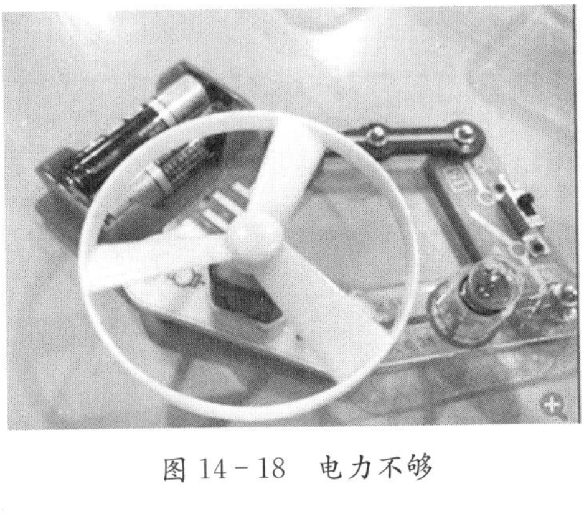

图14-18　电力不够

2. 分析反思

在希希与铭铭的活动中,希希因“不听开关指挥的灯泡”而产生困惑,引发了和铭铭之间的互动。在希希的原有经验中:开关打开,灯亮;开关关上,灯灭。可是在今天的操作中,却出现了相反的现象,打破了她的原有认知,进而产生困惑。对新现象的疑惑，激发了希希的好奇心和探索行为，她反复尝试，以确认她的新发现。铭铭主动和希希互动，分享自己的经验，描述他对这一现象的理解。显然铭铭在生活中曾关注过类似现象，对他来说，虽然“电”看不见，但他却可以感受并表述“电”在电池组、电路、灯泡组、风扇中的走向。

在认知经验上，两人是有差异的，正是这些差异，成为他们的互动性资源。铭铭的经验分享，帮助希希将探索进一步深入，并对探索保持持续热情。希希整合自己的新发现和铭铭告知的新信息，在概念间建立新的联系，使概念得到重塑。铭铭则在分享中获得成就感，对活动的热情延续，主动参与更复杂的“电路”探究。

3. 支持推进

创设增进幼幼互动的环境空间。增大班级区域空间，对区域进行多通道调整，便于幼儿之间交流互动。

增加幼儿之间的经验交流机会。提供记录单供需要的幼儿梳理记录自己的新发现，并在墙面环境中呈现，以便与同伴进行分享交流。

四、活动延伸

随着活动推进，部分幼儿产生了新的话题：给灯泡做一个外壳，使它成为一盏牢固、美观的灯。他们把自己的想法设计画成图稿，向同伴介绍作品的名称、发亮部位、电池盒安装部位等。班级幼儿自由组队，进行创意灯具的制作，并在两周后进行了创意灯具展：有全身会发亮的鮟鱇鱼灯（图 14 - 19）、有迪士尼米奇双头灯（图 14 - 20）、有手提包款便携灯（图 14 - 21）、有炫彩花篮灯（图 14 - 22）、有大炮旋转灯等。

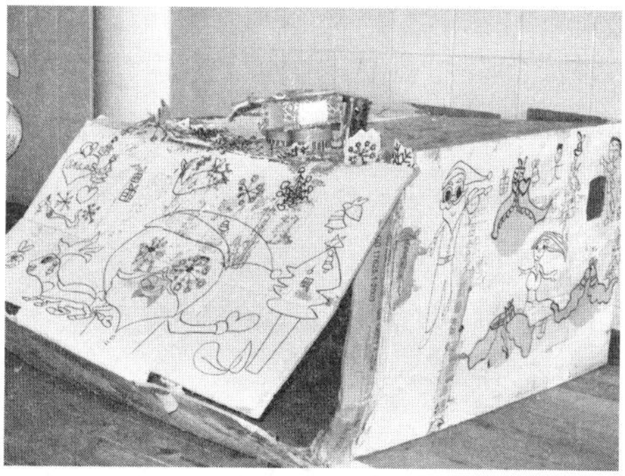

图 14 - 19　鮟鱇鱼灯

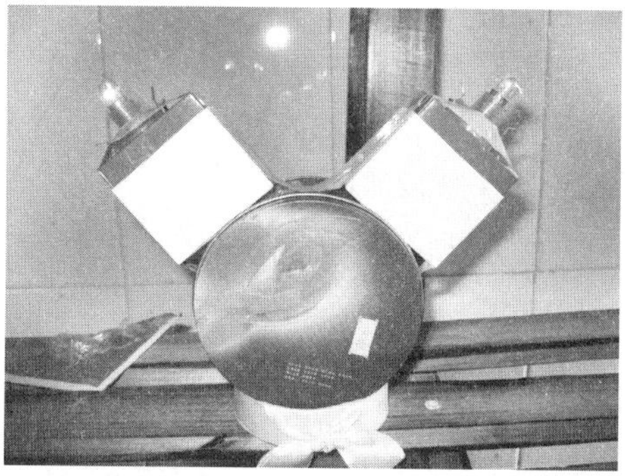

图 14 - 20　迪士尼米奇双头灯

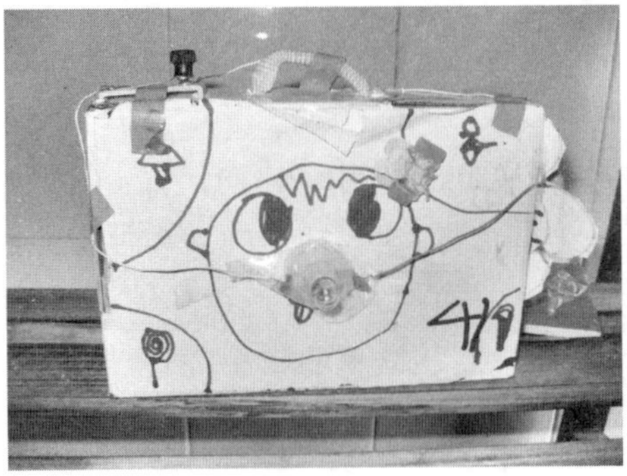

图 14-21 手提包款便携灯

图 14-22 炫彩花篮灯

(案例提供:谈允忆)

案例三 “藏来藏去”的光影(中、大班混龄)

一、活动由来

幼儿喜欢玩影子游戏,喜欢在黑暗中用电筒照明,如果给他们创设一个“暗室”,他们会做些什么?于是,我们用大幅遮光布在奇趣发现室设置了一处20多平方米的光影区。

二、活动准备

1. 环境准备

(1) 区域空间。

奇趣发现室的一角,在天花板上安装上轨道,悬挂大幅的黑色遮光布,拉开遮光布门帘,就是“光影”暗室。门帘的两侧内,分别摆放着两个材料柜,放置光影材料和辅助材料。

(2) 材料工具。

光源材料:不同光照强度的电筒若干;多种辅助材料:手影游戏材料、三棱镜、彩色玻璃纸、彩色透光板等;镂空类材料:镂空动物图卡等。

2. 经验准备

(1) 幼儿能力经验。

能独立使用电筒,会开关,知道电筒的强光不能直射同伴或自己的眼睛。

（2）家园协同经验。

在日常生活中玩一玩“光影”游戏，如白天和家人玩“踩影子”游戏，夜晚散步时找一找是否有影子；试一试在黑暗中能否看见东西；找一找除了太阳、灯以外，还有什么会发光。

三、活动过程

本案例通过“好玩的箩筐”“‘断开’的小兔”“制造彩虹”这三个光影探究片段，呈现幼儿创造性地使用“箩筐”材料、墙面的“凹凸不平”带来的新发现以及在与同伴合作中制造彩虹的过程。

情节一：好玩的箩筐

1. 观察记录

桐桐来到光影区，打开电筒后，对着光影区的地板、天花板以及前后左右的墙面和柜子照射了一圈。同伴们陆续进入光影区拿取电筒，放电筒的箩筐很快空了。

桐桐来到柜子边，看到柜子上空了的小箩筐，拿起电筒对着箩筐照过去：“真的是个空箩筐。”说着，他调转方向，向着墙壁照过来。

“哈哈，你们看我的箩筐！”桐桐手拿箩筐，用电筒照了起来，不同的角度在墙上的投影各不相同。变化的影子吸引了其他同伴的注意，他们纷纷效仿，去柜子上找来其他箩筐。一手拿箩筐一手拿电筒，照照箩筐的底部（图14-23）、照照箩筐的侧面（图14-24），加色卡放远了照（图14-25）、加色卡凑近了照（图14-26）……观察着墙面投影的变化，孩子们玩得不亦乐乎。

图14-23　照箩筐底部

图14-24　照箩筐侧面

图 14 - 25　加色卡放远照

图 14 - 26　加色卡凑近照

2. 分析反思

幼儿用来玩光影游戏的箩筐,原本是用来装手电筒和彩色透光板材料的,当幼儿进入暗房将电筒取走时,剩下的空箩筐吸引了桐桐的注意,他将箩筐也当作投影游戏的材料,结合电筒,不同角度、不同方位、加上色板……普通的箩筐在幼儿的手中散发别样的光彩。新颖的玩法也吸引了同伴的注意,幼儿纷纷效仿,光影暗室成了箩筐的魔幻世界。

我们时常挖空心思制作操作材料,希望幼儿喜欢并在探索的过程中有所收获,却往往忽略从身边挖掘有价值的材料。而幼儿不拘泥于固有思维,原本作为收纳的箩筐也可以成为操作材料。正因为箩筐是孩子们自己开发的新材料,没有固定玩法,幼儿在操作时也更能够大胆创新,放开手脚,在探索的过程中获得更多的体会和收获。

3. 支持推进

增加材料的投放,引发幼儿的多元操作体验。提供一些生活中常见的低结构材料、半成品材料,如蒸包子的镂空纱布、蒸架、装水果的网格等。

情节二:"断开"的小兔

1. 观察记录

光影区,女孩文文正兴致勃勃地拿着小兔纸偶进行投影。不经意间,文文的"小兔"移到了墙面的凹陷处,"咦! 我的小兔子断了!"她的叫喊声,引来了同在光影室的牛牛的关注,"你往这边移一点!"他边说边指着墙壁的右侧。文文顺势向右慢慢移动:"咦,又好了!"

文文拿着小兔纸偶微微向左移动一小步,"你看,又断了!"(图 14 - 27)说着,她又回到原来的位置，"你看，小兔又好了！"（图14－28）边说边不断移动身位，将兔子的影像不断左右移动。

牛牛走上前："你看！这面墙不平，中间凹进去了，你移到这里就断了。断了的地方会变大，因为变远了。"男孩边说边用手比画着。

图14－27　断开的兔子

图14－28　完整的兔子

2. 分析反思

文文偶然将小兔纸偶的影像透射在墙壁的凹凸处，发现了影像的变化，引发新的探索。从文文和牛牛的谈话可以看出，牛牛对影子成像的断开有自己清晰的认识和因果分析，找到了导致成像断开的直接原因。牛牛向文文给出了他的解释，虽然没有说出具体的科学概念，但是他能清楚地表达：墙面的凹凸不平与影子成像的关系，纸偶和墙面的距离影响了影子成像的大小。正因为墙面的凹陷，所以与影像相距较远，凹处的影像也就更大一些。中、大班幼儿对于影子成像的影响因素已经有了一定的认识，牛牛能够将自己对新现象的认识和分析主动与同伴分享，体验经验分享的乐趣。

因为墙面的"凹凸不平"这一奇趣发现室的特定资源，引发了文文和牛牛的新发现和新思考。幼儿往往会意想不到地发现生活中的现有资源，并进行自己的探究活动，教师要敏锐地观察并及时捕捉幼儿探究的动向，尊重幼儿的自主探究并做出积极回应，给予幼儿充分的时间与材料进行互动。

3. 支持推进

为幼儿创设自由自主的光影区探索空间，减少教师对规则、玩法的预设，鼓励幼儿自由自主地进行探索，引发幼儿的奇思妙想。

情节三:制造彩虹

1. 观察记录

想想拿着三棱镜和电筒,正在尝试制造彩虹。他将电筒对着三棱镜的一个面,盯着三棱镜上的光斑反复看着,“没有彩虹!”他自言自语道。

他一边将电筒凑近三棱镜,一边左右交替闭上一只眼睛观察着……一旁的晨晨停下了自己的操作,凑上来说:“咦,你看,这个托盘上也有光!”想想把电筒靠近三棱镜,晨晨:“好多光,看不清!”(图 14-29)

他想了想,竖起托盘,请晨晨扶着,自己则拉远电筒继续照着三棱镜,两人同时观察托盘上的影像,可是托盘上还是只有大片白花花的光斑。(图 14-30)

想想挪开电筒,光束照向三棱镜,三棱镜上呈现三棱镜的投影和部分直射的电筒光束。晨晨:“这里太亮了!”两人拿着三棱镜和电筒来到了暗室内。

晨晨拿着三棱镜,想想用电筒远远地照着,墙上出现了三棱镜的影子,想想:“你拿好,别动哦!”说着,他微微压低手中的电筒,调整角度的同时眼睛紧紧盯着墙面的影像。(图 14-31)

突然,在三棱镜影像的正下方,出现了短短的一个微拱的彩虹,想想和晨晨禁不住欢呼着:“彩虹、彩虹!”欢呼的想想晃动了一下电筒,电筒往上微微移动了一下,彩虹瞬间变得又短又粗。“咦!”想想好奇地压低了电筒,彩虹又变成了细长的拱形……稍后,两人愉快地交换手中的材料,晨晨开始尝试制造彩虹。(图 14-32)

图 14-29　电筒靠近

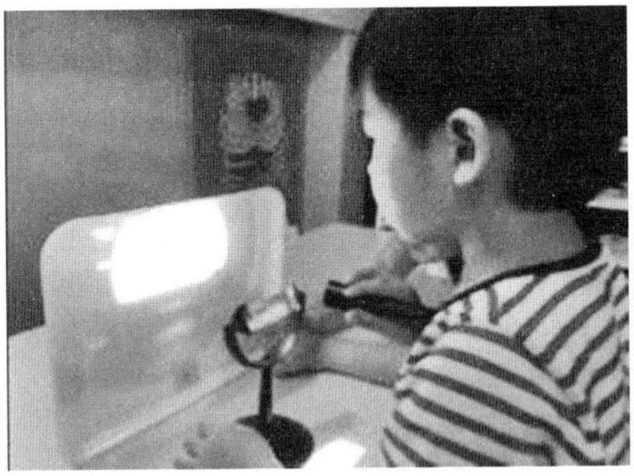

图 14-30　电筒离远

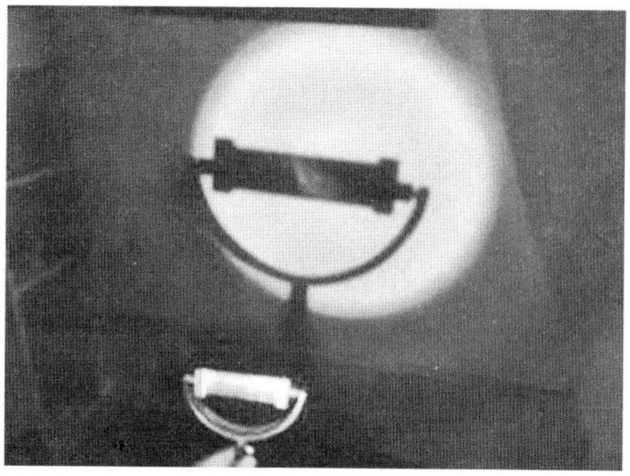

图 14－31　三棱镜影子

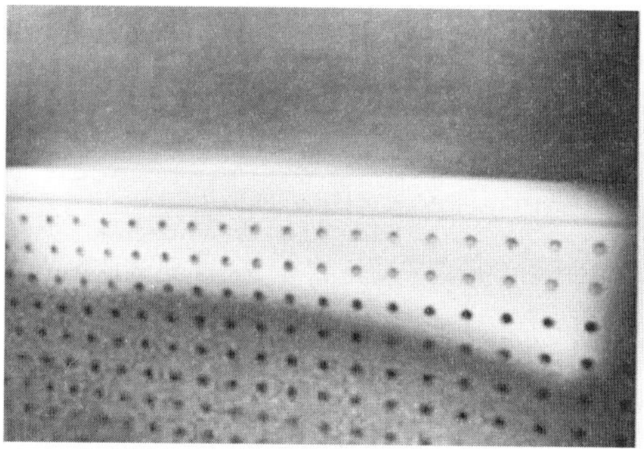

图 14－32　出现彩虹

2. 分析反思

在操作过程中，晨晨始终观察着想想操作的过程，不断地运用自己的原有经验给出关键性建议。从关注投射影像——拉开电筒与三棱镜的距离——转移至暗室操作，这些建议推动着探索的深入，并最终协助想想成功制造出彩虹。想想是探索制造彩虹的执行者，在遇到各种困难后，还是始终牢记自己的目标，不放弃；在操作过程中，他能够接纳同伴的建议，不断调整自己的操作方法，分析存在的问题，具有良好的科学探索品质。

两位伙伴在合作过程中始终按照自己的需要来选择合作的方式和关注的内容。两人个性化的活动得到鼓励，形成共享差异、和谐相处的关系。既运用"我"的经验，又运用"你"的经验，还运用"你""我"经验相互碰撞，生成新的经验；各自从"我"出发、引导"我们"的知识进行团队探索活动，并最终成功制造出"彩虹"。

3. 支持推进

鼓励幼幼合作，为自由式互动合作提供有力支持。通过合作环境的创设、合作材料的提供、合作玩法的分享，鼓励幼儿在探索活动中进行幼幼互动。

四、活动延伸

鼓励幼儿找一找除了电筒还有什么能产生影子；生活中哪些地方会有影子；怎样让影子变大变小、变深变浅；了解生活中有趣的影子表演，如皮影戏、沙画投屏欣赏等。

（案例提供：欧阳可珺）

案例四 “变来变去”的镜子(中、大班混龄)

一、活动由来

镜子是幼儿生活中最常见的物品,他们每天都会照镜子刷牙、洗脸、整理仪表……从不同的镜子里看到的自己或其他的东西会发生什么变化呢?我们在奇趣发现室创设了一个镜像区域,里面有平面镜、凹面镜、凸面镜、三棱镜、万花筒等,幼儿透过镜子,变出了各种新花样。

二、活动准备

1. 环境准备

(1) 区域空间。

在奇趣发现室邻近光影室的位置设置镜像区域,用柜子摆放各种镜子和辅助材料,区域内放置桌椅。

(2) 材料工具。

不同种类的镜子:平面镜、凹面镜、凸面镜、三棱镜、万花筒等;辅助材料:小玩偶、图片等观察材料。

2. 经验准备

(1) 幼儿能力经验。

有照镜子的经验,喜欢观察镜子内的影像。

(2) 家园协同经验。

在家庭、幼儿园生活中,会照镜子观察脱落的牙齿、照镜子装扮自己扮演的人物角色、照镜子调整刷牙动作、照镜子整理衣物等。

三、活动过程

本案例由“放大镜——找出‘最大’的位置”“凹面镜——‘我’反过来啦”“平面镜——‘倒过来’的世界”三个情节组成,分别记录了幼儿使用放大镜、凹面镜、平面镜的观察发现。

情节一:放大镜——找出“最大”的位置

1. 观察记录

彤彤正在用放大镜观察蝌蚪的生长过程标本。彤彤手握放大镜的镜柄,靠近标本,观察蝌蚪新长出的后腿、前腿。观察了一会儿,就把放大镜移开,自言自语道:“拿掉了看不清。”说着,又把放大镜放回标本上方。

“老师,它还能再放大吗?”她向老师求助。“你自己试试呢。”老师回答。

彤彤将放大镜移至眼睛附近(远离标本):“这样看不清。”又将放大镜贴着标本并将头靠近观察:“能看清,放大了一点。”彤彤一点一点地调整放大镜在眼睛和标本之间的距离,寻找最佳观察位置。几分钟过后……“老师,我找到了放得最大的地方,是这样。”彤彤一边说着一边演示,“如果把放大镜再往上移动到这里,小蝌蚪又变小了(图 14-33)。还可以这样看……”说着,又把放大镜靠近标本,“这样看,要把眼睛凑过来,不是很大,可是看得很清楚。”(图 14-34)

“如果把放大镜放在这里(距离观测物 12 厘米左右),就要把眼睛凑近放大镜看,又大又清楚。”

图 14-33　蝌蚪变小了

图 14-34　看得很清楚

2. 分析反思

彤彤在利用放大镜观测的过程中,由观察标本内蝌蚪的成长变化引发“如何使用放大镜才能放得更大”的探究。带着这一目的,彤彤不断变化放大镜、被观察物品、眼睛三者之间的距离,从而寻找最佳观测点。在观察探索的过程中,彤彤发现了用放大镜观测物品的规律,并用自己的语言进行了详细的描述。彤彤发现:放大镜放在物品和眼睛的中间位置观察到的小蝌蚪最大;放大镜靠近物品,眼睛距离放大镜 10 多厘米远,或放大镜距离物品 12 厘米左右,眼睛靠近放大镜观察能最清晰地看到小蝌蚪;最意外的发现是放大镜离物品超过一段距离后,透过放大镜观察到的物品不再放大。

在生活中,有过使用放大镜经历的成人们,通常都是按照固有的操作方式进行放大镜的使用。彤彤的发现,我们大人都不曾留意。由此看来,在科学探索活动中,教师应该给幼儿提供充分的自主探索的空间,幼儿的视角往往能跳出成人固有的思维模式,开启属于幼儿自己的创造性尝试与发现。

3. 支持推进

增添辅助材料,支持幼儿进一步深入探索。如,增添记录表记录观察到的物体最大、物体最小的位置;添加距离测量工具或参照物,如常规的长度尺或自制的长度小棒;添加更多样的被观察物品。

情节二:凹面镜——我"反"过来啦

1. 观察记录

昊昊拿起凹面镜,凑近自己,自言自语道:"怎么这么大?"(图 14-35)他对着镜子做了几个鬼脸后(图 14-36),试图离镜子远一些,边照镜子边调整角度:"咦,怎么看不见我了?"(图 14-37)说着,他又把镜子往远处放了放:"老师,你看,我反过来了!"(图 14-38)

昊昊把凹面镜放在桌子上,拿起一块积木,放在镜子上方,镜子上显示出放大的正面影像,随着昊昊的手离镜子越来越远,镜子中的图像从一片模糊到出现了倒着的积木。

"老师,你看! 这个瘪进去的镜子,近的时候(被照物品)很大;这样,就看不见了;远了(再拿远一些),就反过来了。"昊昊边说边向老师演示。

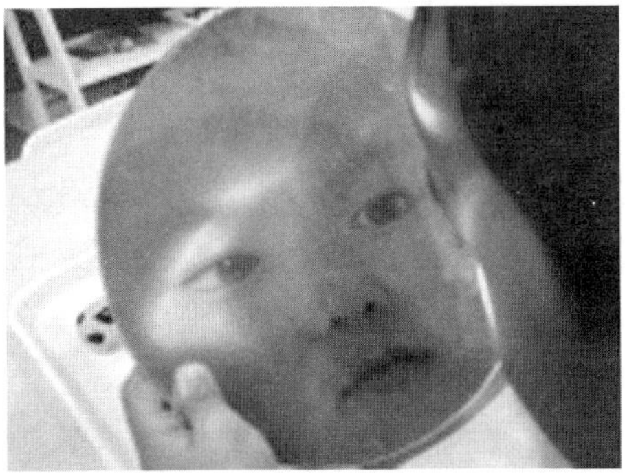

图 14-35 我的脸变"大"了

图 14-36 我的"鬼脸"

图 14-37　我“不见”了

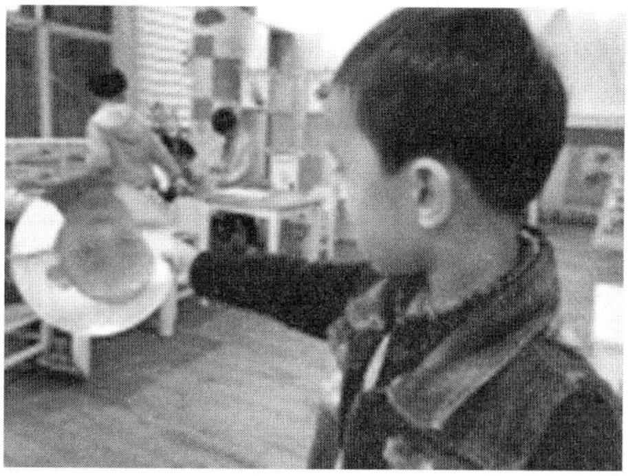

图 14-38　我“反”过来了

2. 分析反思

昊昊在凹面镜的操作过程中，进行了“照自己”和“照积木”的两组操作。在“照自己”的过程中，昊昊自发地将操作结果和照平面镜的已有经验进行了比较，发现照“凹面镜”时，近距离—变大，中距离—看不见，远距离—反过来。照积木时的发现更证实了凹面镜中的成像因为距离的不同，会出现放大—模糊—倒立的情况。积木的成像发现，帮助昊昊更清楚地感知凹面镜和物体之间距离和成像的关系。

幼儿在生活中与凹面镜接触不多。在以往的操作中，幼儿往往迁移照镜子的经验，拿起来照照自己的脸，简单观察一下就结束操作。教师正是捕捉到了这一情况，才在活动前进行了针对性的推荐和演示，引发了昊昊用凹面镜观察的兴趣。

3. 支持推进

幼儿在观察凹面镜成像的变化时，只能感受到大致的距离。教师可以提供一个竖杆状的辅助物，进行成像变化的距离线段的记录，更好地帮助幼儿发现并总结其中的规律，使活动更有趣味。

情节三：平面镜——“倒过来”的世界

1. 观察记录

牛牛先把托盘中的“马路”“房子”“大树”等辅助材料摆好，把“房子”和“大树”拼在一起，将“马路”接上，放整齐；然后双手举起平面镜，仰头观察平面镜。牛牛不断调整平面镜镜面的角度，尝试从镜子里观察托盘中积木的影像。

老师：“你在看什么？能看见吗？”牛牛：“你看，镜子里的东西都倒过来

了。”说着，示意老师进行观看。“你看，树、房子、马路都是倒过来的，好玩吧！”（图 14－39，图 14－40）

过了一会儿，牛牛放下镜子，甩着胳膊说：“手酸死了！”他想了想，直接把平面镜放在马路的旁边，自言自语道：“这样也能看见！”说着，把“大树”移动到了“房子”的后面。

老师：“这和你举着平面镜看到的一样吗？”“不一样，那个是倒过来的，这样看是反的。”牛牛答道。

老师继续追问：“怎么是反的？”

牛牛回答：“我这样看，先看大树再看到房子，最后是马路。镜子里看到的先是马路，再看到房子和大树。”（图 14－41，图 14－42）

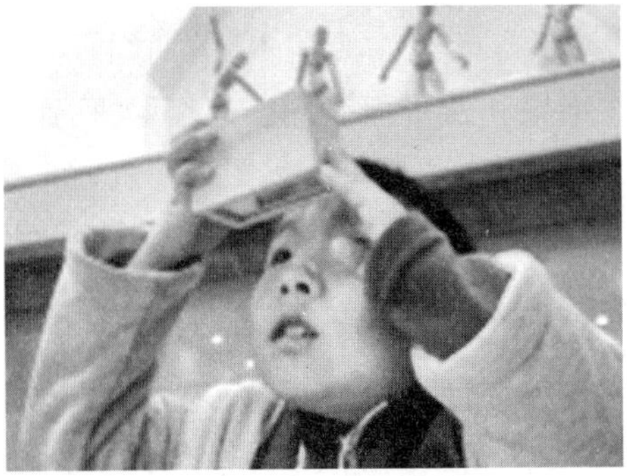

图 14－39　调整平面镜位置角度

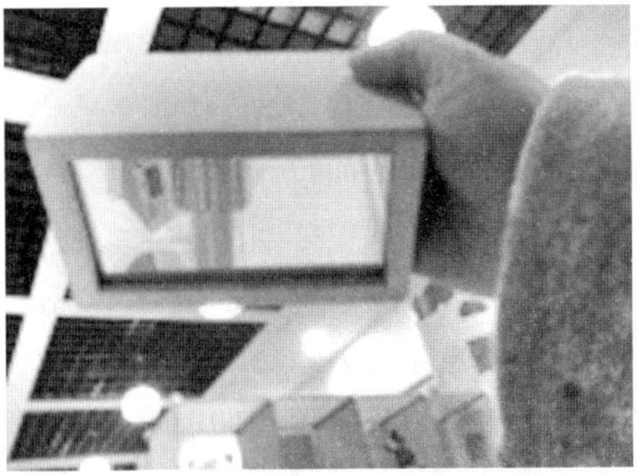

图 14－40　都“倒”过来了

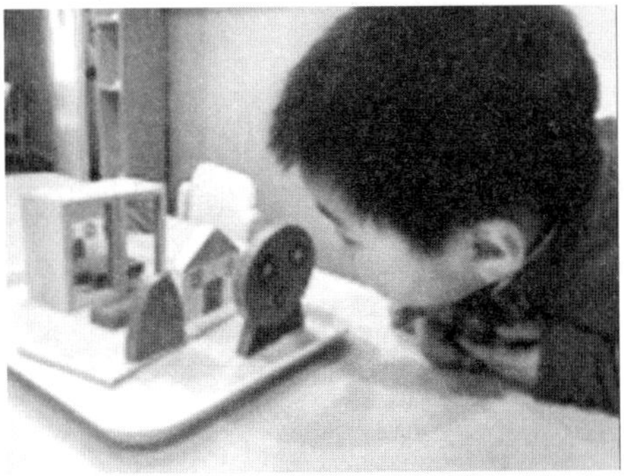

图 14－41　放在桌上观察

图 14－42　顺序不一样

2. 分析反思

牛牛在使用平面镜观察影像的过程中，变换了不同的观察位置，有从上向下和从前向后两种角度。在观察中，牛牛发现了“直接观看”和“从平面镜中观看”的区别，并能进行准确的表述。用平面镜在物体上方观察，物体的实际摆放和影像是“倒”过来的；平面镜在物体旁边，物体的实际摆放和影像是“反”过来的。物体成像规律在牛牛的操作和叙述中得到诠释。

牛牛已经能够通过平面镜和辅助材料“房子”“大树”“马路”等的操作互动中发现镜中影像和实物之间的关系，并将观察到的现象进行整理、区别、归纳，内化到自己的知识体系中。

3. 支持推进

提供不同大小的平面镜，使幼儿的感受更丰富、更多样。案例中的平面镜较小，对幼儿的操作有一定限制，教师可以提供一些较大的镜子供幼儿选择使用。

增加立体观察材料，丰富幼儿操作。可以添置一些实物，最好是手脚可活动的玩偶等，便于幼儿观测其手脚伸展变化。

四、活动延伸

幼儿对镜面观察的兴趣越来越浓厚，他们迁移了组装万花筒的经验，尝试将两个平面镜组成有夹角的“双面镜”观察物体的变化。幼儿发现如果将双面镜慢慢推拢，随着双面镜之间的夹角越来越小，骨牌逐渐变化，会出现“三瓣花”（图 14－43）“五瓣花”（图 14－44）“六瓣花”“八瓣花”等。

图 14－43　三瓣花

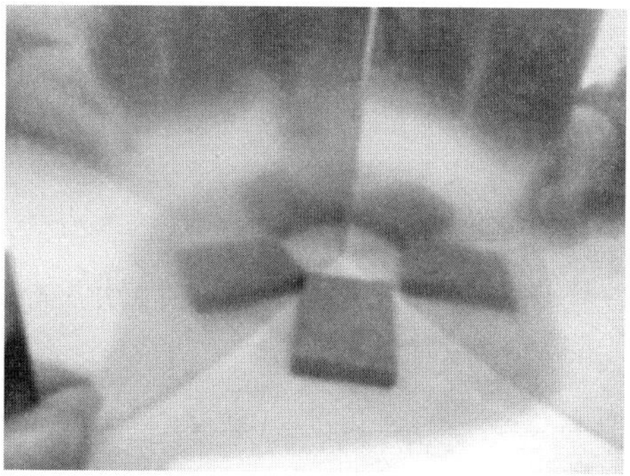

图 14－44　五瓣花

（案例提供：谈允忆）

案例五 “消失不见”的冰(大班)

一、活动由来

结冰是常见的生活现象,每到寒冬结冰的日子,路边街角、景观池内的冰总能吸引幼儿驻足玩耍。渴望玩冰的他们,在日常生活中很少有机会“玩”冰。当幼儿遇到“冰”时,他们会怎么“玩”呢?

二、活动准备

1. 环境准备

(1) 区域空间。

靠近水源的玩水区隔断一角,提供桌椅;区域一侧,放一块小型立式黑板,板上固定一张A2大小的白纸。白纸下方有便于幼儿随时取放的记录笔5支,小纸片几张。侧面角落摆放架子,分类放置幼儿有可能需要的工具,可随手取用。

(2) 材料工具。

主要材料:直径32 cm的圆柱形冰块,高度1—3 cm不等;能少量蓄水且不遮挡幼儿视线的大塑料盒盖,用于盛放冰;辅助工具:桶、盆、手套、软刷、木块等。

2. 经验准备

(1) 幼儿能力经验。

幼儿认识“冰”,喜欢玩“冰”。

(2) 家园协同经验。

请家长在家庭生活中支持幼儿与“冰”互动,找一找“冰”在哪里,生活中什么时候会用到“冰”。

三、活动过程

本案例由“玩冰‘初’体验”“玩冰‘进行时’”“记录冰的‘秘密’”三个情节组成,分别记录了幼儿在玩冰过程中发现冰的触感、温度、颜色以及“融化”等特质,发现冰块眼镜、冰块放大镜的过程。

情节一：玩冰“初”体验

1. 观察记录

六名幼儿进入区域看到冰块后，迅速围拢坐下，迫不及待伸手触摸冰块。“哇，这个冰怎么玩？”幼儿从单指反复触碰到全手掌的抚摸、搓手动作，伴随着“咯咯咯”的笑声中，孩子们自由交流着。（图 14-45）

宏宏：“你摸这儿，都已经变成水了。”小居：“它是不是有脚，会滑动的？”飞飞双手扶冰块的左右两侧，把冰块来回滑动：“我们来把它当作皮球玩吧！”小居：“冰块是透明的。”

（4 分钟后）晃晃双手交握：“啊，这个水好冰啊！”

小白使劲搓着手：“我的手快冻僵了。”

老师：“手很冷吗？那里有一些手套，如果你们需要，可以去拿！”

孩子们离开桌子去取手套，边走边欢呼：“太棒了！太棒了！”

戴着塑胶手套的小居扶着已经部分碎裂的大冰块：“摩擦力，摩擦力来了。这是一个企鹅洞。”说着，转动大冰块，将侧面的圆洞对着自己。（图 14-46）

宏宏：“我们来玩冰船吧，把冰放在里面，这是一个冰做的船。”

小白边捡滑落的小冰块边说：“我怎么感觉我们都是科学家呀！”

小居：“科学家，对！”他双手扶冰块外侧，模仿转动方向盘的动作，高呼：“完了，船漏水了！”

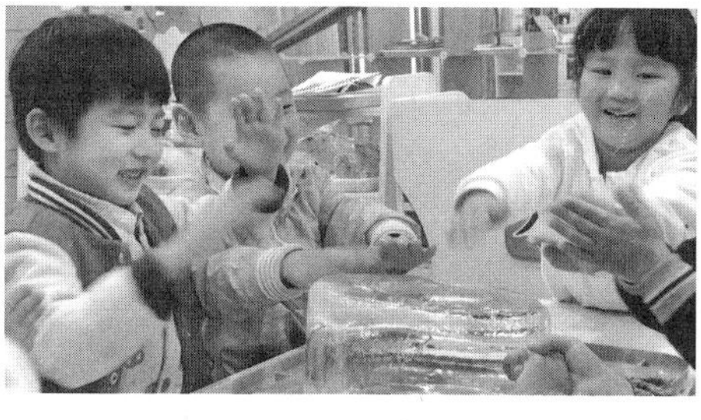

图 14-45　触碰“冰”

图 14-46　一个企鹅洞

2. 分析反思

幼儿在和“冰”的自由互动中，发现冰的触感、温度、颜色，发现冰会融化，能滑动，并由此和“脚”“球”的特质产生联系，提出“是不是有脚”的判断和“把它当球玩”的建议。冰块的薄层在敲打、撞击中破裂，冰块被想象成企鹅洞、小船，幼儿用动作演绎“开船”，“冰块底部融化后的破裂处”被想象成“船漏水了”。当教师捕捉到幼儿语言“好冷啊”“手都快冻僵了”以及他们不断搓手的动作后，告知“有手套”来接纳幼儿的感受并给予支持；“太棒了”是幼儿积极的情感反馈。

每个幼儿根据自己的节奏游戏着、探索着，这时的探索是幼儿最本源、最真实的探索。他们谈到了“摩擦力”，认为自己是“科学家”，看似不连贯、片段式的信息，是幼儿在和“冰”的互动中最直接的感知和诠释。他们将冰块与自己的生活经验产生创造性的联结，在积极努力地整合这些信息，形成自己的理论。“我们都是科学家”是幼儿对自己逻辑的肯定，对自己力量的认可。

3. 支持推进

给幼儿自由选择同伴、材料、玩法、记录的机会，让他们充分调动自己的感官，用自己的速度聚焦感兴趣的事物。尽量减少教师的预设，支持幼儿在自然、自主的状态下探索。

情节二：玩冰“进行时”

1. 观察记录

亮亮举起一块“L”形凹面小冰块，把冰块靠近左眼：“哇，我可以拿这当眼镜看！”边说边把冰块靠近双眼至 1 厘米，“看得一团模糊。”亮亮双手托冰块，凑近晃晃的眼睛：“这是我看得最清楚的，给你。”

晃晃睁大双眼，凝视 3 秒后：“全部是水。”（图 14－47）

宏宏拨动着桌面上近似于直角三角形、斜边大约 2 厘米的小冰块，冰块表面有明显的棱状凸起。他抬起头看向老师：“我有新发现，冰块可以当放大镜。”

老师：“真的吗？它把什么放大了？”宏宏指着桌面上的黑色点状印迹：“这些小点点。”老师：“放大了没有？”宏宏把冰块在黑点上缓慢地来回移动：“放大了。”

晃晃指着桌面一处咖啡色圆形茶杯印：“可以放大这个吗？”

宏宏：“可是，这个（冰块）太小了。”

晃晃：“这里有个大的。”说着把一块长约 10 厘米、宽约 5 厘米的菱形大冰块推向圆形印迹。

宏宏双手扶住菱形冰块的两角，低头在黑点印迹上缓慢来回移动：“大一点就放不大了。”（图 14－48）

老师：“你发现它是在哪里放大的？”

宏宏：“是在这个冰块的透明地儿。”

图 14－47　冰块“眼镜”

图 14－48　冰块“放大镜”

2. 分析反思

亮亮反复调整冰块位置，尝试找到“可以当眼镜看”的最佳距离。他发现即使是“看得最清楚”的冰，透过冰层看出去，还是“看得一团模糊”。晃晃把视线聚焦在冰块上，看到的则“全部是水”。宏宏发现冰凸起的边缘“可以当放大镜”，能放大桌面上的“小黑点”，他反复尝试，验证自己的发现，透过冰面寻找每一个细微的变化。在和晃晃的互动中，他尝试放大桌面上的其他印迹，在他看来：“大一点的冰”不具备放大功能，冰块的某处“透明地儿”才具有放大特质。

当幼儿向教师提问或可能需要支持的时候，“你觉得呢？为什么？需要的话，你可以……也许……”这样的开放性回应，可以引发幼儿新的思考和讨论，允许多种可能的创意冲动和想法，使幼儿感觉到自己得到了尊重和接纳。幼儿像“科学家”一样自由地思考和行动，像“科学家”一样拥有巨大创意和力量，像“科学家”一样对自己未知的一切充满期待和探究欲望。

3. 支持推进

提供记录材料和环境的支持，鼓励幼儿将自己的发现进行梳理和介绍。

情节三：记录冰的“秘密”

1. 观察记录

在区域一角摆放一块小型立式黑板，板上贴一张 A2 大小的白纸，竖着固定在黑板上。

小居用“箭头”“大圈”“扇形”“圈”“点”分别表示“大冰块”“部分碎裂的冰块”“碎冰块”“水”的变化过程。记录完，他想了想：“圈起来，我是 7 号，我很高兴！”边说边用椭圆形圈住自己的记录，在右上角写上“⑦”，左上角画了一个“”。

宏宏和飞飞也先后走过来进行记录。宏宏刚画下了一个“箭头”，小居就伸手指着自己的记录说:“我给你们介绍一下,本来是块完整的冰。”(图 14 - 49)宏宏停下记录,视线顺着小居的手指向后移动:“然后变成了个半冰,渐渐变成了碎片,越来越多碎片。”

小居指着飞飞记录的直线:“嘿,你都没有箭头。”话音刚落,飞飞迅速添加箭头,记录冰块的变化过程,也用一个椭圆形圈起自己的记录,写上学号 27,然后收笔离开,回到桌面继续玩冰。

小居留在黑板旁观看宏宏记录,宏宏画了一个同心圆表示“大冰块”。小居:“对,冰上有洞。”说着再次取笔在自己记录的“完整的冰”和“半冰”中各添加了一个小圆。

宏宏边画波浪线,边说:“水怎么是小点点呢,水是波浪形的。”(如图 14 - 50)

图 14 - 49　我来给你们介绍一下

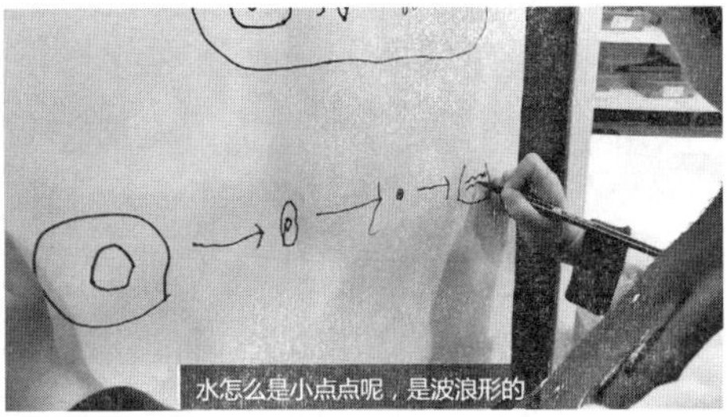

图 14 - 50　水是波浪形的

2. 分析反思

幼儿在记录的过程中,都延续了第一位记录者宏宏运用“图形”和“箭头”再现“玩冰过程”的记录方式,并把自己记录的内容围合起来,宣布专属权。他们能看懂彼此的记录,相互模仿,不断修正细节。记录中,幼儿重新梳理和审视自己的发现,让记忆变得清晰可见。他们把脑海里的印象呈现给同伴,评价自己也倾听别人对自己的评价,不断调整和丰富自己的理论和概念,不断拓展自己的感知范围,提升自己观察与交流的整体能力。

立式黑板的提供,改变了以往每人一张记录单和统一时间进行记录的方式。这样的记录设置,便于幼儿随时需要随时记录,幼儿可以自由支配自己的记录时间;便于幼儿边看边记录,降低记录的难度,使表征更生动准确;便于幼儿了解和比较同伴的发现,为幼儿互动提供更多机会。

3. 支持推进

将幼儿关于“冰”的发现呈现在墙面环境中,帮助幼儿与更多同伴分享自己的发现。

四、活动延伸

一起找一找"生活中的冰在哪里""冰的妙用",试着自己制作冰、品尝冰。(图 14-51,图 14-52)

图 14-51　制作冰

图 14-52　品尝冰

（案例提供:谈允忆）

第十五章
加工厂活动案例

案例一　纸艺随心作(小班)

一、活动由来

小班开学一个月后,提供在美工区的各种手工纸、色粉纸都已经“面目全非”。每次自主游戏时,都能看见几个孩子在美工区开心地将各种纸撕成碎片,看见他们撕纸时愉悦的表情,发自肺腑的笑脸,实在不忍心打断他们。那么如何将孩子喜欢的撕纸行为作为支持他们游戏水平提升的手段?为了支持孩子们尽情玩纸,我们收集了更多种类的纸,供他们在创意区自由创作。

二、活动准备

1. 环境准备

(1) 区域空间:在加工厂的一角创设纸工区,墙面上悬挂大幅米色纸;墙面两侧分别摆放两个材料柜,放置纸类材料和辅助工具;中间放置两张长条桌,供幼儿操作时使用。

(2) 材料工具:纸类材料(如报纸、广告纸、废旧报刊、碎纸片、瓦楞纸、卡纸、色粉纸等);辅助材料(如卷筒纸芯、硬纸板、纸球、纸棒、纸绳等);工具(如刀、胶水、双面胶、固体胶等)。

2. 经验准备

(1) 幼儿能力经验:已经在前期的玩纸活动中习得撕纸的技能。

（2）家园协同经验：在和幼儿一起搜集各种纸的时候认识、了解各种纸的名称和特点。

家长倡议书

亲爱的家长、小朋友们：

你们好！

纸是幼儿生活中常见的材料，撕纸游戏符合小班幼儿的年龄特征。小小的纸在幼儿手中能发生什么奇妙的变化？为了最大程度支持幼儿对于创意区纸类游戏的探索，现向您发出回收各类纸张的倡议，希望我们共同努力，为孩子提供满足他们需要的游戏材料。

以下这些纸张都是我们回收的对象：报纸、广告纸、废旧报刊、礼品盒中的碎纸条。

收集时间：2019 年 9 月 11 日—2019 年 9 月 30 日

收集地点：教室门口宝物箱

三、活动过程

在自由玩了一阵之后，幼儿的游戏水平停留在最初的撕纸行为，怎么样提升幼儿的游戏能力？除了手工纸还能提供哪些纸？撕好的纸能否用于其他创意活动？围绕这些疑问，我们对活动进行了深入思考。

情节一：秋天的树

1. 观察记录

今天孩子们围绕主题“秋天的树”展开创意制作，“树叶组”的幼儿在寻找适合做树叶的材料。来来拿了很多绿色的色粉纸准备撕树叶，煊煊说：“我们要做的是‘秋天的大树’，树叶都变黄了，落下来了。”来来不服气地说：“那我看到有的树还长着绿色的树叶啊！”“不对不对，我妈妈说那些不是秋天的树。”煊煊立刻解释道。来来愣了一下说：“那我就少撕几片吧。”（图 15－1，图 15－2）

“树干组”和“树枝组”找到了需要的材料后，来到制作区。“树干材料有了，但是这个铁丝网不太像树干怎么办？”“我看到的树干是褐色的，我们找个褐色的纸把树干包起来吧。”霄霄看了看收纳篮里的纸，拿起牛皮纸说：“就用这个吧！”汤汤拿双面胶，张张拿剪刀，几个孩子没有商量就一齐坐在地上开始撕纸、撕双面胶，再贴到树干上。（图 15－3，图 15－4）

图 15-1　撕树叶

图 15-2　包树干

图 15-3　包树枝

图 15-4　树干完工

2. 分析反思

大部分幼儿对于制作大型手工作品充满兴趣,他们选择了自己喜欢的制作形式,全程投入到创意制作中,他们的行为没有受到任何人的驱使,表现出了主动学习的品质。幼儿的主观能动性强,能够根据制作主题选择合适的材料,并且选好材料后立刻付诸实施。

百变加工厂的原材料丰富,材料区和制作区分区鲜明,幼儿在活动时能很快找到自己需要的材料。教师在幼儿的制作过程中充当了支持者的角色,鼓励幼儿大胆想象,幼儿能够按照自己的想法自由创作,十分投入。

3. 支持推进

增加游戏材料。为幼儿提供更多种类和材质的纸以及其他自然材料,满足幼儿通过直接感知、实际操作和亲身体验获取经验的需要。在创意制作或者其他区域游戏中,关注幼儿的兴趣点,提供的材料尽量满足幼儿的兴趣需要。

丰富幼儿操作体验,满足幼儿不同的创作需求。提供形式多样的纸类创意制作范例图和实物，满足幼儿的不同兴趣点，支持他们按照自己的需求进行创作，鼓励幼儿有不同的想法。

情节二：好玩的报纸树

1. 观察记录

孩子们在交流新年愿望卡的话题，瑞瑞说："我们把新年愿望卡挂在哪里呢？"泽泽说："我跟妈妈去旅游，把愿望画在纸上，然后挂在了一棵树上。"玥玥说："是的，我也是，我们可以把愿望卡挂在树上。"哲哲说："可是我们现在没有树啊。""那就来做一棵树。"泽泽立刻指着软玻璃下的范例图说："就做这样的，好像是编辫子的方法，我们用报纸来编一棵大树吧！"

刚开始，孩子们开心地捏着报纸棒，老师在旁边协助孩子用报纸棒编大树的树干，揉了几个报纸棒之后，泽泽说："老师，我不想做了。"老师："那你想玩哪个区啊？"泽泽说："我就看着你编。""那你想编吗？"老师看他似乎对编树干感兴趣就问他。"我不会。""那你想不想来试试编树干？"他立刻站起来靠在老师怀里。（图 15－5，图 15－6）

图 15－5　揉纸棒

图 15－6　编树干

2. 分析反思

幼儿能够注意到班级里的资源并提出利用资源，对环境有着非常敏锐的观察力。幼儿对成人能做的事情特别感兴趣，特别是老师能做的事情，当看见老师在编树干的时候，也想尝试一下有难度的工作。

由于教室里投放的各种纸类材料中，报纸占据了很大的空间，因此对于报纸的创造性使用引起了幼儿的兴趣。在桌面提供的一些范例中，关于大树的手工示意图也给了幼儿创作大树的灵感。

3. 支持推进

提供不同能力层次的材料，满足不同能力幼儿的创作需求。对于幼儿特别感兴趣的事情,提供半成品报纸树干,鼓励幼儿在力所能及的范围内尝试完成,编树干的任务可以在教师的协助下交给幼儿来完成。

增加示意图,满足幼儿自我学习的需求。增加各种各样手工大树的范例图,制作编“三股辫”的示意图,支持幼儿自主学习编树干的方法。

情节三:新年树

1. 观察记录

在前一次的讨论中,孩子们已经确定了做新年树的方向,也已经制作好了树干,现在只差做新年树的树叶了。在美工区,孩子们在交流选什么颜色的纸来撕树叶。有的孩子说绿色,有的孩子说黄色,霄霄说:“现在是秋天,我看好多树叶都变黄了,落下来了。我们应该做黄色的大树。”他的说法得到孩子们的一致同意。于是我们选取了黄色的纸来做树叶。铭铭在撕纸的时候两只小手紧紧挨着,一点一点地撕。他一边撕一边念儿歌:“两只小小鸟,飞来吃虫子,你一口我一口,大家一起不分离。”

树叶撕好后,孩子们将之前做好的树干布置上墙,他们拿着自己的树叶纷纷往树干上贴,铭铭说:“我的树叶要贴在树干上。”沄沄说:“树叶落在地上了,我们也要在地上放一点树叶。”说着她将自己手里的树叶贴到了树根下面。孩子们看着自己做好的新年树说:“我们的新年树真好看!”(图15-7,图15-8)

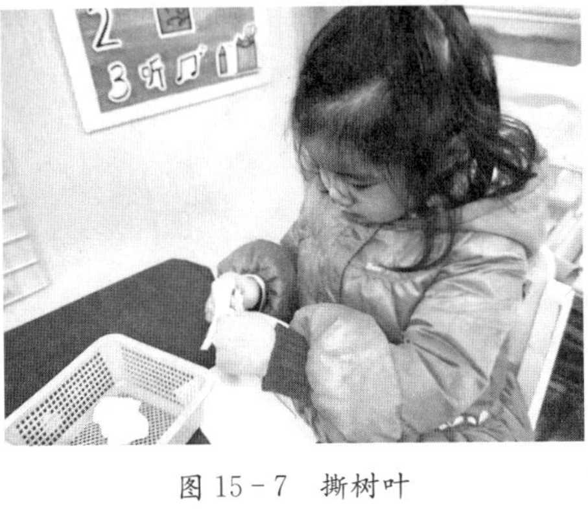

图15-7 撕树叶

图15-8 贴树叶

2. 分析反思

幼儿能够根据问题提出解决的方法。幼儿撕纸的能力提升很快,他们已经能够掌握正确的撕纸技能。幼儿对于树叶粘贴的位置也有自己的想法,如沄沄觉得“树叶落到地上了”,把树叶贴在下面。

墙面上的树干给了幼儿想要贴树叶的冲动。教师通过儿歌有效帮助幼儿回忆撕纸的要点，大大提升了幼儿的撕纸技能，为活动的顺利进行提供了支持。关于大树纸工作品的各种图示启发了幼儿关于创作大树的灵感。

3. 支持推进

肯定幼儿对于大树的创作方法，对他们的创意行为产生正强化的效果。在游戏回顾环节，请幼儿介绍制作大树的方法，肯定他们的想法和做法，把布置环境的决定权还给幼儿。

丰富游戏材料，支持幼儿继续探索。提供各种材质的纸，为幼儿撕纸游戏提供充分的材料支持。根据幼儿的兴趣点，多提供一些撕纸游戏素材，鼓励幼儿大胆创作，用自己的方式去表现和创造美。

四、活动延伸

幼儿对于玩纸的创意已经产生了浓厚的兴趣。很多奇思妙想在幼儿之间产生，他们觉得报纸球的创意非常棒，玥玥和怡怡还利用报纸球制作了可爱的瓢虫。他们对瓢虫的创意影响了身边的小朋友，泽泽在他们的影响下，利用报纸球制作了蚂蚁。（图 15 - 9，图 15 - 10）

在后期的游戏中，继续创设纸的创作环境，支持和鼓励幼儿大胆选择更多种类的纸，尝试进行其他主题的创作。引导幼儿喜欢艺术活动并能大胆表现，为他们的想法提供支持性的游戏材料和工具。（图 15 - 11，图 15 - 12）

“兴趣是最好的老师”，创意没有边界，相信他们会有更多更好的作品产生，并能将对纸的创意迁移到其他事物上。

图 15 - 9　瓢虫

图 15 - 10　瓢虫

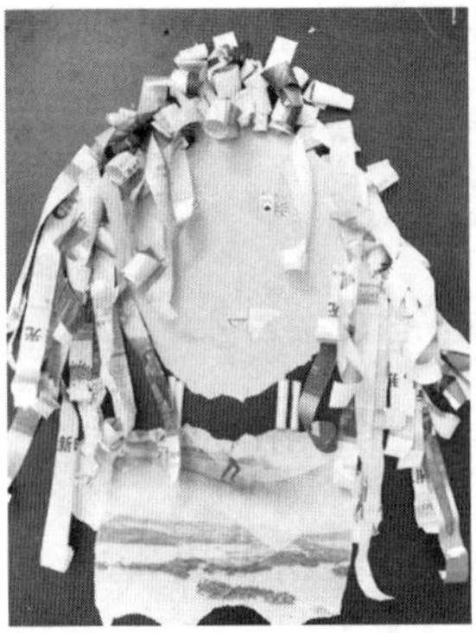

图 15－11　妈妈的头发

图 15－12　妈妈的头发

（案例提供：叶玉华）

案例二　自然巧造物（中班）

一、活动由来

树叶飘落，唐宝说：“用落叶做扇子。”点点说：“做门帘。”“做画纸。”豆豆说：“树叶是一种自然物。”芃芃问：“什么是自然物啊？”孩子们展开了自然物大讨论。在讨论中，师幼一起总结出自然物是天然生成的东西。玥玥问：“哪些是自然物？”点点说：“树枝、贝壳……”孩子们在同伴的启发下说出了很多自然物，制作了“自然物”调查表（图 15－13），展开了一场收集探索之旅。

图 15－13　“自然物”调查表

二、活动准备

1. 环境准备

(1) 区域空间。(图 15 - 14,图 15 - 15)

图 15 - 14　多通道开放式活动区

图 15 - 15　自然物陈列架

(2) 材料工具。

师幼共同收集各种自然物。

提供适合各类自然物材料创作的工具。

2. 经验准备

(1) 幼儿能力经验:幼儿对生活中的自然物有一定的了解。

(2) 家园协同经验:发动家长资源,共同收集各种自然物。

自然物召集令

亲爱的家长、小朋友们:

你们好!

大自然是最好的教材。把大自然的动植物引进幼儿园,有助于幼儿感知大自然与周围事物的变化,引发幼儿对大自然的关注、探究。故自然物是幼儿园环境的重要组成部分,是科学教育的重要资源。

为拓展孩子的视野、感受自然的美好、激发热爱大自然的情感和探索的兴趣,丰富幼儿园生活,我们与孩子们商讨决定将自然"请进"教室,共同收集各种生活中的自然物,让孩子们能够真正体验大自然带给他们的美好童年!使他们自然成长,自然成就!

我们的收集对象有:

芦苇、树枝、叶子、玉米、花生、葫芦、丝瓜、种子、南瓜、萝卜等果蔬;贝壳、鸡蛋壳、羽毛等;沙子、石头、泥土等。

物品收集时间:2019 年 9 月 1 日起

物品收集点:机关幼儿园中(3)班教室

三、活动过程

师幼共同收集自然物,进行分类和整理,将真实的自然物投放到幼儿的学习生活中。那幼儿是如何自主选择进行探索的呢?幼儿的兴趣点又在哪里呢?

情节一:自然物自由玩

1. 观察记录

豆豆来到自然物摆放区,说要找一片黄色的银杏叶,可叶子太多找不到。欢欢看到后说:"理一下就能快速找到,把相同种类的放在一起。"于是,孩子们找来几个箩筐,开始分类!他们先把不同种树叶分开,再比较同种树叶,分成小黄银杏叶、大黄银杏叶等。经过商讨师幼将自然物分为植物类、矿物类、动物类,并绘画制作了每类的标签。

孩子们自主选择各类自然物自由探索。玥玥把两个大贝壳合在一起,说:"贝壳宝宝在睡觉。"希希说:"我想用石头堆城堡。"唐宝拿起一只小海螺往耳朵上凑,说:"我在听海的声音。"(图 15－16,图 15－17,图 15－18,图 15－19)

图 15－16　贝壳里的秘密

图 15－17　石头城堡

图 15-18　天平

图 15-19　听海的故事

2. 分析反思

幼儿最初对自然物的探索，在于形状、大小等表面特征。幼儿的探索经验主要来源于先前生活中的积累。幼儿观察仔细，善于发现每一种特征，并对这些特征进行总结，将凌乱的自然物进行有效的分类整理，变得整齐有序。幼儿对分类这一经验的应用，从凌乱摆放的自然物到有分类标签的自然物，不仅促进幼儿数概念的发展，也体现出幼儿专注、有序的学习品质。同时善于向同伴学习，为幼儿走向成功奠定了良好的基础。

做幼儿活动的观察者和记录者。观察并记录幼儿的探索行为，引发讨论，总结、迁移生活中做标记的经验，激发书面表达的愿望，促进幼儿的认知向更高水平发展。

3. 支持推进

抓住一切可能的机会，让幼儿观察探索。在这次活动中，教师要做的是在时间、空间、内容、组织形式上给予幼儿保障，为幼儿提供充足的自然物材料，引导他们在轻松愉快的氛围中自由探索。

展示幼儿的探索成果。通过拍照和画图等方式帮助幼儿保留活动中有趣的发现，促进幼儿相互学习，感受成功，为下一次活动奠定良好的心理环境，激发更深层次的探索。

在自由发挥创意之后，我们进一步尝试结合园本课程，将自然物与颜料、画笔、剪刀等材料相融合，进而大胆创作，与墙饰、主题课程充分呼应，共创具有自然特色的环境，充分感知自然物的色彩、形态，激发幼儿发现自然之美和创作的愿望。那幼儿是如何对自然物的添加、重组等进行创意表现的呢？

情节二：自然物创意玩

1. 观察记录

孩子们不再局限于对自然物的色、形及本身用途的探索，逐渐转向一些创意的想法。

玥玥说："银杏的叶子像裙子。"孩子们还把枫叶、银杏叶用一隔一的规律串成一条条，形成了一幅美丽的秋景。心心说："可以在石头上画美丽的雪人。"（图15－20，图12－21）

点点和多多玩小木片，孩子们一边观察着木片的形状、大小，一边商讨。多多说："两个圆形的木片拼一起做身体。"点点说："细长的树枝做手和脚。"幼儿开始粘贴，从双面胶换到固体胶又换成酒精胶，都粘不住，几次失败后，幼儿向老师求助，老师说："看看示意图。"点点说："我来挤胶水，你拿着木片，然后我们在一起按住。"终于成功粘住。（图15－22，图15－23）

图15－20 做裙子

图15－21 石头画雪人

图15－22 木片制作

图15－23 主题环境：在秋天里

2. 分析反思

幼儿的创作来源于对生活的观察和热爱，幼儿的兴趣和自信不断被"点燃"，如用秋季的树叶制作，将“秋”搬进教室，感受秋的气氛。幼儿在自然环境的熏陶下亲手制作，进一步感受秋天，提升认知。

做幼儿活动的支持者和推动者。幼儿对自然物材料的探索上存在差异，对同种自然物材料有不同的操作方式，幼儿多次粘贴失败，把尝试当作学习和游戏，在幼儿需要帮助时，教师给予建议，促进幼儿的合作。幼儿是孜孜不倦、锲而不舍的学习者。

3. 支持推进

提供丰富的自然物材料，增加接触机会。通过谈话、前期观察、共同收集等帮助幼儿增加前期经验，利用户外活动，让幼儿多接触自然，增加对自然物的了解和欣赏，鼓励幼儿运用已有认知进行探索，获得新的知识经验。

提供多层次的操作材料。考虑幼儿的认知和年龄，观察幼儿的兴趣和问题，有针对性地指导幼儿操作，提供示意图、半成品、名家作品等，潜移默化地激发幼儿自主学习，进一步探索自然物的属性，让自然物与幼儿充分互动，不再只是装饰物。自然物是幼儿亲近自然的途径，更是幼儿探索的材料，吸引幼儿进一步开启创意之旅。

情节三：自然物深入玩

1. 观察记录

随着气温升高，幼儿开始关注易腐自然物的贮存、处理。幼儿是如何处理易腐自然物的？是否有初步的环保意识和责任意识？

豆豆指着变烂的果皮说：“这些烂了真可惜。”点点说：“烘干做干果。”桐桐说：“我妈妈用这些做过环保酵素。”师幼一起查阅资料，寻找处理方法，知道了酵素可以清洗果蔬、擦拭地板等，对环保有很大作用。师幼商讨决定邀请家长一起制作酵素，设计记录表轮流维护，静待酵素制成。（图 15－24，图 15－25）

图 15－24　家长介绍酵素

图 15－25　倒果皮

2. 分析反思

幼儿是细心观察的主动学习者、探索者和环保推行者。植物类自然物作为易腐物的一员,它的再利用让幼儿感受到了环保的意义。幼儿善于观察,主动学习,讨论分享酵素的知识并迁移制作。从设计表格到合作维护,幼儿的责任意识和集体意识不断增强,社会性不断发展。

做幼儿活动的倾听者和合作者。关注幼儿的感受,倾听幼儿的想法,鼓励幼儿自主寻找易腐自然物的处理方法,参与商讨,将幼儿的想法变为可实施的方案。

3. 支持推进

鼓励幼儿做简单的记录。用绘画、符号等形式记录自己的观察发现、分享评价,帮助幼儿记忆巩固所获得的知识经验。点滴记录,就是幼儿一次次知识经验的升华。

家园合作共推探索。与家长联系,共制酵素。鼓励幼儿在生活中关注自然、推行环保。走近自然,享受与自然、自我融合的和谐状态,激发幼儿保护自然的情感!

四、活动延伸

追随幼儿的兴趣,我们还开展了"过新年""干花制作""果皮门帘""小猫钓鱼""有规律的项链"等活动。(图 15－26,图 15－27,图 15－28,图 15－29)

图 15－26　焦点区:过新年

图 15－27　干花制作

图 15-28　果皮门帘

图 15-29　木片制作:小猫钓鱼

(案例提供:朱倩)

案例三　瓶子总动员(中班)

一、活动由来

每当雾霾天或雨天时,孩子们便在走廊里玩起各种运动小游戏。一个雨天,正玩沙包的周大为和韩越对“资源收集站”中的瓶子产生了兴趣,他们想用瓶子玩保龄球的游戏。于是,老师和他们一起,把适合的瓶子一个个拿出来摆成一排,周大为用皮球击打。大家的目光都被吸引了过来,纷纷排队要玩“保龄球”。随着大家在走廊玩“保龄球”的次数渐渐增多,幼儿对于瓶子探索的欲望越来越强烈。午餐后孩子们搬小椅子在走廊中休息时,总有三五成群的小家伙喜欢翻翻装有瓶子的纸板箱。于是老师便将收集来的各种各样的瓶子摆在开放式的创意区,让幼儿去自由探索,看看瓶子在孩子们的探索下还能呈现出怎样的创意游戏。

二、活动准备

1. 环境准备

(1) 区域空间。

将桌子、材料车和柜子拉开,形成有多个通道的区域环境。在桌面上放置各种材质的瓶子,柜子用来展示幼儿的创意瓶子作品,材料车上放置辅助材料。(图 15-30,图 15-31)

图 15－30　开放性活动区划分

图 15－31　半开放性活动区划分

（2）材料工具。

蓝色收集箱，各种材质、形状、颜色的瓶子，辅助材料：毛根、毛绒球、吸管、剪刀、彩纸、双面胶、保利龙球、羽毛、纽扣、树枝、超轻黏土、皱纹纸等。

2. 经验准备

（1）幼儿能力经验：对各种瓶子的形状、材质以及其他特点有初步的感知，会使用常用的创作工具，如双面胶、剪刀、胶棒等。

图 15－32　倡议书与收集箱

（2）家园协同经验：在收集瓶子的过程中，家长引导幼儿感知瓶子的特点及在生活中的用途。（图 15－32）

废旧瓶子收集倡议书

亲爱的家长、孩子们：

你们好！

为了更好地满足孩子们对于瓶子的探索热情，现需大家一起收集更多种类的瓶子。相信废旧的瓶子在孩子们的手中一定能变成有意思的作品。让我们一起期待他们的创意之花绽放吧！

我们收集的对象：

各种材质的瓶子：玻璃瓶、塑料瓶、陶瓷瓶等。

各种用途的瓶子：调料瓶、洗发水瓶、果汁瓶、药瓶、化妆品瓶、酒瓶、矿泉水瓶等。

各种形状的瓶子：方形的、心形的、圆柱形的等。

瓶子收集时间：2018 年 11 月 8 日—2018 年 11 月 18 日

瓶子收集地点：中(2)班教室走廊区域

三、活动过程

经过一段时间，瓶子已经收集得很丰富了，为了幼儿能更好地游戏，教师在班级创设了开放与半开放的游戏区域。不过在幼儿游戏的过程中，教师要带有思考地观察：幼儿是否对新创设的欣赏区感兴趣？幼儿对于在创意区提供的低结构辅助材料是否可以自由创作？幼儿对于瓶子是否有新的游戏创意？

情节一：自由观察

1. 观察记录

欣妍和梓辰一进入区域就被欣赏区的画面吸引了，欣妍指着一张“青花瓷”的图片与梓辰交流着上面的花纹图案。欣妍说：“为什么这些瓶子上都是蓝色的花纹？”梓辰说：“我也不知道，不过挺好看的，我奶奶家有个这样的瓶子。”欣妍说：“我喜欢这个蓝色瓶子，上面的花纹最好看，好多一样的花朵图案。”(图 15 - 33)

图 15 - 33　幼儿自由欣赏

2. 分析反思

根据《指南》有关艺术领域欣赏目标，该年龄段的幼儿的确对多种多样的艺术表现形式感兴趣，加上欣妍和梓辰他们二人平时在选择区域游戏时也更倾向于美工区，所以该区域投放新材料时，他们会不约而同地前来欣赏、探究。

在激发幼儿创作意愿时，幼儿一开始可能会找不着切入点或方向，需要通过欣赏手段来获得灵感，所以教师创设欣赏区来使幼儿增加兴趣点。

3. 支持推进

支持幼儿兴趣点，从欣赏推进到实践。幼儿通过美术欣赏活动，认识了“青花瓷”这种中国传统艺术品。在创意区中，幼儿根据投放的蓝色记号笔和白色花瓶形状的底纸自由装饰瓶子，各种创意图案跃然纸上。(图 15 - 34，图 15 - 35)

图 15-34　幼儿绘画青花瓷

图 15-35　青花瓷作品展

情节二:自由创作

1. 观察记录

今天,云朵来到了创意区,她先看了看桌面上提供的材料,然后到资源箱里翻找了一个塑料的矿泉水瓶子。老师问她:“你想用瓶子做什么?”她说:“我想靠自己的想象做个娃娃。”云朵先用圆形的卡纸做“瓶子娃娃”的帽子,把泡棉胶粘在了瓶口部位,再用黑色卡纸剪了两个小方块作为“瓶子娃娃”的眼睛,又剪了个红色卡纸做嘴巴。这些做完以后,她左右两边看看,问旁边的世雄:“你打算怎么做娃娃的衣服?”世雄说:“我打算用一张蓝色的方形纸包在瓶身上,这样娃娃的衣服就做好了。”云朵听了后,似乎也有了想法,她拿起黄色彩纸,剪成长条形,剪好后用双面胶粘在了瓶子的下半部分,变成了娃娃的裙子。她想把做好的瓶子立在桌面上,可是立不稳,瓶子总是倒,因为做裙子的纸条太长了,妨碍了瓶子的站立。于是,她用剪刀把多余的部分剪掉,用铅笔把长条纸卷一卷,再试着立在桌面上就稳当了。(图 15-36)

图 15-36　制作瓶子娃娃

2. 分析反思

中班幼儿对于艺术有了一定的表现力。一开始,云朵有了一定的想法,不过在做娃娃衣服时遇到了困难，于是便寻求了周围伙伴的帮助，同伴的回答让她茅塞顿开。

在这个游戏过程中，教师仍旧隐退在幼儿身后，提供丰富的便于幼儿取放的材料、工具或物品，支持幼儿进行自主创意。为幼儿营造一个舒适自由的创作环境，形成一个幼儿与幼儿之间相互观察、相互激发灵感的创作实验场。

3. 支持推进

激发幼儿创意，鼓励幼儿自由设想。随着瓶子游戏在创意区的开展，幼儿的想法越来越多，兴趣越来越浓厚，于是教师组织了一次瓶子设计师的谈话活动，请幼儿自己来设想用哪些材料与瓶子做互动游戏，关于瓶子还可以有哪些创意。孩子们畅所欲言，他们还把自己的创意设想画在了白色小卡片上。（图 15－37，图 15－38，图 15－39，图 15－40）

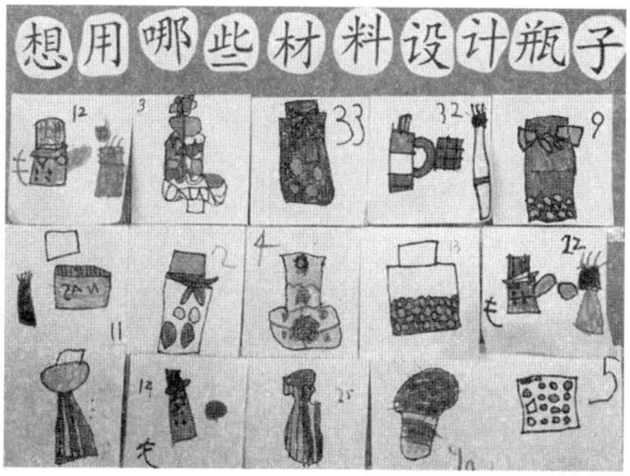

图 15－37　设想图

图 15－38　瓶子创想

图 15－39　瓶子创想

图 15－40　瓶子创想

情节三:新创意

1. 观察记录

今天妍兮来到了创意区,她前天用白色颜料涂了两个一模一样的玻璃酒瓶,今天从资源站取出来继续制作。她把两个瓶子立在桌面上,拿取一个颠来倒去反复地观察着;放回桌面,又拿取另一个瓶子颠来倒去观察着,然后她把两个瓶子全部平躺在桌面,瓶口对着瓶口,看看周围的辅助材料,问:"老师,能帮我拉取一段透明胶吗?我需要透明胶。"老师剪了一段宽的透明胶给她。"老师,我两手扶着瓶子,你帮我用透明胶把两个瓶口粘在一起可以吗?"绑好以后,她笑着用右手把这个新物品举得高高的,说:"看我的瓶子'哑铃'。"玩了一会儿瓶子"哑铃",她又把瓶子"哑铃"平放在桌面上,用水彩笔在瓶身上画图案花纹。(图 15-41,图 15-42)

图 15-41 幼儿玩"哑铃"

图 15-42 装饰瓶子"哑铃"

2. 分析反思

今天的创意活动是妍兮的延续操作,在前一天,她已经给两个瓶子涂好了白色的底色。她原先只是想彩绘瓶子,还没有想到要做瓶子哑铃,所以今天的创意完全是即时的灵感。而她也愿意为自己的想法付出行动,把想象变成现实。能想出把瓶子连接变成哑铃,说明她对于瓶子的形状进行了借形想象;再者她也有丰富的生活经验和观察能力,因为哑铃对于成人来说可能较为普遍,可对于孩子来说,生活中并不太能接触到,一定是父母平时带她玩的时候,她用心注意到了,这才能帮助她成功迁移经验。在遇到瓶子与瓶子连接困难时,她会主动寻求成人的帮助,用清晰流畅的语言进行沟通,说明她的语言表达和社会性发展都很好。

鼓励幼儿拓展瓶子的多种玩法。为了尝试瓶子游戏的更多可能性,幼儿有了更多接触各类瓶子的时间与条件,对于之前的材料做减法,单纯玩瓶子。

如，有些孩子发现不同材质的瓶子能发出不同的声音，在每个玻璃瓶里装水，按它们的高低顺序排列好，用筷子击打玻璃瓶从而发出不同的声音。(图 15-43)

3. 支持推进

提供空的玻璃瓶、塑料瓶、宽胶带、黏土等黏合材料。

图 15-43　敲打游戏

四、活动延伸

师幼一起把教室的创意区渐渐变成一个大型的瓶子创意展览区，幼儿陆续来观看各自的作品，在相互学习中激发灵感。此外，幼儿将制作的许愿瓶投放到班级角色区“小卖部”中，在区域游戏时进行“瓶子商店”的角色游戏。(图 15-44，图 15-45)

图 15-44　作品展览

图 15-45　瓶子商店

(案例提供：冯旦吟)

案例四　管子大玩家(大班)

一、活动由来

自由活动时，律铮从材料搜集站拿出了一根管子，他拿在手上左边转转、右边转转。一旁的宸逸说：“律铮，你真像孙悟空！”福峣看到了想和他一起玩。律铮说：“要不，我们两个一起玩吧！”在接下来的几天时间里，越来越多的孩子想玩 PVC 管子。全园老师和小朋友一起搜集 PVC 管子，展开了“管子大玩家”的活动。

二、活动准备

1. 环境准备

(1) 区域空间。

在教室后方墙面开辟幼儿作品设计、成果展示区域;在办公桌一侧摆放两个柜子,放置不同尺寸的 PVC 管;在移动架上投放了不同尺寸、形状的连接头;桌面上提供各种辅助材料。(图 15 - 46,图 15 - 47)

图 15 - 46　桌面区域

图 15 - 47　开放活动区

(2) 材料工具。

主材料:不同尺寸的 PVC 塑料管和接头;辅助材料:毛线、瓶盖、纽扣、勾线笔、水粉笔、颜料、吸管等。(图 15 - 48,图 15 - 49)

图 15 - 48　召集令

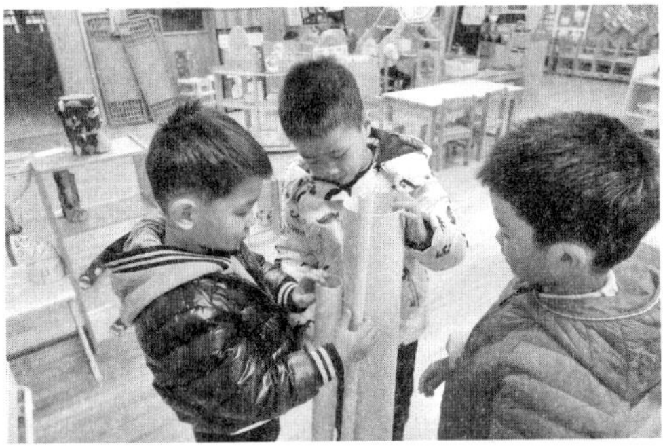

图 15 - 49　不同尺寸的 PVC 管

2. 经验准备

(1) 幼儿能力经验。

有与同伴合作构建的经验,喜欢动手动脑寻找问题的答案。

(2) 家园协同经验。

家长带着孩子一起寻找生活中的 PVC 管,了解管子的形状和用处。

> 废旧物品回收倡议书
>
> 亲爱的家长、小朋友们:
>
> 你们好!
>
> 您的家中是否有装修剩余的 PVC 水管、包装纸箱、漂亮的包装盒、闲置的矿泉水瓶、旧窗帘呢?不要小看这些材料,经过孩子们的奇思妙想,它们会大"变身",让废旧物品重获新生!现本班发出废旧物品回收倡议,希望我们携手共创充满活力、绿色、健康的活动环境!
>
> 这些物品都是我们的收集对象:
>
> 1. 不同规格、尺寸的 PVC 管(请清洗干净,并确保切口光滑、平整)。
>
> 2. 纸箱纸盒类:牛皮大纸箱、月饼包装盒、喜糖盒、牙膏盒、餐巾纸盒、纸巾筒。
>
> 3. 瓶罐类:矿泉水瓶、大矿泉水桶。
>
> 4. 其他:毛线、旧桌布、旧窗帘、瓶盖、纽扣等。
>
> 物品收集时间:2019 年 11 月 1 日—2019 年 11 月 28 日
>
> 物品收集点:机关幼儿园海岸城幼儿园大(1)班走廊

三、活动过程

幼儿在与管子的互动中观察、发现,在发现中探索,在探索中合作成长。

情节一:机器人

1. 观察记录

自主游戏开始了,俊皓、律铮和衡宇三个人看到创意区里形状、大小各异的管子,律铮提议:"我们一起来做个机器人吧。"衡宇拿出一个"十"字形的接口说:"可以用这个做身体,然后再找两根管子,连在两边做手。"律铮找来了两根成 90 度的弯管,说:"看,这个怎么样?装上去是不是很像在举重?"三个小伙伴开始给机器人装手臂。突然律铮发现:"不行!这两根管子一样粗,装不进去!""我去拿双面胶试试!"衡宇说。他们在管子切口处贴上了双面胶。但当把水管立起来时,粘在一起的两根水管断开了。衡宇找来了一根细的水管插了进去。可是这根水管太细了,不一会儿就滑了出来。律铮说:"我们要找一个粗一点的试试。"三个小伙伴拿着这根细水管,在材料箱里一一比对。终于他们找到了一根正好能装进去而且不会掉出

来的管子。三个小伙伴高兴地拍起了手："我们成功了！"(图 15－50，图 15－51)

图 15－50　组装机器人

图 15－51　制作完成的机器人

2. 分析反思

在遇到"如何连接两根同样粗细的管子"这一问题时，他们没有中断自己的创作，而是通过比对、尝试、调整、再尝试的方式不断探索管子的连接方式，并能根据已有经验进行迁移，选择用双面胶作为黏合的辅助工具。幼儿在这样一个自由、自主、互助的氛围下，不断丰富着 PVC 管的创作可能性。

幼儿除了对使用双面胶进行黏合有一定经验外，对于其他的黏合材料及使用方法都不太清楚。教师需要提供一些新的黏合材料给幼儿认识，同时提供操作步骤图，以便幼儿了解基本的使用方法，从而解决黏合、连接方式单一和作品牢固度不够的问题。

3. 支持推进

丰富黏合材料，增加透明胶、玻璃胶、免钉胶、502 胶水等各种黏合剂，提供不同黏合材料的操作步骤图及注意事项，帮助幼儿了解基本操作步骤，拓展多种黏合方式；增添不同尺寸、角度的连接管，满足幼儿探索连接的需要，使作品更牢固、美观。

情节二："小医院"的订单

1. 观察记录

PVC 管创意区的承骁和之硕，收到了小医院的衣架订单。两个小朋友根据图纸找来了较长的且比较粗的水管。接着从箱子里找出了一根较细的水管。之硕说："这根管子挺合适，可是太长了，我们把它剪短点吧！"承骁说："管子这么硬，用什么剪好呢？"之硕说："我在爸爸工地上看到，他们是用锯子锯的。"于是，两个孩子跑去问老师："老师，我们需要锯子，您那有吗？""我这里没有锯子。"之硕想了一会儿说:“上次来教室修水杯架的那个师傅有！我们可以问他借!”高师傅给孩子们带来了一把剪 PVC 细管的剪刀。两个孩子先在管子上画了记号，接着一个按住管子，一个拿着 PVC 剪刀，然后对准画有记号的地方剪。可是管子实在太硬了，之硕使尽全力也没能剪开。承骁说:“我们找人来帮忙一起剪!”于是他们找来了佑佑帮忙，这一次水管被成功剪断了。(图 15－52，图 15－53)

图 15－52　合力裁剪 PVC 管

图 15－53　制作计划

2. 分析反思

本案例中，幼儿对区域中提供的 PVC 水管有了一定的认识和了解。因此，他们在接到订单时，能快速、准确地找到合适的水管作为衣架的主体。但是他们还是遇到了难题——切割。当问题出现时，两个孩子能结合日常生活经验，寻找合适的工具，并主动提出请高师傅来帮忙；当管子太硬，一个人剪不动时，他们会寻求同伴的帮助。

幼儿缺少对管子裁剪的相关经验，并且 PVC 塑料管较难裁剪，教师需要咨询相关专业人员，为幼儿提供合适的裁剪工具，在保证安全的同时，满足幼儿探索的需要。

3. 支持推进

提供并展示 PVC 裁剪工具。邀请专业人员向幼儿进行示范和指导使用，让幼儿掌握正确的使用方法及注意事项。

情节三:移动衣架

1. 观察记录

馨允和晨晞两个女孩用两根长管子和四通头管连接，做成移动衣架的底部；接着，用一根长管和平面三通头管连接成挂衣服的杆子；最后，她们用两根一样长的管子将衣架杆和移动衣架的底部连接起来。全部完成后，她们把衣架扶了起来，可是不知怎么回事衣架总是倒下来。奕唐看到了说:“哎呀，你们下面太窄了，衣架当然立不稳啦！”一边说一边帮馨允和晨晞把底部的一边加宽，可是衣架还是不稳。晨晞说：“你看衣架一直往我这边倒，我这边也要加宽才行！”三个小伙伴按照之前的方式把另一边也进行了加宽。他们再一次把衣架立了起来，这回衣架稳稳地站住了。馨允迫不及待地脱下自己的衣服挂了上去。（图 15－54，图 15－55）

图 15－54 衣架组装中

图 15－55 衣架完成

2. 分析反思

相较于男孩，女孩在 PVC 管制作活动中的经验相对较少，但她们在遇到困难时，能虚心接受男孩给出的建议，并与男孩合作进行游戏。在宽松的环境下，幼儿在与同伴学习、合作、讨论的过程中获得了寻找重心平衡点的技能。随着活动的开展，幼儿的创意不仅仅停留在把心中所想做出来，他们开始尝试将作品运用到实际生活中，并通过实际使用的情况，对自己的作品进行再加工和改造，使创意活动变得更有意义和价值。

幼儿对一些物品在生活中实际的运用方式和常见的形态不是很清楚。教师可以根据幼儿设计的图纸，与幼儿共同搜集生活中的相关图片，以便于幼儿更清楚地了解它在生活中的作用。

3. 支持推进

(1) 分组合作，共同成长。通过抽签、自由分组等形式鼓励幼儿男女合作，或是能力不同的幼儿合作，在合作中共同学习成长。

(2) 家园合作，创意无限。邀请家长参与到活动中，与幼儿共同搜集名家设计作品，参观创意设计展等，从而拓展、丰富幼儿的设计思路和想法，使幼儿的作品更有创意。

四、活动延伸

在活动过程中，幼儿的想法变得越来越多，有的想做体育器械、有的想做喷水管道。为了满足幼儿活动的需要，我们后期将场地调整至户外，让幼儿能大胆地表现、创作大型作品。

（案例提供：卢琛）

案例五　箱盒趣变身（大班）

一、活动由来

一次班级的自主游戏，孩子们用纸箱玩起了“快递员”的游戏，在教室的各个区域“送快递”“收快递”，忙得不亦乐乎。班级里刮起了一阵“快递风”，所有纸箱、纸盒都舍不得扔，全被孩子们收集起来用来“送货”。教室里的盒子越来越多，糖盒、牙膏盒都堆放在了美工区，稍大一些的纸箱都放到了走廊里。看着凌乱的纸箱，老师正发愁怎么把它们处理了。然而走近一看，却发现别有洞天，充满了童趣与创意，走廊里许多纸箱已被孩子们玩得变了形，即使这样，孩子们对它们的喜爱度依然不减。既然喜欢，那就尽情地玩！于是，师幼搜集了更多的纸箱，投放在了专用活动室——“百变加工厂”。

二、活动准备

1. 环境准备

(1) 区域空间。

将纸箱排列、组合、分割、平铺，设置成大型开放的活动场域。将切割好的相同大小的纸箱多样组合，形成纸箱迷宫，辅助材料与工具围放在四周，方便幼儿取放。（图 15-56，图 15-57）

图 15-56　活动区域划分

图 15-57　半开放活动区

(2) 材料工具。

主材料:各种牛皮大纸箱、纸盒;辅助材料:吸管、纸筒、纸杯、彩纸、废旧报纸等;工具:双面胶、海绵胶、胶棒、剪刀、彩笔等。

2. 经验准备

(1) 幼儿能力经验:对各种纸箱的形状、特点有初步的感知,会使用常用的创作工具,如双面胶、剪刀、胶棒等。

(2) 家园协同经验:幼儿家长共同收集纸箱,感知纸箱特点及在生活中的用途。

废旧物品回收倡议书

亲爱的家长,小朋友们:

你们好!

环保的理念越来越深入人心,无锡市机关幼儿园一直在行动,我们倡行环保理念,在园所内施行各项节能环保举措。

包装纸箱、漂亮的包装盒、闲置的空奶粉罐、穿不上的小衣服……经过孩子们的奇思妙想,就能变废为宝。为了培养孩子们绿色环保的意识,让废旧物品重获新生,现创意工作坊“百变加工厂”发出废旧物品回收倡议,希望我们携手共创充满活力、绿色、健康的活动环境!

这些物品都是我们的收集对象:

1. 纸箱纸盒类

牛皮大纸箱、月饼包装盒、喜糖盒、牙膏盒、餐巾纸盒、纸巾筒。

2. 瓶罐类

奶粉罐、矿泉水瓶、椰子瓶等饮料瓶(记得要洗干净哦)。

3. 其他

废旧毛线、布料等。

物品收集时间:2018 年 11 月 1 日—2018 年 11 月 28 日

物品收集点:机关幼儿园总园蝴蝶广场

三、活动过程

收集纸箱并不难,就这么摆着,孩子们也能玩。但是仅仅是纯玩,孩子们是不是依然停留在原有游戏水平上?怎么做会让这些纸箱更好玩且玩出不同的花样呢?根据活动场地,我们做了区域的规划,将纸箱进行多元组合,形成开放与半开放的活动空间，支持幼儿的游戏。本案例中，孩子们通过自由探索，感受到了玩纸箱的乐趣。通过改造纸箱，生发出了百变创意。

情节一：自由探索，纸箱真好玩

1. 观察记录

当孩子们来到百变加工厂，都惊叹于加工厂发生的变化，“哇，好多纸箱啊，教室里的纸箱都到加工厂来了！”“我好想玩一玩！”最受欢迎的是“纸箱迷宫”，孩子们在迷宫里自由地钻爬，寻找出口，当遇到自己的同伴时，当成功找到出口时，他们兴奋不已，玩了一遍又一遍。根据迷宫的构造特点，几个男孩索性拿起软棒玩起了“打地鼠”的游戏，隐藏、发现，和小伙伴们玩得不亦乐乎。霖霖和橙橙将纸盒进行垒高，乐乐和洲洲对空心的纸箱充满兴趣，他们藏在纸箱中前后滚动，玩起了“开坦克”的游戏。（图 15－58，图 15－59，图 15－60，图 15－61）

图 15－58 纸箱垒高

图 15－59 在纸箱中钻爬、跨越

图 15－60 纸箱迷宫

图 15－61 开坦克

2. 分析反思

观察幼儿的不同玩法，发现他们对大型的纸箱很感兴趣，且能在活动区域里与同伴游戏，产生积极的互动。根据纸箱的特点大小及纸箱不同的组合形式,玩出了不同的花样。幼儿结合自身的生活经验,自发地创设游戏情境:打地鼠、开坦克、走迷宫……在玩的过程中对纸箱的特点有了进一步的感知。同时,幼儿梳理已有经验,获得新的知识经验,建立有关空间感知,锻炼身体各动作技能,发展同伴间的交往能力,感受共同游戏的愉悦。

"一种材料,或许会有一百种玩法。"的确,游戏本就属于幼儿,当普通的纸箱变成了他们的玩具,可以随意摆弄、创造,不受束缚,幼儿的空间和思路便像是打开的源泉,他们联系生活,在探索和体验中游戏,一切都将变得自由、好玩,充满吸引力。

3. 支持推进

增加辅助材料,如瓶罐、纸杯、废旧报纸、吸管等。提供多种层次的材料,满足不同幼儿的需求。帮助幼儿丰富游戏情境,建立纸箱多维的空间关系。将活动区域进行调整,形成多通道的活动场地,使幼儿活动时更加自由,增加幼儿与同伴交往的机会。

情节二:百变创意"纸箱大变身"

1. 观察记录

越来越多的孩子加入到了这个神奇的"加工厂",他们依然对纸箱充满着探索的欲望,都想要来玩一玩。活动开始了,几个孩子聚在一起商量着要做些什么。有的孩子提议说要用纸箱做一个"城堡",有的孩子说要造一栋"大厦",还有的孩子说:"排列的纸箱更像是一列火车。"孩子们都是行动派,说着便做了起来。辰辰和帅帅按照原计划,将纸箱垒高、粘贴,打造着属于他们的高楼大厦。思远则执着于将各种纸箱排成长长的一列,加上轮子,还真像他口中所说的火车!多多和玖玖索性将纸箱拆开来,又撑起来,玩起了钻山洞的游戏。(图 15 - 62,图 15 - 63)

图 15 - 62　制作火车

图 15 - 63　钻山洞

与此同时，孩子们还玩出了不同的花样。有的孩子找来质地坚硬的月饼盒做成桌椅，加入情节，玩起了娃娃家的游戏。自发地在材料区寻找辅助材料，纸盒盖子、纸盘、纸杯、吸管。以“家”为线索，开展“吃点心”“制作茶儿”“看电视”等游戏。幼儿沉浸在自己创设的游戏情境中并不断丰富游戏情节。（图15－64，图15－65）

图15－64　制作茶儿

图15－65　看电视

2. 分析反思

幼儿对纸箱材料越来越熟悉，在游戏时他们出现了计划性，活动前主动与同伴商量主题“今天做什么”。根据生活经验，他们将纸箱与生活之物相联系，发挥想象，借用各种辅助材料进行创意制作。在制作的过程中，他们对纸箱感知的角度不同，排列、垒高、多维搭建、拆除，从各个空间进行探索，使游戏愈加丰富多元。

在情境游戏“家”的活动中，幼儿之间产生积极的互动。根据各种纸箱、纸盒的大小和软硬质地，他们联系自身的生活经验，将月饼盒垒高当作桌子，由桌子为起点，引发了之后的椅子、餐盘、杯子的摆放和电视机及节目的创设等，使得情境更加丰满。幼儿的创意活动不仅仅局限在要做出某种作品，简单的材料同样能引发幼儿积极的探索，在探索的过程中感知各种物品的特性，进而引发一系列的游戏行为，这就是纸箱的“百变”魅力吧！

3. 支持推进

提供生活中熟悉的材料，如瓶子、筷子、海洋球等，与幼儿共同创设真实的游戏情境，引导幼儿沉浸式地游戏，在欣赏同伴作品的同时，又具有创意的表现和不同的理解。与幼儿共同商议，形成主题式的活动内容，还原幼儿生活场景。允许幼儿自由改变活动区域，形成更为开放的活动场地与内容，鼓励幼儿对纸箱进行再改造，接纳环境的重组。

四、活动延伸

通过前期活动,孩子们商量讨论,继续用纸箱开展创意制作活动,如以“动物”为主题的“梦幻海底”“热情草原”“侏罗纪公园”的活动。(图 15－66,图 15－67,图 15－68)

图 15－66　梦幻海底

图 15－67　热情草原

图 15-68 侏罗纪公园

（案例提供：朱沁芸）

参考文献

[1] 李季湄，冯晓霞.《3—6岁儿童学习与发展指南》解读[M].北京：人民教育出版社，2013.

[2] 中华人民共和国教育部.3—6岁儿童学习与发展指南[M].北京：首都师范大学出版社，2013.

[3] 辞海编辑委员会.辞海[M].上海：上海辞书出版社，2000.

[4] 教育部基础教育司.《幼儿园教育指导纲要（试行）》解读[M].南京：江苏教育出版社，2017.

[5] 陈威.建构主义学习理论综述[J].学术交流，2007(3).

[6] 朱家雄.建构主义视野下的学前教育[M].上海：华东师范大学出版社，2009.

[7] [美] 卡洛琳·爱德华兹，莱拉·甘第尼，乔治·福尔曼.儿童的一百种语言（第3版）：转型时期的瑞吉欧·艾米利亚经验[M].尹坚勤，等译.南京：南京师范大学出版社，2014.

[8] [美] 黛安·翠斯特·道治，劳拉·柯克，凯特·海洛曼.幼儿园创造性课程[M].吕素美，译.南京：南京师范大学出版社，2006.

[9] 刘柏轩.布鲁纳认知理论中的认识论及方法论[D].山西：山西大学，2012.

[10] 田友谊.创造教育环境研究[D].武汉：华中师范大学，2007.

[11] 陈向贵，杨永锋. 创意与创意能力[C].北京：国际创造学学术讨论会论文集，2006.

[12] [德] 马克思.1844年经济学哲学手稿[M].中共中央马克思恩格斯列宁斯大林著作编译局，编译.北京：人民出版社，2000.

[13] 徐明聪. 陶行知创造教育思想[M].合肥：合肥工业大学出版

社,2009.

[14] 李欣频.创意与创意脑研究[J].广告大观(理论版),2011(3).

[15] 陈栩,沈丹,谈允忆.环境,幼儿的第三位教师[M].长春:东北师范大学出版,2020.

[16] 叶玉珠."创造力发展的生态模拟系统"及其运用与科技信息领域之内涵分析[J].教育心理学报,1990(6).

[17] [美] 戴维·H.乔纳森.学习环境的理论基础[M].郑太年,任友群,译.上海:华东师范大学出版社,2002.

[18] 阎平.格式塔心理学派关于创造性思维的研究——方法论原则与认识论基础分析[J].自然辩证法研究,1992(10).

[19] 郭有遹.创造心理学[M].北京:教育科学出版社,2002.

[20] 郭佳伟.皮亚杰发生认识论研究[D].保定:河北大学,2011.

[21] 程伟礼. 皮亚杰"认识不断创新"思想述评[J].学术月刊,1986(5).

[22] 张丹.论陶行知的创造性教育思想[J].新教育时代(教师版),2014(24).

[23] [美] 戴维·H.乔纳森,苏珊·M.兰德.学习环境的理论基础(第二版)[M].徐世猛,李洁,周小勇,译.上海:华东师范大学出版社,2015.

[24] 崔允漷,王中男.学习如何发生:情境学习理论的诠释[J].教育科学研究,2012(7).

[25] 陈秋怡.情境学习理论文献综述[J].基础教育研究,2016(19).

[26] 李妍.乔纳森建构主义学习环境设计研究[D].上海:华东师范大学,2007.

[27] 王本法.奥苏贝尔学习类型理论的意义[J].济南大学学报(社会科学版),1990(创刊号).

[28] 路海东.加涅的信息加工学习理论述评[C].北京:中国科协 2001 年学术年会论文(上册),2001.

[29] 徐碧波.信息加工理论与加涅的学习观[J].外国教育动态,1988(1).

[30] 王玲凤.培养儿童创造性思维的方法初探[J].人大复印资料(心理学),1998(9).

[31] [意] 卡丽娜·里纳尔迪.对话瑞吉欧·艾米利亚:倾听、研究与学习[M].周菁,译.南京:南京师范大学出版社,2014.

[32] 袁爱玲.学前创造教育课程论[M]. 北京:北京师范大学出版社,2001.

[33] 俞贞. 情境学习和学校环境中实习场的建构[J].全球教育展望,

2006(5).

[34] 虞永平. 从物质环境中感知幼儿园课程文化[J].教育导刊(幼儿教育版),2008(7).

[35] [美] 丹尼尔·沙因菲尔德,凯伦·黑格,桑德拉·沙因菲尔德.我们都是探索者[M].屠筱青,戴俊毅,译.南京:南京师范大学出版社,2014.

[36] [意] 瑞吉欧·艾米利亚幼儿园和婴幼园学会.瑞吉欧·艾米利亚市属幼儿园和婴幼园指南[M].沈尹婧,李薇,译.南京:南京师范大学出版社,2014.

[37] 衣新发,蔡曙山.创新人才所需的六种心智[J].北京师范大学学报(社会科学版),2011(4).

[38] 韦特海默.创造性思维[M].林宗基,译.北京:教育科学出版社,1987.

[39] [美] 马里奥·希森.热情投入的主动学习者——学前儿童的学习品质及其培养[M].霍力岩,等译.北京:教育科学出版社,2016.

[40] 陈晓红. 实习场与幼儿园课程研究[D].南京:南京师范大学,2008.

[41] [美] 莉萨·戴利,米丽娅姆·别洛戈洛夫斯基.开放性材料 1:幼儿创造性游戏[M].[美]珍娜·戴利摄影.张瑞瑞,钟欣颖,译.南京:南京师范大学出版社,2018.

[42] 唐玉萍.经验课程——在探索中生发[M].南京:南京师范大学出版社,2011.

[43] 兰天明,田银平,胡晓楠,等.目标取样法和扫描取样法在圈养黑熊行为研究中的比较[J].经济动物学报,2012(2).

[44] 盖伊·格朗兰德.发展适宜性游戏:引导幼儿向高水平发展[M].严冷,译.北京:北京师范大学出版社,2014.

[45] 冯姗姗.幼儿自我服务能力提升的路径[J].科教导刊(中旬刊),2014(4).

[46] 肖菊红,戴雪芳.幼儿园项目活动研究综述[J].江苏教育研究,2019(16).

[47] [美] 芭芭拉·弗雷德里克森.积极情绪的力量[M].北京:中国人民大学出版社,2010.

[48] 张婉莹,曹中平.对幼儿"假装游戏"的研究[J].基础教育研究,2019(5).

[49] 杨维东,贾楠.建构主义学习理论述评[J].理论导刊,2011(5).

[50] [美] 米丽娅姆·别洛戈洛夫斯基,莉萨·戴利.让早期学习理论看

得见[M].赵红霞,译.南京:南京师范大学出版社,2018.

[51] 王宏轩,李灵.沙盘游戏疗法对自闭症儿童的干预研究[J].中小学心理健康教育,2019(15).

[52] 高尚.论《天下第一楼》中常贵的人物性格塑造——从剧本创作角度浅谈"小"人物的担当[J].艺术品鉴,2018(24).

[53] 陈振华. 论教师成为教育知识的建构者[D].上海:华东师范大学,2003.

[54] 高鉴.戏剧的世界——戏剧功能新探[M].北京:知识出版社,1990.

[55] 张金梅.表达·创作·表演——幼儿园戏剧教育课程(大班)[M].南京:南京师范大学出版社,2014.

[56] 张金梅.学前儿童戏剧教育[M].南京:南京师范大学出版社,2014.

[57] 朱家雄.幼儿园课程[M].上海:华东师范大学出版社,2003.

[58] 刘占兰.学前儿童科学教育[M].北京:北京师范大学出版社,2008.

[59] 张俊.幼儿园科学领域教育精要——关键经验与活动指导[M].北京:教育科学出版社,2015.

[60] 张俊.学前儿童科学教育与活动指导[M].长沙:湖南大学出版社,2016.

[61] [美] 吉尔·弗兰凯尔·豪舍尔.美国幼儿园经典课外学习书:70 个科学入门[M].尤玉芳,译.北京:北京科学技术出版社,2011.

[62] 中国社会科学院语文研究所词典编辑室.新华字典[M].北京:商务印书馆,1971.

[63] [德] 恩斯特·卡西尔.人论[M].甘阳,译.上海:上海译文出版社,1985.

[64] 陈鹤琴.陈鹤琴教育思想读本:活教育[M].柯小卫,陈秀云,选编.南京:南京师范大学出版社,2000.

后　记

本书的编写历时两年多，其间经历了数次研讨、修改、整理、分享。文稿一遍遍修改调整，甚至推倒重来，在这辛苦而漫长的过程中，教师对"幼儿创意学习"的认识不断清晰、深入，达成共识。本书凝聚了无锡市机关幼儿园教师团队长期在教育一线开展实践研究的心血和智慧，书中的众多案例和思考源于一线教师们日常活动开展的真实现场和相关经验的积累。在此特别感谢许峰、宋佳、王子豪、万晨阳、顾慧澜、唐一诺、刘芳芳、江怿斌、陈园园、周燕、欧阳可珺、徐磊、丁穗宁等老师。

本书编写组核心成员是陈栩、史苏兰、谈允忆、沈丹、李征、刘潇，六位老师均为江苏省教育科学院"十三五"规划课题"幼儿创意学习活动的行动研究"的核心成员。本书编写的分工为：陈栩撰写"理论篇"，史苏兰撰写"场域篇"第三章和"加工厂"案例，谈允忆撰写"场域篇"第四章和"奇趣园"案例，沈丹撰写"场域篇"第二章和"梦想馆"案例，李征撰写"场域篇"第五章和"戏舞台"案例，刘潇撰写"场域篇"第一章和"生活场"案例。陈栩、史苏兰、谈允忆、沈丹、李征、刘潇共同完成本书的统稿和定稿。

本书的编写得到了江苏省教育科学研究院教育发展中心主任张晓东博士、《早期教育》杂志编辑部主编薛菁华、无锡市教育科学研究院包智强等专家的悉心指导，得到了南京师范大学出版社张莉、魏丽编辑的支持和帮助。在此，对以上专家们表示由衷的感谢！

最后，由于我们编写水平有限，书中疏漏和不当之处在所难免，恳请广大读者批评指正。

编　者

2020 年 10 月